Thomas Müller • Alexander Coels

DAS BÖRSENBUCH

Thomas Müller
Alexander Coels

DAS BÖRSENBUCH

Börsenwissen • Börsenzyklen • Börsenvision

BÖRSENVERLAG

Bibliografische Information der Deutschen Bibliothek:

Die Deutsche Bibliothek verzeichnet diese Publikation in der Deutschen Nationalbibliografie; detaillierte bibliografische Daten sind im Internet über **http://dnb.ddb.de** abrufbar.

Dr.-Steinbeißer-Str. 10, 83026 Rosenheim
Telefon: 0 80 31/20 33 -0
Telefax: 0 80 31/20 33 30
Internet: www.boersenverlag.de

1. Auflage: Oktober 2014
2. Auflage: Dezember 2014

ISBN 978-3-930851-81-2
Printed in EU

Titelbild: Wolfgang Horsch

Für unsere Kinder
und viele Anlegergenerationen

INHALT

VORWORT

DR. MAX OTTE

Ordentlicher Professor für quantitative und qualitative Unternehmensanalyse an der Karl-Franzens-Universität Graz

Thomas Müller ist ein Urgestein der deutschen Börsenszene. Ich scheue mich etwas, das Wort in den Mund zu nehmen. Denn Thomas, mit dem ich seit über zehn Jahren befreundet bin, ist ein paar Jahre jünger als ich. Schon als Teenager hat er sich mit der Börse beschäftigt und dann seine Leidenschaft schnell zu seinem Beruf gemacht. Er ist seiner Berufung konsequent gefolgt. Bei mir war das etliche Jahre später der Fall. Dennoch können wir beide auf Erfahrungen zurückgreifen, die bis zum Crash von 1987 gehen. Ich war Praktikant an der Frankfurter Börse und Beobachter. Thomas war bereits mit eigenem Geld investiert.

In diesem Buch, das Thomas Müller zusammen mit seinem langjährigen Mitarbeiter und Analysten Alexander Coels verfasst hat, finden Sie sein gesammeltes Wissen über die Börse. Und das ist – nach mehr als drei Jahrzehnten leidenschaftlicher Beschäftigung mit den Kapitalmärkten – sehr viel. Thomas teilt sein Wissen gerne mit Privatanlegern, denn es freut ihn, wenn auch viele andere sich mit der Börse befassen. Wie er treffend in seinem eigenen Vorwort schreibt, wird es doch immer eine Minderheit sein, die an der Börse die richtigen Schlüsse zieht und richtig handelt.

Keiner in Deutschland kennt sich mit Börsenzyklen und Indikatoren so gut aus wie Thomas Müller. Im Börsenverlag hat er die führenden Informationsdienste zu diesem Thema etabliert.

In diesem Buch finden Sie die Grundlagen für einen Einstieg in das Thema. Akribisch, aber sehr gut lesbar und verständlich werden die verschiedensten Zyklen in DAX und Dow Jones analysiert und dargestellt – ob es sich um Monats-, Jahres-, Zehnjahres- oder Wahlzyklen handelt.

Sie bekommen das Handwerkszeug geliefert, Trendwenden zu erkennen und davon zu profitieren. Sie lernen, mit der Börsenpsychologie umzugehen, den typischen Verlauf einer Hausse, einer Baisse und einer Panik zu erkennen.

Börsenzyklen bieten einen wichtigen Schlüssel für das Verständnis der Börse, den Wechsel zwischen Optimismus und Panik, steigenden und fallenden Kursen. Wenn Sie zum Beispiel wissen, dass der September meist ein schwacher Monat ist, werden Sie den September in Zukunft anders sehen. Mit den geschärften Augen eines Börsianers eben. Wenn Sie wissen, wie eine typische Hausse verläuft, werden Sie nicht viel zu früh aussteigen – wohl aber dann vorsichtig werden, wenn viele andere sich wieder für Aktien zu interessieren beginnen.

Thomas Müller und sein Team sind unerschütterliche Optimisten. Das zeigt sich gleich am Anfang bei der Betrachtung der historischen Börsenrenditen, und es zeigt sich besonders am Ende, wenn die Börsenvisionen vorgestellt werden. Wer ansonsten würde es wagen, einen DAX-Stand von über 30.000, ja von mehr als 100.000 mal eben als Vision in den Raum zu werfen? Thomas eben. Und doch zeigt die nüchterne historische Analyse: Er wird recht behalten, wenn es auch nicht ohne Rückschläge ablaufen wird.

Den Wegweiser zu neuen Börsenhochs finden Sie in diesem Buch. Natürlich werden auch weitere Börsenturbulenzen kommen. Mit diesem Buch können Sie den Weg meistern. Gehören auch Sie zu den 5 Prozent der Auserwählten, die hierzulande in Aktien investiert sind. Denn für die anderen ist der Zug irgendwann abgefahren.

THOMAS MÜLLER

Liebe Leserinnen und Leser,

Sie haben in Ihrer Bibliothek sicherlich Bücher, die Sie immer wieder zur Hand nehmen, und ich hoffe, „Das Börsenbuch“ wird zukünftig auch dazugehören. Denn Sie erfahren hier so ziemlich alles, was ich in den vergangenen drei Jahrzehnten über die Börse gelernt habe – als Börsianer wie als Verleger von Börseninformationen. Wenn Sie sich schon länger mit der Börse beschäftigen, werden Ihnen an einigen Stellen die Augen aufgehen, und wenn Sie mit der Börse gerade starten, dann seien Sie sicher, dass Ihnen die Analysen und Erkenntnisse dieses Werkes viele teure Anfängerfehler ersparen werden. Zu meiner Geschichte:

Ich bin Jahrgang 1967 und seit Anfang der 1980er-Jahre an der Börse aktiv. Mein Interesse für die Börse wurde geweckt, als mir mein Vater AEG-Aktien geschenkt hatte. Wie es sich für einen „Börsianer“ ohne Geld gehört, hatte ich mich als Teenager Mitte der 80er-Jahre auf Optionen konzentriert und dabei letztlich mehr Glück als Verstand, denn in dieser Phase kannten die Kurse nur den Weg nach oben, sodass mit Calls fantastische Gewinne erzielt werden konnten.

Die Zäsur kam dann im großen Crash vom Oktober 1987. Ich hatte mit einem Einbruch gerechnet, aber die Folgewirkungen völlig falsch eingeschätzt. Denn mir gelang zwar rechtzeitig vor dem Crash mit guten Gewinnen die Glattstellung meiner Calls, doch ich investierte danach – genau in Erwartung von Börsenturbulenzen – massiv in Goldminen-Aktien, die letztlich die größten Verluste überhaupt verzeichneten.

Der Crash von 1987 war ein Einschnitt. Zwar lag ich in meiner Grundeinstellung richtig, aber in meinem Depot vollkommen falsch, und ich fand überhaupt keine Börsenanalysen, die mir auch nur ansatzweise weiterhelfen konnten. Mir wurde klar, dass sich Analysten in zwei Lager teilen. Die Masse der Analysten sind Konformisten, die in ihren

Stimmungen letztlich nur die Börsen-Performance der letzten Wochen reflektieren, während die wenig „Andersdenkenden" als notorische Optimisten oder Pessimisten gelten, also jedwede Entwicklung ausschließlich durch eine rosa, oder eben eine tiefschwarze, Brille sehen.

Ich lag in meinem eigenen Depot also zunächst komplett falsch, war aber davon überzeugt, dass die Börsenwelt nicht untergehen würde und 1987 einen einmaligen Einbruch bedeutete, der recht zügig wieder aufgeholt werden müsste. Damals hatten Untergangspropheten Oberwasser, doch natürlich waren die Analysen das Papier nicht wert, auf dem sie gedruckt waren, und alle vermeintlichen Korrelationen („im Crash steigt Gold und damit Goldminen") blanker Unsinn. Ich wollte es besser machen, und mein Hobby sollte mein Beruf werden. Mein Ziel war die Herausgabe eines neuartigen Informationsdienstes, der allein auf Basis objektiver, technischer Analysen konkrete Empfehlungen für Derivate aussprechen sollte, denn eine derartige Publikation gab es damals nicht, und genau eine solche hatte ich in den Wirren um den Oktober 1987 gesucht. Deshalb schrieb ich 1987 einen Grundlagenreport über den Terminhandel und startete im Jahr 1988 den Trendbrief, der seitdem wöchentlich erscheint.

Um 1993 wurde ich auf ein Buch aufmerksam, um das sich in den USA ein regelrechter Mythos rankte. Das Werk war erstmals 1923 unter dem Titel „Reminiscences of a Stock Operator" erschienen und beschrieb Leben, Wirken und Handelstaktiken von Jesse Livermore, des wohl größten Spekulanten aller Zeiten. Dieses Buch hat mich fasziniert und einige meiner Ansichten über die Börse geprägt beziehungsweise forciert, denn es ist geradezu unglaublich, wie viele der heute zum Allgemeingut gewordenen Börsenregeln hier erstmals niedergeschrieben wurden. Diesen Klassiker haben wir 1995 unter dem Titel „Jesse Livermore – Das Spiel der Spiele" in Deutsch veröffentlicht, und wenn ich Ihnen – neben diesem – ein Buch ans Herz legen darf, dann dieses außergewöhnliche Werk. Denn Livermore zeigt etwas, das wir alle eigentlich nicht für möglich halten:

Es ändert sich im Endeffekt nichts – überhaupt nichts – im Börsengeschäft. So hat sich beispielsweise der New-Economy-Hype der späten

1990er-Jahre überhaupt nicht von den Exzessen um Technologie-Werte vorheriger Generationen unterschieden, wie damals zunächst Eisenbahn- und später Automobil-Aktien. Jesse Livermore hat vieles mit der menschlichen Psyche erklärt, zum Beispiel: „In der Geschichte haben die Menschen sich an der Börse stets gleich verhalten. Ihre Motive waren Gier, Angst, Unwissenheit und Hoffnung. Deshalb entstehen immer wieder die gleichen numerischen Formationen und Muster."

Die Kurshistorie zeigt, dass unsere Väter und Großväter genau die gleichen Börsenzyklen durchlebt haben wie wir. Unsere Vorfahren würden uns viel vom Auf und Ab in „ihren" Jahrzehnten erzählen können und hätten je nach Generation doch ganz unterschiedliche Begründungen. Genauso werden unsere Kinder und deren Kinder Börsenzyklen erleben, von denen Sie in diesem Buch lesen.

Die zyklischen Auswertungen basieren auf meinem Buch „Gewinnen mit Börsenzyklen", das 2005 bei einem Dax im Bereich von 5000 Punkten erstmals erschien. In diesem Werk hatte ich in meiner Börsenvision deutlich steigende Kurse bis zum Jahrzehnt-Ende angekündigt und einen Dax von 10.000 Punkten avisiert.

Im Schlusskapitel lesen Sie nun wieder von einer Börsenvision, die deutlich steigende Kurse bis zum Jahrzehntende ankündigt und einen Dax von 20.000 Punkten per 2019. Aber mit meinem Co-Autor Alexander Coels gehe ich einen großen Schritt weiter. Wir beschreiben, wie sich die Börsen in den kommenden Jahrzehnten aus Zyklensicht entwickeln werden. Vorab:

Die großen Aktienindizes werden ihre All-Time-Highs in Regionen schieben, die sich heute kaum jemand vorstellen kann. So dürfte der Dax im Jahr 2039 erstmals über die Marke von 100.000 Punkte kreuzen. Das mag ungewöhnlich klingen, ergibt sich aber zwangsweise aus der Fortschreibung der historischen Zyklen.

Wir wissen nicht, von welchen „Stories" die nächsten Haussen begleitet werden, und das ist auch gar nicht wichtig. Für unsere Analysen sind ausschließlich Kurse relevant, denn Kurse spiegeln alle – wirklich alle – relevanten Informationen wider. Dabei machen nicht Nachrichten die Kurse, sondern es sind die Kurse, die den Tenor der positiven oder negativen Interpretationen und Erwartungen vorgeben.

Deshalb verschonen wir Sie in diesem Buch auch von Herleitungen, mit denen die im Folgenden dargestellten Zyklen erklärt werden könnten. Natürlich hat zum Beispiel der Jahreszyklus seinen Hintergrund im Rhythmus der Bilanzierungspraxis (also im quartalsmäßigen Rück- und Ausblick von Unternehmen und Fonds), der zum Jahresultimo freiwerdenden Gelder (und dem Vorgriff auf diese Entwicklung), der Urlaubssaison (vor der logischerweise verkauft und nicht gekauft wird) und den erheblichen psychologischen Schwankungen im Jahresverlauf. Denn Vorsätze für die nächsten zwölf Monate werden nun einmal zum Jahresende getroffen, und jeder freut sich auf Weihnachten und den Jahreswechsel und eben nicht auf den Herbstanfang oder den Reformationstag. Dieser psychologische Faktor kommt im Jahrzehntzyklus noch stärker zum Tragen, ist aber nicht quantifizierbar, und daher würde es dem Sinn dieses Buches widersprechen, über das „Warum" nachdenken zu wollen. Sie wissen es selbst:

Wenn der Dax morgen steigt, dann hören Sie zum Beispiel als Begründung, dass der fallende US-Dollar zu rückläufigen Rohstoffpreisen geführt hat und damit die Inflationsbefürchtungen nach unten geschraubt wurden. Wenn der Dax aber steigt, während auch der US-Dollar nach oben zieht, wird Ihnen erklärt, dass die Kursgewinne auf die verbesserten Exportaussichten deutscher Unternehmen zurückzuführen sind. Sie sehen:

Es gibt keine wirkliche „Begründung" für Kursentwicklungen. Entscheidend ist einzig und allein, was die Kurse machen, und die Aneinanderreihung von Kursen ergibt Trends, und nur in Trends kann an der Börse Geld verdient werden (da profitable Kursveränderungen außerhalb von Trends ja lediglich Zufallstreffer sein können). Trends werden aber von Zyklen überlagert, denn die „wahrscheinlichen" Trends entwickeln sich in ganz bestimmten Zeiträumen.

In diesem Buch lernen Sie alle Zyklen kennen, die wir für maßgeblich halten und die wir aus den Kurshistorien objektiv herausarbeiten konnten. Es dreht sich alles um Dax und Dow Jones, denn das sind die Märkte, die für die meisten Leser im Mittelpunkt stehen.

„Diesmal ist alles anders" – das sind die teuersten Worte der Börsengeschichte. „Das Börsenbuch" zeigt Ihnen, wie sich Börsengeschichte wiederholt, und nicht ohne Grund lautet mein Lebensmotto „Nach der Baisse ist vor der Hausse".

Niemand kann genau sagen, was morgen an der Börse passieren wird. Aber zu wissen, was in der Vergangenheit an der Börse passiert ist, gibt Ihnen einen Vorsprung vor den allermeisten Anlegern. Ich bin deshalb überzeugt davon, dass Ihnen „Das Börsenbuch" helfen wird, Ihre Gewinne an der Börse zu steigern.

Die Zukunft ist positiv für den, der etwas macht. Machen Sie das Beste aus diesem Buch.

Ich wünsche Ihnen viel Erfolg!

Rosenheim, im September 2014

Thomas Müller

Danksagung

Ein solches Buch ist immer Teamwork. Mein allererster Dank gilt Sabine Reiter für den riesigen Einsatz der vergangenen Wochen in puncto Layout und Produktion. Danken möchte ich auch Raphael Zapf für die vielen Programmierungen, Josef Schlosser für die Charterstellung, Max Düllmann und Florian Walther für Recherchen und Jochen Appeltauer, Thomas Driendl sowie Alexander Gmeiner für die inhaltlichen Korrekturen.

ALEXANDER COELS

Liebe Leserinnen und Leser,

seit Generationen übt die Börse mit ihren Hochs und Tiefs, famosen Gewinnchancen und plötzlichen Trendwenden, ihrem Nischendasein, gefolgt von regelrechter Aktienmanie, auf die Menschen eine unglaubliche Anziehungskraft aus. Vermutlich sind auch Sie als Käufer dieses Buches von der Börse ebenso fasziniert wie ich.

Doch bei allem Spaß an der Sache an sich geht es an der Börse vor allem um Rendite. Genau dieses Ziel sollten Sie sich bei all Ihren Transaktionen immer wieder vor Augen führen. Dabei bin ich zu 100% davon überzeugt, dass Sie Ihre Ergebnisse mit den Erkenntnissen dieses Buches deutlich verbessern können und „Das Börsenbuch" in den kommenden Jahren häufig zur Hand nehmen werden.

Denn letztlich – und das ist die entscheidende Kernaussage des Buches – wiederholt sich die Geschichte gerade an den Kapitalmärkten immer und immer wieder. Die Börsen werden von Menschen gemacht, deren Motive stets von Hoffnung, Gier, Angst und Panik getrieben werden. Zum besseren Verständnis möchte ich Ihnen vorab erzählen, wie ich zur Börse gekommen bin. Vermutlich teilt der eine oder andere von Ihnen diese Erfahrungen:

Mitte der 90er-Jahre wurde ich während des Abiturs von dem überall grassierenden Börsenfieber gepackt. Manfred Krug gab mit seiner Werbung für die T-Aktie letztlich den Ausschlag, woraufhin ich erste Gehversuche an der Börse wagte. Nach anfänglichen Erfahrungen vor allem mit deutschen Standardwerten war ich mit dem Börsenvirus infiziert. Dabei keimte nach den ersten Erfolgen in mir die Hoffnung auf leicht verdientes Geld, die mich zum Ende der 90er-Jahre immer gieriger werden ließ.

Natürlich waren Siemens, BMW, BASF & Co. zur Jahrtausendwende nicht mehr standesgemäß. Für einen jungen Börsianer mitten im Studium mussten es selbstverständlich die zukünftigen deutschen Top-Werte wie EM.TV, Lycos oder Mobilcom sein. Auch Biotech-Titel ließen mein Depot explodieren, während die Börse das beherrschende Thema in der Mensa oder den Vorlesungen war.

Wie Sie vermutlich wissen, folgte die Ernüchterung auf dem Fuß. Um es kurz zu machen: Ich gab in der Baisse 2000 bis 2003 nicht nur die gesamten Gewinne wieder ab, sondern verlor darüber hinaus auch mein Startkapital und hatte mein Depot im Sommer 2002 auf null gefahren. Da ich nach wie vor begeisterter Börsianer und vor allem Anhänger der Technischen Analyse war, entschloss ich mich zu den Studienschwerpunkten Statistik und Ökonometrie, um den Hintergründen auf die Spur zu kommen.

Nach Abschluss des Studiums kannte ich schließlich unzählige Modelle für mögliche Aktienkurs- und vor allem Wechselkursentwicklungen, aber ich stellte schnell fest, dass die Umsetzung in der Praxis viel zu selten den von mir erwünschten Erfolg brachte. Doch das sollte sich schnell ändern.

So bekam ich 2004 die Chance auf ein Volontariat im Börsenverlag. Schon beim Einstellungsgespräch und der anschließenden Führung durch die Büroräume war zu spüren, dass es hier weniger um wissenschaftliche Modelle geht, sondern einzig um den Nutzen für den Leser. Ich war sofort begeistert und entschloss mich, meinen Lebensmittelpunkt rund 1000 Kilometer in den Süden zu verlegen.

Nach kurzer Eingewöhnung begann ich in der Trendbrief-Redaktion und lernte, die großen Trends der Märkte zu identifizieren und diese vor allem gewinnbringend zu nutzen. 2005 stand dann im gesamten Börsenverlag ganz im Zeichen von „Gewinnen mit Börsenzyklen“. Wie Sie, liebe Leserinnen und Leser, uns immer wieder bestätigen, hat dieses Buch viele Anleger bewegt und dafür gesorgt, dass die Börsenzyklen in Deutschland ein bisschen aus ihrer Nische getreten sind. Auf einmal berichteten große deutsche Anlegermagazine über Börsenzyklen.

Kern von „Gewinnen mit Börsenzyklen“ war die Zyklenanalyse sowie eine große Börsenprognose für die folgenden Jahre. Mit „Das Börsenbuch“ machen Thomas Müller und ich nun den nächsten Schritt. Denn neben den Börsenzyklen erklärt Ihnen „Das Börsenbuch“ auch unzählige Börsengrundlagen, die für uns als Anleger von unschätzbarem Wert sind. So erfahren Sie beispielsweise, wie eine typische Hausse oder ein Crash normalerweise ablaufen oder wie Sie große Trendwenden der Börsen identifizieren können.

All diese Erkenntnisse münden zum Abschluss in eine große Börsenvision, die den wahrscheinlichsten Fahrplan für den zukünftigen Verlauf der Börsen beschreibt. Dabei zeigt „Das Börsenbuch“, warum im Dax bis zum Jahrzehntende 20.000 Punkte greifbar sind und dass der deutsche Leitindex bis 2039 sogar auf 100.000 steigen wird!

Wenn Sie Thomas Müller oder mich schon einmal persönlich kennengelernt haben, wissen Sie vermutlich, dass wir beide im Inneren stets optimistisch denken. Doch bei den spektakulären Kurszielen für Dax und Dow Jones geht es uns keinesfalls nur darum, einen populären Kontrapunkt in Zeiten zu setzen, in denen es als elitär und besonders gebildet gilt, sich kritisch über den Zustand unserer Welt zu äußern. Denn unsere Kursziele sind ganz einfach das konsequente Fortschreiben der historischen Entwicklung.

So hat sich der Dax seit seiner Einführung per Ende 1987 bis 2014 in 27 Jahren von 1.000 auf 10.000 Punkte verzehnfacht. Der Dow Jones kletterte im November 1972 über 1.000 Punkte und knackte 1999 erstmals die Marke von 10.000 Zählern – also auch in 27 Jahren. Es ist durchaus plausibel, ja sogar wahrscheinlich, dass die Kurse wieder einen Zeitraum von knapp drei Dekaden benötigen werden, um sich erneut zu verzehnfachen ...

Natürlich haben auch wir keine Glaskugeln und können nicht mit Gewissheit sagen, was morgen an der Börse sein wird, doch mit hoher Wahrscheinlichkeit werden sich die Kurse in den kommenden 100 Jahren ähnlich entwickeln wie in den vergangenen.

Daher bin ich mir zu 100 Prozent sicher, dass Ihnen „Das Börsenbuch“ in den kommenden Jahren ein gewinnbringender Begleiter sein wird.

Wann immer Sie Zweifel an der zukünftigen Entwicklung haben, greifen Sie zu diesem Buch und denken Sie daran: „Die Geschichte wiederholt sich".

Machen Sie etwas daraus!

Dafür wünsche ich Ihnen nur das Beste!

Rosenheim, im September 2014

Alexander Coels

PS: Mein besonderer Dank gilt meiner einzigartigen Frau Jeanette, die mich in dieser sehr intensiven Zeit wie immer in bewundernswerter Weise unterstützt hat.

SO IST DAS BUCH AUFGEBAUT

Das Börsenbuch beginnt mit dem Teil *Börsenwissen*, der drei Kapitel umfasst. Dabei geht es zunächst um historische Renditen von Dax und Dow Jones. Im Anschluss daran wird der typische Ablauf von Bullen- und Bärenmärkten skizziert. Zum Abschluss des ersten Teils werden das Trendverhalten der Märkte und das Erkennen von Trendwenden erklärt.

Im zweiten Teil des Buches stehen die *Börsenzyklen* im Mittelpunkt. Nach dem Motto „vom Kleinen zum Großen" startet die Betrachtung mit den Jahreszyklen für Dax und Dow Jones. Danach folgt eine Erklärung der Wahlzyklen in Deutschland und den USA. In Kapitel 4 wird der Zyklus der Vier-Jahres-Tiefs vorgestellt. Anschließend werden die Jahrzehntzyklen von Dax und Dow Jones betrachtet, worauf eine Auseinandersetzung mit weiteren Börsenzyklen wie den unterjährigen Zyklen, dem Januar-Effekt oder dem Super-Bowl-Indikator folgt. Die Erkenntnisse aus den Jahres- und Jahrzehntzyklen werden zum Abschluss dieses Teils als Zyklenportfolios umgesetzt.

Im dritten Teil des Buches münden die Ergebnisse der Analysen in konkrete Vorschläge für den richtigen Portfolioaufbau. Den Abschluss bildet dann die große *Börsenvision* für die kommenden Jahre. Dabei wird der aus zyklischer Sicht wahrscheinlichste Verlauf der Börsen bis in das Jahr 2059 skizziert.

Teil A

BÖRSENWISSEN

Würde alles Geld und Gut dieser Welt
an einem beliebigen Tag um drei Uhr nachmittags
gleichmäßig unter die Erdenbewohner verteilt,
so könnte man schon um halb vier
erhebliche Unterschiede in den Besitzverhältnissen
der Menschen feststellen.
J. Paul Getty

I. ANLEGERWISSEN

LIEBE LESERINNEN UND LESER,

auf den folgenden mehr als 500 Seiten werden wir Ihnen alles zeigen und erklären, was wir über Börsenzyklen wissen. Dabei geht es in „Das Börsenbuch" nicht nur um Zyklen, sondern auch um ganz allgemeine Fakten und Überlegungen zum Thema Börse.

Wir würden uns freuen, wenn Sie „Das Börsenbuch" stets wieder zur Hand nehmen und auf den betreffenden Seiten nachschlagen, wann immer Sie sich in der Zukunft überlegen sollten, wie es mit den Märkten weitergeht. In diesem ersten Abschnitt geht es uns nun um einige Philosophien sowie sehr langfristige Prognosen, und wir hoffen, Sie ein wenig mit unserer Begeisterung über die Börse anstecken zu können.

Sie als Anleger gehören zu einer leider in Deutschland ganz seltenen Spezies von Menschen, denn lediglich 8,9 Millionen Bundesbürger sind per Ende 2013 an den Aktienmärkten (Fonds und Aktien) investiert, und davon gerade einmal 4,6 Millionen direkt in Aktien. Als Käufer von „Das Börsenbuch" sind Sie sowieso ein Unikum, da die Kostenlos-Kultur des Internets den Markt für Börsenfachliteratur in die Marginalität katapultiert hat.

Wenn man nicht auf kleine Gewinne verzichten kann,
wird man keine großen Gewinne machen.
Konfuzius

Als Autor schmerzt einen natürlich das copy & paste-Unwesen vieler Betreiber von Internetseiten, zumal auf Quellenhinweise verzichtet wird. So finden sich heute im Internet dutzendfach die Indikatorenformeln aus „Das GROSSE Buch der TECHNISCHEN INDIKATOREN" von Thomas Müller, das seit der Ersterscheinung 1993 bis zur 7. Auflage 2007 (also über einen Zeitraum von 14 Jahren) immer wieder aktualisiert bzw. erheblich erweitert wurde und mittlerweile als Standardwerk zur Indikatoren-Analyse gilt. Indikatoren-Analyse ist aber weit mehr als Formelkunde, und ohne Kenntniss der Zusammenhänge der vielen technischen Konzepte kann auch keinerlei Lerneffekt eintreten. Zurück zum Thema:

Als Anleger (und Buchkäufer!) haben Sie es nicht leicht, Mitstreiter im Kollegen- oder Freundeskreis zu finden, zumal in Deutschland nicht gern über Geld geredet wird. Vielleicht gelten Sie sogar in der eigenen Familie als Exot in Finanzangelegenheiten, wobei wir von nicht wenigen Abonnenten wissen, dass Börsentransaktionen (vor allem die mit negativen Ergebnissen) der besseren Hälfte gegenüber verschwiegen werden. Deshalb möchten wir Ihnen an dieser Stelle einige Argumentationshilfen an die Hand geben, warum es zur Anlage an den Börsen – trotz aller zwischenzeitlichen Abstürze, auf die wir auch eingehen – einfach keine Alternative gibt.

1. FASZINATION BÖRSE

Wohlstand wird nicht vom Staat geschaffen, sondern nur und ausschließlich in Unternehmen. Wenn Sie also in Aktien investieren, dann investieren Sie ganz grundsätzlich in Unternehmen, die für diesen Wohlstand verantwortlich sind, und nehmen automatisch an der Wohlstandsmehrung teil.

Aktien sind Beteiligungen an Produktivvermögen, d.h. Vermögen, das zur Leistungserstellung dient. Als Aktionär gehört Ihnen etwas vom Unternehmen, also ein Teil der Gebäude, Maschinen, Technologien, Patente, Lizenzen, Marken und des gesamten Firmen-Know-hows.

Aktionäre sind Mit-Unternehmer, und die reichsten Menschen der Welt haben ihr Vermögen nicht mit Lottogewinnen oder Erfindungen gemacht, sondern mit ihren Unternehmen. Das beweist z.B. das Forbes Magazin, das alljährlich die Liste „The World's Billionaires" veröffentlicht, eine Übersicht aller Milliardäre mit Ausnahme von Diktatoren und Angehörigen von Königshäusern. Die Übersicht auf der nächsten Seite zeigt Ihnen die 20 Reichsten der Reichen und die zugehörigen Unternehmen.

Am Vermögenswachstum der Mega-Reichen können wir alle teilhaben, denn fast alle Milliardärs-Unternehmen sind an der Börse notiert.

Ist es nicht überaus faszinierend, in genau die gleichen Aktien investieren zu können, die die reichsten Menschen der Welt zu dem gemacht haben, was sie heute sind? Und die gleiche Performance zu erzielen, wie das „Who's who" der Milliardäre?

Wenn Sie Aktien von Berkshire Hathaway kaufen, dann arbeitet eine Value-Investment-Legende wie Warren Buffett quasi für Sie. Als Aktionär von Microsoft oder Oracle bekommen Sie dieselben Dividenden wie die IT-Genies Bill Gates bzw. Larry Ellison, und über América Móvil und Inditex partizipieren Sie am Welt-Erfolg von Unternehmer-Legenden wie Carlos Slim Helu oder Amancio Ortega.

Nehmen Sie dieses Buch in einigen Jahren in die Hand und vergleichen Sie die hier abgedruckte Übersicht mit der dann aktuellen Forbes-

The World's Billionaires – Die Forbes-Reichenliste

Rang	Name	Vermögen*)	Konzern	Nationalität
1.	Carlos Slim Helu & Familie	80,4	América Móvil	Mexiko
2.	Bill Gates	80,1	Microsoft	USA
3.	Amancio Ortega	63,5	Inditex	Spanien
4.	Warren Buffett	62,9	Berkshire Hathaway	USA
5.	Larry Ellison	49,7	Oracle	USA
6.	Charles Koch	41,3	Koch Industries	USA
6.	David Koch	41,3	Koch Industries	USA
8.	Liliane Bettencourt & Familie	38,5	L'Oréal	Frankreich
9.	Christy Walton & Familie	38,0	Walmart	USA
10.	Sheldon Adelson	36,3	Casinos	USA
11.	Jim Walton	35,8	Walmart	USA
12.	S. Robson Walton	35,4	Walmart	USA
13.	Alice Walton	35,4	Walmart	USA
14.	Bernard Arnault & Familie	34,9	LVMH	Frankreich
15.	Michael Bloomberg	34,8	Bloomberg LP	USA
16.	Li Ka-shing	34,8	Investor	Hong Kong
17.	Jeff Bezos	32,7	Amazon.com	USA
18.	Stefan Persson	32,4	H&M	Schweden
19.	Larry Page	32,4	Google	USA
20.	Sergey Brin	32,1	Google	USA

*) in Milliarden US-Dollar

Stand: 24. Juli 2014

Rangliste. Sie werden feststellen, dass die Reichsten der Reichen insgesamt noch deutlich reicher geworden sein werden und neue, 2014 zumeist noch unbekannte, Namen in der Liste auftauchen. Ersteres erklärt sich durch die langfristig positive Performance der Aktienmärkte und durch den Zinses-Zins-Effekt, Letzteres durch den fortlaufenden Wandel. Denn:

Während eine Unze Gold immer eine Unze Gold bleibt (und damit seit Jahrtausenden die Kaufkraft erhält), sind Unternehmen niemals für die Ewigkeit ausgerichtet. Firmen unterliegen beständigen Veränderungen bzw. passen sich permanent an – mit allen Vor- und Nachteilen für Aktionäre. Und genau das ist Ihre Chance als Aktionär.

1.1 Warum die Aktienmärkte langfristig steigen

Solange sich die Erde dreht und so lange die Menschheit ihr Streben nach Fortschritt beibehält, so lange wird die Wirtschaft wachsen. Deshalb kennen auch die Aktienmärkte langfristig nur den Weg nach oben, und weil Unternehmen eben immer nur einen Teil ihrer Gewinne als Dividende an Aktionäre ausschütten und dadurch der Zinses-Zins-Effekt zum Tragen kommt, werden die Aktienmärkte stets stärker wachsen, als die Wirtschaft.

Dow Jones	erstmals über	letztmals unter
50	01.06.1899	26.07.1932
100	22.09.1916	26.05.1942
500	12.03.1956	24.07.1958
1000	14.11.1972	16.12.1982
5000	21.11.1995	20.11.1995
10.000	29.03.1999	26.10.2004
15.000	07.05.2013	09.10.2013

Das klingt logisch, und dennoch haben die meisten Nicht-Aktionäre Angst vor den vielfältigsten Krisen. Dabei sind es als Sachwerte genau Aktien (und Gold), die einen einzigartigen Vermögens- und Inflationsschutz durch alle Krisen hindurch bieten.

Jede Krise ist zunächst einmal dramatisch, doch die vier teuersten Worte an der Börse lauten: *„Diesmal ist alles anders“*.

Welche Krisen auch in der Zukunft auf uns zukommen mögen, früher oder später werden die Aktienbörsen ihre Kursniveaus vor der Krise zurückerobern und neue Höchstkurse markieren.

Krisen im Dow Jones

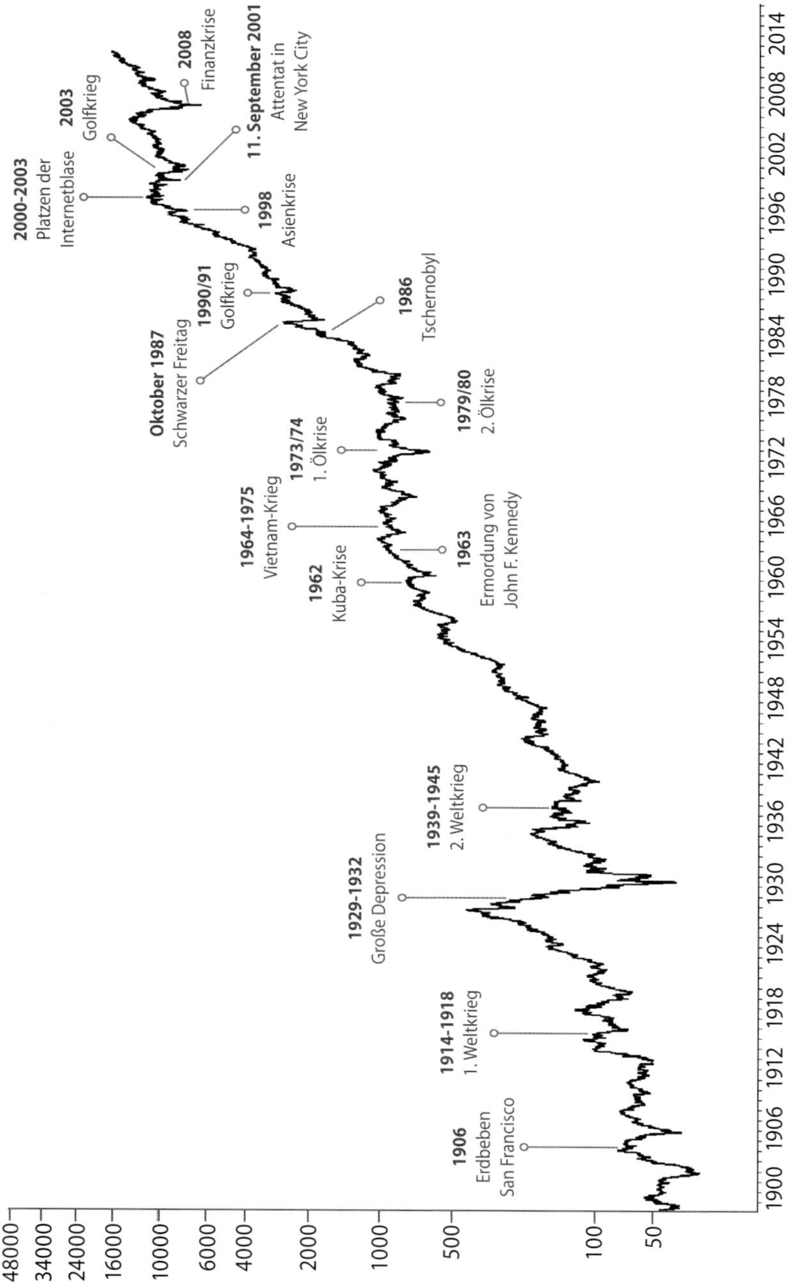

Wenn Sie heute erstmals an der Börse investieren, und es kommt morgen zum Crash, dann haben Sie Pech, und wenn morgen die Kurse sehr kräftig steigen, haben Sie Glück. Doch Glück und Pech spielen an der Börse langfristig keine Rolle. Für Ihren Gewinn ganz entscheidend ist der Zeitfaktor. Konkret:

Die Gewinn-Wahrscheinlichkeit an der Börse steigt mit der Länge des Anlagehorizonts. Um dies zu verifizieren, haben wir die Dow Jones-Historie in verschiedene Anlagezeiträume eingeteilt. Das Ergebnis:

Gewinn-Wahrscheinlichkeit

Anlage-zeitraum	Anzahl positiv	Gewinn-Wahrschein-lichkeit
3 Jahre	81	71%
4 Jahre	83	73%
5 Jahre	82	73%
10 Jahre	91	85%
15 Jahre	91	89%
20 Jahre	93	96%
25 Jahre	91	99%
30 Jahre	87	100%

Zwischen 1897 und 2013 gab es 114 Drei-Jahres-Anlagezeiträume, von denen 81 mit einem Anstieg im Dow Jones abgeschlossen wurden. Auf Sicht von drei Jahren beträgt die Gewinn-Wahrscheinlichkeit damit 71 %. Für den Anlagezeitraum von zehn Jahren erhöht sich die Gewinn-Wahrscheinlichkeit bereits auf 85 % und für 20 Jahre auf 96 %, da lediglich vier Perioden negativ beendet wurden (1912–1932, 1927–1947, 1928–1948, 1929–1949). Im Zeitraum von 25 Jahren hat nur die Phase von 1928 bis 1953 zu Verlusten geführt, und bislang wurden alle 87 30-Jahres-Anlagezeiträume positiv beendet, was eine Gewinn-Wahrscheinlichkeit von 100 % ergibt.

Inflation ist, wenn die Brieftaschen immer größer
und die Einkaufstaschen immer kleiner werden.
Unbekannt

Aktien-Investments als Inflationsschutz

Geld verliert durch Inflation beständig an Wert und muss deshalb angelegt werden. Seit infolge der Finanzkrise die Leitzinsen von den Notenbanken auf niemals zuvor gesehene Tiefs heruntergesetzt wurden, sind die Aktienmärkte eigentlich alternativlos. Doch auch langfristige Vergleiche zeigen, wie Sachwertinvestments vor Geldverfall schützen:

US-Dollar in Dow Jones

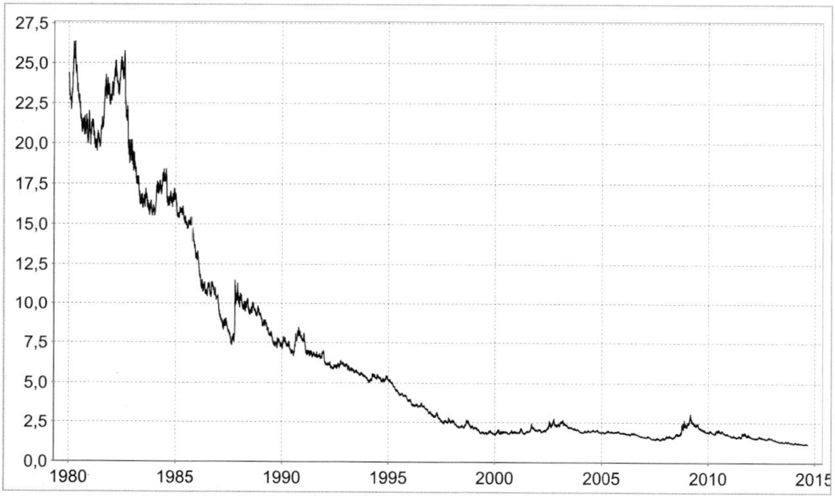

Der Dow Jones hat sich von 839 Punkten Ende 1979 bis 16.827 am 30.06.2014 verbessert. Dieser Anstieg von 1906 % bedeutet analog, dass Geld an Wert verloren hat. Rechnen wir:

Wie der Chart zeigt, konnten für 20.000 US-Dollar Anfang der 1980er-Jahre theoretisch 23,8 Anteile am Dow Jones erworben werden, Mitte 2014 war aber nur noch der Kauf von 1,19 Anteilen möglich. Damit hat der US-Dollar gegenüber dem Dow Jones 95 % an Wert eingebüßt!

Der Wert von ungedecktem Papiergeld geht mit der Zeit gegen null, völlig gleichgültig, in welcher Währung gerechnet wird. Auch deshalb sollten Sie in Sachwerte investieren.

Wenn die Erzeugung von Geld (Ansprüchen) im Verhältnis zur Erzeugung von realen Gütern in der Wirtschaft zunimmt, müssen die Preise früher oder später steigen.
Alan Greenspan

1.2 Historische Renditen

Als Aktionär profitieren Sie unmittelbar vom langfristigen Wachstum, auch wenn inmitten einer Aktien-Baisse der Glaube daran schwerfällt. Schauen wir auf die langfristigen Performance-Kennzahlen der großen Indizes.

Durchschnittsrenditen im DJ

Anlage-zeitraum	Rendite-Durchschnitt
1 Jahr	8 %
2 Jahre	15 %
3 Jahre	22 %
4 Jahre	30 %
5 Jahre	39 %
10 Jahre	87 %
15 Jahre	167 %
20 Jahre	262 %
25 Jahre	375 %
30 Jahre	478 %

Die nebenstehende Übersicht zeigt die durchschnittlichen Kursgewinne im Dow Jones in den verschiedenen Anlagezeiträumen. Natürlich steigt die Kursrendite, je länger der Zeitraum gewählt wird.

Es handelt sich hier allerdings um arithmetische Durchschnitte, die für Renditeberechnungen keine Relevanz haben. Denn hier wird unterstellt, dass stets ein identischer Anlagebetrag eingesetzt wird, also zu Beginn jeder Anlageperiode Gewinne entnommen beziehungsweise Verluste ausgeglichen werden. Deshalb wird stets mit geometrischen Renditen gerechnet, und das Ergebnis sind die tatsächlichen Renditen, die auch den Zinses-Zins berücksichtigen.

Der Dow Jones wurde erstmals im Sommer 1896 notiert. Per 30.06.2014 befand sich der Index bei 16.827 Punkten. Ausgehend vom Sommertief 1896 hat der älteste Aktienindex der Welt in seiner Geschichte durchschnittlich 5,5 % jährlich gewonnen. Diese durchschnittliche geometrische Rendite vergleicht den Anfangskurs des Dow Jones mit dem Schlusskurs der Berechnung. Bei einem Dow Jones von 12.000 Punkten würde die Rendite auf lediglich 5,2 % p.a. nachgeben, bei einem Dow Jones von 20.000 Zählern auf lediglich 5,7 % p.a. ansteigen.

Damit ist diese durchschnittliche Kursrendite also eine valide Kennziffer. Aus Vereinfachungsgründen und weil wir bei den historischen Dividendenrenditen einen deutlicheren Abschlag vornehmen, rechnen wir im Folgenden mit 6 % p.a. Denn um die Gesamtrendite zu erhalten, sind zusätzlich noch Dividenden zu berücksichtigen.

Historische Dividendenrenditen

Mangels valider Quellen für den Dow Jones sehen Sie hier die Dividendenrendite des S&P-500-Index.

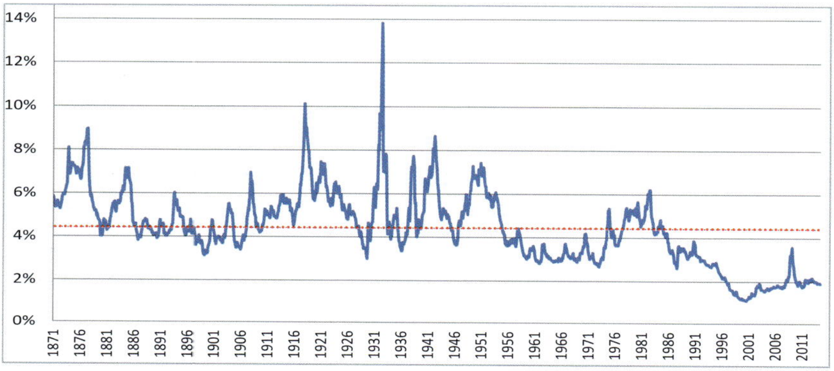

Quelle: „Irrational Exuberance"
(Princeton University Press 2000, Broadway Books 2001, 2nd ed., 2005)

Die Dividendenrendite oszillierte bis Mitte der 1950er-Jahre um die Marke von 5 %, bis Anfang der 1980er-Jahre um 4 %. In der dann startenden Hausse reduzierten sich die Ausschüttungsrenditen sukzessive (da Aktienkurse stärker kletterten als Dividenden). Den Tiefpunkt erreichte die Dividendenrendite im Jahr 2000 mit 1,16 %, und seitdem sind die Ausschüttungsrenditen wieder leicht ansteigend. Per Mitte 2014 beträgt die Dividendenrendite 1,9 %.

Für den S&P 500 beträgt der historische Mittelwert der Dividendenrenditen seit 1871 4,4 % p.a. Da die hohen Renditen viele Jahrzehnte zurückliegen, scheint es sinnvoll, einen deutlichen Abschlag vorzunehmen, weshalb wir eine durchschnittliche Dividendenrendite von 3 % für den Dow Jones unterstellen.

Historische Gesamtrendite Dow Jones

Die Gesamtrendite ergibt sich aus der Addition der Kursrendite mit der Dividendenrendite, also 6 % + 3 % = 9 %. Zusammengefasst:

Für Investoren im Dow Jones errechnet sich eine historische Gesamtrendite von durchschnittlich 9 % jährlich. Die 118 Jahre seit 1896 sind ein hinreichend großer Zeitraum, um daraus auch für die Zukunft eine

Gewinnperspektive von im Mittel 9 % p.a. für Dow Jones-Investments abzuleiten.

Historische Gesamtrendite Dax

Der Dax startete am 31.12.1987 bei 1000 Punkten. Mit 9833 Punkten per 30.06.2014 ergibt sich ein Gewinn von 883,3 % innerhalb von 26 Jahren und sechs Monaten.

Für den deutschen Leitindex errechnet sich damit eine historische Rendite von 9 % jährlich. Dabei ist der Dax als Performanceindex konzipiert, sodass Dividendenausschüttungen automatisch wieder in den Index einfließen. Die historische Dax-Rendite von 9 % p.a. ist also eine Gesamtrendite, die sowohl Kursgewinne als auch Dividendenrenditen beeinhaltet.

Dax-Performanceindex und Dax-Kursindex

Die Deutsche Börse berechnet genauso einen Dax-Kursindex, der Dividenden unberücksichtigt lässt. Dieser Dax-Kursindex startete ebenfalls Ende 1987 bei 1000 Zählern und notierte per 30.06.2014 bei 5058 Punkten. Der Anstieg von insgesamt 406 % bedeutet ein Plus von 6,3 % jährlich, das in etwa dem Plus im Dow Jones entspricht. Und die Unterperformance von 2,7 % jährlich zum Dax-Performanceindex erklärt sich ausschließlich durch Dividendenausschüttungen und deren Wiederanlage.

Die Gewinnperspektiven in Dax und Dow Jones sind 9 % p.a.!

Dax und Dow Jones haben sich in der Vergangenheit inklusive Dividenden um durchschnittlich 9 % jährlich verbessert. Diese 9 % p.a. sind die Benchmark für alle Akteure auf den Finanzmärkten.

Anleger, die passiv über ETFs oder Indexzertifikate ganz einfach in den Dax oder den Dow Jones investieren, können also mit einer langfristigen Zielrendite von 9 % jährlich rechnen. Für diese 9 % braucht es keine Fondsmanager, und diese 9 % jährlich erzielen Sie ohne jede Hektik.

Blättern Sie einmal ein paar Seiten zurück und überlegen Sie, welche Krisen es seit 1987 beziehungsweise seit 1896 gegeben hat. Was auch immer die Märkte vorübergehend in die Knie zwingt, am Ende steht ein Gewinn von durchschnittlich 9 % p.a.

Wir können uns auf den Kopf stellen, aber die Zielrendite von Dax und Dow Jones beträgt 9 % jährlich. Wenn Sie heute investieren, die berühmten Schlaftabletten des unvergessenen André Kostolany nehmen und dann Ende des nächsten Jahrzehnts die Performance Ihrer Investments in Dax und Dow Jones überprüfen, werden Sie sich im Mittel über 9 % Gewinn jährlich freuen können.

In diesem Buch zeigen wir Ihnen viele Strategien, um dauerhaft weitaus höhere Renditen als 9 % p.a. zu erzielen. Doch machen wir uns zunächst einmal bewusst, wie sich Kapitalanlagen bei jährlich +9 % entwickeln.

1.3 Warum jeder an der Börse investieren sollte

Anfangsinvestment	10.000
erste Verdoppelung	20.000
zweite Verdoppelung	40.000
dritte Verdoppelung	80.000
vierte Verdoppelung	160.000
fünfte Verdoppelung	320.000
sechste Verdoppelung	640.000
siebte Verdoppelung	1.280.000
achte Verdoppelung	2.560.000

Dem einen oder anderen Leser werden 9 % Jahresrendite unspektakulär erscheinen, doch was dauerhafte 9 % jährlich bedeuten, zeigt die langfristige Sichtweise.

Bei einem Gewinn von durchschnittlich 9 % jährlich verdoppelt sich Ihr Kapital alle acht Jahre. Nehmen wir an, Sie planen mit 65 Jahren Ihren Ruhestand und möchten bis dahin den Vermögensaufbau forcieren.

- Wenn Sie heute 50 Jahre alt sind, können Sie Ihr Kapital noch beinahe zweimal verdoppeln
- Wenn Sie heute 40 Jahre alt sind, können Sie Ihr Kapital noch dreimal verdoppeln.
- Wenn Sie heute 30 Jahre alt sind, können Sie Ihr Kapital noch viermal verdoppeln und sind doch erst 62 Jahre alt.

Und jetzt denken Sie einmal an ein 9 %-Investment für Ihre Kinder oder Enkel. Von der Geburt bis zum 64. Lebensjahr ist bei einem Gewinn von durchschnittlich 9 % achtmal eine Verdoppelung des Anfangsinvestments möglich.

Sie sehen, wie der Zinses-Zins-Effekt im Zeitablauf Vermögen entstehen lässt. Deshalb ist es wichtig, möglichst frühzeitig an der Börse zu investieren.

Einmalanlage 10.000 Euro bei 9 % p.a.

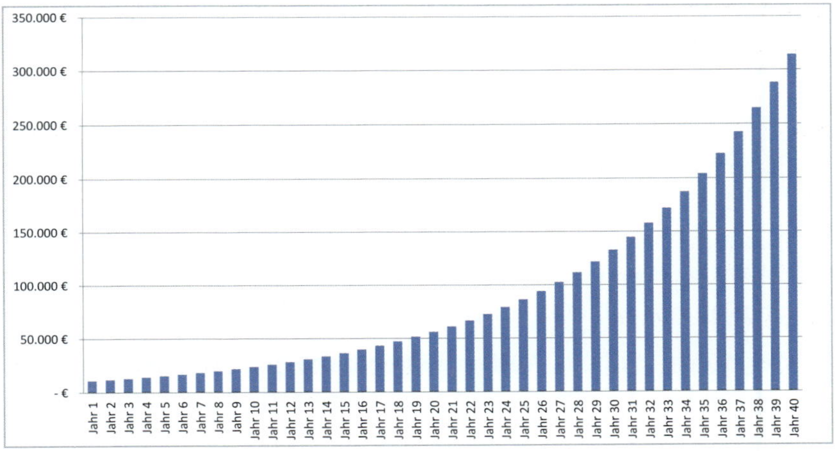

Aus einem Investment von 10.000 Euro werden bei 9 % Rendite p.a. in zehn Jahren 23.674. In 20 Jahren hat sich die Summe auf 56.044 nochmals verdoppelt und gegenüber dem Anfangsinvestment verfünffacht. Im 27. Jahr steht dann die zehnfache Anlagesumme zur Verfügung, und im 40. Jahr hat sich der Anlagebetrag verdreißigfacht.

Sparplan

Der bequemste Weg des Vermögensaufbaus sind Indexsparpläne, also regelmäßige, automatische Käufe. Um einen Sparplan zu starten, müssen Sie Ihrer Bank nur das Kaufintervall (in der Regel monatlich), das Kaufdatum (zum Beispiel immer am 5. oder 20. eines Monats), den jeweils zu investierenden Geldbetrag (meist ab 50 Euro möglich) und die WKN des gewünschten Index-ETFs bzw. Index-Zertifikates nennen.

Betrachten wir nun, wie sich der Sparplan bei einer Rendite von 9 % p.a. entwickelt. Sie können alle Berechnungen übrigens mit den Finanzrechnern von boerse.de nachprüfen.

Die Adresse: www.boerse.de/boersenwissen/finanzrechner

- Bei einer Einzahlung von 100 Euro monatlich werden binnen 40 Jahren 48.000 Euro angespart, woraus bei einer jährlichen Rendite von 9% ein Vermögen von 424.964 Euro entsteht.
- Wer zehn Jahre später mit dem Sparplan beginnt und somit binnen 30 Jahren 36.000 Euro anspart, kommt auf ein Vermögen von 171.438 Euro.

Den riesigen Unterschied in der Endsumme – 253.526 bei lediglich 12.000 niedrigerer Einzahlung – macht der Zinses-Zins-Effekt aus. Dementsprechend:

- Wer zum Beispiel mit 17 Jahren eine Lehre beginnt und bis zum 65. Lebensjahr monatlich 100 Euro anspart, kommt nach 48 Einzahlungsjahren (= 57.600) auf ein Vermögen von 860.640 Euro.
- Wer durch Studium, Auslandsaufenthalte oder Praktikas zwar ein höheres Einkommen hat und dadurch monatlich 200 Euro ansparen kann, aber deshalb zehn Jahre weniger in den Indexsparplan einzahlt, kommt nach 38 Einzahlungsjahren (45.600 Ansparsumme) auf ein Endergebnis von 710.944.

Die monatliche Einzahlung in einen Sparplan tut nicht weh, und am liebsten würden wir im Börsenverlag unsere neuen Azubis stets zum Abschluss eines solchen Indexsparplans verpflichten. Denn wer seine Ausbildung antritt, erhält mit der Ausbildungsvergütung in der Regel zum ersten Mal in seinem Leben ein regelmäßiges Einkommen. Das konsequente Zurücklegen eines Teils des Gehalts bedeutet daher zu Beginn der Berufskarriere keinen wirklichen Konsumverzicht, und dann bestehen auch beste Chancen, einen Sparplan dauerhaft beizubehalten. Und genau das ist der Schlüssel zum „Nebenbei"-Vermögensaubau.

Nehmen wir einen Azubi an, der mit 17 Jahren startet, bis zum 65. Lebensjahr in einen Indexsparplan investiert und seine Einzahlungen stets dem Einkommenszuwachs anpasst. Während der dreijährigen Lehre werden monatlich 100 Euro angespart, in den ersten zehn Berufsjahren dann 200 Euro im Monat, und unterstellen wir alle zehn Jahre eine Erhöhung um weitere 100 Euro monatlich. Das Ergebnis:

Aus einer Ansparsumme von 207.600 Euro würden – bei einem durchschnittlichen Ertrag von 9 % jährlich – 1.944.320 Euro werden!

Durch das konsequente Nebenbei-Ansparen zugunsten eines Index-Sparplans wird aus der viel zitierten Altersarmut also Altersreichtum. Und ohne das Kapital anzugreifen, würden 9 % Jahresrendite eine monatliche Börsenrente von 13.904 Euro ermöglichen. Ganz nebenbei und mit sehr glücklichen Erben.

1.4 Fazit Anlegerwissen

Ungedecktes Papiergeld unterliegt einem beständigen Wertverfall, während die Aktienmärkte langfristig nur den Weg nach oben kennen. Sie können am Vermögenswachstum der reichsten Menschen der Welt teilhaben oder auch ganz einfach auf die großen Indizes setzen. Denn Dax und Dow Jones eröffnen eine langfristige Gewinnperspektive von im Mittel 9 % jährlich, und Sie haben gesehen, wie aus 9 % jährlich über die Jahrzehnte ein Vermögen wird. Diese 9 % p.a. gibt es quasi fürs Nichtstun, auch wenn Ihnen die Finanzindustrie gerne etwas anderes weismachen möchte.

Wenn Sie nun ein wenig aktiv werden, können Sie deutlich höhere Gewinne erzielen – bei weitaus geringeren Vermögensschwankungen. Dazu gilt es, den Charakter von Bullen- und Bärenmärkten zu verstehen, die eine oder andere große Trendwende frühzeitig zu erkennen und ganz grundsätzlich über Portfoliostrategien nachzudenken. Und das sind die Themen der folgenden Abschnitte.

Exkurs

Unsere Empfehlung für Ihre Anlagestrategie

Den Empfehlungen der Börsenverlag-Börsendienste folgen Tausende Anlegerinnen und Anleger. Abonnenten können auf vielerlei Services zurückgreifen und haben zum Beispiel die Möglichkeit, mit den Mitarbeitern unseres Redaktionstelefons über die Börse oder konkrete Börsendienst-Empfehlungen zu diskutieren.

Wir haben daher eine gute Vorstellung davon, wie Privatanleger denken und investieren. Dabei sehen wir immer wieder, dass es vielen Börsenbeginnern an Überlegungen zur eigenen Depotstruktur fehlt und deshalb oftmals zu viel Kapital in einzelne Positionen investiert wird. In diesem Abschnitt möchten wir daher einige Empfehlungen für Ihren persönlichen Portfolioaufbau geben.

Asset-Allocation

Der Begriff beschreibt die Aufteilung Ihres Vermögens, die Sie aktiv festlegen sollten. Klammern wir Immobilien aus, geht es um Ihr frei verfügbares Finanzvermögen. Wenn Sie in absehbarer Zeit größere Zahlungen zu leisten haben (Anschaffungen, Steuernachzahlung etc.), gehört die dafür benötigte Liquidität nicht zum freien Finanzvermögen, und genauso sind Börsenkredite tabu.

Wir empfehlen eine Aufteilung des frei verfügbaren Finanzvermögens in die Anlageklassen Börse, Gold und Cash nach der Devise „Aktien als Investment und Gold als Geld".

Eine sinnvolle Asset-Allocation könnte z.B. bedeuten, 50 % an der Börse einzusetzen, 30 % in Gold zu investieren und 20 % Liquidität zu halten.

- Der Bereich Börse steht für Aktien, Derivate, Fonds, Index-Zertifikate, ETFs usw. sowie Liquidität. Denn ein Börsenanteil von 50 % Ihres Finanzvermögens bedeutet nicht, dass Sie mit diesen 50 % stets zu 100 % investiert sind. Dabei sollte Ihr Börsenportfolio wie eine Pyramide aufgebaut sein, die wir im Abschnitt „Ihre persönliche Anlagepyramide" erklären.

- Gold ist in Zeiten des ungehemmten Gelddruckens unseres Erachtens ein Muss. Dabei geht es nicht um Finanzinstrumente auf Gold, sondern alleine um physisches Gold, also Barren und Münzen, auf die Sie jederzeit Zugriff haben.
- Den Liquiditätsanteil braucht es, um im Crash reagieren zu können, also den Investmentbereichen Börse oder Gold wieder Cash für Nachkaufgelegenheiten zuführen zu können.

Rebalancing

Durch Kursveränderungen ändert sich natürlich die Gewichtung der einzelnen Anlageklassen, doch Sie dürfen nicht die Märkte über Ihre Vermögensstruktur entscheiden lassen. Deshalb gilt es, die Asset-Allocation regelmäßig zu re-adjustieren, was als „Rebalancing" bezeichnet wird.

Ein solches Rebalancing sollte ein- bis zweimal jährlich durchgeführt werden. Aufgrund der Börsenzyklen (starke Winter-, schwache Sommermonate) bieten sich dafür der 31. März und der 30. September jedes Jahres an.

Gehen wir vereinfacht von 100.000 Euro Finanzvermögen aus, die entsprechend der obigen Asset-Allocation angelegt sind. Also gilt:

Ziel Asset-Allocation

Börse	50 %	=	50.000 Euro
Gold	30 %	=	30.000 Euro
Cash	20 %	=	20.000 Euro
		=	100.000 Euro

Unterstellen wir nun ein gutes Börsenhalbjahr und ein Plus von 20 % im Börsenbereich. Damit verschieben sich die Vermögensanteile wie folgt:

Ist-Asset-Allocation

Börse	54,5 %	=	60.000 Euro
Gold	27,3 %	=	30.000 Euro
Cash	18.2 %	=	20.000 Euro
		=	110.000 Euro

Durch den 20 %-Gewinn im Börsenbereich hat sich dessen Vermögensanteil von 50 % auf 54,5 % erhöht. Und dadurch sind die Bereiche Gold sowie Cash unterrepräsentiert.

Ziel Asset-Allocation			**Rebalancing (bei Gelegenheit)**	
Börse	50 %	= 55.000 Euro	– 5000 Euro	Gewinne mitnehmen
Gold	30 %	= 33.000 Euro	+ 3000 Euro	Gold nachkaufen
Cash	20 %	= 22.000 Euro	+ 2000 Euro	Cash erhöhen

In diesem Beispiel gilt es also, Gewinnmitnahmen im Börsenbereich vorzubereiten, um dafür Gold nachzukaufen und den Cash-Anteil zu erhöhen.

Der große Vorteil eines solchen Rebalancing ist stets, dass Sie wissen, in welchen Anlageklassen Ihr Depot über- beziehungsweise untergewichtet ist. Wenn Sie regelmäßig zu der von Ihnen geplanten Asset-Allocation zurückkehren, reduzieren Sie die Risiken Ihres Finanzvermögens und vergessen in boomenden Marktphasen niemals Gewinnmitnahmen. Sie investieren diszipliniert, schalten Emotionen aus und verstärken „antizyklisch“ die Bereiche, die gerade weniger populär sind.

Ihre persönliche Anlagepyramide

Die Depotstruktur ist der Schlüssel für Ihren Börsenerfolg, was den wenigsten Anlegern bewusst ist. Doch:

Keine Fußballmannschaft tritt mit acht Stürmern an, und genauso gilt es, auch an der Börse aus einer starken Defensive heraus zu investieren. Ihr Portfolio sollte in der Zusammensetzung deshalb auf die unterschiedlichen Risikoklassen der jeweiligen Anlagemöglichkeiten ausgerichtet sein. Entscheidend:

Der Aktienkurs eines großen Unternehmens mit hoher Marktkapitalisierung (ein sogenannter Standardwert oder Blue Chip) wird sich in der Regel nicht so schnell halbieren oder verdoppeln – genauso wenig wie ein Aktienindex und ein darauf basierender ETF bzw. ein Indexzertifikat.

Weitaus größere Kursbewegungen sind hingegen bei kleineren Aktiengesellschaften (Nebenwerten, Small Caps) oder Unternehmen in

Sondersituationen (Turnarounds) einzukalkulieren – genauso wie für Aktien aus den Emerging Markets oder z.B. dem Rohstoffsegment.

Derivate (Optionen, Optionsscheine, Hebelzertifikate) sind schließlich am spekulativsten anzusehen, das heißt, hier drohen die größten Verlustrisiken, aber es winken auch die höchsten Gewinnchancen.

Ihr Depot sollte daher wie eine Pyramide aufgebaut sein, die auf einer breiten Basis relativ konservativer Investments steht. Genauso wie sich die Pyramide nach oben verjüngt, sind auch bei ansteigenden Risiken die Depotanteile der jeweiligen Anlageklassen konsequent zu reduzieren.

Die Portfolio-Aufteilung könnte dann beispielsweise wie folgt aussehen:

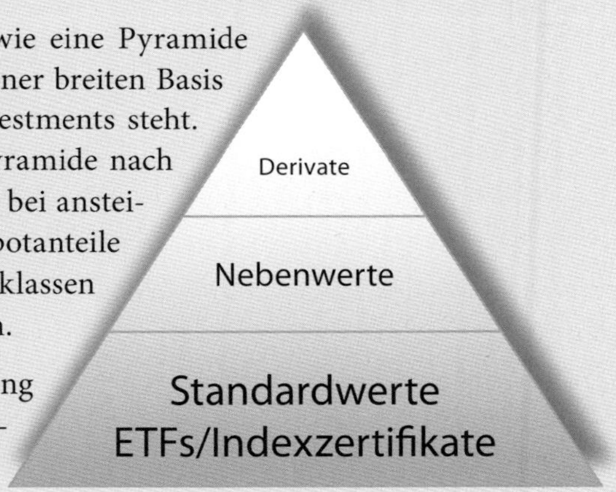

70 % konservativ 20 % dynamisch 10 % spekulativ

Ganz nach Ihrer persönlichen Risikoneigung können Sie konservativer oder spekulativer planen. Doch nach der Börsenverlag-Philosophie sollte Ihr Depot in den Grundzügen stets dieser Anlagepyramide entsprechen, also von relativ konservativen Titeln dominiert werden, während spekulative Derivate-Tradings nur einen überschaubaren Anteil einnehmen dürfen.

Ein regelmäßiges Rebalancing empfiehlt sich natürlich auch für Ihre persönliche Depotstruktur. So gilt es bei hohen Derivategewinnen zum Beispiel konsequent wieder die Depotbasis zu stärken. Und wenn Aktien sehr stark gelaufen sind, sollte mit Blick auf die nächste Marktkorrektur genauso konsequent wieder der Derivate-Anteil erhöht werden.

Wenn Sie Ihre Asset-Allocation und Ihre Depotstruktur aktiv planen sowie regelmäßig anpassen, sind Sie den meisten Anlegern weit voraus.

II. BULLENMÄRKTE & BÄRENMÄRKTE

Die langfristige Gewinnperspektive von 9 % jährlich für Dow Jones und Dax beruht zu zwei Dritteln auf Kursgewinnen und zu einem Drittel auf Dividenden.

Doch Aktienbörsen entwickeln sich natürlich nicht linear nach oben. Der Dow Jones hat seit 1896 sogar lediglich zwei Jahre (2007 und 1971) mit einer „6" vor dem Komma abgeschlossen. Die 6 % Kursgewinn jährlich sind logischerweise ein Mittelwert.

Nachfolgende Grafik zeigt alle Jahresveränderungen im Dow Jones seit 1896, und jeder Balken steht für ein Börsenjahr.

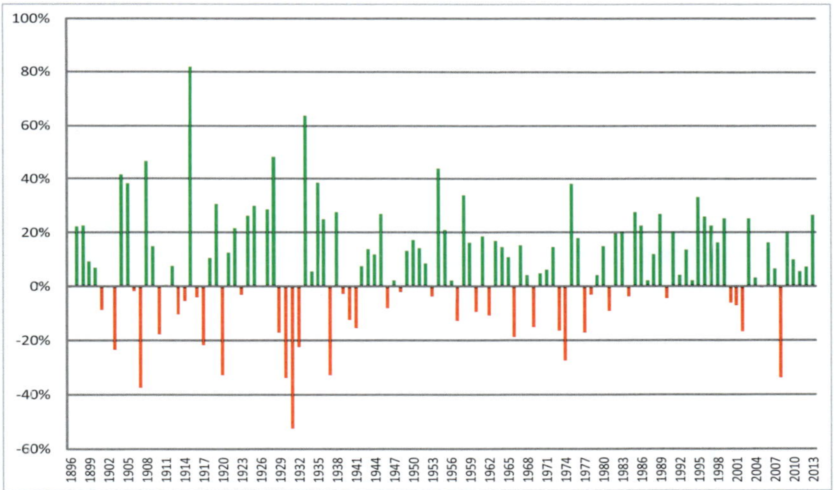

Bitte nehmen Sie sich ein wenig Zeit für diese Abbildung.

In der Finanzpresse lesen Sie häufig, dass die Börsenschwankungen in Zeiten des Hochfrequenzhandels drastisch zugenommen hätten. Diese Grafik beweist das Gegenteil, denn in der Vergangenheit waren die jährlichen Kursveränderungen weitaus höher als heute. Doch an dieser Stelle geht es uns um etwas anderes:

Sie sehen, dass positive Börsenjahre überwiegen, was angesichts des durchschnittlichen Kursgewinns von 6 % im Jahr nicht überrascht. Sie sehen aber auch, wie positive und negative Börsenphasen sich permanent abwechseln. Kommt es zu einer Reihe sehr positiver Börsenjahre, folgen besonders negative Jahre, und falls mehrere negative Börsenjahre aufeinanderfolgen, sind die anschließenden Gewinnerjahre umso spektakulärer. Und damit sind wir auch schon bei einem der bedeutendsten Börsenphänomene, oder besser, Börsengesetze.

Rückkehr zum Mittelwert

Wir wissen nicht, wann Sie dieses Buch lesen, wo dann die Indizes notieren und welche Stimmung gerade vorherrscht. Doch machen Sie sich bewusst, dass die Märkte langfristig immer wieder zu ihrem Mittelwert zurückkommen werden, und der Mittelwert sind eben 6 % Kursgewinn jährlich. Das bedeutet:

Wenn sich die Aktienbörsen gerade in Hochstimmung befinden, dann seien Sie skeptisch, und wenn die Marktteilnehmer pessimistisch sind, dann seien Sie optimistisch. Die Kurse werden nicht in den Himmel steigen und die Aktienmärkte nicht untergehen. Über kurz oder lang werden die Märkte zu ihrem 6 %-Weg zurückfinden. Dabei gilt:

Die Aktienmärke neigen zu Pendelbewegungen. Wird ein Extrem erreicht, entwickeln sich die Kurse häufig von diesem Extrem – über den Mittelwert hinweg – zum anderen Extrem. Ein gutes Beispiel, an das sich die meisten Leser noch erinnern werden, ist hierfür die Börseneuphorie Ende der 1990er-Jahre und der sich dann anschließende Zusammenbruch:

Der Dax hatte im Oktober 1998 bei unter 4000 Punkten notiert und sich bis März 2000 auf 8065 verdoppelt. Diese Kursgewinne waren nicht normal, das war eine Extremphase, der einfach ein Absturz folgen musste. Im März 2003 schlug der Dax dann bei lediglich 2203 Punkten auf. Diese Kursverluste waren ebenfalls nicht normal, es handelte sich hier genauso um eine Extremphase, der kräftige Kursgewinne folgen mussten.

Dax 1998 – 2003

Am 2000er-Top war die allgemeine Marktstimmung sehr euphorisch, und als 2003 das Jahrhunderttief im Dax herausgebildet wurde, herrschte Panik. Das sind die beiden Stimmungsextrema, zwischen denen sich die Börsen bewegen. Vereinfacht:

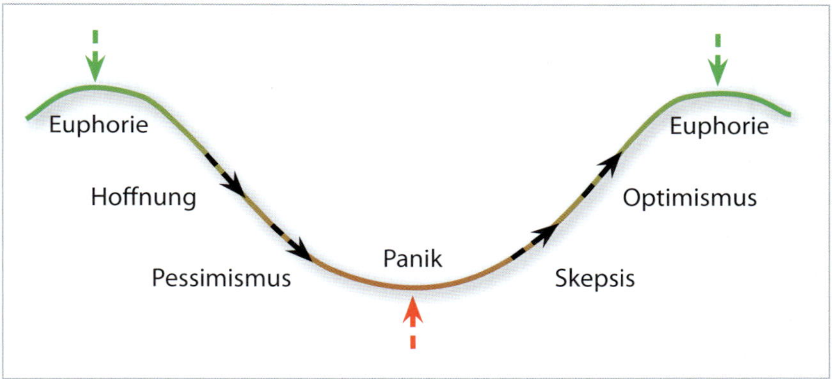

Wenn die Masse der Anleger euphorisch ist (und es kaum noch Pessimisten gibt), liegt der Hochpunkt der Börsen nahe. Denn die Optimisten sind bereits engagiert, sodass nur der Meinungsumschwung der Pessimisten weitere Kursgewinne bewirken könnte. Wenn die Kurse dann den Abschwung starten und dieser zunächst noch von der allgemeinen Hoffnung auf bald wieder steigende Kurse begleitet wird, dann handelt es sich oftmals um eine große Abwärtsumkehr. Je weiter die Kurse dann fallen, desto schlechter wird die Stimmung und desto größer das Lager der Pessimisten. Wenn es schließlich zur Panik kommt (und es kaum noch Optimisten gibt), liegt der Tiefpunkt der Börsen nahe. Denn die Pessimisten haben bereits verkauft, und es kann mit den Kursen eigentlich nur noch nach oben gehen. Starten die Kurse den Aufschwung, und wird dieser zunächst noch von Skepsis begleitet, handelt es sich in der Regel um eine große Aufwärtsumkehr. Je weiter die Kurse im Anschluss steigen, desto besser wird die Stimmung, das Lager der Pessimisten wird kleiner, die Zahl der Optimisten größer. Bis die Masse der Anleger irgendwann wieder euphorisch ist ...

Natürlich sind Extremphasen an der Börse die Ausnahme und nicht die Regel. Doch genau diese Extremphasen eröffnen die höchsten

Gewinnchancen, wie wir in den folgenden Abschnitten herausarbeiten werden. Halten wir fest:

Der Dow Jones gewinnt seit 1896 im Mittel 6 % jährlich, genauso wie der Dax unter Herausrechnung der Dividenden seit 1987. Diese 6 % sind der Mittelwert, und damit besitzen beide Indizes eine langfristige Aufwärtstendenz. Die Kurse oszillieren langfristig um die 6 %-Marke herum, wobei längere Phasen mit überdurchschnittlichen Kursgewinnen (Bullenmärkte, Hausse), sich mit Phasen fallender Kurse (Bärenmärkte, Baisse) abwechseln.

Die Grafiken (rechts) zeigen Dow Jones und Dax in den unterschiedlichen Börsenphasen. Sie sehen, dass Hausse-Phasen (grün) deutlich länger andauern als Baisse-Phasen (rot).

Fachbegriffe und ihre Bedeutung

Aufwärtstrend	Kurs über 200-Tage-Linie
Abwärtstrend	Kurs unter 200-Tage-Linie
Hausse	mehrjähriger, mindestens 30%iger Kursanstieg
Baisse	mehrjähriger, mindestens 20%iger Kursrückgang
Crash	schneller, mindestens 20%iger Kursrückgang
Rallye	Beschleunigung der Aufwärtsbewegung
Bear-Market-Rallye	Erholung/Rallye im Abwärtstrend
Korrekturen	kurzzeitig fallende Kurse im Aufwärtstrend
Seitwärtsmarkt	richtungslose Kursentwicklung, häufig Oszillation um die 200-Tage-Linie
Bulle	Symbol für steigende Kurse
Bär	Symbol für fallende Kurse
bullish	positive Entwicklung bzw. Einschätzung
bearish	negative Entwicklung bzw. Einschätzung

Bullen- und Bärenmärkte im Dow Jones

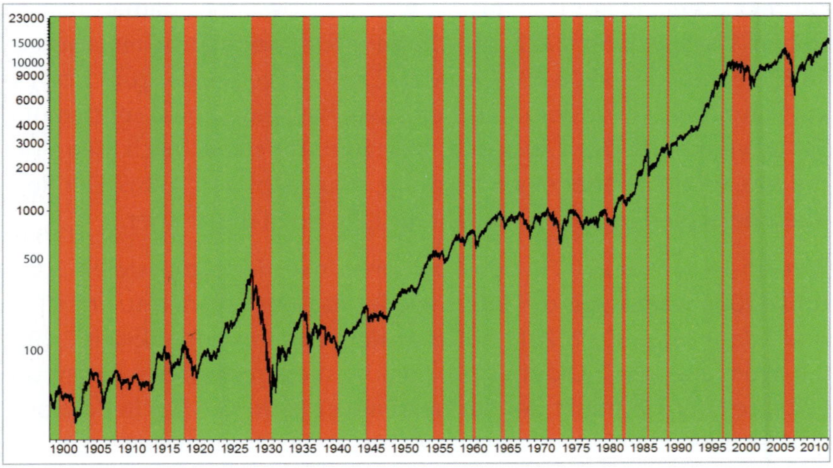

Bullen- und Bärenmärkte im Dax

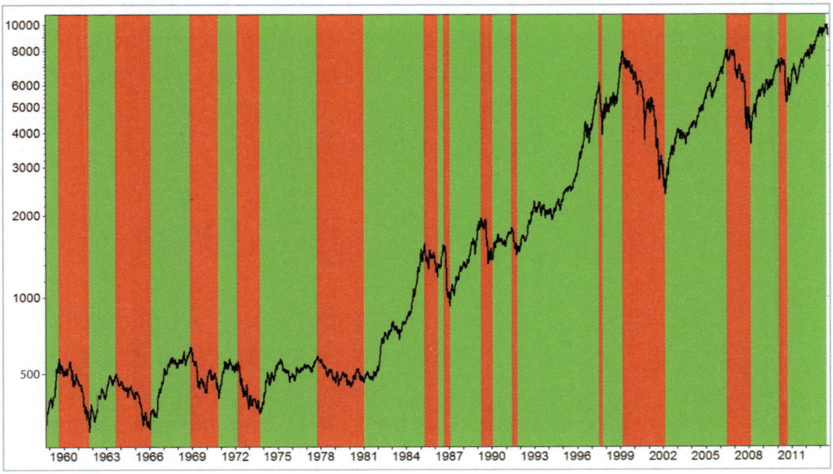

Die Unterscheidung zwischen Hausse und Baisse ist elementar, um überdurchschnittliche Anlagerenditen erzielen zu können. Zwar sind in den großen Indizes (nicht in Themen- oder Länderindizes) neue Höchstkurse stets nur eine Frage der Zeit, doch Ihre persönliche Rendite hängt davon ab, zu welchem Zeitpunkt Sie kaufen. Dazu ein einfaches Beispiel:

Der große Börsencrash von 1987 sieht in den langfristigen Index-Charts heute wie eine Marginalie aus. So war der Dow Jones damals binnen sieben Wochen von 2722 auf 1794 Punkte weggebrochen, woraus 16.826 Zähler per 30.06.2014 wurden. Der Pechvogel, der zum Höchstkurs unmittelbar vor dem Crash einstieg, hat sein Kapital seitdem um 518 % vermehrt. Der Glückspilz, der zum Tiefstkurs nach dem Tief orderte, erreichte aber einen Vermögenszuwachs von 838 %. Der Renditeunterschied beträgt 1,7 % Jahr für Jahr. Noch drastischer:

Wer am 14. Januar 2000 in den Dow Jones investierte, musste bis 3. Oktober 2006 warten, bis der Index wieder das Einstiegsniveau erreichte, und kommt per 30.06.2014 auf eine Kursrendite von lediglich 2,49 % p.a. Wem aber am 7. Oktober 2002 der Einstieg gelang (das war im US-Leitindex der Tiefpunkt der riesigen Baisse), kann sich per Redaktionsschluss über eine Kursrendite von 7,12 % jährlich freuen. Sie sehen:

Wenn die Kurse der großen Indizes im Mittel 6 % jährlich gewinnen (und dazu kommen ja noch die Dividenden), dann macht der Einstiegszeitpunkt den Unterschied zwischen unterdurchschnittlichen und überdurchschnittlichen Renditen aus. Und es gibt einige einfache Strategien, die Ihnen dabei helfen, nahe den Höchstkursen zu verkaufen sowie – vor allem – nahe den Tiefstkursen zu kaufen.

1. DER CHARAKTER VON BULLENMÄRKTEN

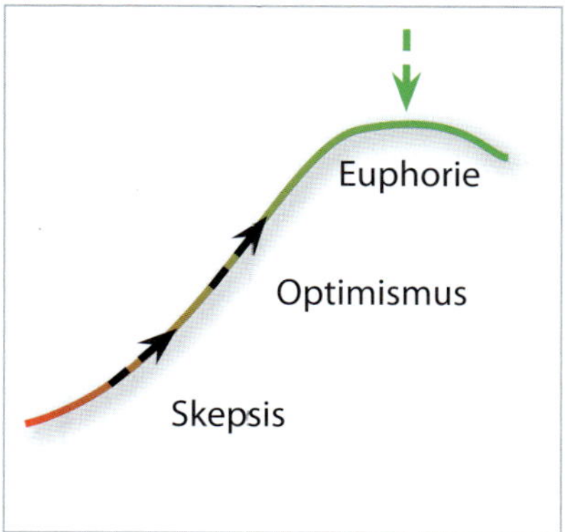

Aktionäre lieben steigende Kurse. Wenn sich die Börsen in der Hausse befinden, werden Anleger mit der Zeit immer gieriger, während immer mehr neue Anleger den Weg zur Börse finden. Das war in der Vergangenheit so und wird auch in der Zukunft so sein, obwohl logischerweise das Chance-Risiko-Verhältnis schlechter wird, je weiter der Bullenmarkt fortgeschritten ist.

Das Hausse-Paradox:
Wenn im Handel die Preise steigen, gehen die Käufer.
Wenn an der Börse die Preise steigen, kommen die Käufer.

Jede länger anhaltende, scheinbar automatische Geldvermehrung – an der Börse genauso wie bei Immobilien, Kunst etc. – hat eine geradezu magische Wirkung auf die Masse. Der Verstand setzt mit der Zeit aus, die eigene Vernunft wird zur Gruppenvernunft und damit zur Massenhysterie. Wer in solchen Phasen Gewinne erzielt, begründet diese zumeist nicht mit dem Markttrend, sondern mit seiner Intelligenz und seiner Erfahrung. Wer sich bisher noch nicht beteiligt hat und mehr und mehr von den phänomenalen, einfachen Gewinnen durch Freunde, Kollegen oder aus der Presse erfährt, wird mit der Zeit in eine solche Hausse regelrecht hineingesaugt.

Sehen wir uns also nun die Bullenmärkte von Dow Jones und Dax an.

Die Zeit des größten Pessimismus ist die beste Zeit des Kaufens,
die Zeit des größten Optimismus ist die beste Zeit zu verkaufen.
John Templeton

1.1 Bullenmärkte im Dow Jones

Die Statistik der US-Börse weist 24 Bullenmärke aus, in denen sich der Dow Jones zwischen 29,8 % und 496,5 % verbessert hat. Im Mittel gewinnt der Dow Jones in einer Hausse 127,7 %, wobei Bullenmärkte durchschnittlich 40 Monate andauern.

Es kommt also durchschnittlich alle fünf Jahre zu einem Bullenmarkt, der drei Jahre und vier Monate andauert. Annualisiert bedeuten 127,7 % Kursgewinn einen Anstieg von 28,0 %. Der Gewinn eines typischen Hausse-Jahres entspricht also dem 4,6-Fachen der durchschnittlichen historischen Kursrenditen beziehungsweise mehr als dem dreifachen der mittleren jährlichen Gesamtrendite.

Im Folgenden untersuchen wir die Bullenmärkte und unterscheiden hier hinsichtlich ihrer zeitlichen Ausprägung: Bullenmärkte, die bis zu 30 Monate andauern, bezeichnen wir als Hausse, längere Bullenmärkte als Langfrist-Hausse.

Übersicht über alle Bullenmärkte im Dow Jones

Tief	Datum	Hoch	Datum	Anstieg	Dauer in Monaten
29,84	02.01.1897	57,33	17.06.1901	92,12 %	54
30,88	09.11.1903	75,45	19.01.1906	144,33 %	26
38,83	15.11.1907	72,52	19.11.1909	86,76 %	24
52,32	11.12.1914	110,15	21.11.1916	110,53 %	23
65,95	19.12.1917	119,62	04.11.1919	81,38 %	23
63,90	24.08.1921	381,17	03.09.1929	496,51 %	96
41,22	08.07.1932	194,40	10.03.1937	371,62 %	56
98,95	31.03.1938	155,92	12.09.1939	57,57 %	17
92,95	28.04.1942	212,50	30.05.1946	128,62 %	49
161,60	30.06.1949	521,10	06.04.1956	222,46 %	81
419,80	22.10.1957	685,50	05.01.1960	63,29 %	26
566,10	25.10.1960	734,90	13.12.1961	29,82 %	14
535,8	26.06.1962	995,20	09.02.1966	85,74 %	43
744,3	07.10.1966	985,20	04.12.1968	32,37 %	26
631,2	26.05.1970	1051,70	11.01.1973	66,62 %	32
577,6	06.12.1974	1014,80	21.09.1976	75,69 %	22
742,1	28.02.1978	1024,10	27.04.1981	38,00 %	38
776,9	12.08.1982	1287,20	29.11.1983	65,68 %	16
1086,6	24.07.1984	2722,40	25.08.1987	150,54 %	37
1793,9	19.10.1987	2999,80	17.07.1990	67,22 %	33
2365,1	11.10.1990	9338,00	17.07.1998	294,82 %	93
7539,1	31.08.1998	11722,98	14.01.2000	55,50 %	16
7422,84	07.10.2002	14164,53	09.10.2007	90,82 %	60
6547,05	09.03.2009	16826,60	30.06.2014	157,01 %	64
			Mittelwert	127,71 %	40

Dow Jones in der Hausse

Tief	Datum	Hoch	Datum	gesamt	p.a.	Im 1. Jahr	Im 2. Jahr	Letzte 6 Monate
30,88	09.11.1903	75,45	19.01.1906	144,33 %	50,25 %	59,10 %	21,62 %	26,28 %
38,83	15.11.1907	73,64	19.11.1909	89,65 %	37,47 %	66,19 %	12,74 %	1,22 %
52,32	11.12.1914	110,15	21.11.1916	110,53 %	46,65 %	23,18 %	70,91 %	
65,95	19.12.1917	119,62	04.11.1919	81,38 %	37,38 %	24,94 %	45,17 %	
98,95	31.03.1938	155,92	12.09.1939	57,57 %	36,84 %	33,24 %	18,26 %	
419,80	22.10.1957	685,50	05.01.1960	63,29 %	24,93 %	29,18 %	15,36 %	9,57 %
566,10	25.10.1960	734,90	13.12.1961	29,82 %	25,89 %	23,78 %	4,88 %	
744,30	07.10.1966	985,20	04.12.1968	32,37 %	13,87 %	24,77 %	3,01 %	2,98 %
577,60	06.12.1974	1014,80	21.09.1976	75,69 %	36,96 %	41,76 %	23,94 %	
776,90	12.08.1982	1287,20	29.11.1983	65,68 %	47,58 %	52,25 %	8,83 %	
7539,10	31.08.1998	11722,98	14.01.2000	55,50 %	37,95 %	43,64 %	8,25 %	
			Mittelwert	73,26 %		38,37 %	21,18 %	10,01 %

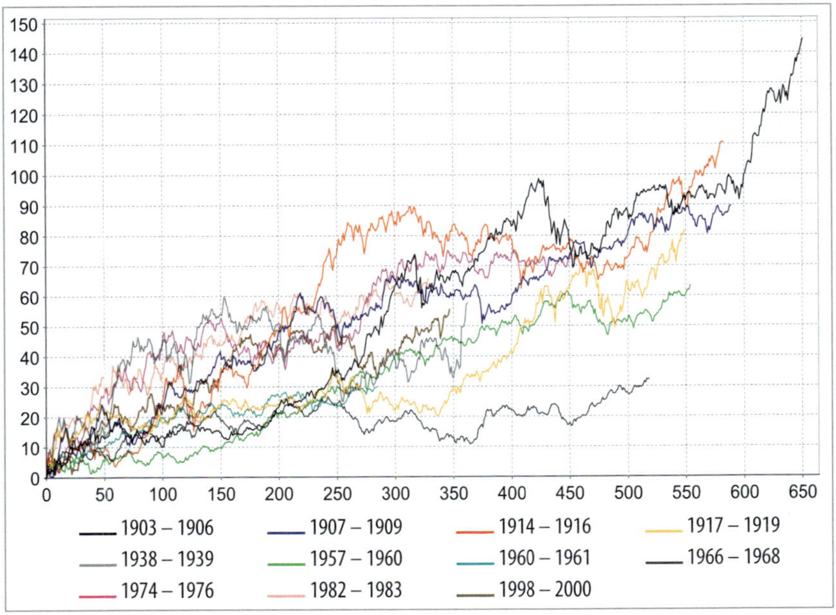

Der Dow Jones durchlief bislang elf Hausse-Zyklen, die weniger als 30 Monate andauerten. Im Mittel gewannen die Kurse hier 73,3 % innerhalb von 21,3 Monaten, was einer Kursrendite von 36,3 % p.a. entspricht.

Typischer Dow-Jones-Verlauf in der Hausse

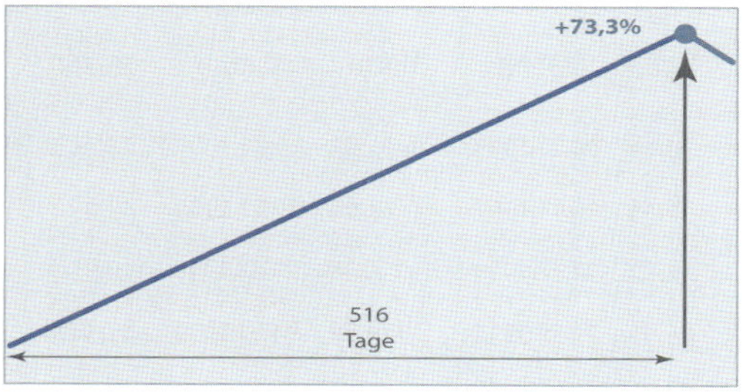

Die größten Kursgewinne werden in den ersten zwölf Monaten einer neuen Hausse erzielt, denn der Dow Jones verbessert sich hier um durchschnittlich 38,4 %, was sogar mehr als die Hälfte des gesamten Hausse-Zyklus ausmacht.

Dow Jones in der Langfrist-Hausse

Tief	Datum	Hoch	Datum	gesamt	p.a.	Dauer in Monaten
29,84	02.01.1897	57,33	17.06.1901	92,12 %	15,75 %	54
63,90	24.08.1921	381,17	03.09.1929	496,51 %	24,93 %	96
41,22	08.07.1932	194,40	10.03.1937	371,62 %	39,37 %	56
92,95	28.04.1942	212,5	30.05.1946	128,62 %	22,41 %	49
161,60	30.06.1949	521,10	06.04.1956	222,46 %	18,89 %	81
535,80	26.06.1962	995,20	09.02.1966	85,74 %	18,66 %	43
631,20	26.05.1970	1051,70	11.01.1973	66,62 %	21,47 %	32
742,10	28.02.1978	1024,10	27.04.1981	38,00 %	10,74 %	38
1086,60	24.07.1984	2722,40	25.08.1987	150,54 %	34,66 %	37
1793,90	19.10.1987	2999,80	17.07.1990	67,22 %	20,60 %	33
2365,10	11.10.1990	9338,00	17.07.1998	294,82 %	19,34 %	93
7422,84	07.10.2002	14164,53	09.10.2007	90,82 %	13,78 %	60
6547,05	09.03.2009	16826,60	30.06.2014	157,01 %	19,46 %	64
			Mittelwerte:	174,01 %		57

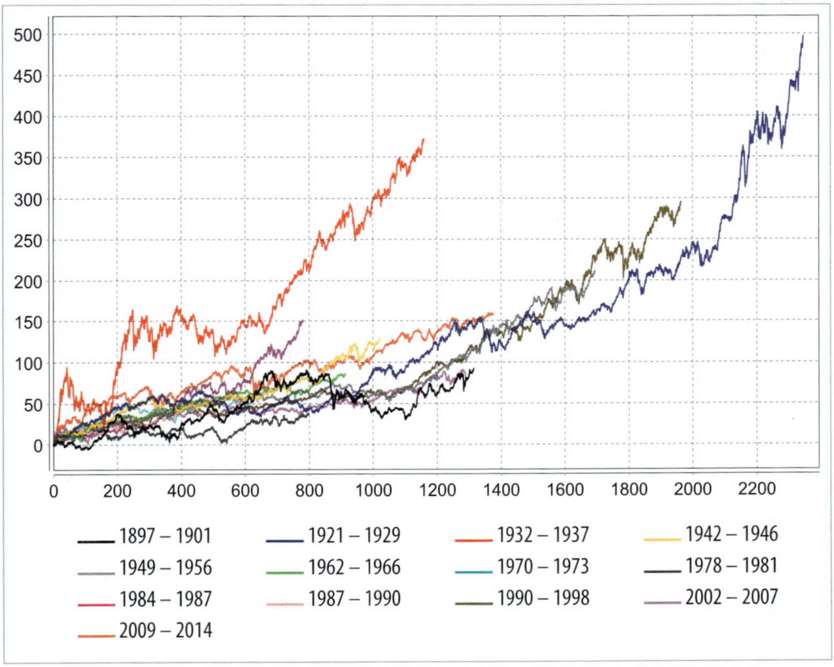

Typischer Dow Jones-Verlauf in der Langfrist-Hausse

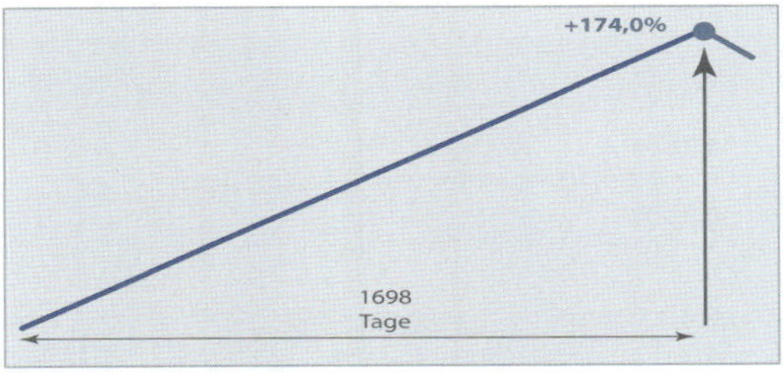

Die Kurshistorien weisen 13 Langfrist-Haussen aus. Im Mittel verbesserte sich der Dow Jones in einer Langfrist-Hausse um 174,0 %, innerhalb von durchschnittlich 56,6 Monaten. Annualisiert bedeutet dies einen Kursgewinn von 23,8 % jährlich.

Die mit Abstand erfolgreichste Phase einer Langfrist-Hausse sind die ersten zwölf Monate, denn hier gewinnt der US-Index durchschnittlich 42,5 %. Unter Herausrechnung des exorbitanten Zwölf-Monats-Anstiegs der 1932 gestarteten Hausse (155,6 %) beträgt der Durchschnittsgewinn noch immer 33 %. Mit einem Plus von durchschnittlich 10,7 % wird für das zweite Jahr im langfristigen Hausse-Zyklus die niedrigste

Performance ausgewiesen. Im dritten und im vierten Jahr beträgt der durchschnittliche Zuwachs 14,8 % beziehungsweise 14,4 %. Bei den noch länger andauernden Hausse-Phasen kam es im Anschluss sogar zu einer Beschleunigung des Anstiegs.

Die längsten US-Bullenmärkte liefen von 1921 bis 1929 und von 1990 bis 1998 (eigentlich sogar bis 2000, da der 1998er-Crash schon nach einem Monat abgeschlossen war). Diese beiden Langfrist-Haussen hatten also 96 beziehungsweise 93 (109) Monate angedauert und damit sogar knapp doppelt so lange wie normalerweise. So ist es kein Wunder, dass im Anschluss überaus kräftige Bärenmärkte folgten, denn die Kurse kommen eben immer wieder zu ihrem Mittelwert zurück ...

Datum Tief	Im 1. Jahr	Im 2. Jahr	Im 3. Jahr	Im 4. Jahr	Im 5. Jahr	Im 6. Jahr	Im 7. Jahr
02.01.1897	21,31 %	22,46 %	12,59 %	3,39 %			
24.08.1921	56,04 %	–7,81 %	12,61 %	37,92 %	13,10 %	16,48 %	24,25 %
08.07.1932	155,58 %	–7,62 %	25,92 %	27,46 %			
28.04.1942	44,31 %	1,54 %	20,36 %				
30.06.1949	29,39 %	16,07 %	13,02 %	–2,19 %	24,30 %	35,35 %	
26.06.1962	32,33 %	17,21 %	2,82 %				
26.05.1970	43,60 %	7,16 %					
28.02.1978	8,99 %	5,64 %	14,28 %				
24.07.1984	24,14 %	32,82 %	38,72 %				
19.10.1987	19,14 %	25,54 %					
11.10.1990	26,16 %	5,12 %	14,56 %	7,89 %	22,14 %	26,06 %	34,77 %
07.10.2002	30,07 %	4,88 %	1,65 %	15,14 %	18,70 %		
09.03.2009	61,36 %	15,61 %	5,80 %	11,42 %			
Mittelwert:	42,49 %	10,66 %	14,76 %	14,43 %	19,56 %	25,96 %	29,51 %

1.2 Bullenmärkte im Dax

Tief	Datum	Hoch	Datum	Anstieg	Dauer in Monaten
328,49	19.10.1959	603,79	06.09.1960	83,81 %	11
316,62	24.10.1962	527,39	02.09.1964	66,57 %	22
319,93	18.01.1967	658,46	02.12.1969	105,81 %	34
423,81	05.11.1971	580,99	23.03.1973	37,09 %	17
372,26	06.11.1974	611,67	19.10.1978	64,31 %	47
468,30	09.02.1981	1586,00	17.04.1986	238,67 %	62
1179,30	19.03.1987	1570,30	17.08.1987	33,16 %	5
981,18	28.01.1988	1968,55	30.03.1990	100,63 %	26
1322,68	16.01.1991	1811,57	25.05.1992	36,96 %	16
1420,30	06.10.1992	6171,43	20.07.1998	334,52 %	69
3896,08	08.10.1998	8064,97	07.03.2000	107,00 %	17
2202,96	12.03.2003	8105,00	16.07.2007	267,91 %	52
3666,41	06.03.2009	7527,64	02.03.2011	105,31 %	24
5072,33	12.09.2011	9833,07	30.06.2014	93,86 %	34
			Mittelwert:	119,69 %	31

Für die deutsche Börse können seit 1959 14 Bullenmärkte gemessen werden, in denen der Dax zwischen 33,2 % und 334,52 % gewann. Der durchschnittliche Hausse-Gewinn beträgt 119,7 % und Bullenmärkte dauern im Mittel 31 Monate.

14 Bullenmärkte in 55 Jahren bedeuten, dass der Dax alle vier Jahre einen Bullenmarkt startet, der durchschnittlich zwei Jahre und sieben Monate läuft. Auf das Jahr umgerechnet entsprechen 119,7 % Indexgewinn einem Plus von 33,8 % p.a. In einem typischen Hausse-Jahr gewinnt der Dax also das 3,8-Fache der historischen Kursrendite von 9 % jährlich.

Wir unterscheiden im Folgenden abermals an der 30-Monats-Grenze zwischen Hausse und Langfrist-Hausse.

Dax in der Hausse

Tief	Datum	Hoch	Datum	gesamt	p.a.	Im 1. Jahr	Im 2. Jahr	Im 3. Jahr
328,49	19.10.1959	603,79	06.09.1960	83,81 %	99,63 %	83,81 %		
316,62	24.10.1962	527,39	02.09.1964	66,57 %	31,65 %	36,26 %	22,24 %	
423,81	05.11.1971	580,99	23.03.1973	37,09 %	25,61 %	28,39 %	6,77 %	
1179,3	19.03.1987	1570,3	17.08.1987	33,16 %	100,67 %	33,16 %		
981,18	28.01.1988	1968,55	30.03.1990	100,63 %	37,79 %	36,94 %	33,53 %	9,72 %
1322,68	16.01.1991	1811,57	25.05.1992	36,96 %	26,06 %	25,98 %	8,72 %	
3896,08	08.10.1998	8064,97	07.03.2000	107,00 %	67,29 %	39,10 %	48,82 %	
3666,41	06.03.2009	7527,64	02.03.2011	105,31 %	43,58 %	60,30 %	28,08 %	
			Mittelwert	71,32%		42,99%	24,69%	9,72%

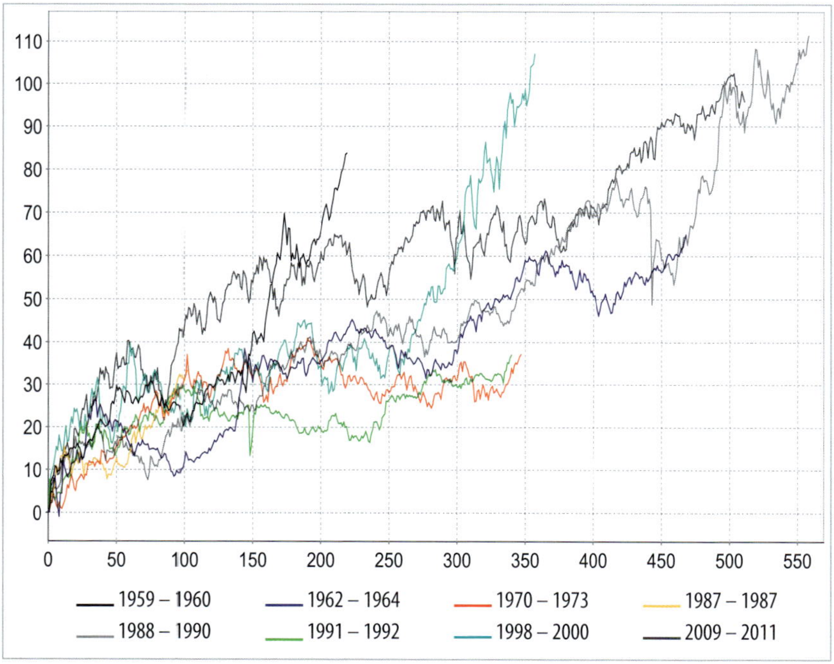

Typischer Dax-Verlauf in der Hausse

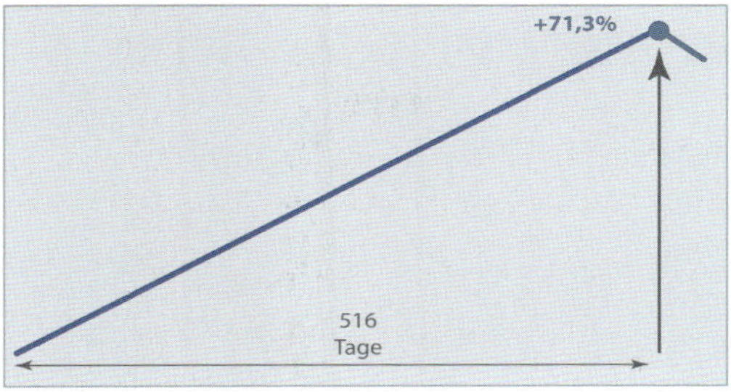

Der Dax befand sich bislang in acht Hausse-Zyklen, die weniger als 30 Monate andauerten. Durchschnittlich verbesserte sich der Index hier um 71,3 % binnen 17 Monaten und damit um 46 % p.a.

Auch im Dax werden mit +43 % die höchsten Kursgewinne in den ersten zwölf Monaten einer neuen Hausse erzielt.

Dax in der Langfrist-Hausse

Tief	Datum	Hoch	Datum	gesamt	p.a.	Dauer in Monaten
319,93	18.01.1967	658,46	02.12.1969	105,81 %	28,57 %	34
372,26	06.11.1974	611,67	19.10.1978	64,31 %	13,39 %	47
468,3	09.02.1981	1586	17.04.1986	238,67 %	26,50 %	62
1420,3	06.10.1992	6171,43	20.07.1998	334,52 %	28,89 %	69
2202,96	12.03.2003	8105	16.07.2007	267,91 %	34,97 %	52
5072,33	12.09.2011	9833,07	30.06.2014	93,86 %	26,67 %	34
			Mittelwert	184,18 %		50

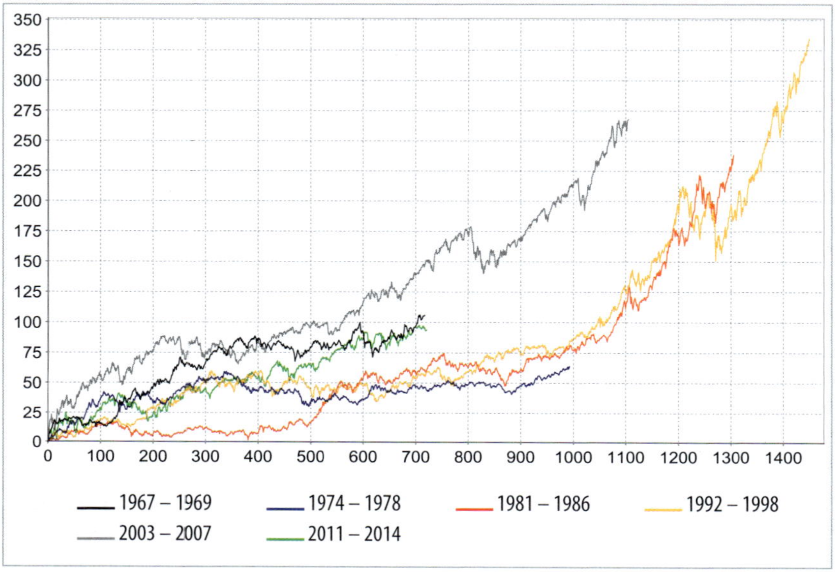

Typischer Dax-Verlauf in der Langfrist-Hausse

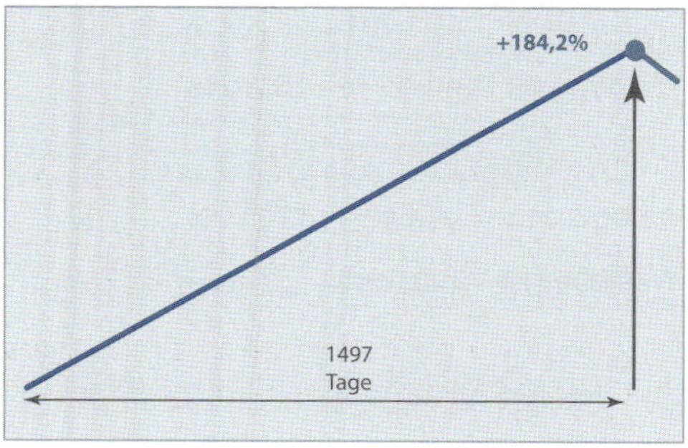

Seit 1959 können sechs Langfrist-Haussen gemessen werden, in denen sich der Dax binnen 50 Monaten um 184,2 % verbesserte. Dieser Gewinn bedeutet umgerechnet einen durchschnittlichen Zuwachs von 28,5 % jährlich.

Datum Tief	Im 1. Jahr	Im 2. Jahr	Im 3. Jahr	Im 4. Jahr	Im 5. Jahr	Im 6. Jahr
18.01.1967	69,98 %	5,63 %	14,63 %			
06.11.1974	43,15 %	−4,24 %	9,50 %	9,47 %		
09.02.1981	7,09 %	11,05 %	38,88 %	9,32 %	69,62 %	10,59 %
06.10.1992	39,90 %	−1,31 %	10,73 %	23,57 %	60,33 %	43,45 %
12.03.2003	77,73 %	11,37 %	33,13 %	15,69 %	20,69 %	
12.09.2011	44,78 %	15,67 %				
Mittelwert:	47,11%	6,36%	21,37%	14,51%	50,21%	27,02%

Mit einem Plus von 47,1 % sind die ersten zwölf Monate einer neuen Langfrist-Hausse eine sehr erfolgreiche Phase. Dann lässt der Zuwachs massiv nach, denn im zweiten Jahr gewinnt der Dax im Mittel nur noch 6,4 %. Im Jahr drei der Hausse werden durchschnittlich 21,4 % aufgesattelt, und im vierten Jahr sind es 14,5 %. Dauert die Hausse länger an, verstärkt sich der Anstieg nochmals. So wird für das fünfte Jahr ein Mittelwert von 50,2 % ausgewiesen, wobei es allerdings erst drei Mal zu solch langen Hausse-Phasen kam.

Zusammenfassung Bullenmärkte

Die Bullenmärkte beider Indizes sind sich sehr ähnlich (Dow Jones exklusive, Dax inklusive Dividenden), wobei an der Wall Street ja eine um 63 Jahre längere Kurshistorie zur Verfügung steht. Die Erkenntnisse:

- Bullenmärkte dauern im Mittel gut drei Jahre, in denen die Indizes rund 124 % gewinnen, und das jährliche Plus entspricht dem 3,8-Fachen der historischen jährlichen Durchschnittsgewinne.
- In der Hausse steigen die Indizes um etwa 72 % binnen 17 Monaten (46 % p.a.), und in der Langfrist-Hausse sind es +184 %, die in durchschnittlich vier Jahren und zwei Monaten erreicht werden (29 % p.a.).
- Ein bedeutender Anteil der Kursgewinne wird dabei zu Beginn einer neuen Hausse erzielt, denn in den ersten zwölf Monaten gewinnen Dow Jones und Dax im Mittel 45 %.

Bullenmärkte im Dow Jones

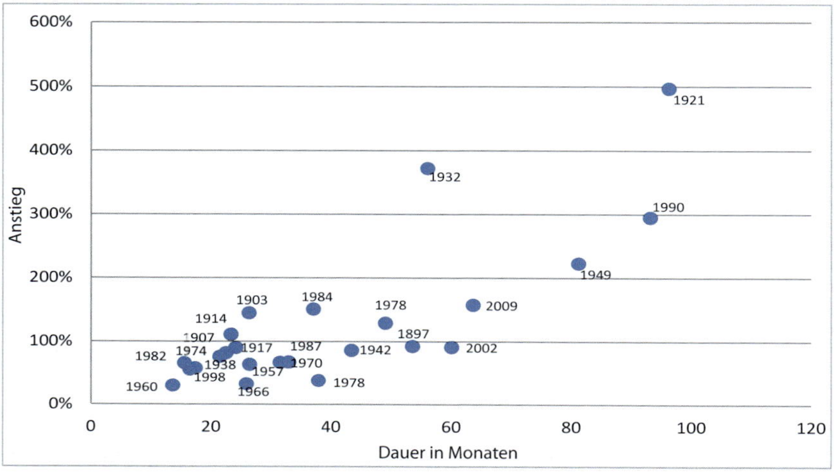

Bullenmärkte im Dax

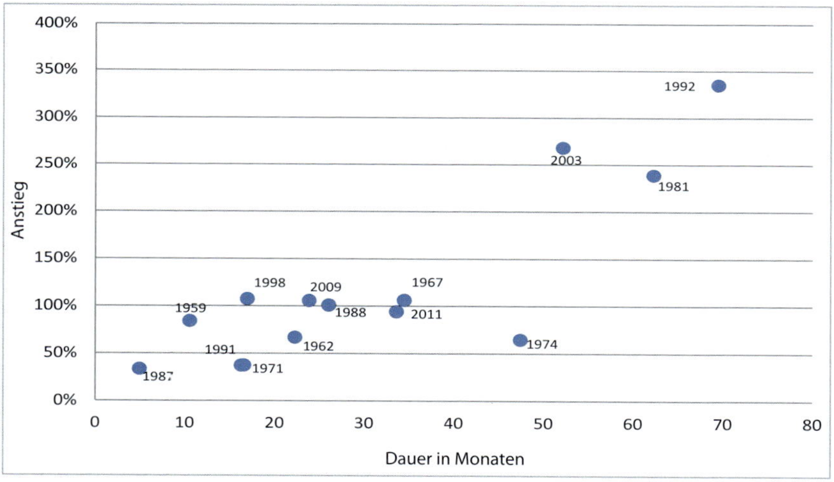

Wenn man 100 Menschen
vor einer möglichen schlechten Nachricht warnt,
mögen einen 80 davon sofort nicht mehr.
Und wenn man das Pech hat,
recht zu haben, die anderen 20 auch nicht.
Anthony Gaubis

2. DER CHARAKTER VON BÄRENMÄRKTEN

Aktionäre hassen fallende Kurse. Wenn sich die Börsen in der Baisse befinden, werden Anleger mit der Zeit immer ängstlicher, gleichzeitig verabschieden sich immer mehr Anleger von der Börse. Das war in der Vergangenheit so und wird auch in Zukunft so sein, obwohl logischerweise das Chance-Risiko-Verhältnis besser wird, je weiter der Bärenmarkt fortgeschritten ist.

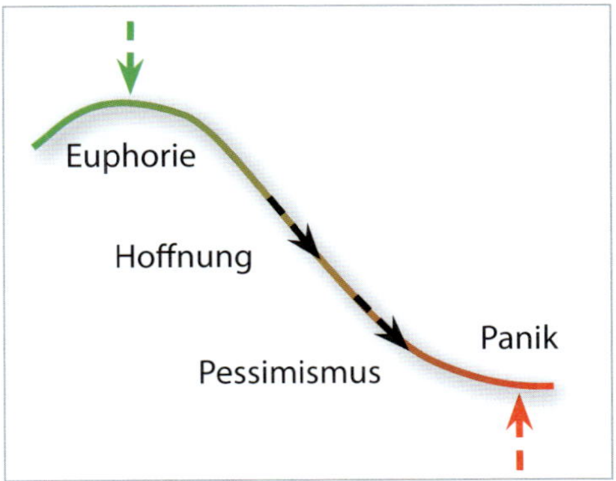

Das Baisse-Paradox:
Wenn im Handel die Preise fallen, kommen die Käufer.
Wenn an der Börse die Preise fallen, gehen die Käufer.

Nachfolgend nun die Bärenmärkte in Dow Jones und Dax.

2.1 Bärenmärkte im Dow Jones

						Performance nach dem Tief:		
Hoch	Datum	Tief	Datum	Rückgang	Dauer in Monaten	3 Monate	12 Monate	Aufgeholt in Monaten
57,33	17.06.1901	30,88	09.11.1903	−46,14 %	29	11,46 %	59,10 %	17
75,45	19.01.1906	38,83	15.11.1907	−48,54 %	22	11,64 %	66,19 %	94
72,52	13.12.1909	52,32	11.12.1914	−27,85 %	60	11,64 %	66,19 %	7
110,15	21.11.1916	65,95	19.12.1917	−40,13 %	13	18,47 %	24,94 %	19
119,62	04.11.1919	63,90	24.08.1921	−46,58 %	22	19,47 %	56,04 %	41
381,17	03.09.1929	41,22	08.07.1932	−89,19 %	34	52,04 %	155,58 %	305
194,40	10.03.1937	98,95	31.03.1938	−49,10 %	13	35,30 %	2,04 %	94
155,92	12.09.1939	92,95	28.04.1942	−40,39 %	32	14,59 %	44,36 %	34
212,50	30.05.1946	161,60	30.06.1949	−23,95 %	37	9,01 %	24,90 %	10
521,10	06.04.1956	419,80	22.10.1957	−19,44 %	19	6,17 %	29,18 %	11
685,50	05.01.1960	566,10	25.10.1960	−17,42 %	10	12,65 %	23,78 %	6
734,90	13.12.1961	535,80	26.06.1962	−27,09 %	6	7,97 %	32,33 %	15
995,20	09.02.1966	744,30	07.10.1966	−25,21 %	8	8,65 %	24,77 %	74
985,20	04.12.1968	631,20	26.05.1970	−35,93 %	18	20,48 %	43,60 %	30
1051,70	11.01.1973	577,60	06.12.1974	−45,08 %	23	68,44 %	66,52 %	96
1014,80	21.09.1976	742,10	28.02.1978	−26,87 %	17	16,74 %	13,04 %	37
1024,10	27.04.1981	776,90	12.08.1982	−24,14 %	16	33,85 %	52,25 %	2
1287,20	29.11.1983	1086,60	24.07.1984	−15,58 %	8	11,95 %	24,14 %	6
2722,40	25.08.1987	1793,90	19.10.1987	−34,11 %	2	7,06 %	20,70 %	23
2999,80	17.07.1990	2365,10	11.10.1990	−21,16 %	3	5,77 %	26,16 %	6
9338,00	17.07.1998	7539,10	31.08.1998	−19,26 %	1	20,92 %	43,64 %	3
11722,98	14.01.2000	7422,84	07.10.2002	−36,68 %	33	17,75 %	30,07 %	49
14164,53	09.10.2007	6547,05	09.03.2009	−53,78 %	17	33,85 %	61,36 %	49
			Mittelwert:	−35,37 %	19	19,82 %	43,08 %	45

Seit 1896 kam es zu 23 Bärenmärkten im Dow Jones, die zu Kursrückgängen zwischen 15,6 % und 89,2 % führten. Im Mittel verliert der Dow Jones in einem Bärenmarkt 35,4 %, wobei der Tiefpunkt nach durchschnittlich 19 Monaten entsteht. Also:

Es ist etwa alle fünf Jahre mit einem Bärenmarkt zu rechnen. Dabei bedeuten durchschnittlich 35,4 % Minus, dass sich sechs Jahres-Kursrenditen in Luft auflösen beziehungsweise (unter Berücksichtigung von Dividenden) beinahe vier komplette Gesamtrenditen. – Da braucht es dann schon wirklich Kostolanys Schlaftabletten, um überzeugter Buy-and-Hold-Anleger zu bleiben. Allerdings:

Wenn der Tiefpunkt erreicht ist, geht es wieder mit dem Geldverdienen los. Denn drei Monate nach dem Baisse-Tief notiert der Dow Jones schon wieder gut 20 % höher, und innerhalb von zwölf Monaten errechnet sich ein Kursgewinn von 43 %. Nach durchschnittlich drei Jahren und neun Monaten, beziehungsweise nach 1338 Tagen, sind dann die Kursniveaus vor der Baisse wieder erreicht.

Das sind die Ergebnisse der 23 Bärenmärkte im Dow Jones, wobei die Durchschnitte natürlich durch den Crash von 1929 – den mit Abstand größten der Börsengeschichte – verzerrt werden.

Der Crash von 1929

Die US-Börse verlor zwischen September 1929 und Juli 1932 unvorstellbare 89,2 % ihres Wertes. Es sollte zwar bis 1954 und damit ein Vierteljahrhundert dauern, bis die Kursverluste wieder komplett aufgeholt waren, doch es wird häufig übersehen, dass dem Tief von 1932 sehr gute Börsenjahre folgten. Konkret:

Mit einem Plus von 63,7 % war 1933 das zweitbeste Jahr der Dow Jones-Geschichte und 1954 mit +44 % das fünftbeste. Und vor allem kam es zwischen 1932 und 1954 zu vier kräftigen Bullenmärkten, die erhebliche Gewinnchancen eröffneten.

Wird der 1929er-Crash aus der Berechnung herausgelassen, errechnet sich für die 22 Bärenmärkte ein Minus von durchschnittlich 32,9 %, 18 Monate nach dem Hoch. In den ersten drei Monaten nach dem Baisse-Tief gewinnt der Dow Jones 18 % und binnen zwölf Monaten 38 %. Der Gesamtverlust ist dann nach durchschnittlich zwei Jahren und acht Monaten beziehungsweise nach 983 Tagen wieder aufgeholt.

Im Folgenden betrachten wir nun die einzelnen Bärenmärkte etwas genauer, wobei wir hinsichtlich der zeitlichen Ausprägung zwischen Hochpunkt und Bärenmarkt-Tief unterscheiden. Wird der Tiefpunkt in weniger als einem Jahr herausgebildet, kann von einem Crash gesprochen werden. Kursrückgänge über ein bis zwei Jahre bezeichnen wir als Baisse und Rückgänge über einen Zeitraum von mehr als zwei Jahren als Langfrist-Baisse.

Besonderheit ist hier wiederum der Zusammenbruch zwischen 1929 und 1932, der sich deutlich von allen anderen Bärenmärkten unterscheidet. Denn hier war es zunächst zu einem Crash gekommen, dem sich dann eine Langfrist-Baisse anschloss. Deshalb haben wir diesen Bärenmarkt zweigeteilt – in den Crash von 1929 und die Baisse von 1930 bis 1932.

Dow Jones im Crash

Hoch	Datum	Tief	Datum	Rückgang	Dauer in Tagen
381,17	03.09.1929	198,69	14.11.1929	−47,87 %	71
685,50	05.01.1960	566,10	25.10.1960	−17,42 %	290
734,90	13.12.1961	535,80	26.06.1962	−27,09 %	193
995,20	09.02.1966	744,30	07.10.1966	−25,21 %	238
1287,20	29.11.1983	1086,60	24.07.1984	−15,58 %	235
2722,40	25.08.1987	1793,90	19.10.1987	−34,11 %	54
2999,80	17.07.1990	2365,10	11.10.1990	−21,16 %	84
9338,00	17.07.1998	7539,10	31.08.1998	−19,26 %	44
			Mittelwert:	−25,96 %	151

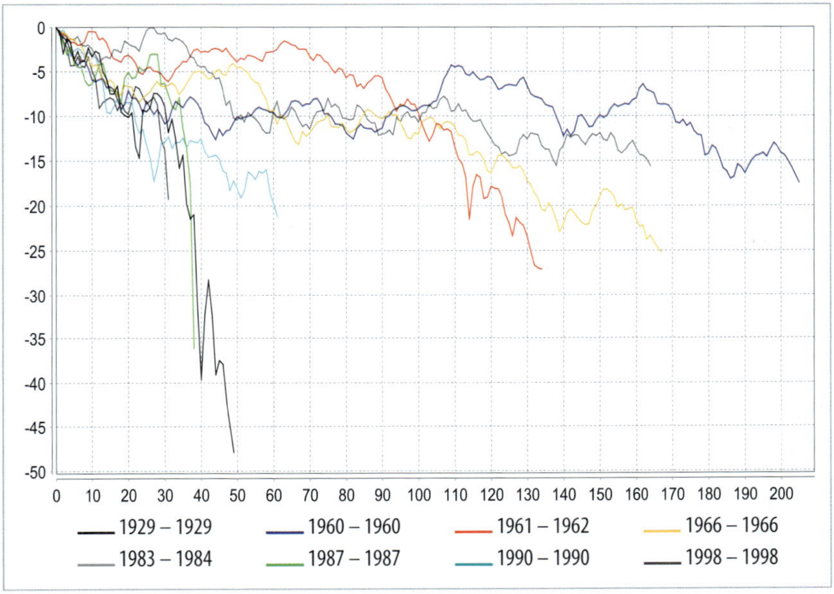

In der Geschichte des Dow Jones kam es acht Mal zu einem Crash. Im Mittel betrug der Kursrückgang hier 26 %, wobei das Crash-Tief nach durchschnittlich 151 Tagen markiert wurde.

Erste Verkaufswelle					
Hoch	Datum	1. Tief	Datum	Rückgang	Dauer in Tagen
381,2	03.09.1929	325,2	04.10.1929	−14,69 %	31
685,5	05.01.1960	599,1	08.03.1960	−12,60 %	63
734,9	13.12.1961	689,9	29.01.1962	−6,12 %	46
995,2	09.02.1966	911,1	15.03.1966	−8,45 %	36
1287,2	29.11.1983	1236,8	15.12.1983	−3,92 %	16
2722,4	25.08.1987	2492,8	21.09.1987	−8,43 %	26
2999,8	17.07.1990	2483,4	23.08.1990	−17,21 %	36
9338	17.07.1998	8425	14.08.1998	−9,78 %	27
			Mittelwert:	−10,15 %	35

Typischer Dow Jones-Verlauf im Crash

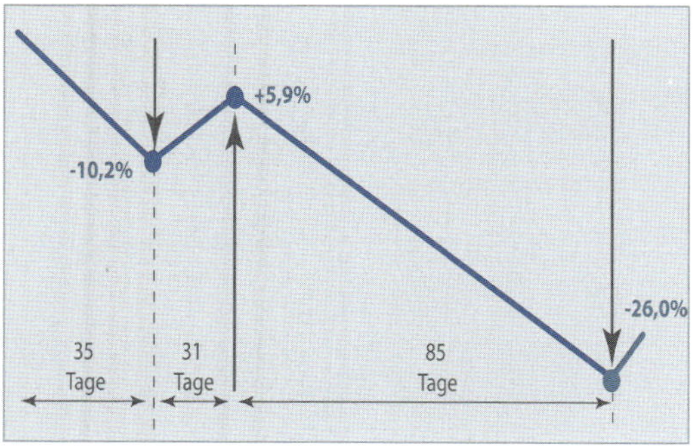

Die Crash-Verläufe zeigen, dass durchschnittlich 35 Tage nach dem Hoch und rund 10,2 % Kursrückgang ein erstes Tief entsteht.

Erholung					Zweite Verkaufswelle	
1. Tief	Zwischenhoch	Datum	Erholung	Dauer in Tagen	Absturz	Dauer in Tagen
325,17	352,86	10.10.1929	8,52 %	6	−43,69 %	34
599,1	656,4	09.06.1960	9,56 %	91	−13,76 %	136
689,9	723,5	15.03.1962	4,87 %	46	−25,94 %	101
911,1	954,7	21.04.1966	4,79 %	36	−22,04 %	166
1236,8	1286,6	06.01.1984	4,03 %	21	−15,54 %	198
2492,8	2641	02.10.1987	5,95 %	11	−32,07 %	17
2483,4	2632,4	29.09.1990	6,00 %	36	−10,15 %	12
8425	8714,7	18.08.1998	3,44 %	4	−13,49 %	13
		Mittelwert:	5,89 %	31	−22,09 %	85

Von dort startet eine technische Erholung, die im Mittel 31 Tage dauert und zu einem Anstieg von durchschnittlich 5,9 % führt. Dann folgt die zweite Verkaufswelle, in der im Schnitt 85 Tage nach dem Hoch der Erholung beziehungsweise im Mittel 22 % unter diesem Zwischenhoch der endgültige Tiefpunkt herausgebildet wird.

Dow Jones in der Baisse

Hoch	Datum	Tief	Datum	Rückgang	Dauer in Monaten
75,45	19.01.1906	38,83	15.11.1907	−48,54 %	22
110,15	21.11.1916	65,95	19.12.1917	−40,13 %	13
119,62	04.11.1919	63,90	24.08.1921	−46,58 %	22
194,40	10.03.1937	98,95	31.03.1938	−49,10 %	13
521,10	06.04.1956	419,80	22.10.1957	−19,44 %	19
985,20	04.12.1968	631,2	26.05.1970	−35,93 %	18
1051,70	11.01.1973	577,6	06.12.1974	−45,08 %	23
1014,80	21.09.1976	742,1	28.02.1978	−26,87 %	17
1024,10	27.04.1981	776,9	12.08.1982	−24,14 %	16
14164,53	09.10.2007	6547,05	09.03.2009	−53,78 %	17
			Mittelwert:	−38,96 %	18

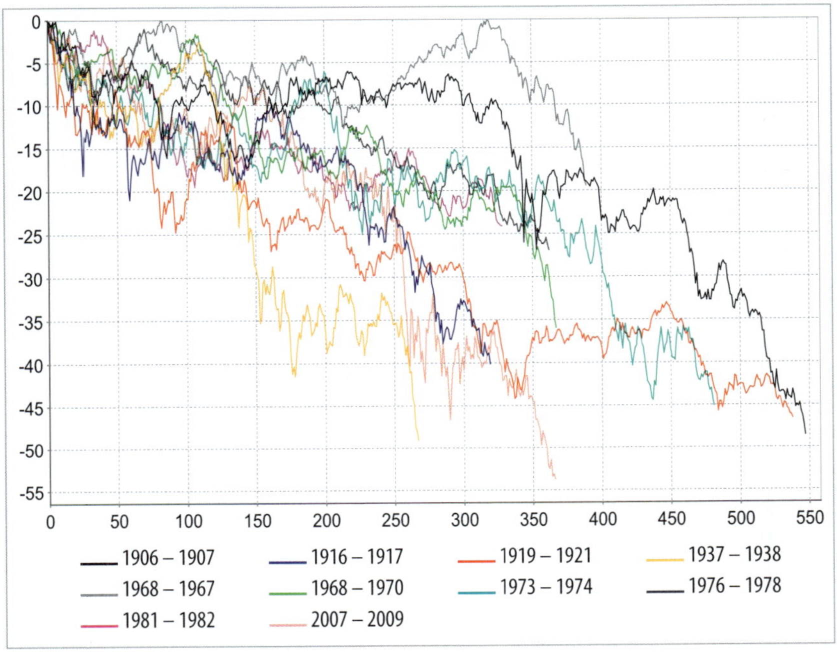

Typischer Dow-Jones-Verlauf in der Baisse

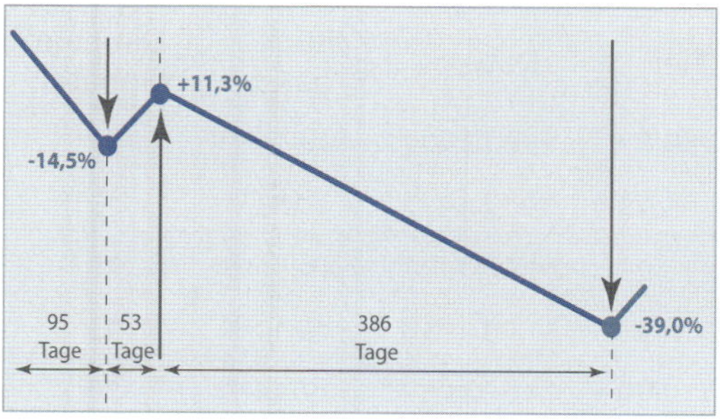

Der Dow Jones durchlief bislang zehn Baisse-Phasen. Im Durchschnitt wurde das Tief der Baisse nach 534 Tagen erreicht, und der Dow Jones verlor 39 %.

Erste Verkaufswelle					
Hoch	Datum	1. Tief	Datum	Rückgang	Dauer in Tagen
75,45	19.01.1906	63,33	03.05.1906	−16,06 %	104
110,15	21.11.1916	87,01	02.02.1917	−21,01 %	71
119,62	04.11.1919	89,98	25.02.1920	−24,78 %	111
194,40	10.03.1937	165,51	14.06.1937	−14,86 %	94
521,1	06.04.1956	472,5	25.05.1956	−9,33 %	49
985,2	04.12.1968	903	27.02.1969	−8,34 %	83
1051,7	11.01.1973	851,9	22.08.1973	−19,00 %	221
1014,8	21.09.1976	924	10.11.1976	−8,95 %	49
1024,1	27.04.1981	963,4	11.05.1981	−5,93 %	14
14164,53	09.10.2007	11740,2	10.03.2008	−17,12 %	151
			Mittelwert:	−14,54 %	95

Auch die Baisse-Zyklen zeigen einen ersten Tiefpunkt, der im Mittel nach 14,5 % Kursrückgang in 95 Tagen entsteht. Die technische Erholung dauert dann durchschnittlich 53 Tage, in denen der Dow Jones 11,3 % gewinnt. Die folgende zweite Verkaufswelle läuft über einen Zeitraum von im Mittel 13 Monaten, und der Index verliert hier durchschnittlich 36 %, bevor das Baisse-Tief erreicht wird.

Erholung					Zweite Verkaufswelle	
1. Tief	Zwischenhoch	Datum	Erholung	Dauer in Tagen	Absturz	Dauer in Monaten
63,33	69,75	06.06.1906	10,14 %	33	−44,33 %	17
87,01	98,2	20.03.1917	12,86 %	48	−32,84 %	9
89,98	105,65	08.04.1920	17,41 %	43	−39,52 %	17
165,51	189,34	16.08.1937	14,40 %	62	−47,74 %	8
472,5	521	02.08.1956	10,26 %	67	−19,42 %	15
903	968,9	14.05.1969	7,30 %	77	−34,85 %	12
851,9	987,1	26.10.1973	15,87 %	64	−41,49 %	13
924	1004,7	31.12.1976	8,73 %	51	−26,14 %	14
963,4	1012	15.06.1981	5,04 %	34	−23,23 %	14
11740,2	13058,2	02.05.2008	11,23 %	52	−49,86 %	10
		Mittelwert:	11,32 %	53	−35,94 %	13

Das Wort „Krise" besteht im Chinesischen aus zwei Schriftzeichen:
Das erste ist das für Gefahr und das zweite das für eine Chance.
Unbekannt

Dow Jones in der Langfrist-Baisse

Hoch	Datum	Tief	Datum	Rückgang	Dauer in Monaten
57,33	17.06.1901	30,88	09.11.1903	−46,14 %	29
72,52	13.12.1909	52,32	11.12.1914	−27,85 %	60
294,07	21.04.1930	41,22	08.07.1932	−85,98 %	27
155,92	12.09.1939	92,95	28.04.1942	−40,39 %	32
212,5	30.05.1946	161,6	30.06.1949	−23,95 %	37
11722,98	14.01.2000	7422,84	07.10.2002	−36,68 %	33
			Mittelwert:	−43,50 %	36

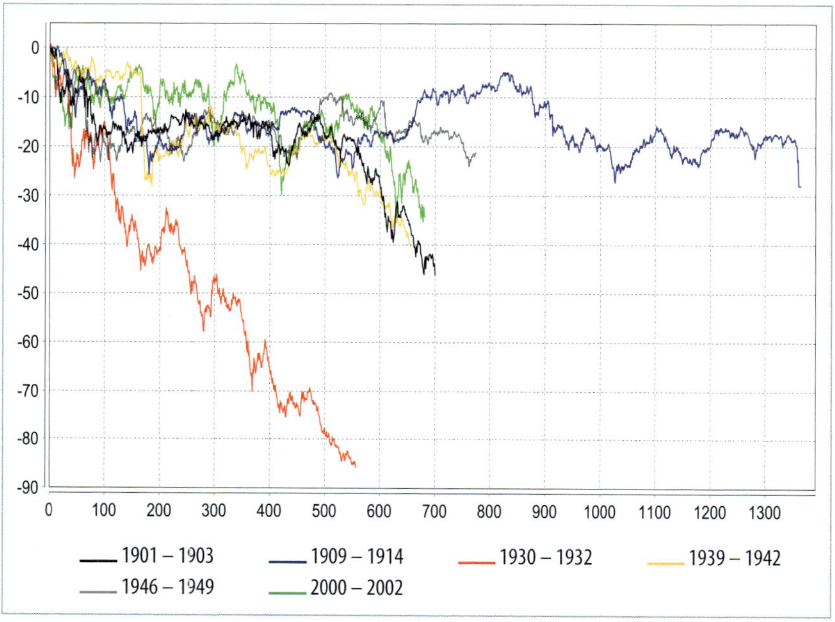

Märkte gehen nicht geradlinig nach unten. Sie fallen steil ab, werden überverkauft, erholen sich wieder und fallen dann wieder.
Byron Wein

Typischer Dow Jones-Verlauf in der Langfrist-Baisse

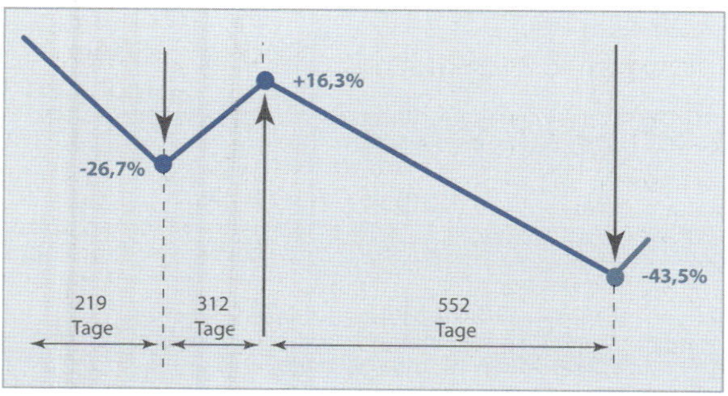

Im Dow Jones kam es bisher sechs Mal zu einer Langfrist-Baisse. Der Kursrückgang betrug hier durchschnittlich 43,5 %, wobei das Baisse-Tief nach 36 Monaten erreicht wurde.

Erste Verkaufswelle					
Hoch	Datum	1. Tief	Datum	Rückgang	Dauer in Monaten
57,33	17.06.1901	45,07	24.12.1901	−21,38 %	6
72,52	13.12.1909	53,93	26.07.1910	−25,63 %	7
294,07	21.04.1930	157,51	16.12.1930	−46,44 %	8
155,92	12.09.1939	111,84	10.06.1940	−28,27 %	9
212,5	30.05.1946	163,12	09.10.1946	−23,24 %	4
11722,98	14.01.2000	9975,02	18.10.2000	−14,91 %	9
			Mittelwert:	−26,65 %	7

In der typischen Langfrist-Baisse entsteht ein erster Tiefpunkt sieben Monate nach dem Hoch und nach 26,7 % Kursverlust. Die dann startende technische Gegenbewegung führt zu einem Anstieg von durchschnittlich 16,3 % in 93 Tagen. Die anschließende zweite Verkaufswelle dauert im Mittel 26 Monate, und in diesem Zeitraum verliert der Dow Jones durchschnittlich 35,2 % bis zum Tief der Langfrist-Baisse.

Erholung					Zweite Verkaufswelle	
1. Tief	Zwischenhoch	Datum	Erholung	Dauer in Tagen	Absturz	Dauer in Monaten
45,07	50,14	24.04.1902	11,25 %	120	−38,41 %	19
53,93	63,02	18.10.1910	16,86 %	82	−16,98 %	50
157,51	194,36	24.02.1931	23,40 %	68	−78,79 %	16
111,84	137,75	07.11.1940	23,17 %	147	−32,52 %	18
163,12	184,06	11.02.1947	12,84 %	122	−12,20 %	29
9975,02	10977,2	06.11.2000	10,05 %	18	−32,38 %	23
		Mittelwert:	16,26 %	93	−35,21 %	26

2.2 Bärenmärkte im Dax

						Performance nach dem Tief:		
Hoch	Datum	Tief	Datum	Rück-gang	Dauer in Monaten	3 Monate	12 Monate	Aufgeholt in Monaten
603,79	06.09.1960	316,62	24.10.1962	−47,56 %	26	17,21 %	36,26 %	69
527,39	02.09.1964	319,93	18.01.1967	−39,34 %	29	18,42 %	69,98 %	12
658,46	02.12.1969	423,81	05.11.1971	−35,64 %	23	19,58 %	28,40 %	139
580,99	23.03.1973	372,26	06.11.1974	−35,93 %	19	19,45 %	43,15 %	16
611,67	19.10.1978	468,30	09.02.1981	−23,44 %	28	8,80 %	7,09 %	25
1586,00	17.04.1986	1179,30	19.03.1987	−25,64 %	11	16,82 %	−4,85 %	29
1570,00	17.08.1987	931,18	28.01.1988	−40,69 %	5	13,14 %	44,29 %	18
1968,55	30.03.1990	1322,68	16.01.1991	−32,81 %	10	21,22 %	25,98 %	33
1811,57	25.05.1992	1420,30	06.10.1992	−21,60 %	4	9,58 %	39,90 %	9
6171,43	20.07.1998	3896,08	08.10.1998	−36,87 %	3	38,42 %	39,10 %	14
8064,97	07.03.2000	2202,96	12.03.2003	−72,68 %	36	46,14 %	77,73 %	52
8105,69	16.07.2007	3666,41	06.03.2009	−54,77 %	20	36,50 %	60,26 %	51
7527,64	02.05.2011	5072,33	12.09.2011	−32,62 %	9	14,06 %	44,78 %	15
			Mittelwert:	−38,43 %	17	21,49 %	39,39 %	37

Die Auswertung der Abwärtszyklen im Dax kommt zu ähnlichen Ergebnissen:

Seit 1959 kam es zu 13 Bärenmärkten mit Kursrückgängen zwischen 21,6 % und 72,7 %. Durchschnittlich verliert der Dax in einem Bärenmarkt 38,4 %, wobei das Tief nach im Mittel 17 Monaten herausgebildet wird.

Statistisch ist etwa alle vier Jahre mit einem Bärenmarkt zu rechnen. Da der Dax (inklusive Dividenden) durchschnittlich 9 % p.a. gewinnt, bedeutet das Minus von 38 %, dass in Bärenmärkten vier durchschnittliche Jahresrenditen verloren werden.

Drei Monate nach dem Bärenmarkt-Tief notiert der Dax wieder 21,5 % höher, und zwölf Monate nach dem Tiefpunkt beträgt der Kursgewinn durchschnittlich 39 %.

Im Folgenden werden die Dax-Bärenmärkte hinsichtlich ihrer Dauer unterschieden. Entsteht das Bärenmarkt-Tief innerhalb eines Jahres, bezeichnen wir diese Phase als Crash. Kursrückgänge über ein bis zwei Jahre werden als Baisse bezeichnet und Rückgänge über mehr als zwei Jahre als Langfrist-Baisse.

Dax im Crash

Seit 1959 gab es sechs Mal einen Dax-Crash. Durchschnittlich verlor der Dax im Crash 31,7 %, wobei der Tiefpunkt nach 190 Tagen erreicht wurde.

Hoch	Datum	Tief	Datum	Rück-gang	Dauer in Tagen
1586,00	17.04.1986	1179,30	19.03.1987	−25,64 %	332
1570,00	17.08.1987	931,18	28.01.1988	−40,69 %	161
1968,55	30.03.1990	1322,68	16.01.1991	−32,81 %	286
1811,57	25.05.1992	1420,30	06.10.1992	−21,60 %	131
6171,43	20.07.1998	3896,08	08.10.1998	−36,87 %	78
7527,64	02.05.2011	5072,33	12.09.2011	−32,62 %	130
			Mittelwert:	−31,70 %	186

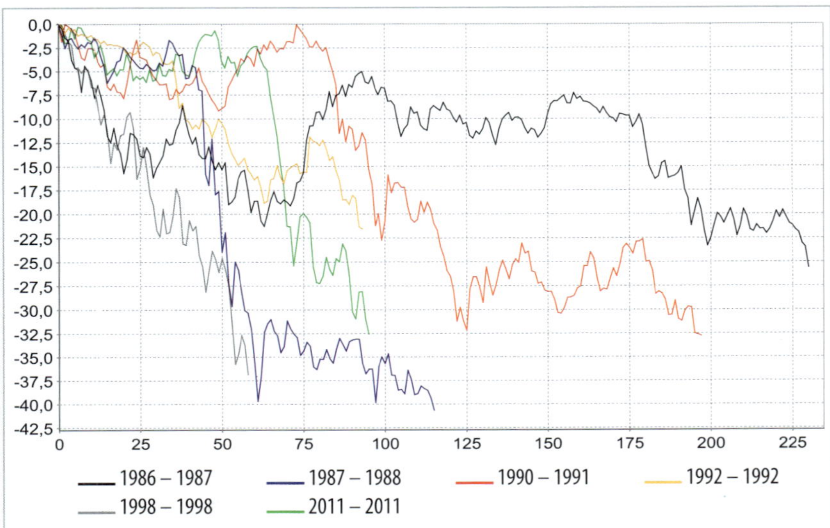

Typischer Dax-Verlauf im Crash

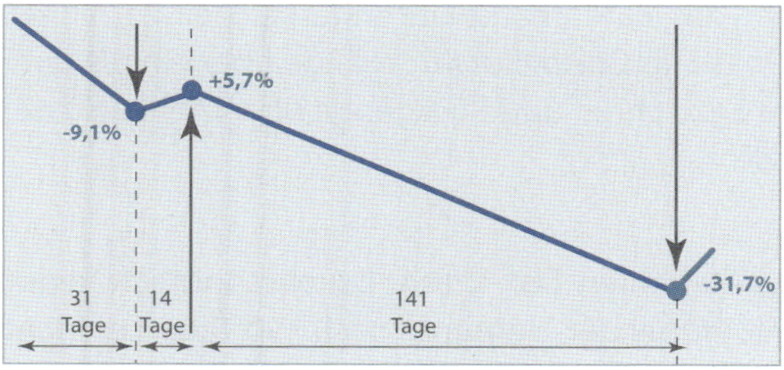

Die Crash-Verläufe im Dax zeigen, dass durchschnittlich 31 Tage nach und 9,1 % unter dem Hoch ein erstes Tief entsteht. Die von dort ausgehende technische Erholung dauert im Mittel 14 Tage, in denen der Dax durchschnittlich 5,7 % gewinnt. Danach folgt die zweite Verkaufswelle, in der

Erste Verkaufswelle					
Hoch	Datum	1. Tief	Datum	Rückgang	Dauer in Tagen
1586,00	17.04.1986	1329,30	03.06.1986	−16,19 %	46
1570,00	17.08.1987	1471,80	07.09.1987	−6,25 %	20
1968,55	30.03.1990	1813,25	30.04.1990	−7,89 %	30
1811,57	25.05.1992	1752,63	30.06.1992	−3,25 %	35
6171,43	20.07.1998	5268,4	11.08.1998	−14,63 %	21
7527,64	02.05.2011	7060,23	08.06.2011	−6,21 %	36
			Mittelwert:	−9,07 %	31

Erholung					Zweite Verkaufswelle	
1. Tief	Zwischenhoch	Datum	Erholung	Dauer in Tagen	Absturz	Dauer in Tagen
1329,30	1449,30	16.06.1986	9,03 %	13	−18,63 %	273
1471,80	1543,10	02.10.1987	4,84 %	25	−39,66 %	116
1813,25	1934,95	07.05.1990	6,71 %	7	−31,64 %	249
1752,63	1776,98	03.07.1992	1,39 %	3	−20,07 %	93
5268,4	5596,41	19.08.1998	6,23 %	8	−30,38 %	49
7060,23	7471,44	07.07.2011	5,82 %	29	−32,11 %	65
		Mittelwert:	5,67 %	14	−28,75 %	141

im Mittel 141 Tage nach bzw. 28,8% unter diesem Zwischenhoch das Crash-Tief entsteht.

Dabei sei erwähnt, dass es zweimal zu einem Mini-Crash gekommen ist. Es handelt sich hier zwar um die beiden höchsten Tagesrückgänge der Dax-Geschichte, doch da die Verluste für einen Crash unterdurchschnittlich waren und unmittelbar wieder aufgeholt wurden, haben wir auf die Eingruppierung in die Bärenmarkt- beziehungsweise Crash-Übersicht verzichtet. Konkret:

- Am 16.10.1989 hatte der Dax 12,8 % verloren, und der Rücksetzer war am 01.12.1989 wieder aufgeholt.
- Am 19.08.1991 ging es mit dem Dax um 9,4 % nach unten, wobei dieses Minus bereits am 26. August wieder ausgeglichen war.

Dax in der Baisse

Hoch	Datum	Tief	Datum	Rückgang	Dauer in Monaten
658,46	02.12.1969	423,81	05.11.1971	−35,64 %	23
580,99	23.03.1973	372,26	06.11.1974	−35,93 %	19
8105,69	16.07.2007	3666,41	06.03.2009	−54,77 %	20
			Mittelwert:	−42,11 %	21

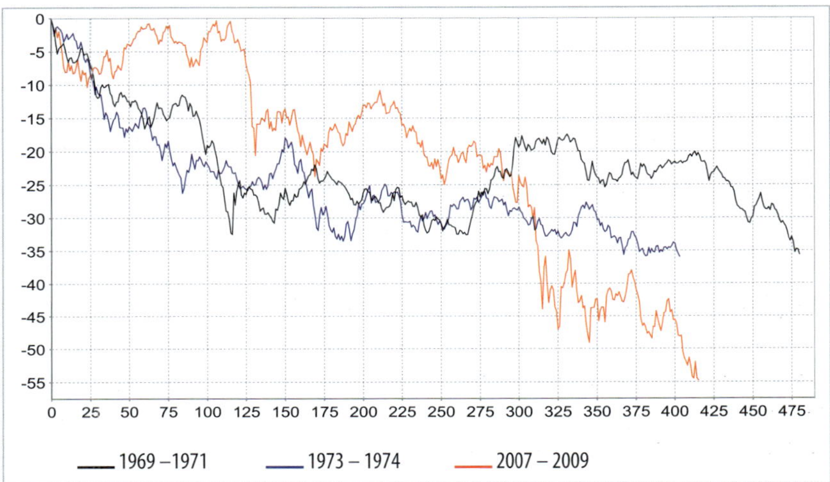

Typischer Dax-Verlauf in der Baisse

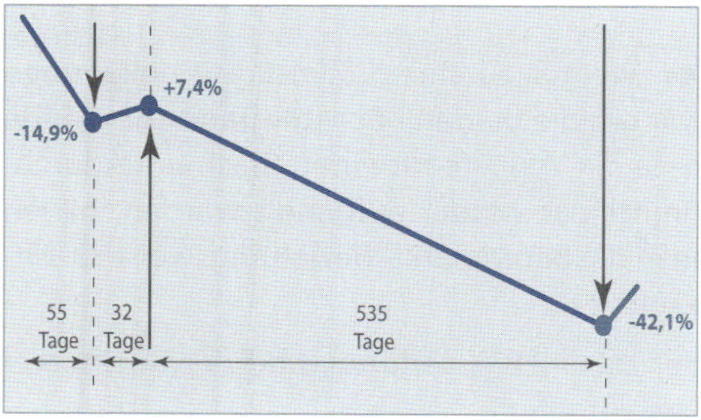

Im Dax kam es bislang drei Mal zu einer Baisse. Im Durchschnitt wurde das Tief der Baisse nach 622 Tagen erreicht, und der Dax verlor bis dorthin 42 %.

Erste Verkaufswelle					
Hoch	Datum	1. Tief	Datum	Rückgang	Dauer in Tagen
658,46	02.12.1969	549,37	03.03.1970	−16,57 %	91
580,99	23.03.1973	477,48	01.06.1973	−17,82 %	68
8105,69	16.07.2007	7270,07	16.08.2007	−10,31 %	30
			Mittelwert:	−14,90 %	63

Erholung					Zweite Verkaufswelle	
1. Tief	Zwischen-hoch	Datum	Erholung	Dauer in Tagen	Absturz	Dauer in Monaten
549,37	582,66	08.04.1970	6,06 %	35	−27,26 %	19
477,48	503,25	22.06.1973	5,40 %	21	−26,03 %	16
7270,07	8041,26	12.10.2007	10,61 %	56	−54,41 %	17
		Mittelwert:	7,35 %	37	−35,90 %	17

Nach einem Rückgang um 14,9% binnen 63 Tagen entsteht ein erster Tiefpunkt. Die technische Erholung läuft dann über einen Zeitraum von durchschnittlich 37 Tagen, in denen der Dax 7,4 % gewinnt. Die folgende zweite Verkaufswelle dauert im Mittel 17 Monate, und der Dax verliert vom Zwischenhoch nochmals 35,9 % bis zum Tiefpunkt der Baisse.

Dax in der Langfrist-Baisse

Hoch	Datum	Tief	Datum	Rückgang	Dauer in Monaten
603,79	06.09.1960	316,62	24.10.1962	–47,56 %	26
527,39	02.09.1964	319,93	18.01.1967	–39,34 %	29
611,67	19.10.1978	468,30	09.02.1981	–23,44 %	28
8064,97	07.03.2000	2202,96	12.03.2003	–72,68 %	36
			Mittelwert:	–45,76 %	29

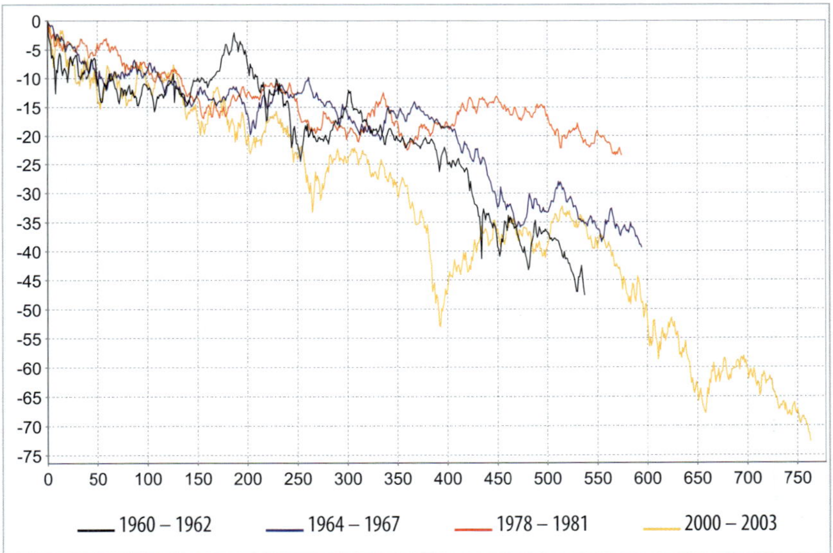

Typischer Dax-Verlauf in der Langfrist-Baisse

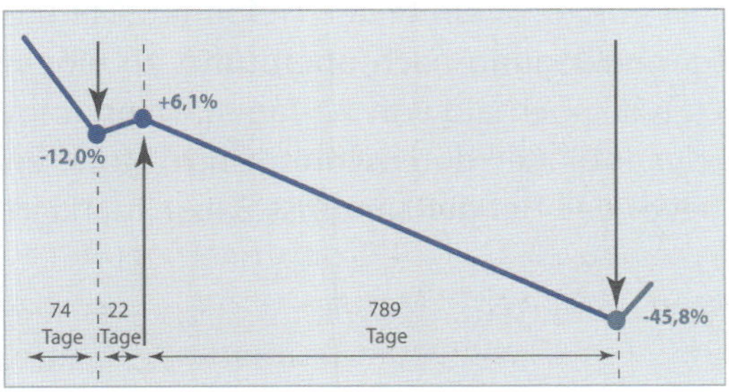

Der Dax durchlief bislang vier Mal eine Langfrist-Baisse. Der Indexrückgang betrug hier durchschnittlich 45,8 %, wobei der Tiefpunkt nach 29 Monaten markiert wurde.

Warten Sie,
bis die Verzweiflung am größten ist,
und dann noch eine Weile.
Jim Rogers

Erste Verkaufswelle					
Hoch	Datum	1. Tief	Datum	Rückgang	Dauer in Tagen
603,79	06.09.1960	518,32	22.11.1960	−14,16 %	76
527,39	02.09.1964	463,98	25.11.1964	−12,02 %	83
611,67	19.10.1978	572,69	18.12.1978	−6,37 %	59
8064,97	07.03.2000	6834,88	24.05.2000	−15,25 %	77
			Mittelwert:	−11,95 %	74

Erholung					Zweite Verkaufswelle	
1. Tief	Zwischenhoch	Datum	Erholung	Dauer in Tagen	Absturz	Dauer in Monaten
518,32	548,33	02.12.1960	5,79 %	10	−42,26 %	23
463,98	491,61	08.01.1965	5,95 %	43	−34,92 %	24
572,69	593,3	16.01.1979	3,60 %	28	−21,07 %	25
6834,88	7438,95	02.06.2000	8,84 %	8	−70,39 %	33
		Mittelwert:	6,05 %	22	−42,16 %	26

In der typischen Langfrist-Baisse entsteht drei Monate nach dem Hoch sowie nach einem Kursverlust von 12 % ein erster Tiefpunkt. Die anschließende technische Gegenbewegung nach oben führt zu einem Anstieg von durchschnittlich 6 % innerhalb von 22 Tagen. Dann folgt die zweite Verkaufswelle, in der es binnen durchschnittlich 26 Monaten um 42 % nach unten geht, bevor das Tief der Langfrist-Baisse markiert wird.

Zusammenfassung Bärenmärkte

Beide Indizes verhalten sich in Bärenmärkten sehr ähnlich, was nicht wirklich verwundern kann. Konkret:

- Es kommt alle vier bis fünf Jahre zu einem Bärenmarkt, wobei das Bärenmärkt-Tief nach 18 Monaten entsteht, in denen die Indizes rund 37 % verlieren. Dieses Minus entspricht vier durchschnittlichen Jahresrenditen.
- Im Crash verlieren die Indizes etwa 29 %, und die Crash-Tiefs werden nach gut fünfeinhalb Monaten markiert. In der Baisse geht es um rund 41 % innerhalb von eineinhalb Jahren nach unten. Eine typische Langfrist-Baisse dauert zwei Jahre und fünf Monate, in der die Indizes um knapp 46 % nachgeben.
- Nach drei bis dreieinhalb Jahren sind dann die Verluste der Bärenmärkte wieder aufgeholt, sodass Dow Jones und Dax neue All-Time-Highs markieren.

Bärenmärkte im Dow Jones

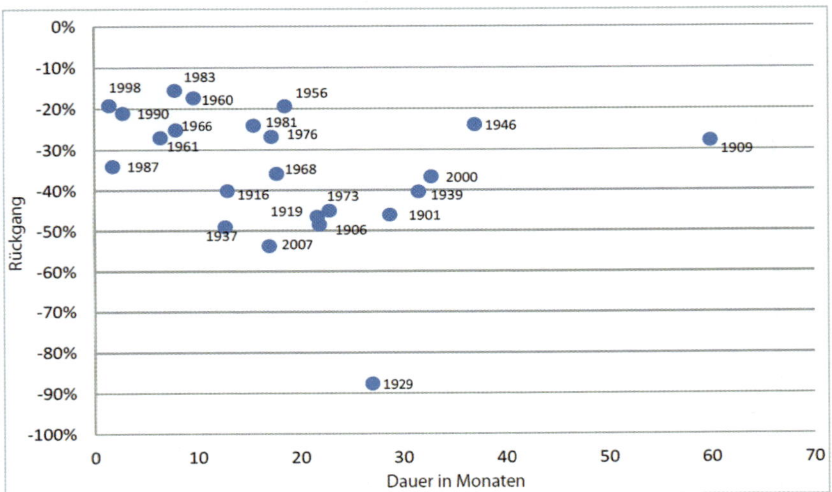

Bärenmärkte im Dax

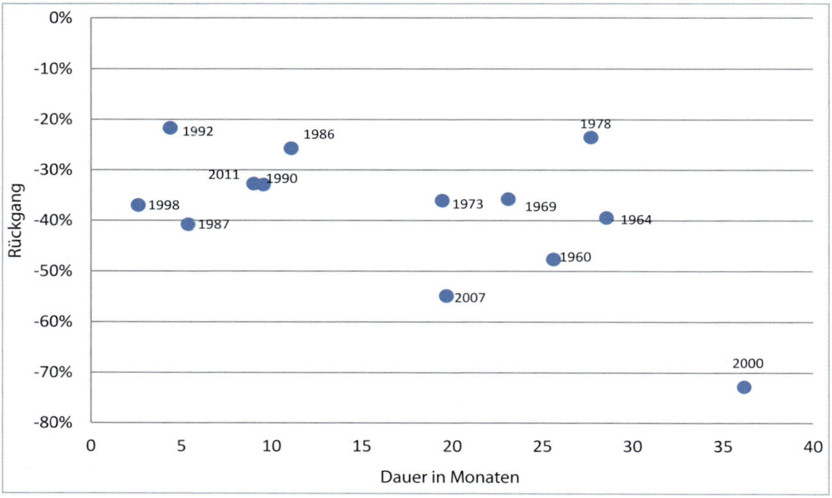

Fragt der Sohn:
Was ist der Unterschied zwischen einer Hausse und einer Baisse?
Antwortet der Vater:
Eine Hausse ist Champagner und Lachs, ein neues Auto und eine hübsche Frau.
Eine Baisse ist Bier und Bratwurst, der alte Ford und deine Mutter.
Unbekannt

3. ZUSAMMENFASSUNG BULLENMÄRKTE & BÄRENMÄRKTE

Wegen der unterschiedlich langen Kurshistorien gilt es, beide Indizes getrennt zu betrachten.

Im Dow Jones dauert ein Bullenmarkt 40 Monate, in denen der Index durchschnittlich 128 % gewinnt. In der Hausse beträgt der Anstieg 73 % in 21 Monaten und in der Langfrist-Hausse 174 % in knapp fünf Jahren. Der anschließende Bärenmarkt hält 19 Monate an und führt zu einem Verlust von 35 %. Dabei kommt es aus statistischer Sicht alle zwölf Jahre zu einer Baisse, alle 15 Jahre zu einem Crash und im Rhythmus von 20 Jahren zu einer Langfrist-Baisse. Dem Tief des Bärenmarktes folgt ein starker Anstieg von durchschnittlich 43 % innerhalb von zwölf Monaten. Nach im Mittel drei Jahren und acht Monaten erreicht der Dow Jones dann wieder ein neues historisches Hoch.

Der Dax befindet sich 31 Monate im Bullenmarkt und gewinnt hier 121 %. Das Plus umfasst in der Hausse 71 % binnen 17 Monaten sowie in der Langfrist-Hausse 184 %, die in gut vier Jahren erzielt werden. Im Bärenmarkt fällt der Dax in 17 Monaten um 38 %, wobei statistisch alle neun Jahre ein Crash passiert sowie alle 14 Jahre eine Baisse und alle 18 Jahre eine Langfrist-Baisse startet. Nach dem Bärenmarkt-Tief geht es um durchschnittlich 39 % binnen zwölf Monaten nach oben. Nach drei Jahren markiert der Dax dann wieder ein neues All-Time-High.

Übrigens ist für den Dax der März ein ungewöhnlicher Wendemonat. So hat der Dax im März 1990 ein Hoch bei 1969 Punkten herausgebildet, das erst nach 1285 Tagen wieder überboten werden konnte. Im März 1999 entstand bei 4679 Dax-Punkten ein Tief, das 921 Tage nicht mehr unterschritten wurde. Das März-Hoch von 8065 Punkten im Jahr 2000 hatte sogar 2661 Tage bestand. Der Hochpunkt bei 5463 Punkten vom März 2002 wurde erst nach 1388 Tagen überboten. Im März 2003 hat der Dax mit 2203 Zählern das Jahrzehnt-Tief der 2000er-Jahre herausgebildet und im März 2009 entstand bei 3666 der Tiefpunkt, der 2007 eingeschlagenen Baisse. Im März 2013 gelang schließlich mit 8058

Punkten erstmals seit 1873 Tagen der Anstieg über die Grenze von 8000 Punkten. Weiter in der Zusammenfassung:

Die Börsen befinden sich also weitaus länger in der Hausse als in der Baisse, während sich positive und negative Handelstage beinahe die Waage halten. Konkret:

Im Dow Jones gab es 31.063 Handelstage, von denen 16.406 mit einem Anstieg beendet wurden, also lediglich 52,8 %. Auch im Dax kam es von 13.791 Handelstagen nur an 7125 zu einem Zuwachs, was eine Positiv-Quote von nur 51,7 % bedeutet. Doch dafür befand sich der Dow Jones an 21.416 Handelstagen im Bullenmarkt, also in 69 % der Zeit. Für den Dax können 9237 Bullenmarkt-Tage gezählt werden, das sind 67 % aller Handelstage. Denn natürlich korrigieren die Märkte auch in Bullenmärkten. Im Dow Jones kam es zu 162 Korrekturen von mehr als 5 %, davon gab der Index 41 Mal mehr als 10 % ab. Und im Dax ereigneten sich innerhalb der Bullenmärkte 85 Korrekturen über mehr als 5 %, wobei es 27 Mal um mehr als 10 % nach unten ging.

Auf der nächsten Seite zeigen die folgenden Charts eine Aneinanderreihung der verschiedenen idealtypischen Verläufe von Dow Jones und Dax. Dabei wurden die einzelnen Bullen- und Bärenmärkte in Abhängigkeit vom wahrscheinlichen Auftreten positioniert. Aus dieser Kombination ergibt sich demnach ein Super-Zyklus für Dow Jones und Dax, der 15 beziehungsweise 16 Jahre umfasst.

Super-Zyklus im Dow Jones

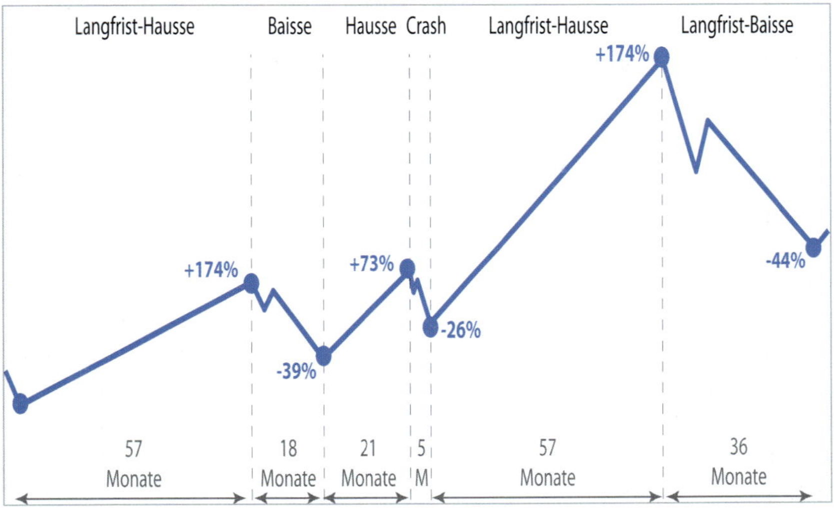

Super-Zyklus im Dax

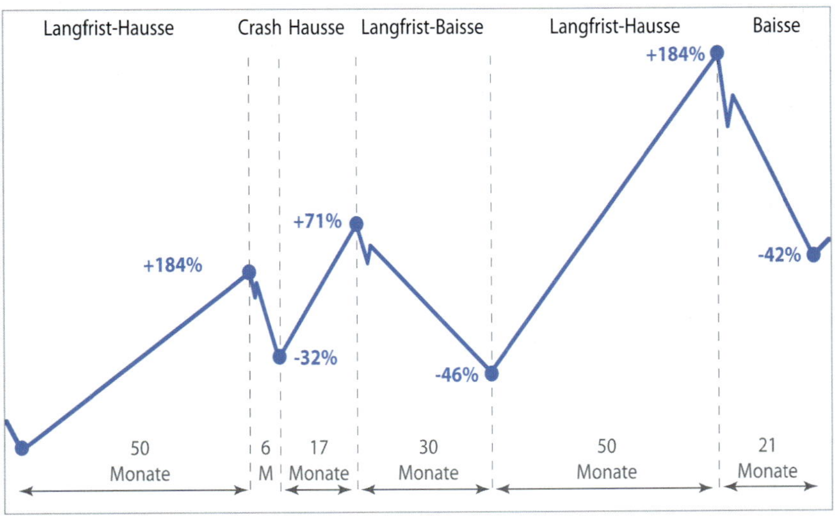

III. TRENDWENDEN ERKENNEN

Kurse bewegen sich in Trends, die sich vor dem Hintergrund der großen Börsenzyklen entwickeln. In diesem Abschnitt geht es darum, wie die großen Wendepunkte der Börsen bzw. der Börsentrends identifiziert werden können. Zunächst zur konventionellen Trendanalyse:

Es gibt unzählige Indikatoren zur Trendmessung, wobei wir am liebsten mit Gleitenden Durchschnitten – kurz GDs – arbeiten, die dank ihrer Einfachheit in der Berechnung und Objektivität in der Aussage, die am häufigsten verwendeten technischen Studien repräsentieren. Der gleitende Durchschnitt definiert den Durchschnittskurs des Betrachtungszeitraums, wobei gleitend bedeutet, dass mit jedem neuen Kurs der jeweils älteste Kurs aus der Berechnung herausfällt.

Trendfolge mit der 200-Tage-Linie

Gleitende Durchschnitte repräsentieren eine Glättungslinie des Kursverlaufs, und die großen Börsentrends werden sehr gut mit dem GD 200, der 200-Tage-Linie, abgebildet. Dabei gelten Aufwärtstrends, wenn der Kurs über seiner 200-Tage-Linie notiert, und analog Abwärtstrends, wenn sich der Kurs unter seinem GD 200 befindet. Alle Kreuzungen zwischen Kurs und GD 200 bedeuten Trendwechsel. So gilt ein Kaufsignal, wenn der Kurs über seine 200-Tage-Linie ansteigt, und entsprechend ein Verkaufssignal, wenn der Kurs unter seine 200-Tage-Linie fällt.

Für gewöhnlich werden Gleitende Durchschnitte als gestrichelte oder gepunktete Linie im Chart dargestellt. Die Differenz zwischen Kurs und GD kann auch als Oszillator abgebildet werden, wobei dann die Mittelpunktslinie den Kreuzungspunkt zwischen Kurs und GD darstellt und positive Werte (Aufwärtstrends) oberhalb der Mittelpunktslinie dargestellt werden, negative (Abwärtstrends) unterhalb.

Im oberen Teil der folgenden Abbildung sehen Sie den Dax mit seiner 200-Tage-Linie, im unteren Teil die Oszillatorendarstellung. Interpretation:

Der Dax hatte am 24.07.2006 bei einem Kurs von 5578 Punkten den GD 200 nach oben gekreuzt und damit ein Kaufsignal generiert. Der

Aufwärtstrend war bis zum 15.01.2008 intakt, als die 200-Tage-Linie bei 7566 Punkten wieder nach unten gekreuzt wurde. Nach diesem Verkaufssignal befand sich der Dax im Abwärtstrend bis zum 19.05.2009, und damals wurde der GD 200 bei 4960 Punkten erstmals wieder nach oben gekreuzt.

Im Aufwärtstrend gewann der Dax 1988 Punkte bzw. 35,6 % und im Abwärtstrend verlor der Index 2607 Punkte beziehunsweise 34,5 %. Aktionäre bzw. Long-only-Anleger hätten also im Aufwärtstrend einen kräftigen Gewinn erzielt und wären im Abwärtstrend nicht investiert gewesen, sodass ein hoher Verlust vermieden werden konnte. Und Trendfolger, die beide Richtungen des Marktes nutzen (long/short), hätten in diesen beiden Trends einen Gewinn von insgesamt 4595 Punkten erzielt.

Die dargestellte Phase ist ein Idealbeispiel für die Trendfolge auf Basis der 200-Tage-Linie. Doch in der Praxis gehen die Indizes selten von einer kräftigen Trendphase unmittelbar in die nächste kräftige Trendphase über. Zumeist entwickeln sich zwischen den großen Trends Seitwärtsphasen, in denen die Kurse richtungslos um die 200-Tage-Linien oszillieren und damit Fehlsignale generieren. Doch dafür sind Sie als Trendfolger in allen großen Trends stets auf der richtigen Seite investiert.

Trendfolge-Outperformance

Trendfolger, die konsequent entsprechend den Kauf- und Verkaufssignalen (gemessen am 200-Tage-GD auf Basis der Tagesschlusskurse) im Dax long oder short investiert waren, konnten seit 1988 einen Gewinn von im Mittel 20,7 % jährlich erzielen. Dies entspricht einer Outperformance von 138 % gegenüber einer passiven Buy-and-Hold-Anlage (9 % p.a.). Und für den Dow Jones errechnet sich seit 1896 ein Trendfolgegewinn von durchschnittlich 18 % im Jahr, was gegenüber Buy-and-Hold (knapp 6 % p.a.) einer Überrendite von 227 % entspricht.

Wer einem Handelssystem folgt (zum Beispiel der 200-Tage-Linie), setzt grundsätzlich alle Handelssignale um und versucht keine Prognosen. Wir möchten Ihnen nun technische Modelle vorstellen, mit denen Sie gute Chancen haben, die großen Wendepunkte der Märkte zu identifizieren. Der Grundgedanke:

An den Börsen kommt es immer wieder zu Übertreibungen, also Extremphasen, in denen sich die Kurse weit von ihren Mittelwerten entfernen. Da die Kurse früher oder später wieder zu diesen Mittelwerten zurückkommen, eröffnen alle Übertreibungsphasen hohe Gewinnchancen. So gilt es für Aktieninvestoren, bei Aufwärtsübertreibungen Gewinnmitnahmen und bei Abwärtsübertreibungen Käufe vorzubereiten.

Wir möchten Ihnen drei technische Konzepte vorstellen, die recht zuverlässig Übertreibungen anzeigen und damit die großen Wendepunkte der Börsen eingrenzen.

1. OSZILLATOR ROLLIERENDE RENDITE

Wie wir wissen, dass der Dow Jones im langfristigen Mittel um 6 % jährlich ansteigt und der Dax – dank Dividenden – um 9 %. Wenn die Performances deutlicher von diesen Mittelwerten abweichen, dann kann eine Übertreibung unterstellt werden, der dann früher oder später wieder eine massive Gegenbewegung folgen wird.

Zur Analyse der Performance-Entwicklung bietet es sich an, rollierende Renditen zu berechnen. Hierzu werden Monatsschlusskurse miteinander verglichen, und rollierend bedeutet, dass die Berechnung mit jedem abgeschlossenen Monat neu vorgenommen wird, wobei der älteste Monat aus der Berechnung herausfällt.

1.1 Rollierende Fünf-Jahres-Renditen im Dow Jones

Im Folgenden betrachten wir die rollierenden Renditen über einen Zeitraum von fünf Jahren, zumal damit in etwa die durchschnittliche Länge langfristiger Hausse-Zyklen abgedeckt wird. Zur Berechnung:

Der Dow Jones notierte am 30.06.2014 bei 16.826,60 Punkten und am 30.06.2009 bei 8447 Punkten. In diesen fünf Jahren hat sich der Index um 99,2 % verbessert und damit um durchschnittlich 14,77 % jährlich.

Die nachfolgende Abbildung zeigt die rollierenden Fünf-Jahres-Renditen im Dow Jones seit 1902:

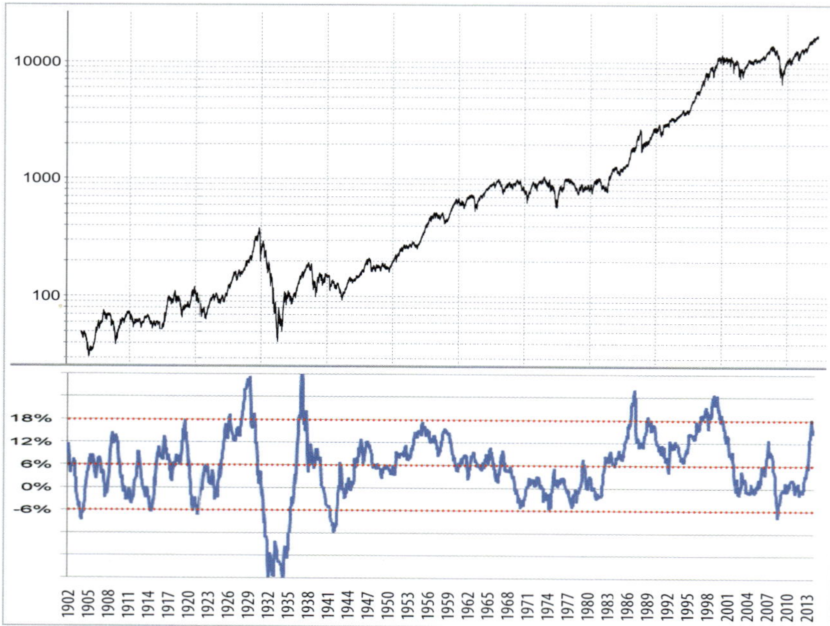

Da der Dow Jones im Mittel 6 % jährlich gewinnt, oszilliert die rollierende Fünf-Jahres-Rendite um die 6 %-Marke.

- Es kann eine Übertreibung unterstellt werden, wenn die rollierende Fünf-Jahres-Rendite über 12 % ansteigt (sich also verdoppelt) beziehungsweise auf 0 % fällt (also über einen Zeitraum von fünf Jahren keine positive Rendite erzielt wird).

- Eine Extrem-Übertreibung gilt, wenn die rollierende Fünf-Jahres-Rendite über 18 % ansteigt (damit Verdreifachung der Durchschnitts-Kursrendite) bzw. auf –6 % fällt (also über fünf Jahre hinweg durchschnittlich 6 % jährlich verloren werden).

Der Chart zeigt, dass sich Übertreibungen sehr gut in den rollierenden Fünf-Jahres-Renditen widerspiegeln. So vollzieht der Dow Jones häufig eine Richtungsänderung, wenn sich die Fünf-Jahres-Renditen im Bereich von 0 % beziehungsweise 12 % befinden. Wirklich überragend ist aber die Prognosefähigkeit, wenn Extrem-Übertreibungen angezeigt werden. Wir unterstellen dabei als Filter, dass die rollierende Fünf-Jahres-Rendite mindestens zwei Monate in Folge eine Extrem-Übertreibung angezeigt haben muss.

Zeitraum	Extrem-Übertreibung	Dow Jones
Februar–August 1904	–8,7 %	+122 % bis Januar 1906
August–Oktober 1914	–6,4 %	+111 % bis November 1915
August–November 1921	–7,1 %	+61 % bis Oktober 1922
Juli/August 1926	+19,4 %	–12 % bis Oktober 1926
Juni 1928–Oktober 1929	+29,3 %	–48 % bis November 1929
März/April 1930	+19,6 %	–86 % bis Juli 1932
September 1930–September 1935	–24,6 %	+355 % bis März 1937
Dezember 1936–August 1937	+31,6 %	–49 % bis März 1938
Oktober 1941–September 1942	–11,8 %	+57 % bis Juli 1943
Januar–September 1987	+26,0 %	–36 % bis Oktober 1987
Juni 1997–Juli 1998	+21,5 %	–19 % bis August 1998
Oktober 1998–Oktober 2000	+24,8 %	–38 % bis Oktober 2002
Februar/März 2009	–7,8 %	+59 % bis April 2010

Die rollierenden Fünf-Jahres-Renditen weisen 13 Extrem-Übertreibungen aus. Jedes Mal kam es danach zu Trendbewegungen von mehr als 10 %, wobei der Dow Jones sogar siebenmal mehr als 50 % gewann beziehungsweise verlor.

Sie sehen, dass Extrem-Übertreibungen zwar längere Zeit anhalten können, aber stets wieder korrigiert werden. Die Kurse bewegen sich dann in die Gegenrichtung, sodass eine Rückkehr zum Mittelwert der Kursrenditen stattfindet.

Ich habe immer zu spät gekauft und zu früh verkauft.
Jesse Livermore

1.2 Rollierende Fünf-Jahres-Renditen im Dax

Im Folgenden sehen Sie rollierende Fünf-Jahres-Renditen für den Dax seit 1964:

Der Dax gewinnt (dank Dividenden) durchschnittlich 9 % jährlich, und deshalb oszillieren die rollierenden Fünf-Jahres-Renditen um die 9 %-Marke. Dementsprechend ergeben sich Übertreibungen bei 18 % und 0 %, Extrem-Übertreibungen sind bei 27 % und –9 % zu unterstellen.

Im Dax kam es zu fünf Extrem-Übertreibungen, denen sehr kräftige Indextrends folgten:

Zeitraum	Extrem-Übertreibung	Dax
Oktober/November 1974	–9,4 %	+42 % bis April 1975
Mai/Juni 1998	+27,8 %	–34 % bis Oktober 1998
Dezember 1999–Juni 2000	+31,6 %	–68 % bis Oktober 2002
Januar–Juli 2003	–13,8 %	+88 % bis Januar 2004
Dezember 2004–April 2005	–10,8 %	+48 % bis Mai 2006

Nicht die Nachrichten machen die Kurse,
sondern die Kurse machen die Nachrichten.
Jesse Livermore

1.3 Fazit rollierende Renditen

Aus der Performance-Entwicklung können keine konkreten Indexsignale abgeleitet werden. Doch machen Sie sich stets bewusst, in welcher Rendite-Phase sich die Börsen gerade befinden. Dax und Dow Jones produzieren nicht für Ewigkeiten Gewinne bzw. Verluste, die deutlich von den historischen Mittelwerten abweichen. Wenn die rollierenden Fünf-Jahres-Renditen eine Übertreibung anzeigen, dann überprüfen Sie andere technische Modelle nach möglichen Kauf- oder Verkaufssignalen. Und sofern von den Renditen Extrem-Übertreibungen angezeigt werden, dann bereiten Sie sich auf eine deutliche Trendwende der Märkte vor.

2. OSZILLATOR GD-ABSTAND

Wenn sich Kurse sehr weit von ihren GDs entfernen, kann eine Übertreibung unterstellt werden. Übertreibungsphasen können über einige Wochen Bestand haben, lösen sich aber immer dadurch, dass die Trendbewegung pausiert (Seitwärtskonsolidierung) oder in eine Gegenbewegung in die andere Richtung, also einen Trendwechsel, mündet.

2.1 Interpretation GD-Abstand

Notieren die Kurse weit über dem GD (hoher positiver Abstand), gilt eine Aufwärtsübertreibung, zu der es häufig in der Spätphase einer Hausse kommt. Bei Kursen weit unter dem GD (hoher negativer Abstand) gilt entsprechend eine Abwärtsübertreibung, die in der Regel am Ende einer Baisse auftritt.

Aufwärts- und Abwärtsübertreibungen unterscheiden sich schon in der Grundlogik, denn die Kurse können unbegrenzt ansteigen, aber theoretisch nur bis auf Null fallen. In der Praxis zeigt sich, dass Aufwärtsübertreibungen wesentlich länger anhalten als Abwärtsübertreibungen. Denn je länger die Kurse ansteigen, desto unbekümmerter werden Anleger angesichts der positiven Entwicklung ihrer Portfolios. Gleichzeitig finden ob der vermeintlich hohen und einfachen Gewinnmöglichkeiten immer mehr Anleger erstmals den Weg zur Börse. Genau die gegensätzliche Entwicklung gilt bei fallenden Kursen. Irgendwann haben so viele Anleger ihre Engagements mit Verlust aufgelöst (und nicht wenige davon bis zur Spätphase der nächsten Hausse), dass die Kurse nur noch steigen können.

Bei Dow Jones und Dax können in den großen Börsentrends Übertreibungsphasen unterstellt werden, wenn die Kurse mehr als 20 % über oder unter ihren 200-Tage-Linien notieren. Dabei möchten wir aus den oben genannten Gründen nur Abwärtsübertreibungen betrachten. Also:

GD-200-Oszillator im Dow Jones

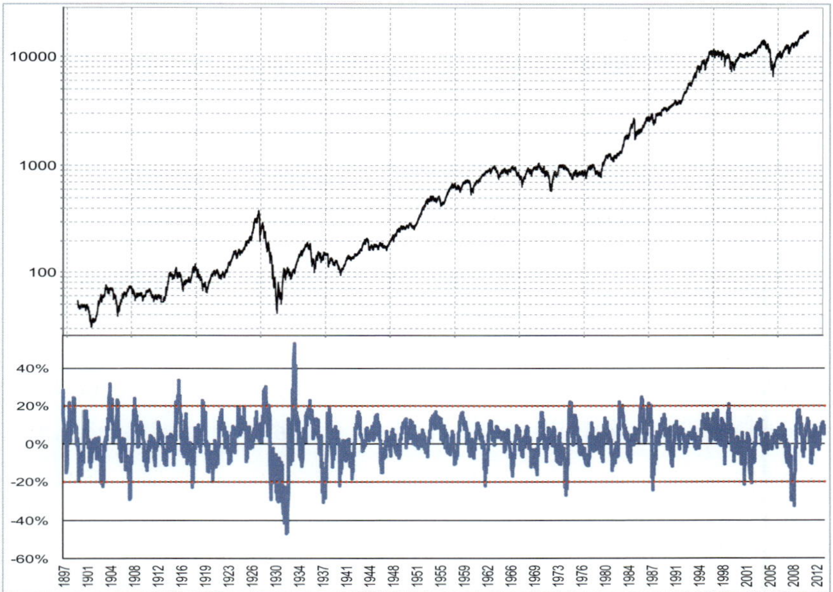

Ein Kaufsignal soll gelten, wenn die Indizes die untere Extremphase nach oben verlassen, also zunächst 20 % unter ihren GD gefallen waren (Beginn der Überverkauftphase) und dann den GD-Abstand auf weniger als 20 % reduzieren (Ende der Überverkauftphase). Damit wirklich nur die großen Aufwärtstrendwenden identifiziert werden, benutzen wir einen Filter, in dem ausschließlich Freitage ausgewertet werden.

Kaufsignale im Dow Jones

Kaufsignal	Kurs	Top	Kurs	Tage	Performance
07.08.1903	35,63	17.08.1903	39,47	10	10,78 %
25.09.1903	34,17	02.10.1903	34,88	7	2,08 %
23.10.1903	32,67	28.10.1903	33,3	5	1,93 %
13.11.1903	31,8	29.12.1903	36,15	46	13,68 %
29.11.1907	42,13	06.12.1907	45,25	7	7,41 %

Kaufsignal	Kurs	Top	Kurs	Tage	Performance
13.12.1907	41,97	14.01.1908	48,23	31	14,92 %
16.11.1917	69,75	23.11.1917	74,23	7	6,42 %
21.12.1917	68,25	02.01.1918	76,68	11	12,35 %
22.11.1929	245,74	10.12.1929	262,2	18	6,70 %
03.01.1930	247,19	15.01.1930	251,54	12	1,76 %
17.01.1930	246,33	13.02.1930	272,27	26	10,53 %
27.06.1930	218,78	18.07.1930	240,57	21	9,96 %
06.02.1931	169,88	24.02.1931	194,36	18	14,41 %
01.05.1931	145,58	08.05.1931	154,41	7	6,07 %
19.06.1931	130,31	03.07.1931	155,26	14	19,15 %
29.07.1932	53,89	07.09.1932	79,93	38	48,32 %
31.12.1937	120,85	11.01.1938	134,35	11	11,17 %
04.02.1938	120,52	23.02.1938	132,41	19	9,87 %
08.04.1938	109,57	18.04.1938	118,99	10	8,60 %
07.06.1940	115,67	19.06.1940	123,86	12	7,08 %
22.06.1962	539,19	23.08.1962	616	61	14,25 %
13.09.1974	627,19	19.09.1974	674,1	6	7,48 %
04.10.1974	584,56	14.10.1974	673,5	10	15,21 %
13.12.1974	592,77	21.02.1975	749,8	68	26,49 %
04.12.1987	1766,74	07.01.1988	2051,9	33	16,14 %
21.09.2001	8235,81	11.10.2001	9410,45	20	14,26 %
04.10.2002	7528,4	21.10.2002	8538,24	17	13,41 %
26.12.2008	8515,55	02.01.2009	9034,69	6	6,10 %
30.01.2009	8000,86	06.02.2009	8280,59	6	3,50 %
20.03.2009	7278,38	12.06.2009	8799,26	82	20,90 %
			Mittelwert	21	12,03 %

Im GD-200-Oszillator kam es seit 1903 zu 30 Kaufsignalen für den Dow Jones. Nach jedem Kaufsignal kletterten die Kurse, wobei der Index durchschnittlich 12 % innerhalb von 21 Tagen gewann.

GD-200-Oszillator im Dax

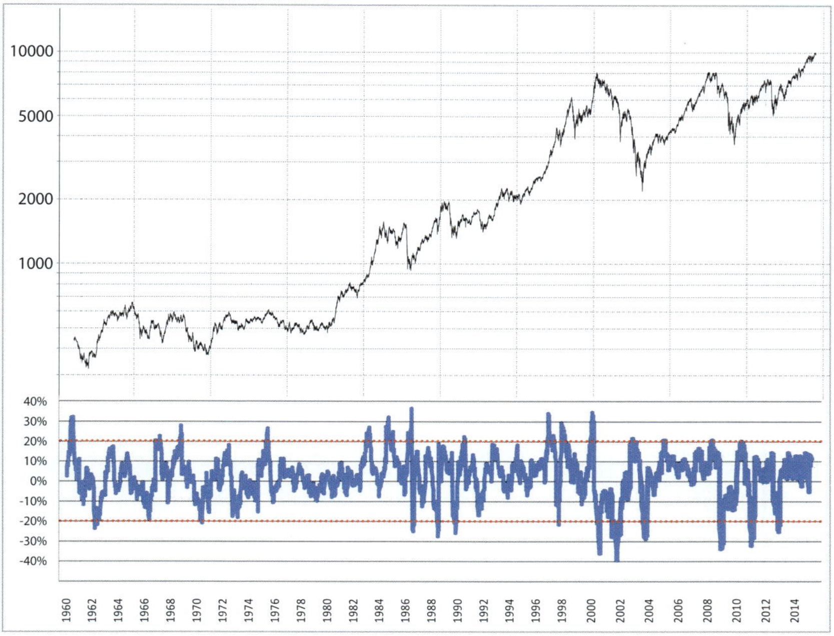

Kaufsignale im Dax

Kaufsignal	Kurs	Top	Kurs	Tage	Performance
03.08.1962	354,89	16.08.1962	394,21	13	11,08 %
12.10.1962	319,86	19.10.1962	346,86	7	8,44 %
22.05.1970	467,18	04.06.1970	498,23	12	6,65 %
05.02.1988	980,46	17.03.1988	1107	42	12,91 %
05.10.1990	1391,76	22.10.1990	1514	17	8,78 %
09.11.1990	1381,49	22.11.1990	1496,1	13	8,30 %
09.10.1998	3983,65	04.11.1998	4841,72	25	21,54 %

Kaufsignal	Kurs	Top	Kurs	Tage	Performance
19.10.2001	4513,53	19.11.2001	5185	30	14,88 %
16.08.2002	3684,69	22.08.2002	3906,55	6	6,02 %
22.11.2002	3320,88	02.12.2002	3380,2	10	1,79 %
14.03.2003	2403,19	06.05.2003	3067	52	27,62 %
28.03.2003	2520,84	07.04.2003	2808,94	9	11,43 %
19.12.2008	4696,7	06.01.2009	5026	17	7,01 %
30.01.2009	4338,35	06.02.2009	4645	6	7,07 %
20.03.2009	4068,74	01.06.2009	5143	71	26,40 %
09.09.2011	5189,93	28.10.2011	6346	49	22,28 %
23.09.2011	5196,56	29.09.2011	5639,59	6	8,53 %
			Mittelwert	23	12,39 %

Seit 1962 hat der GD-200-Oszillator 17 Kaufsignale für den Dax generiert, und im Anschluss kam es stets zu einer festeren Tendenz. Nach diesen Kaufsignalen gewann der Dax im Mittel 12,4 % innerhalb von 23 Tagen.

2.2 Fazit GD-Abstände

Wenn die großen Aktienindizes mehr als 20 % über oder unter ihren 200-Tage-Linien notieren, gelten Übertreibungsphasen. Dabei werden Aufwärtstrendwenden angezeigt, sobald nach einem Ausverkauf die Normalisierung an den Märkten beginnt, sich also der negative Abstand erstmals wieder auf weniger als 20 % reduziert. Dann starten Dow Jones und Dax eine Rückkehr zum Mittelwert, wobei diese Kaufsignale bislang 100 % Trefferquote vorweisen und im Mittel zu 12 % Kursgewinn binnen drei Wochen führen.

Über das Wochenende hat man Ruhe und Zeit, sich Gedanken über die Börse zu machen, und dann kann man nach reifer Überlegung die Strategie entwickeln und Pläne schmieden.
André Kostolany

3. TRENDBREITE-OSZILLATOREN

Mithilfe der Trendbreite wird gemessen, wie viele Index-Aktien dem Indextrend folgen, was darüber Aufschluss gibt, wie fundiert die gerade vorherrschenden Trends der Aktienindizes sind. Grundsätzlich:

3.1 Philosophie Trendbreite

Es gilt ein breiter Trend, wenn die (überwiegende) Mehrzahl der im Index enthaltenen Aktien der jeweiligen Index-Richtung folgt. In diesem Fall beruht der Index-Trend auf vielen Titeln und hat damit ein Fundament. Wenn indes nur wenige Aktien der Index-Richtung folgen, sind es die im Index hoch gewichteten Aktien, die den Indextrend ausmachen. In diesem Fall ist der Aktienindex anfällig für eine Trendumkehr.

Es zeichnet sich eine Übertreibung ab, wenn über einen längeren Zeitraum (fast) alle Aktien steigen bzw. fallen. Dann gibt es ein extremes Übergewicht der Käufer beziehungsweise der Verkäufer, das zwar durchaus über einige Wochen bestehen kann, sich aber nicht dauerhaft fortsetzen wird. In einer solchen Extremphase sollte eine Gegenbewegung bzw. Trendumkehr bevorstehen.

Die von uns entwickelten Trendbreite-Oszillatoren messen die Anzahl der Index-Aktien, die sich im Aufwärtstrend befinden, wobei wir auch an dieser Stelle Trends über die 200-Tage-Linie definieren. Dementsprechend:

Ein Trendbreite-Oszillator von 100 % bedeutet, dass sich alle Index-Aktien im Aufwärtstrend befinden (oberhalb des GD 200), und analog zeigt ein Trendbreite-Oszillator von 0 %, dass sich keine Index-Aktie im Aufwärtstrend befindet (also alle Index-Aktien unterhalb der 200-Tage-Linie notieren). Wie bei den meisten Oszillatoren üblich, zeigt der obere Extrembereich einen überkauften Markt an und der untere Extrembereich einen überverkauften .

3.2 Interpretation Trendbreite

Wie wir wissen, können Märkte länger überkauft als überverkauft sein, und deshalb sollten die Trendbreite-Oszillatoren auch in Hausse und Baisse unterschiedlich interpretiert werden. Konkret:

- Es gelten Kaufsignale, wenn der Trendbreite-Oszillator den unteren Extrembereich nach oben verlässt. Dabei handelt es sich um antizyklische Kaufsignale, weil sich dann noch immer die Mehrheit der Index-Aktien im Abwärtstrend befindet. Erst oberhalb der 50 %-Grenze notieren die Index-Aktien mehrheitlich über ihren 200-Tage-Linien.
- Der Trendbreite-Oszillator eignet sich weniger für Verkaufssignale als vielmehr als frühzeitiger Warnsignalgeber für bevorstehende Abwärtstrendwenden. Hierfür wird nach Divergenzen (Abweichungen) zwischen Oszillator und Index gesucht, die umso bedeutender sind, wenn Divergenzen im Bereich der oberen Extremzone auftreten. Zur Erklärung:

Eine Divergenz besteht, wenn der Aktienindex einen neuen Extrempunkt erreicht, der Trendbreite-Oszillator aber vor Erreichen des vorangegangenen Extrempunktes wieder die Richtung wechselt. Bildet der Aktienindex ansteigende Hochs heraus, der Oszillator aber fallende Hochpunkte, wird von einer bearishen Divergenz gesprochen.

Da es um die Wendepunkte der großen Börsentrends geht, haben wir als Glättung eine 200-Tage-Linie auf den täglichen Trendbreite-Oszillator berechnet. Die Besonderheit dieses Oszillators ist dabei, dass für die Berechnung umfangreiche historische Rückrechnungen erforderlich sind, da es jeden Aktientausch im Index zu berücksichtigen gilt. Deshalb sind den historischen Auswertungen im Dow Jones Grenzen gesetzt.

3.3 Trendbreite-Oszillator Dow Jones

Der nachfolgende Chart zeigt den Dow Jones mit seinem Trendbreite-Oszillator seit Januar 1987. Als untere Extremzone bietet sich die 25 %-Marke an, während sich Verkaufssignale aus Divergenzen ableiten lassen.

Dow Jones mit Trendbreite-Oszillator

Trendbreite-Oszillator Dow Jones-Aktien

Datum	Dow Jones	Extrempunkt	Dow Jones	Performance
03.08.1988	2134	10.08.1989	2661	27 %
05.05.2003	8532	11.02.2004	10.738	26 %
13.05.2009	8285	19.01.2010	10.549	29 %

3.3.1 Kaufsignale

Der Trendbreite-Oszillator zeigt drei Kaufsignale, denen kräftige Kursgewinne im Dow Jones folgten. Dabei hatte der Oszillator am 07.04.2009 mit 10 % seinen historischen Tiefstwert erreicht, als im 200-Tage-Durchschnitt nur noch drei der 30 Dow Jones-Aktien im Aufwärtstrend notierten. Damit galt hier die massivste Überverkauftphase seit Berechnung dieses Oszillators, worauf der Index eine 2000-Punkte-Rallye bis Ende 2009 startete.

3.3.2 Verkaufssignale/Divergenzen

Der Chart zeigt einige Divergenzen zwischen dem geglätteten Trendbreite-Oszillator und dem Dow Jones. Im Januar 1990 bildete der Oszillator einen Hochpunkt heraus, während der Index noch bis Juli haussierte. Darauf verlor der Dow Jones 22 % binnen drei Monaten. Zur Jahreswende 1995/1996 entwickelte sich eine Divergenz, die ohne Folgen blieb, worauf im Sommer 1997 die „Mutter aller Divergenzen" startete. Am 22.08.1997 hatte der Trendbreite-Oszillator bei 93 % notiert, per April 1999 bei nur noch 64 %, während der Dow Jones von knapp 8000 auf über 11.000 Punkte haussierte. Die Hausse Ende der 1990er-Jahre war also von immer weniger Aktien getragen worden, und die Konsequenz daraus war die mächtige Baisse bis unter 7300 im Jahr 2002. Die nächste bearische Divergenz startete im Juli 2007, bei einem Dow Jones von 14.000 Punkten. Im Oktober hatte der Index bei 14.164 notiert, um dann bis Dezember 1000 Punkte abzugeben, woran sich ein Jahresminus von 33,8 % in 2008 anschloss (Tiefpunkt bei 7552).

3.4 Trendbreite-Oszillator Dax-Aktien

Im Chart, rechts oben, sehen Sie den Dax und den Trendbreite-Oszillator seit Indexstart Ende 1987, wobei alle Aktienwechsel im Dax berücksichtigt wurden. Da es im Dax zu heftigeren Trendwechseln kommt, liegt die untere Extremzone bei 10 %, während Verkaufssignale über Divergenzen festgelegt werden.

3.4.1 Kaufsignale

Im Dax gab es bis 1998 nur vier Bärenmärkte, die höchstens zehn Monate andauerten. Deshalb weist der Trendbreite-Oszillator lediglich zwei Kaufsignale aus, denen Baisse-Phasen von 36 bzw. 20 Monaten vorangegangen waren.

Am 28.05.2003 war der geglättete Oszillator bei einem Dax von 2920 Punkten erstmals über die 10 %-Marke geklettert. Nach diesem Kaufsignal haussierte der Dax bis auf 4152 Punkte am 23.01.2004 und damit um 42 %.

Das zweite Kaufsignal wurde am 09.06.2009 generiert. Der Dax notierte damals bei 4998 Zählern, worauf ein Anstieg bis 7528 am 02.05.2011 und damit um 50 % folgte.

Dax mit Trendbreite-Oszillator

3.4.2 Verkaufssignale/Divergenzen

Im März 1994 entstand im geglätteten Trendbreite-Oszillator oberhalb der 90 %-Marke ein Hochpunkt, während der Dax bis 2271 im Mai weiterkletterte, um dann bis Juni um 13 % zurückzusetzen. Zum nächsten Oszillatorenhoch im oberen Extrembereich kam es im Oktober 1997. Der Dax beschleunigte damals sogar seinen Anstieg von 4000 auf 5000 Ende 1997, während sich der Trendbreite-Oszillator auch in den Monaten danach immer weiter zurückbildete. Damit hatte sich eine sehr deutliche und lang anhaltende Divergenz herausgebildet, und schließlich folgte dem 1998er-Juli-Hoch bei 6171 Punkten ein 37 %-Einbruch bis 3896 im Oktober 1998. Als der Dax das Jahr 1999 bei 6958 Punkten beendete, befand sich der 200-Tage-GD der Trendbreite bei lediglich 61 %, und im abschließenden Dax-Anstieg bis 8065 im März 2000 hatte sich der Oszillator weiter zurückgebildet.

In der dann einsetzenden Baisse war der Dax binnen drei Jahren bis auf nur noch 2203 Punkte zurückgefallen. Im Juli 2007 bildete der geglättete Trendbreite-Oszillator einen Hochpunkt bei 91 % heraus, während der Dax bei 8000 notierte. Diese Divergenz löste sich durch einen Dax-

Rückgang von 40,4 % im Jahr 2008. Im Mai 2010 hatte der Oszillator bei 85 % einen Hochpunkt gebildet und im Juni 2011 bei 76 %, während der Dax von 5908 auf 7528 geklettert war. Von dort fiel der Index dann im September auf 5073 Punkte und damit um 32,6 %.

Der einzige Investor, der nicht diversifizieren sollte, ist derjenige, der immer zu 100 Prozent richtig liegt.
John Templeton

3.5 Fazit Trendbreiten

Der Vergleich zwischen Indextrend und Trendbreite kann wertvolle Erkenntnisse für bevorstehende große Trendwenden liefern. Wenn sich weniger als 25 % der Dow-Jones-Aktien und 10 % der Dax-Titel im Aufwärtstrend befinden, gelten Abwärtsübertreibungen, zu denen es in der Schlussphase mächtiger Baisse-Phasen kommt. Dann werden (antizyklische) Kaufsignale generiert, sobald die ersten Index-Aktien wieder über ihre 200-Tage-Linien ansteigen und im Trendbreite-Oszillator eine Überkreuzung der Signalmarken von 25 % beziehungsweise 10 % stattfindet. Solchen Kaufsignalen folgen dann kräftige Hausse-Phasen. Vorsicht ist indes angebracht, wenn sich Dow Jones und Dax noch im Aufwärtstrend befinden, während die ersten Index-Aktien beginnen, unter ihre 200-Tage-Linien zu kreuzen. Steigende Indizes bei rückläufiger Trendbreite deuten eine bearishe Divergenz an, der zumeist eine neue Baisse mit kräftigen Kursrückgängen folgt.

4. FAZIT TRENDWENDEN ERKENNEN

Wer den von der 200-Tage-Linie angezeigten Trends folgt, erzielt eine erhebliche Outperformance gegenüber Buy-and-Hold-Anlegern. Dabei lassen sich die Ergebnisse nochmals erheblich verbessern, wenn die großen Trendwenden der Börsen identifiziert werden. Konkret:

Sofern die rollierenden Fünf-Jahres-Renditen obere Extremwerte im Bereich von 18 % (Dow Jones) beziehungsweise 27 % (Dax) erreicht haben, wissen Sie, dass bald eine schlechtere Börsenphase folgen wird. Im Idealfall kommt es innerhalb der Hausse zu einer Übertreibungsphase, die es Ihnen ermöglichen wird, nahe der Höchstkurse Gewinne mitzunehmen. Falls der Dow Jones mehr als 20 % über seiner 200-Tage-Linie notiert, sollten Sie sich (an festen Tagen) sukzessive Gewinnmitnahmen überlegen, genauso bei einem Dax, der über 20 % Abstand zum GD 200 aufweist. Wenn die Indizes noch ansteigen, während die Trendbreite-Oszillatoren der Index-Aktien zurückzufallen beginnen – sich also bearische Divergenzen herausbilden –, sollten Sie Ihr Depot bereinigt beziehungsweise abgesichert haben.

Der Startschuss zum Bärenmarkt erfolgt spätestens, wenn Dow Jones und Dax ihre 200-Tage-Linien unterbieten. Die Börsen bauen dann ihre Aufwärtsübertreibungen ab und setzen damit zu den historischen Mittelwerten zurück. Vielleicht folgen Abwärtsübertreibungen, und falls es zu einem Aktiencrash kommt, sollten Sie dieses Geschenk in jedem Fall nutzen. Denn durchschnittlich 18 Monate nach dem Hochpunkt ist der Bärentanz bekanntlich schon wieder vorbei.

Sofern Dow Jones und Dax mehr als 20 % unter ihren 200-Tage-Linien notieren, sind die großen Tiefpunkte nahe. Sobald sich diese negative GD-Differenz dann wieder auf weniger als 20 % reduziert (die Betrachtung von Freitagen ist ausreichend), gelten wichtige Kaufsignale. Die Indizes dürften dann rund 12 % binnen drei Wochen gewinnen. Falls die vorangegangene Baisse sehr kräftig war und sich nur noch weniger als 25 % der Dow Jones-Aktien beziehungsweise 10 % der Dax-Aktien im Aufwärtstrend befunden hatten, sollte sogar eine neue, langfristige Hausse starten.

Teil B

BÖRSENZYKLEN

I. GRUNDLAGEN

Die Kenntnis der Börsenzyklen ist eine mächtige Waffe im Arsenal des Anlegers. Denn die Zyklen helfen, die Ergebnisse technischer und fundamentaler Analyse richtig einzuordnen.

Das folgende Grundlagenkapitel vermittelt einen ersten Eindruck, wie Börsenzyklen berechnet werden und wie Anleger dieses Ergebnis für ihren Anlageerfolg umsetzen können. So sind die Erkenntnis, dass Dax und Dow Jones im Winter besser abschneiden als im Sommer, oder das Wissen, dass die Märkte häufig zum Jahrzehntwechsel Mehr-Jahres-Hochs bilden, eigentlich von unschätzbarem Wert.

Darüber hinaus wird ein Zyklen-Index vorgestellt, dessen Entwicklung an den Dax gekoppelt ist, der aber mit nur zwei Handgriffen im Jahr die vierfache Performance wie der Dax erzielt.

1. ZYKLEN

Der Begriff Zyklus kommt aus dem Griechischen (kyklos) und bezeichnet einen Kreislauf. Die griechische Philosophie sah im Kreis ein Symbol für die Vollkommenheit, denn ein Kreis verfügt über keinen Anfang und kein Ende, und jeder Punkt ist vom Zentrum gleich weit entfernt. Eine kreisförmige Bewegung kommt also immer zu sich selbst zurück, bevor sie von Neuem beginnt. Mit Zyklen verhält es sich genauso, denn hier werden Bewegungen beschrieben, die sich fortlaufend wiederholen. Dabei prägen Zyklen das menschliche Leben wie kaum ein anderes Phänomen.

Der Tag folgt einem Zyklus, vom Sonnenaufgang bis zum Sonnenuntergang. Der Monat ist durch den Umlauf des Mondes und das Jahr durch die Umrundung der Sonne durch die Erde geprägt, was ebenso zyklische Bewegungen sind. Und da die Sonne im Lauf des Jahres in größeren oder kleineren Winkeln die Erde bestrahlt, herrschen je nach Jahreszeit unterschiedliche Temperaturen. Die Jahreszeiten haben wiederum eine unmittelbare Auswirkung auf die Natur. Im Frühling erblüht die Umwelt, im Sommer reift sie, im Herbst verblüht sie, und im Winter erstirbt sie.

An diesem Jahreszeiten-Zyklus orientiert sich die Landwirtschaft, die das Leben der meisten Menschen bis ins späte 19. Jahrhundert bestimmte. Im Frühling wurde ausgesät, im Sommer und Herbst geerntet und im Winter das Vieh geschlachtet. Auch wenn dieser direkte ökonomische Zusammenhang von den Menschen der heutigen Industriegesellschaft kaum noch wahrgenommen wird, durchlaufen wir alle einige Zyklen, die sich Jahr für Jahr wiederholen.

So wird im Frühling auf Sommerreifen gewechselt, und in den Modeabteilungen sind die neuen Sommerkollektionen zu finden. Mit den ersten Sonnenstrahlen füllen sich Biergärten und Parks und immer mehr auch Freibäder bzw. Badeseen. Das Leben findet vermehrt im Freien statt, und die meisten Jahresurlaube werden im Sommer genommen. Mit den allmählich sinkenden Temperaturen findet dann wieder sukzessive der Rückzug in die eigenen vier Wände statt. Es wird auf Winterreifen gewechselt, und das Weihnachtsfest schiebt sich immer weiter in den Vordergrund. Die Konsumausgaben steigen bis zum 24. Dezember massiv an, und gleich darauf finden Silvester-Partys statt. Die Zeit der Jahresrückblicke ist vorbei, und es wird optimistisch und häufig mit vielen Vorsätzen in das neue Jahr geblickt. Der Winter entfaltet seine ganze Kraft, doch allmählich naht das Frühjahr. Der Zyklus – der keinen Anfang und kein Ende kennt – beginnt von Neuem.

Investiere dein Geld nie in etwas,
das frisst oder das neu gestrichen werden muss.
Billy Rose

Dieser Jahreszeiten-Zyklus hat eine mächtige Bedeutung für die einzelnen Segmente der Wirtschaft, denn es kann z.B. im Winter nicht gebaut werden, und in der Ferienzeit sind die Autobahnen voll, aber die Geschäfte leer. Viele Branchen erzielen ihre Hauptumsätze durch das Weihnachtsgeschäft im vierten Quartal. Andere Bereiche profitieren vom Sommer oder Frühjahr oder Herbst. Die verschiedenen Branchen unterliegen also ihren ganz eigenen Zyklen, die mehr oder weniger ausgeprägt ausfallen.

Zyklen begegnen uns überall in der Wirtschaft. So lehrt das Marketing einen Produktlebenszyklus, nach dem der Entwicklung eines neuen Produktes die Einführungs- und dann im Erfolgsfall die Wachstumsphase folgen. Irgendwann sind die Reifephase und schließlich die Sättigungsphase erreicht, worauf die Rückgangsphase den Produktlebenszyklus abschließt.

Genauso entwickeln sich nach herrschender VWL-Meinung ganze Volkswirtschaften in Konjunkturzyklen. Die Expansion mündet in einen Boom, worauf Rezession und schließlich Depression folgen. Dabei beschäftigen sich ganze Heerscharen von Aktienanalysten mit der Frage, in welcher Phase des Konjunkturzyklus sich einzelne Länder gerade befinden, um daraus Rückschlüsse für die geeignete Aktienauswahl zu ziehen. Denn lt. Lehrbuchmeinung werden die Börsentrends sog. zyklischer Aktien sehr stark vom Konjunkturzyklus beeinflusst. So sind z.B. die Hersteller von Nahrungsmitteln nur im geringen Maß vom Wirtschaftszyklus abhängig, während Unternehmen aus den Bereichen

Konsum, Bau, Maschinenbau oder Stahl stark von der konjunkturellen Entwicklung beeinflusst werden. Denn in wirtschaftlich schlechten Zeiten (oder vielmehr der Erwartung solcher) werden nicht unbedingt notwendige Konsumausgaben bzw. Investitionen zurückgestellt und in den anschließenden Expansions- und Boomphasen nachgeholt.

Ein Börsenspekulant muss immer in die Ferne schauen
und nicht nur bis zu seiner Nasenspitze.
Nicht daran denken, ob die Kurse morgen oder übermorgen steigen werden,
sondern an das, was alles noch kommen kann und wird,
in den nächsten Monaten und Jahren.
André Kostolany

1.1 Börsenzyklen

Die Kenntnis der Börsenzyklen ist eine mächtige Waffe im Arsenal eines jeden Anlegers oder Analysten. Natürlich dürfen Börsenzyklen nicht das alleinige Kriterium für Käufe oder Verkäufe sein, doch Zyklen helfen ganz erheblich, die Aussagen fundamentaler und technischer Analysemodelle richtig zu interpretieren.

So neigen beispielsweise Dax und Dow Jones dazu, wesentliche Hochpunkte um den Jahrzehntwechsel herum (der Dow Jones etwas früher, der Dax etwas später) zu markieren. Und genauso erreichen beide Indizes die entscheidenden Tiefpunkte in der Regel in der ersten Hälfte eines Jahrzehnts und sogar am liebsten in Jahren, die mit einer „2" enden. Dieses Wissen liefert Ihnen einen substanziellen Background für Ihre grundsätzliche Börseneinschätzung, und auch die Erkenntnis, dass es alle vier Jahre zu bedeutenden Börsentiefpunkten kommt oder Jahres-Hochs und Jahres-Tiefs ganz primär zu bestimmten Zeitpunkten erreicht werden, ist eigentlich von unschätzbarem Wert. Aber:

Bei der Betrachtung der Börsenzyklen geht es um Wahrscheinlichkeiten, die sich aus der Häufung historischer Kursmuster ergeben. Natürlich kann sich die Börse stets auch vollkommen anders entwickeln, allerdings sollten Sie den wahrscheinlichen Verlauf immer im Kopf haben, wenn Sie über aktuelle Kauf- oder Verkaufssignale anderer Modelle nachdenken.

1.2 So werden Zyklen errechnet

Historische Kursmuster und damit Börsenzyklen ergeben sich ganz einfach durch die Übereinanderlagerung von Kursmustern vergleichbarer Zeiträume. Wie dies funktioniert, zeigt das folgende Beispiel:

Es werden stets Durchschnittsveränderungen gebildet und aneinandergereiht. Nehmen wir an, der Kurs notiert am ersten Handelstag eines Jahres bei 1010. Wenn der Kurs nun am ersten Handelstag des zweiten Jahres auf 1020 steigt, ergibt sich ein Periodendurchschnitt für den ersten Handelstag von 1015. Wenn der Kurs am zweiten Handelstag auf 1050 klettert und am gleichen Tag des zweiten Jahres auf 1070, ergibt sich ein Mittelkurs von 1060. Folglich errechnet sich für den zweiten Handelstag im Durchschnitt ein Plus von 4,4 %. Da hier die Durchschnittsveränderungen aus lediglich zwei Tagen gebildet werden, ist das Ergebnis natürlich statistisch völlig irrelevant. Doch je mehr Datensätze in die Berechnung eingehen, desto sicherer werden die Ergebnisse. Und die Addition aller einzelnen Periodenveränderungen führt dann zu den hier dargestellten Börsenzyklen.

Zyklen-Charts und Auswertungen mit maximaler Historie

Für die Erstellung unserer Zyklen-Charts haben wir alle uns zur Verfügung stehenden Daten – d.h. den Dax ab September 1959 und den Dow Jones ab Mai 1896 – verwendet. Dementsprechend basieren die Auswertungen auf 11.507 Tagesveränderungen für den Dax und sogar 28.721 Tagesveränderungen für den Dow Jones. Wochenenden, Feiertage und sonstige Handelsaussetzungen wurden korrekterweise berücksichtigt, und nur wo es aufgrund der Datenmengen unbedingt erforderlich war, haben wir mit Monatsschlusskursen gearbeitet. Doch da nicht an 365 Tagen gehandelt wird und die Aufsummierung der einzelnen Tagesveränderungen somit ein falsches (zu positives) Bild über die jeweiligen Monats- bzw. Jahres-Performances vermitteln würde, haben wir mit einem Diskontierungsfaktor gerechnet.

Die in diesem Buch abgebildeten Zyklen-Charts beinhalten ein Maximum an Informationen. Da alle Charts bei 100 % beginnen, können Sie die jeweiligen relativen Kursveränderungen überprüfen. Vor allem – und darauf kommt es an – können Sie die Zeitpunkte der zyklischen

Hochs und Tiefs sowie die zeitliche Ausdehnung der zyklischen Trendbewegungen aus den Charts ablesen.

1.3 Börsenzyklen in der Praxis

Im folgendem Abschnitt zeigen wir Ihnen einige Beispiele, die deutlich machen, wie eng sich die Aktienmärkte an ihren zyklischen Vorgaben orientieren. Dabei lassen sich für nahezu jeden Zeithorizont Gemeinsamkeiten finden:

1.3.1 Ähnlicher Verlauf einzelner Jahre

Nehmen wir an, wir befinden uns beispielsweise im Dezember 1944. Der verheerendste Krieg der Menschheitsgeschichte liegt in den letzten Zügen und hat Europa weitgehend verwüstet. Aus der gesamten Börsenhistorie – also allen täglichen Kursveränderungen zwischen 1896 und 1944 – würde sich für den Dow Jones für das Jahr 1945 folgendes Börsenmuster ergeben:

Dow Jones 5er-Jahre (Daten 1896 bis 1940)

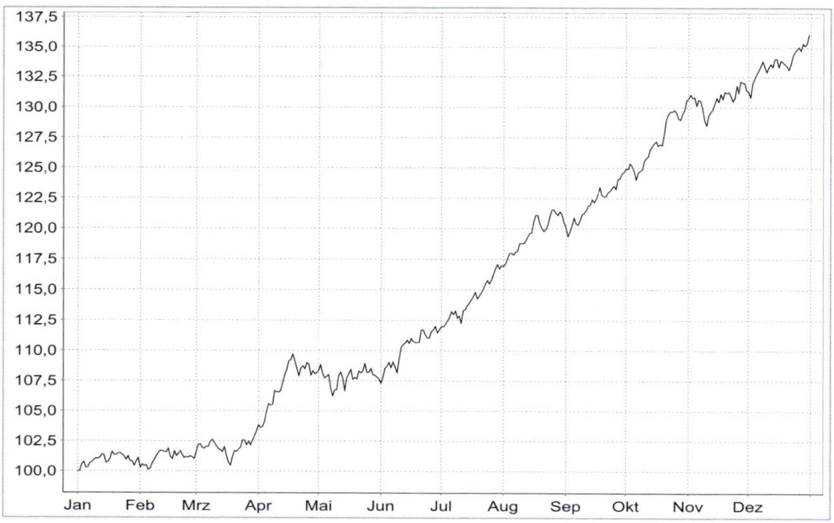

Ausgehend von diesem Zyklus hätten wir ein tolles Börsenjahr vor uns. Wir würden zunächst rund zehn Wochen mit seitwärts verlaufenden Kursen rechnen, wobei das Jahres-Tief im ersten Quartal markiert wird.

Im März sollte dann ein rund sechswöchiger Zwischenspurt beginnen, ehe die Kurse abermals kurz auf der Stelle treten. Der Sommer ist geprägt von einer kräftigen Rallye, die in der zweiten Jahreshälfte zu massiven Kursgewinnen führt. Das Jahres-Hoch ist im Dezember zu erwarten.

Der nächste Chart zeigt, dass sich die US-Börse tatsächlich ähnlich entwickelt hat, wie es aus der Historie des Zeitraums 1896 bis 1944 erwartet werden konnte.

Dow Jones 1945

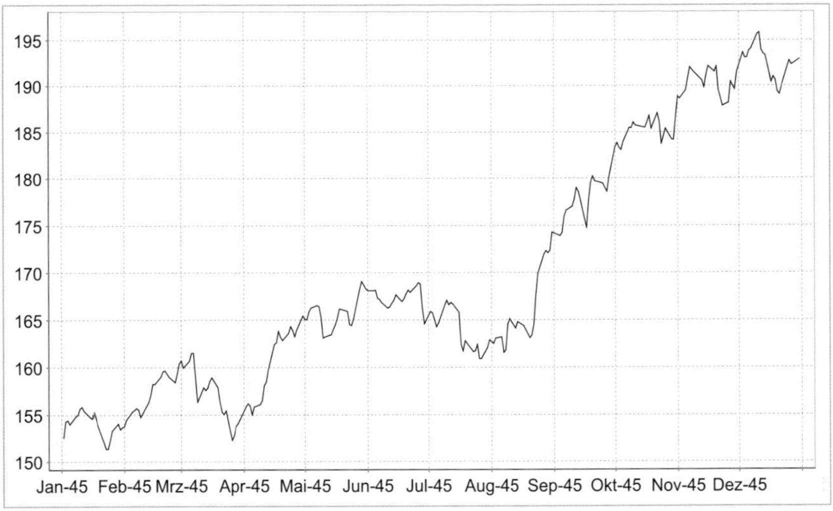

In den ersten drei Monaten verharrten die Kurse tatsächlich in einer Seitwärtsbewegung, sodass bis in die letzte März-Woche hinein keine Performance zu verzeichnen war. Dabei markierte der Dow Jones im Januar ein zyklisches Tief, das sich später als Jahres-Tief herausstellen sollte. Im Anschluss folgte der avisierte Zwischenspurt, der den Index rund 10 % nach oben schießen ließ. Diese Gewinne wurden wie vom Zyklen-Chart prognostiziert mit einer Seitwärtsbewegung konsolidiert. Im August startete dann eine Aufwärtsbewegung, die sich ohne nennenswerte Korrekturen bis zum Jahresende durchzog. Der höchste Stand des gesamten Jahres wurde schließlich Mitte Dezember erreicht.

Trotz des Zweiten Weltkriegs hat der aus der Börsenentwicklung zwischen 1896 und 1944 errechnete Zyklus eine sehr gute Vorlage für die Entwicklung 1945.

Springen wir nun 35 Jahre weiter an das Ende der 70er-Jahre. 1979 stand insbesondere der Nahe Osten im Fokus der Weltöffentlichkeit. Zwar beendeten Israel und Ägypten den mehr als 30 Jahre andauernden Kriegszustand, doch mit Khomeini und Saddam Hussein kamen im Iran bzw. im Irak zwei gewaltbereite Fanatiker an die Macht. Uns liegen mittlerweile Kursveränderungen von 1896 bis 1978 vor, aus denen sich für 1979 folgender Börsenzyklus ergibt:

Dow Jones 9er-Jahre (Daten von 1896 – 1978)

Wir würden zunächst einen zyklischen Tiefpunkt im Februar erwarten, dem eine kräftige Rallye folgen sollte. Im Anschluss an diesen Anstieg war eine Seitwärtsbewegung im Frühsommer wahrscheinlich. Ausgehend von einem wichtigen Tief im Juni wäre im Hochsommer mit massiv steigenden Kursen zu rechnen, die in das Jahres-Hoch im Spätsommer/Herbst münden. Dieser Rallye sollte im Oktober/November eine Korrektur folgen, ehe es zum Jahreswechsel schließlich wieder leicht nach oben geht.

Wie der folgende Chart beweist, hat sich der Dow Jones sehr eng an das Drehbuch gehalten, das aus der historischen Entwicklung zu erwarten gewesen war:

Dow Jones 1979

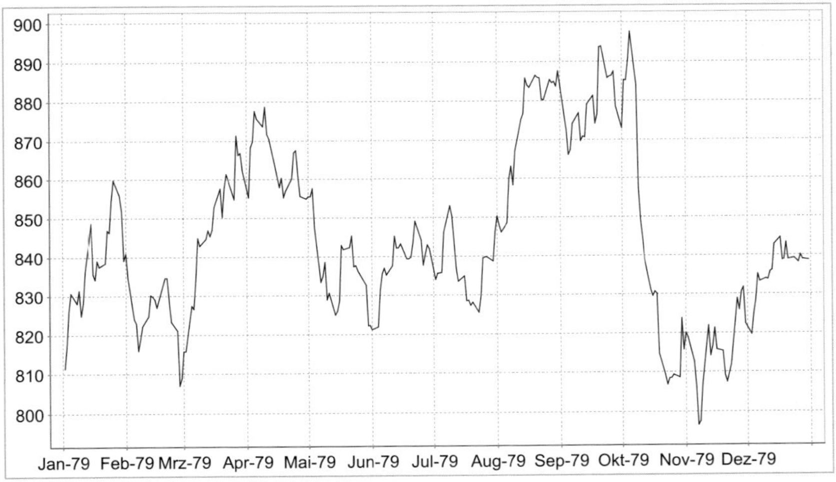

Das Jahr 1979 begann für den Dow Jones durchwachsen. Doch tatsächlich starteten die Kurse nach einem wichtigen Tief im Februar eine starke Aufwärtsbewegung, die sich bis in den April hinein fortsetzte. Im Sommer traten die Notierungen wie erwartet nur auf der Stelle, wobei die Kurse im Juni einen zyklischen Tiefpunkt erreichten. Juli und August waren in der Tat von einem steigenden Index geprägt, ehe es im September/Oktober massiv nach unten ging. Zum Jahresende tendierten die Kurse wieder freundlicher.

Obwohl das Jahr 1979 der Vorbote zahlreicher internationaler Verwerfungen (Ölkrise etc.) war, hat der aus der Kurshistorie von 1896 bis 1978 errechnete Zyklen-Chart eine überzeugende Vorgabe für die Dow-Jones-Entwicklung 1979 geliefert.

Die Börsenzyklen geben natürlich nicht nur für den Dow Jones den großen Fahrplan vor, sondern beeindrucken auch bei allen anderen Aktienmärkten mit einer ausreichenden Kurshistorie durch eine enorm hohe Prognosekraft.

Wir springen wieder rund 35 Jahre weiter und stellen uns vor, wir wären im Dezember 2006. Noch hat kaum jemand einen Verdacht, doch in den kommenden Monaten sollten die Börsen durch die Finanzkrise kräftig durchgeschüttelt werden. Schauen wir uns an, wie sich der Dax 2007 aus Sicht der Börsenzyklen, deren Datenbasis den Zeitraum von 1959 bis 2006 umfasst, entwickeln sollte:

Dax 7er-Jahre (Datenbasis 1959 bis 2006)

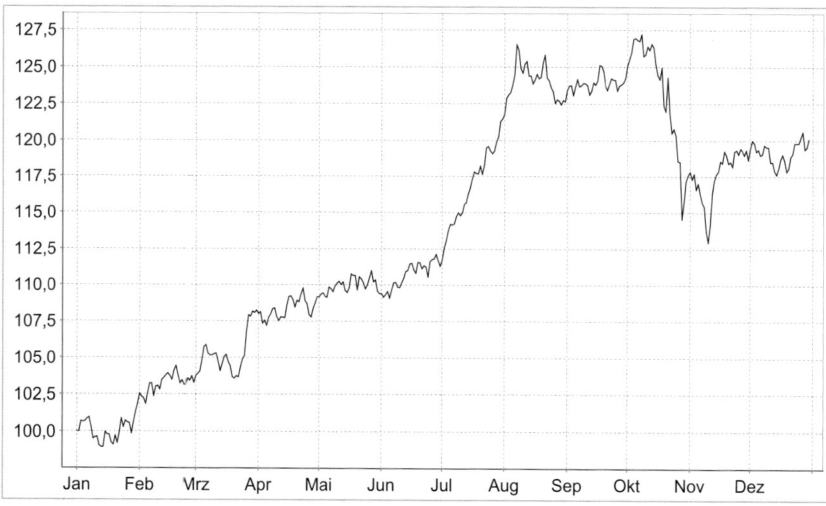

Der Dax startet demnach fest in das Börsenjahr, wobei die Jahresanfangs-Rallye im März kurz zum Erliegen kommt. Gegen Ende des ersten Quartals markiert der Index einen zyklischen Tiefpunkt, der den Startschuss zu einem mehrmonatigen Anstieg gibt. Dieser Aufschwung setzt sich bis in den Sommer hinein fort. Im August markieren die Kurse einen oberen Wendepunkt, der im Oktober noch einmal leicht überboten wird. Danach folgt eine kräftige Korrektur bis in den November hinein, ehe die letzten sechs Wochen des Jahres wieder von steigenden Notierungen geprägt sind.

In der Tat hat sich der Dax 2007 genau an seinen Verlauf gehalten, der aus Sicht der Börsenzyklen zu erwarten war:

Dax 2007

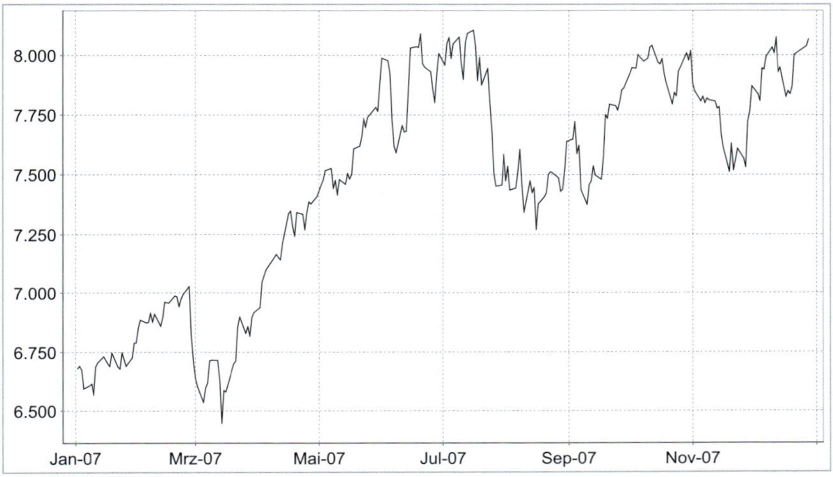

Bis Ende Februar haben sich die Kurse mit der typischen Jahresanfangs-Rallye nach oben geschraubt. Im März wurde dieser Anstieg unterbrochen, wobei der Dax zur Monatsmitte einen wichtigen Tiefpunkt markiert hat, der auch das spätere Jahres-Tief bedeutete. Von da an kannten die Kurse wie avisiert nur die Richtung nach oben. Diese Rallye gipfelte in einem Top im Hochsommer, das im Anschluss an eine Seitwärtskonsolidierung im Oktober noch einmal getestet wurde. Im November hat der Index dann in der Tat korrigiert, bevor es zum Jahreswechsel wieder nach oben ging.

Wie Sie sehen, hat sich der Dax trotz beginnender Finanzkrise mustergültig an die zyklische Prognose gehalten, die auf Basis der Daten von 1959 bis 2006 aufgestellt wurde.

Nach der Baisse ist vor der Hausse.
Thomas Müller

1.3.2 Ähnlicher Verlauf von Hausse und Baisse

Es verlaufen nicht nur einzelne Jahre sehr häufig nach einem bestimmten zyklischen Muster ab, sondern auch ganze Börsenphasen. Ab Seite 51 gingen wir näher auf die typische Entwicklung von Bullen- und

Bärenmärkten ein. Die folgenden Seiten geben allerdings einen Vorgeschmack darauf, dass sich die Entwicklungen bei steigenden bzw. fallenden Kursen sehr oft ähneln.

Der folgende Chart zeigt die Dow-Jones-Entwicklung in der Baisse zwischen 1939 und 1942 zu Beginn des Zweiten Weltkriegs. Die Kurse haben sich nach der großen Depression 1929 bis 1932 massiv erholt und korrigieren diese Gewinne nun in einem ausgedehnten Bärenmarkt:

Dow Jones 12.09.1939 bis 28.04.1942

Die ersten 150 Tage dieser Baisse tendierte der Dow Jones im Schnitt leicht nach unten und verlor in diesem Zeitraum rund 5 %. In der Folge geht es massiv abwärts, wobei die Kurse um den 185. Tag einen wichtigen ersten Tiefpunkt markierten. Daran schloss sich eine Erholung an, die nach 290 Tagen zu einem Hochpunkt führte, der anschließend (im Bereich des 330. Baisse-Tag) noch einmal getestet wurde. Dieses Zwischenhoch bildete schließlich den Ausgangspunkt für die zweite große Abwärtswelle, die zu einem Tief nach rund 425 Tagen führte. Im Anschluss daran holten die Kurse noch einmal Luft, ehe nach einem weiteren Top die dritte und letzte Abwärtswelle folgte.

Die Baisse zwischen 1939 und 1942 lässt sich also in drei Abwärtswellen mit zwei dazwischenliegenden Erholungen aufteilen. Insgesamt verliert der Dow Jones 40,4 % in 32 Monaten.

Springen wir nun rund 60 Jahre weiter. Das Jahrtausend ist auf der Zielgeraden, und die Märkte haben eine fulminante Hausse hinter sich. Daran schließt sich vom 14.01.2000 bis zum 07.10.2002 eine ebenso beeindruckende Baisse an. Viele sogenannte Experten haben diese „Jahrhundert-Baisse" im Nachhinein als „einmalig" oder „absolut außergewöhnlich" beschrieben. Der folgende Chart beweist, dass der Dow Jones auch bei diesem Einbruch letztlich nur seinem typischen Muster gefolgt ist:

Dow Jones 14.01.2000 bis 7.10.2002

Der Dow Jones lief in den ersten 150 Tagen dieser Baisse unter größeren Schwankungen seitwärts und gab in dieser Zeit rund 5 % ab. Darauf folgte ein kräftiger Einbruch, der zu einem wichtigen Tief nach rund 190 Tagen führte. Im Anschluss an diesen Rücksetzer konnten sich die Kurse erholen und kletterten auf ein Zwischenhoch nach ca. 330 Tagen. Ausgehend von diesem Top leitete der Index die nächste Abwärtswelle ein, die mit einem Tiefpunkt nach 425 Tagen endet. Auch auf diesen

Kursrutsch folgte eine Erholung, bevor der Dow Jones den letzten Ausverkauf startete.

Obwohl 60 Jahre zwischen diesen beiden Bärenmärkten liegen und viele die Baisse zwischen 2000 und 2002 wohl als schlimmste Geldvernichtung aller Zeiten im Hinterkopf haben, verhielten sich die Kurse sehr ähnlich. Denn auch die Baisse zu Beginn unseres Jahrtausends lässt sich in drei Korrekturphasen mit zwei Erholungen unterteilen. Auch Umfang und Dauer sind vergleichbar. So verliert der Dow Jones von 2000 bis 2002 insgesamt 36,7 % in 33 Monaten.

Wie schon beim Verlaufsvergleich einzelner Jahre lassen sich auch bei Trends über einen längeren Zeitraum Übereinstimmungen finden. Der folgende Chart zeigt einen der ersten großen Bullenmärkte in Deutschland am Beispiel des Dax im Zeitraum zwischen 18.01.1967 bis 20.12.1969:

Dax 18.01.1967 bis 20.12.1969

Zu Beginn dieser Hausse stiegen die Kurse in den ersten 50 Tagen gleich 20 %, woran sich eine Konsolidierung mit einem Korrekturtief nach 110 Tagen anschloss. Danach stieg der Dax rasant und markierte um den 250. Tag ein Zwischenhoch. Diese Kursgewinne wurden schließlich in einer rund 50-tägigen Abwärtsbewegung konsolidiert, ehe es wieder massiv aufwärts ging. Am 400. Tag erreichte der Index schließlich das nächste wichtige Top. Anschließend kam es noch einmal zu einer Korrektur mit einem Tief nach rund 470 Tagen. Es folgte ein weiterer Anstieg, der in ein Zwischenhoch nach etwas weniger als 600 Tagen gipfelte, bevor die letzte Konsolidierung den Weg für den finalen Anstieg der Hausse ebnete.

Die Hausse zwischen 1967 und 1969 lässt sich demnach in fünf Aufwärtsphasen und vier Konsolidierungen aufteilen. Per saldo führte die Rallye in 34 Monaten zu einem Gewinn von 105,8 %.

Haben wir gerade einen der ersten Bullenmärkte in der Dax-Geschichte unter die Lupe genommen, werfen wir nun einen Blick auf den jüngsten Bullenmarkt. Seit September 2011 befindet sich der deutsche Leitindex ebenfalls in einer Hausse, wie der folgende Chart belegt:

Dax 12.09.2011 bis 30.06.2014

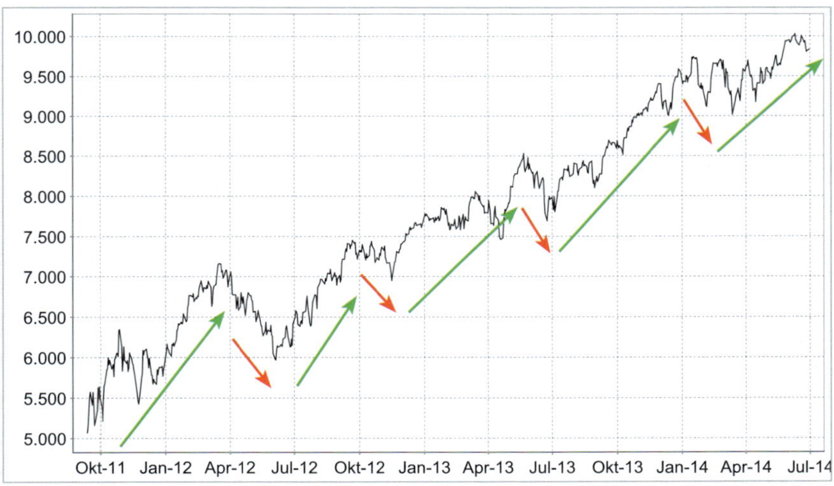

Auch die laufende Hausse begann mit einem kräftigen Anstieg, der in ein erstes wichtiges Top nach ca. 125 Tagen mündete. Darauf folgte eine Konsolidierung, die den Grundstein für den nächsten Aufwärtsschub gelegt hat. Diese zweite Aufwärtswelle führte zu einem Zwischenhoch nach rund 265 Tagen. Im Anschluss daran korrigierten die Kurse rund 50 Tage mit einem Tiefpunkt um den 300. Tag seit Beginn der Hausse.

Danach kletterte der Dax wieder deutlich nach oben, ehe der Hochpunkt nach etwa 420 Tagen den Beginn der nächsten Konsolidierung markierte. Diese Korrektur erreichte ihr Tief am 460. Tag, woran sich der nächste Aufwärtsschub anschloss. Ausgehend vom Top dieses Zwischenspurts bei etwa 610 Tagen korrigierte der Index noch einmal, ehe der finale Kursschub der Hausse startete.

Zwischen beiden Bullenmärkten liegen mehr als 50 Jahre, und doch haben beide Bewegungen sehr viele Gemeinsamkeiten. So dauerte auch die 2011 begonnene Hausse per Redaktionsschluss rund 34 Monate und führte bislang zu einem Kursgewinn von 93,9 %. Beide Bewegungen lassen sich in fünf Rallye-Phasen und vier dazwischenliegenden Korrekturen aufteilen, die sehr ähnlich abgelaufen sind.

1.3.3 Märkte folgen ihren Mittelwerten

Wie Sie mittlerweile wissen, ähneln sich die Kursentwicklungen innerhalb eines Jahres. Auch laufen Bullen- und Bärenmärkte häufig nach dem gleichen Schema ab. Die Märkte folgen in der Regel einem ganz bestimmten Muster. Für den langfristigen Anlageerfolg von noch entscheidenderer Bedeutung ist die Erkenntnis, dass die Märkte langfristig stets eine Gewinnperspektive eröffnen. So verbessert sich der Dow Jones seit 1896 im Schnitt um knapp 6 % pro Jahr. Dazu kommt eine Dividendenrendite von fast 3 %. Genau um diese insgesamt 9 % klettert beispielsweise auch der Dax seit seiner Einführung 1987.

Der folgende Chart verdeutlicht, dass die Märkte stets diesem langfristigen Mittelwert folgen, auch wenn die Entwicklung natürlich nicht geradlinig verlaufen kann:

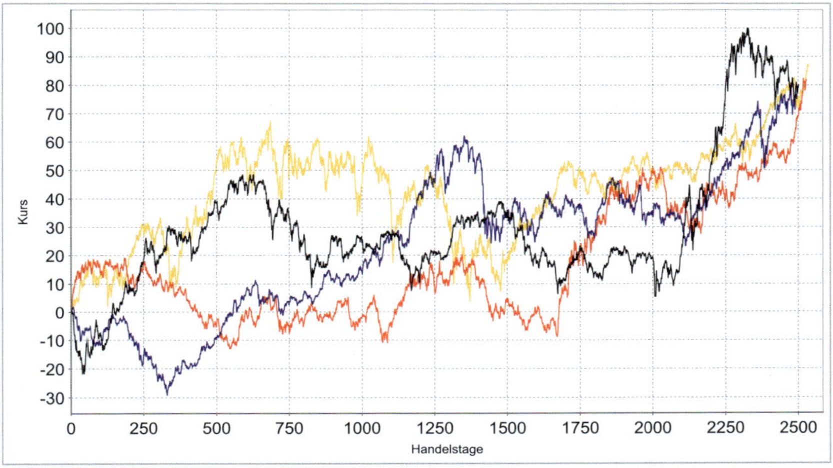

Dow Jones — *30.09.1907 – 31.07.1916;* — *31.12.1940 – 31.12.1950;* — *31.12.1975 – 31.12.1985;* — *30.04.1997 – 30.04.2007*

Sie sehen vier Zehn-Jahres-Zeiträume des Dow Jones. (Da zu Beginn des vergangenen Jahrhunderts auch an Samstagen gehandelt wurde, ist der Abschnitt von 1907 bis 1916 etwas kürzer, damit die Zeiträume vergleichbar sind.) Zwischen den einzelnen Abschnitten liegen jeweils rund 30 Jahre. Die Entwicklungen wichen in ihrem Verlauf teilweise erheblich voneinander ab.

Für die Kursentwicklung ist es nicht wichtig,was heute geschieht,
sondern was sich morgen oder übermorgen ereignen wird.
Denn was heute geschieht, ist in den Kursen bereits enthalten.
André Kostolany

So beschrieb der Verlauf von 1907 bis 1916 zunächst eine Aufwärtsbewegung über zweieinhalb Jahre, der dann eine rund sechsjährige Seitwärtsbewegung folgte. Im Anschluss kam es abermals zu einer kräftigen Rallye. Pro Jahr verbesserte sich der Dow Jones in diesem Zeitraum um rund 6 %.

Gänzlich unterschiedlich davon zeigt sich der Verlauf der 40er-Jahre. Einem schwachen Beginn schließt sich eine vierjährige Hausse an, die mit einer kurzen Seitwärtsphase konsolidiert wird. Zum Jahrzehntende ziehen die Kurse noch einmal eineinhalb Jahre an. Trotz des unterschiedlichen Verlaufs kletterte der Index auch in 1940er-Jahren im Schnitt rund 6 % pro Jahr.

Zwischen 1975 und 1985 trat der Dow Jones zunächst auf der Stelle. Erst in den letzten dreieinhalb Jahren kam es zu einer kräftigen Rallye, sodass die gesamte Performance in diesem Zehn-Jahres-Zeitraum erzielt wird. Dennoch ergibt sich auch hier unter dem Strich eine p.a.-Rendite von 6 %.

Wiederum einen anderen Verlauf nehmen die Kurse zwischen 1997 und 2007. In den ersten drei Jahren geht es steil nach oben, worauf eine sechsjährige Seitwärtsbewegung folgt. Erst im letzten Jahr ziehen die Kurse wieder an. Auch in dieser Phase stieg der Index im Schnitt rund 6 % pro Jahr.

Obwohl alle vier Zeiträume unterschiedlich verlaufen und zwischen den einzelnen Phasen über 90 Jahre mit zwei Weltkriegen, dem Kalten Krieg, Ölkrisen etc. liegen, erzielen die Kurse in zehn Jahren stets die gleiche Performance. Denn für alle Anlagezeiträume steht eine jährliche Rendite von rund 6 pro Jahr zu Buche. Auch wenn die Kurse zwischenzeitlich von diesem Mittelwert abweichen können, sind genau diese 6 % p.a. die Richtgröße für das Dow-Jones-Wachstum.

Fazit: Sie wissen nun, dass sich die Kursentwicklungen an den Aktienmärkten stets wiederholen und die großen Börsenphasen häufig sehr ähnlich ablaufen. Der wichtigste Aktienindex der Welt folgt also seit Jahrzehnten einem starken zyklischen Muster (genauso wie der Dax). Es gibt zwar immer wieder mehr oder weniger große temporäre Abweichungen von der Börsenhistorie, doch letztlich folgen die Märkte einem hochgradig vorhersehbaren Zyklus.

1.4 Dax Seasonal

Welche Anlageerfolge sich unter Zuhilfenahme der Börsenzyklen erzielen lassen, belegt seit 2005 der eigens von der Deutschen Börse aufgelegte Daxplus-Seasonal-Strategy-Index. Dieser Index unterscheidet sich vom herkömmlichen Dax in einem einzigen Punkt. Die nachfolgende Abbildung zeigt Ihnen die Dax-Performance seit 1959 aufgeteilt nach Monaten:

Dax-Monats-Performances seit 1959

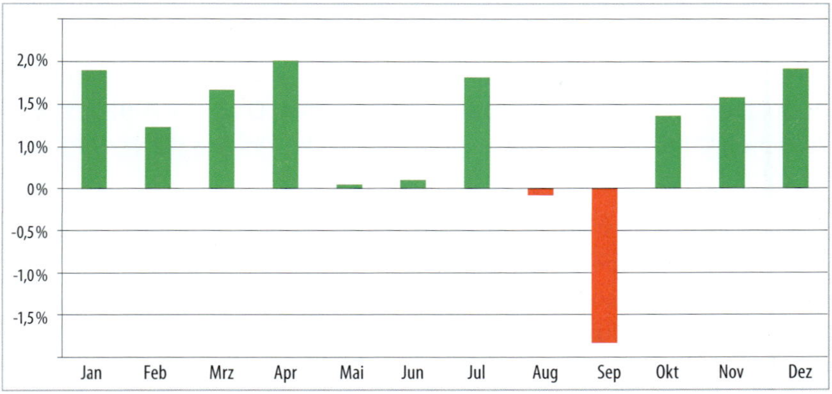

Der Dax steigt aus historischer Sicht in zehn von zwölf Monaten. Im August und September fallen die Kurse, und für den April errechnen sich die höchsten Kursrenditen. In der nächsten Abbildung haben wir die einzelne Monate nach ihren Renditen gerankt:

Dax-Monats-Renditen seit 1959 sortiert

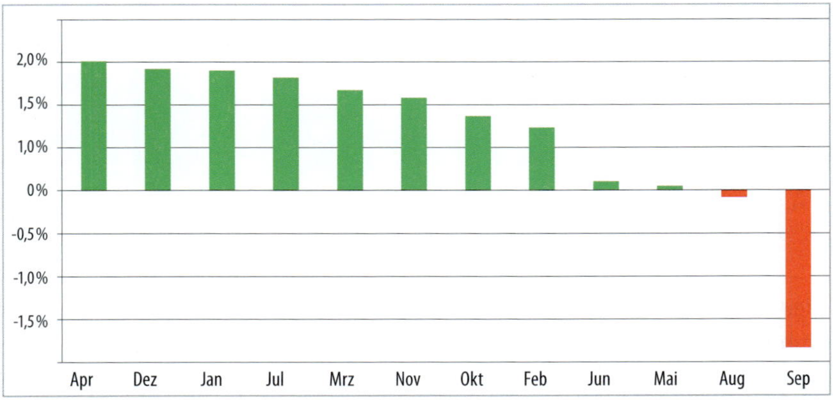

Sie erkennen, dass der Dax in den Monaten August und September negative Renditen erzielt. Die besten Monate sind seit 1959 nach dem

April der Dezember und der Januar. Auf der Suche nach einem zusammenhängenden Anlagezyklus fällt natürlich sofort die hohe Performance zwischen November und Januar ins Auge. Gleichzeitig liegt es auf der Hand, dass unter zyklischen Gesichtspunkten im August und September keine Hausse-Positionen gehalten werden sollten.

Die schlechtesten hintereinanderfolgenden Monate sind demnach August und September, woraus sich für den Dax ein Anlagezyklus zwischen Oktober und Juli ergibt. Genau diesen Ansatz verfolgt der Daxplus-Seasonal-Strategy-Index (Dax Seasonal).

Der Dax Seasonal ist lediglich zehn Monate im Jahr investiert, denn August und September werden einfach ausgeklammert. Demnach wird der Index-Stand also am 31. Juli jedes Jahres eingefroren und erst am 1. Oktober weitergeführt. Es gibt also keine Kursveränderung im August und September, während der Dax Seasonal zwischen Oktober und Juli die Dax-Performance eins zu eins nachvollzieht.

Die Abbildung verdeutlich Ihnen die Konstruktion:

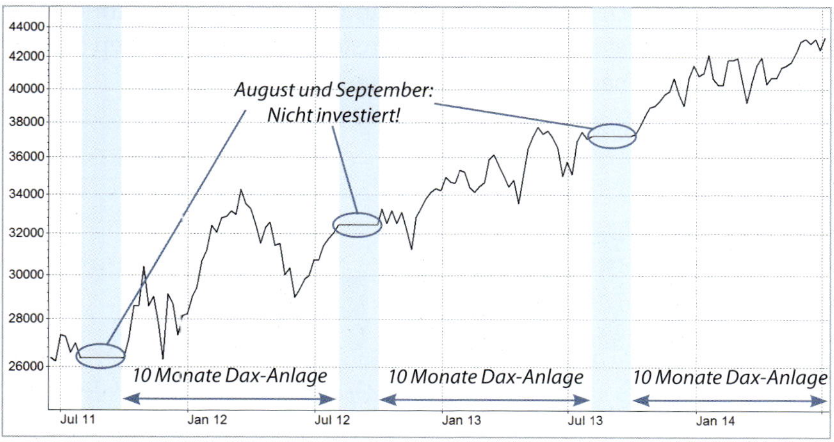

Dieser optimierte Anlagezyklus führt langfristig zu einer massiven Renditeverbesserung. Konkret:

Der zurückgerechnete Startpunkt für Dax und für den Daxplus-Seasonal-Strategy-Index war der 30. Dezember 1987 bei jeweils 1000

Punkten. Zum Redaktionsschluss am 30. Juni 2014 notierte der Dax bei 9833 Zählern, der Dax Seasonal aber bei 42.559!

Der Dax Seasonal hat durch die Anlagedauer von jährlich nur zehn Monaten also den Dax um den Faktor 4,3 outperformt! Im Durchschnitt errechnet sich für diesen Strategie-Index eine jährliche Rendite von 14,6 %, was gegenüber dem Plus von 8,7 % im Dax einen Renditevorsprung von 68 % jährlich bedeutet!

Wie massiv die Renditeschere zwischen beiden Indizes langfristig auseinanderläuft, zeigt Ihnen das folgende Chartbild:

Dax vs. Dax Seasonal seit 1.1.1988

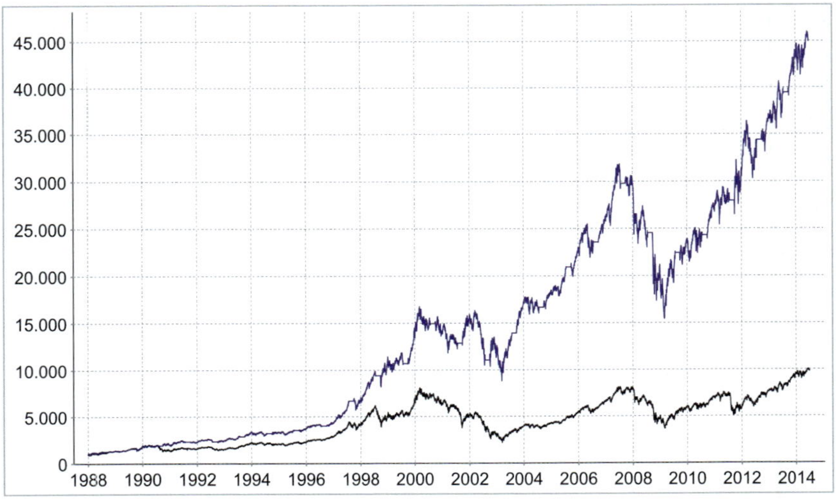

Eine Ausklammerung der historisch negativen Anlagephase im Jahreszyklus führt also zu einer erheblichen Outperformance gegenüber einer einfachen Buy-and-Hold-Strategie, und zwar in der Hausse genauso wie in der Baisse. Im Endeffekt konnte dadurch im Zeitraum Januar 1988 bis Juni 2014 eine weitaus ruhigere Performance-Entwicklung erreicht werden und gleichzeitig eine Outperformance von 333 %!

Der Daxplus-Seasonal-Strategy-Index wird von der Deutschen Börse berechnet und belegt damit „von offizieller Seite" sehr eindrucksvoll die Vorteile der Börsenzyklen.

Kritiker mögen nun vielleicht einwenden, dass Zyklen und die Analyse wiederkehrender Entwicklungen an den Märkten lediglich historische Optimierungen sind, doch ohne die Vergangenheit zu kennen, können Sie die Zukunft nicht analysieren.

Dazu ein 90 Jahre altes Zitat von Trader-Legende Jesse Livermore:

„DER MARKT VERÄNDERT SICH NIE."

Mit dem vorliegenden Buch beschreiben wir alle uns bekannten Börsenzyklen und wiederkehrenden Phänomene an den Aktienmärkten. Damit haben Sie das Handwerkszeug, um an der Börse erfolgreich zu sein. Und wann immer man Sie glauben machen will, dass die gerade aktuelle Krise das Ende der Welt sei, können Sie sich nach dieser Lektüre entspannt zurücklehnen. Denn Sie wissen:

„Diesmal ist alles anders", lautet der teuerste Satz der Börsengeschichte!

II. DER JAHRESZYKLUS DER BÖRSEN

Wir alle können quasi permanent den wohl eingängigsten Zyklus überhaupt wahrnehmen. Wie selbstverständlich wachsen im Frühling die Blätter, im Sommer erreicht die Natur ihren Höhepunkt, bevor die Blätter im Herbst fallen und im Winter verschwunden sind.

Natürlich kann es ungewöhnlich milde Winter oder besonders kühle Sommer geben, doch der Temperaturverlauf unterliegt einem Jahreszyklus, und an der Börse ist es genauso. Denn auch hier dominieren wiederkehrende Muster.

So sind April und Januar besonders gute Börsenmonate, während es im Spätsommer häufig abwärts geht. Auf den nachfolgenden Seiten erfahren Sie, welche Monate besondere Gewinnchancen eröffnen und wann Vorsicht angebracht ist.

2.1 DAX-JAHRESZYKLUS

2.1.1 Dax-Jahreszyklus auf Tagesbasis

Der nachfolgende Chart zeigt, wie sich der Dax aus Sicht der Börsenzyklen im Jahresverlauf entwickelt. Offiziell eingeführt wurde das Kursbarometer am 1. Juli 1988 mit einem festgelegten Startkurs von 1000 zum 31.12.1987. Auf Basis der damals im Index enthaltenen Werte lassen sich die Kurse bis zum 30. September 1959 zurückberechnen. Damit stehen für die Auswertungen zum vierten Quartal die durchschnittlichen Tagesveränderungen der vergangenen 55 Jahre und für die ersten drei Quartale von 54 Jahren zur Verfügung.

Der typische Verlauf innerhalb eines Jahres zeigt, dass der Dax zu Jahresbeginn kräftig nach oben tendiert. Dabei setzt sich die Jahresanfangs-Rallye häufig bis ins Frühjahr fort. Anschließend werden diese Gewinne konsolidiert, ehe der Markt zu einer Sommer-Rallye ansetzt.

Dax-Jahreszyklus

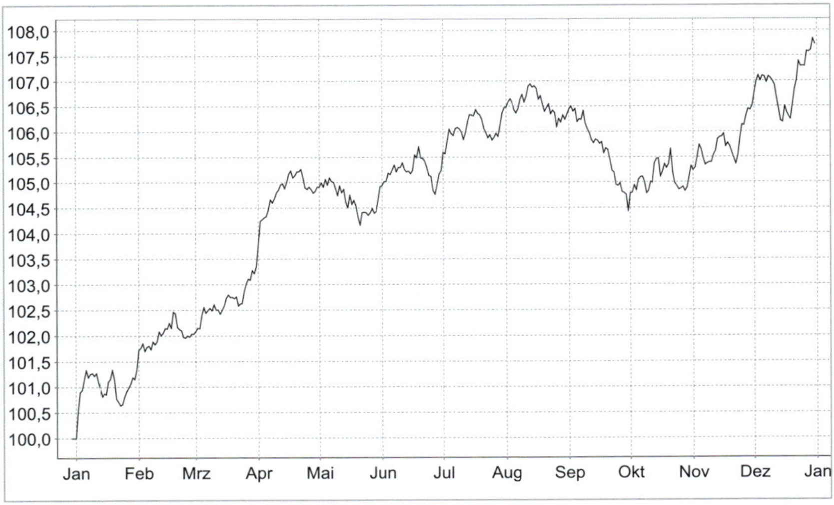

Dieser Aufschwung findet im Hochsommer sein Ende, worauf etwa sechs deutlich schwächere Wochen folgen. Im Oktober wird dann die Grundlage für eine spektakuläre Jahresendrallye geschaffen, wobei die

Kurse konstant nach oben ziehen. Dabei endet das Jahr in vielen Fällen auf einem Jahres-Hoch.

Die nächsten Seiten zeigen, wie sich der Dax aus Sicht der Börsenzyklen innerhalb der einzelnen Monate entwickelt. Dabei stützen sich die Auswertungen vor allem auf den detaillierten Zyklen-Chart. Darüber hinaus werden zahlreiche weitere Analysen der Kursdaten durchgeführt, die ebenfalls zusammengefasst dargestellt sind. Zudem ist die bisherige Dax-Performance für die einzelnen Monate in einem Häufigkeitsdiagramm zusammengefasst.

Die Übersichten in diesem Kapitel

Zur Analyse einer Häufigkeitsverteilung müssen vorab Intervalle definiert werden, um die einzelnen Monats-Performances gebündelt darstellen zu können. Unsere Auswertungen haben ergeben, dass ein Intervall mit der Größe von 0,75 % sehr gute Ergebnisse liefert. Dabei bildet das Intervall um die Null-Prozent-Marke den Ausgangspunkt.

Demnach wird das erste 0,75 %-Intervall von den Grenzen –0,375 % bis +0,375 % markiert. Das zweite Intervall im positiven Bereich erstreckt sich dann von +0,375 % bis +1,125 % (0,375 % + 0,75 % = 1,125 %), das dritte von +1,125 % bis +1,875 % (1,125 % + 0,75 % = 1,875 %) usw. Das Gleiche gilt für den negativen Bereich. Jeweils bei +/–10,1 % ist eine Kappungsgrenze zu sehen, um die Ausreißer in beide Richtungen zu bündeln.

Diese Verteilung zeigt, mit welcher Häufigkeit bestimmte Monats-Performances erreicht werden. Ergebnisse von beispielsweise 0,5 % und 1,0 % sind im zweiten Intervall im positiven Bereich zusammengefasst, während z.B. ein Resultat von 1,32 % in das dritte Intervall wandern würde. Mithilfe dieser Auswertung wird die Wahrscheinlichkeit von Abweichungen bei der Monats-Performance in beide Richtungen vom Mittelwert angezeigt.

Ein weiterer Faktor ist die Kennzahl „Crash-Gefahr“: Ab einem Monatsverlust von ca. 7,5 % kann von einem Crash gesprochen werden. Demzufolge wurden für die Ermittlung dieses Wertes diejenigen Monate gezählt, in denen der Markt Verluste in mindestens dieser Größenordnung hinnehmen musste. Eine Division durch die Anzahl der gesamten Monate ergibt dann die Crash-Gefahr. Der Dax verlor beispielsweise bisher in drei Januar-Monaten mehr als 7,5 %. Daraus ergibt sich bei 54 Januar-Monaten eine Crash-Gefahr von 6 % (3 / 54 = 5,56 %).

Am Ende des Kapitels finden Sie weitere Jahreszyklen für Indizes, Devisen und Zinsen, die eine ausreichende Kurshistorie bieten.

DAX IM JANUAR +1,48 %

Typischer Januar-Verlauf

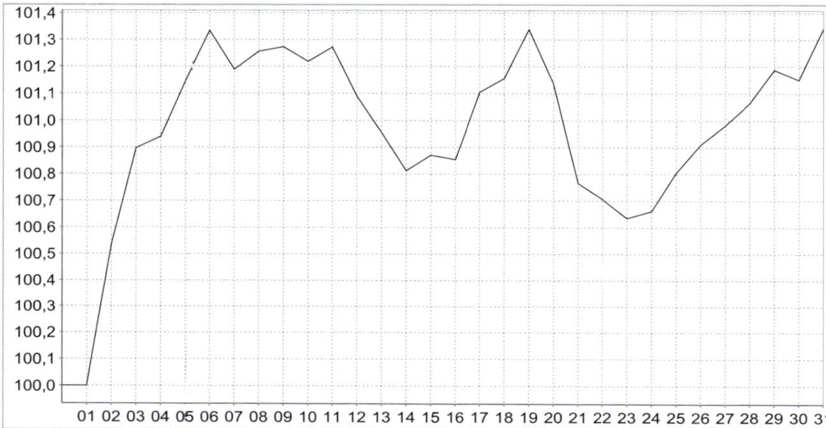

Der Dax startet das Jahr mit kräftigen Kursgewinnen. Dieser Anstieg setzt sich typischerweise bis in die zweite Januar-Woche fort, in der auch häufig das Monats-Hoch markiert wird. Anschließend kommt es zu einer volatilen Abwärtsbewegung, die allerdings den Eröffnungskurs in der Regel nicht mehr unterbietet. Ab dem 20. Januar bildet der Index dann einen tragfähigen Boden aus, der die Basis für die kräftige Monatsend-Rallye bildet.

Monatsstatistik Januar	
Anzahl Monate	54
Durchschnittliche Performance	+1,48 %
Positive Monate	35
Durchschnittliche Performance	+4,60 %
Negative Monate	19
Durchschnittliche Performance	−4,28 %
Gewinn-Wahrscheinlichkeit	65 %
Crash-Gefahr	6 %
Monats-Hoch am	6. Januar
Monats-Tief am	1. Januar

Monats-Performance Januar

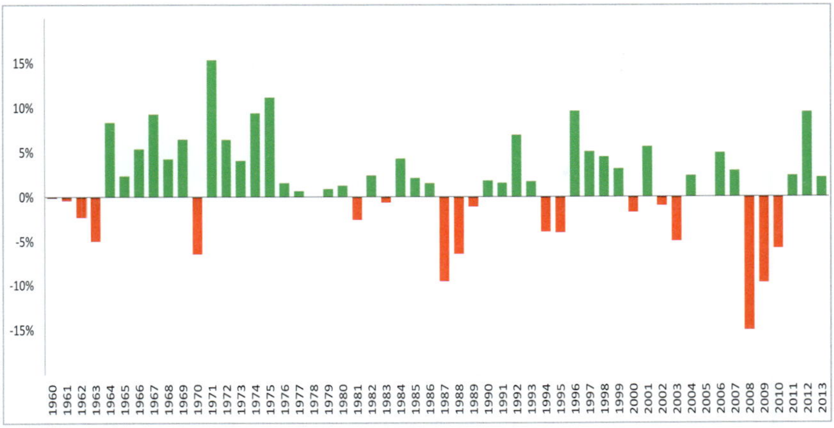

Der Januar wird häufig zwischen +1,1 % bis +1,9 % beendet, wobei auffällig ist, dass kleinere Ausreißer eher auf der Oberseite dieses Mittelwerts zu finden sind. Allerdings war der Dax zum Auftakt der Jahre 2008, 2009 und auch 2010 heftig unter die Räder gekommen, sodass die Crash-Gefahr bei rund 6 % liegt. Dennoch weist der Januar mit 65 % die höchste Gewinn-Wahrscheinlichkeit auf.

Häufigkeitsverteilung der Januar-Performances

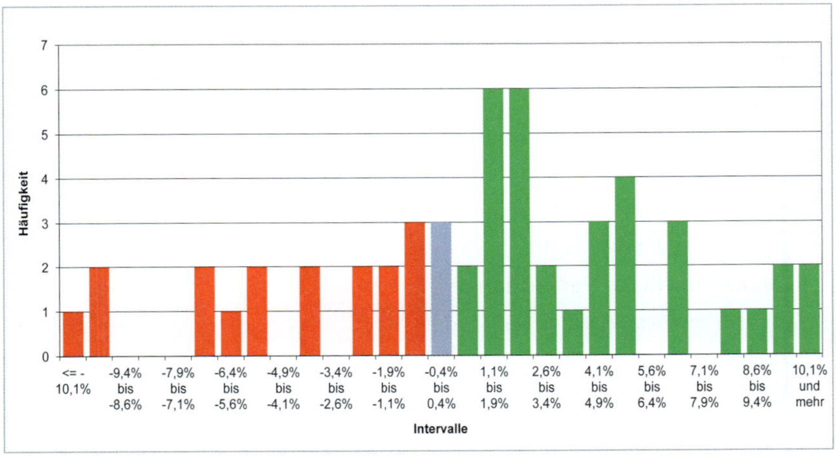

DAX IM FEBRUAR +0,67 %

Typischer Februar-Verlauf

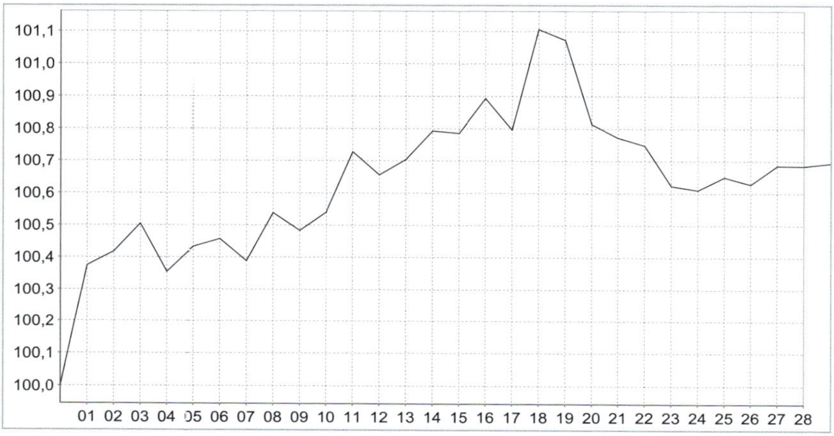

In den ersten Handelstagen im Februar können die Kurse zunächst deutlich zulegen, worauf eine Seitwärtsbewegung folgt. Ab dem 9. geht es dann wieder stärker nach oben, wobei dieser Aufwärtstrend in das Monats-Hoch am 18. mündet. Zum Ende hin muss dann aber ein Teil dieser Gewinne wieder abgegeben werden, sodass sich nur noch eine leicht positive Durchschnitts-Performance ergibt.

Monatsstatistik Februar	
Anzahl Monate	54
Durchschnittliche Performance	+0,67 %
Positive Monate	26
Durchschnittliche Performance	+4,86 %
Negative Monate	28
Durchschnittliche Performance	−3,21 %
Gewinn-Wahrscheinlichkeit	48 %
Crash-Gefahr	6 %
Monats-Hoch am	18. Februar
Monats-Tief am	1. Februar

Monats-Performance Februar

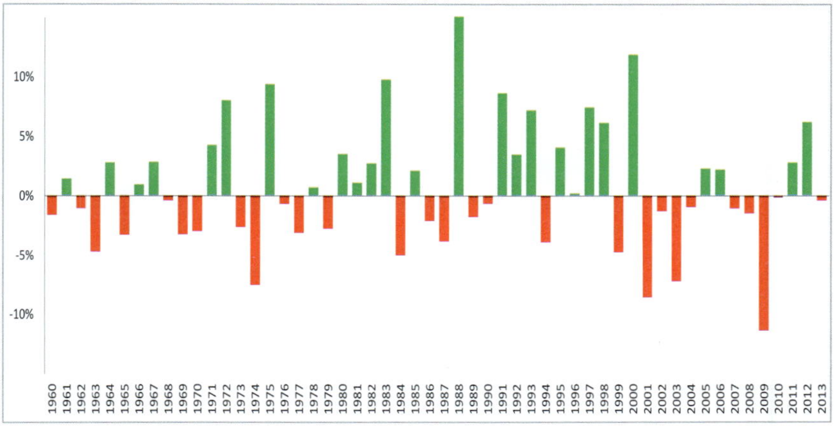

Per saldo erreicht der Dax im Februar zwar ein Plus von 0,67 %, allerdings zeigt die Gewinn-Wahrscheinlichkeit von nur 48 %, dass der Monat häufiger mit Verlusten beendet wird. Die Häufigkeitsverteilung bestätigt diesen Zweifel, denn demnach wurde die positive Gesamt-Performance überwiegend in wenigen sehr guten Monaten erzielt. Insgesamt konnte der Dax den Februar schon acht Mal mit einem Gewinn von mehr als 7 % beenden.

Häufigkeitsverteilung der Februar-Performances

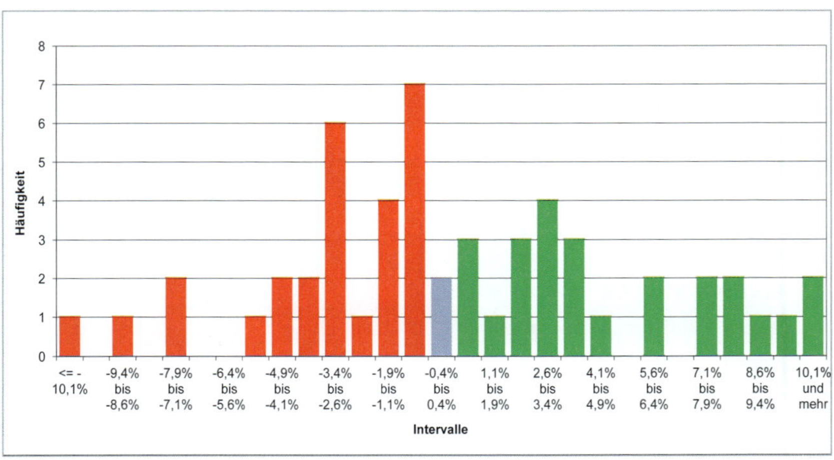

DAX IM MÄRZ +1,22 %

Typischer März-Verlauf

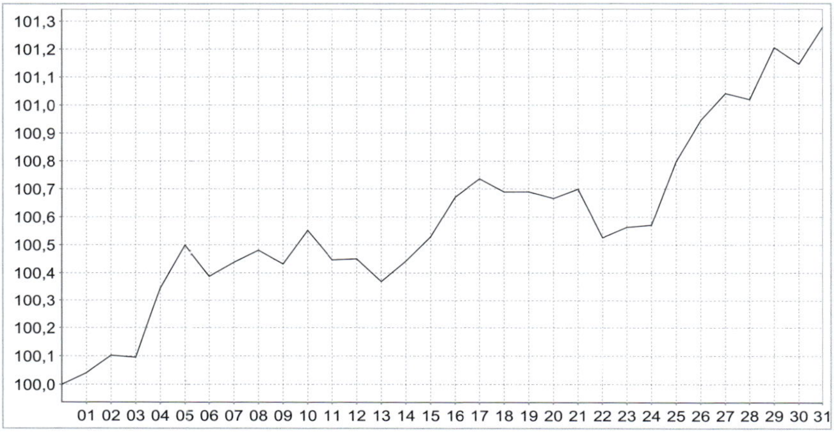

Der März ist das Sinnbild für einen Wendemonat. 2000 begann hier die Jahrhundert-Baisse, während dem Dax sowohl 2003 als auch 2009 jeweils der Start einer neuen Hausse gelang. Insgesamt ist der März aber von einer durchgängigen Bewegung nach oben gekennzeichnet. Diese Rallye startet direkt zu Beginn und wird lediglich von zwei kurzen Seitwärtsphasen um den 10. und den 20. herum unterbrochen. Häufig beendet der Dax den März auf einem Monats-Hoch.

Monatsstatistik März	
Anzahl Monate	54
Durchschnittliche Performance	+1,22 %
Positive Monate	33
Durchschnittliche Performance	+3,74 %
Negative Monate	21
Durchschnittliche Performance	−2,73 %
Gewinn-Wahrscheinlichkeit	61 %
Crash-Gefahr	4 %
Monats-Hoch am	31. März
Monats-Tief am	1. März

Monats-Performance März

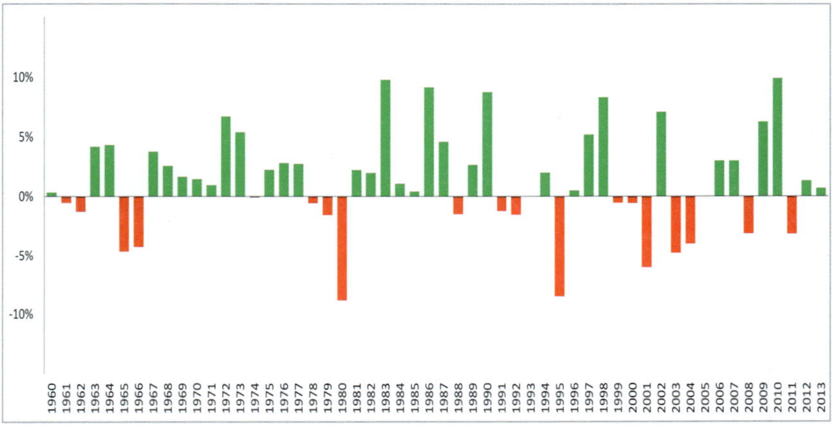

Nach Januar, April und November weist der März die vierthöchste Gewinn-Wahrscheinlichkeit von 61 % auf. Auffällig ist zudem, dass es nur sehr wenige Ausreißer in beide Richtungen gibt. Zwar kam es zuletzt 2010 zu überdurchschnittlichen Gewinnen von knapp 10 %, dennoch ist das Überraschungspotenzial auf der Oberseite begrenzt. Dafür liegt auch die Crash-Gefahr mit nur 4 % eher am unteren Rand aller Dax-Monate.

Häufigkeitsverteilung der März-Performances

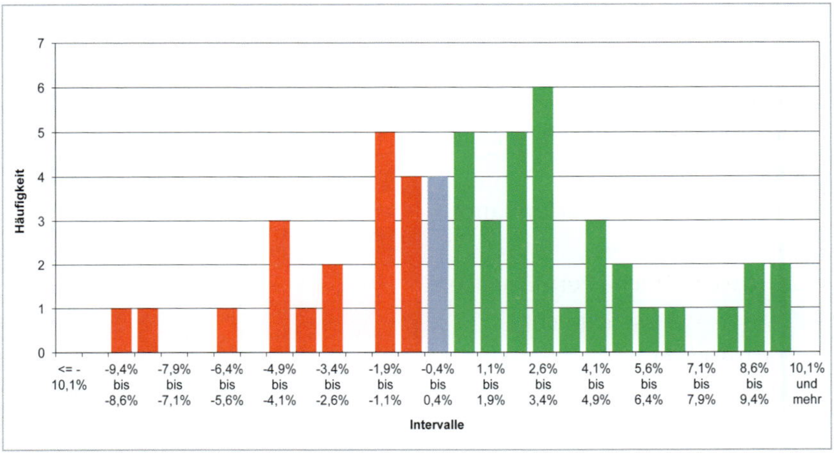

DAX IM APRIL +1,53 %

Typischer April-Verlauf

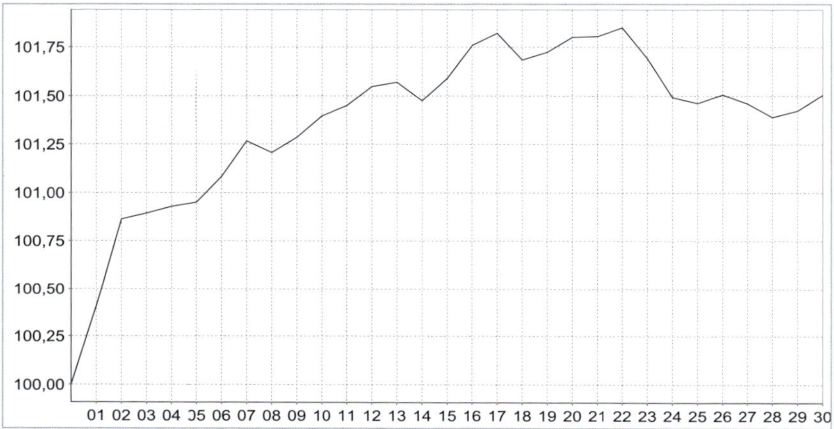

Die positive März-Tendenz setzt sich im April fort, wobei der Dax bis in die dritte Woche hinein extrem stark nach oben zieht. Um den 18. herum wird dann das Monats-Hoch markiert, das gleichzeitig einen mittelfristigen zyklischen Hochpunkt bedeutet. In der letzten April-Woche kommt es schließlich zu einer Korrektur, in der allerdings nur ein kleiner Teil der vorherigen Gewinne konsolidiert wird.

Monatsstatistik April	
Anzahl Monate	54
Durchschnittliche Performance	+1,53 %
Positive Monate	33
Durchschnittliche Performance	+4,79 %
Negative Monate	21
Durchschnittliche Performance	−3,58 %
Gewinn-Wahrscheinlichkeit	61 %
Crash-Gefahr	2 %
Monats-Hoch am	17. April
Monats-Tief am	1. April

Monats-Performance April

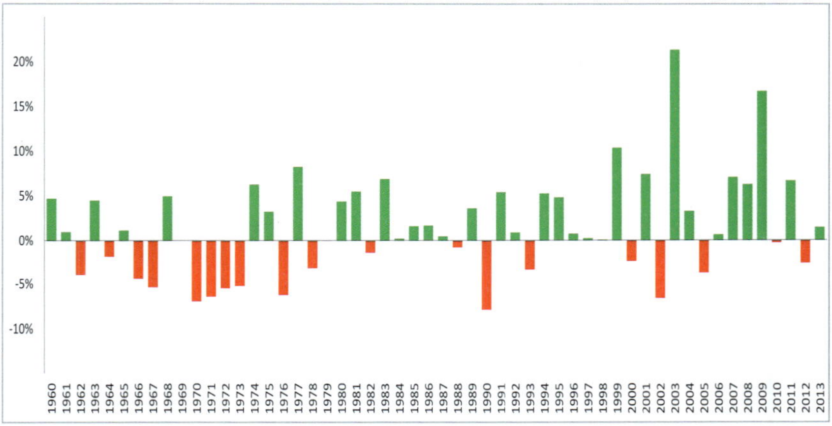

Der April ist trotz des typischen Rücksetzers in der letzten Woche mit einem Durchschnitts-Plus von 1,53 % der erfolgreichste Dax-Monat des Jahres. Dabei wurden seit 1960 insgesamt 33 Monate im Gewinn beendet, sodass sich auch eine hohe Gewinn-Wahrscheinlichkeit von 61 % errechnet. Zudem fällt auf, dass mit Ausnahme von 1990 kein Jahr mit größeren Verlusten beendet wurde. Damit weist der April, neben dem Dezember, auch die geringste Crash-Gefahr auf.

Häufigkeitsverteilung der April-Performances

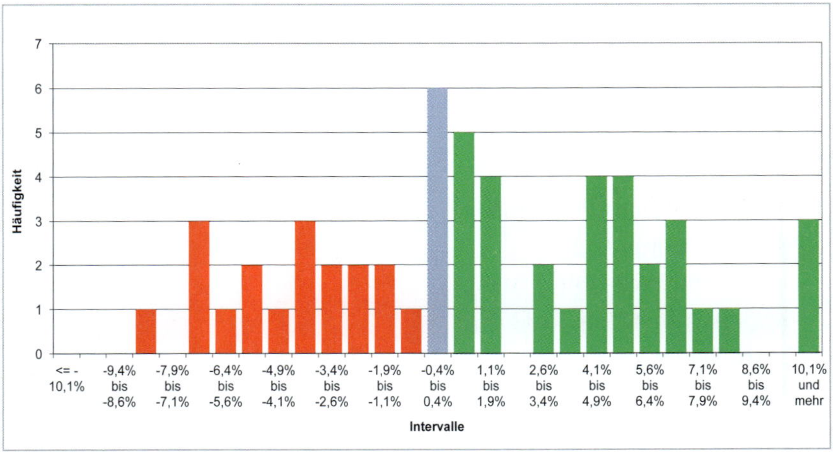

DAX IM MAI –0,01 %

Typischer Mai-Verlauf

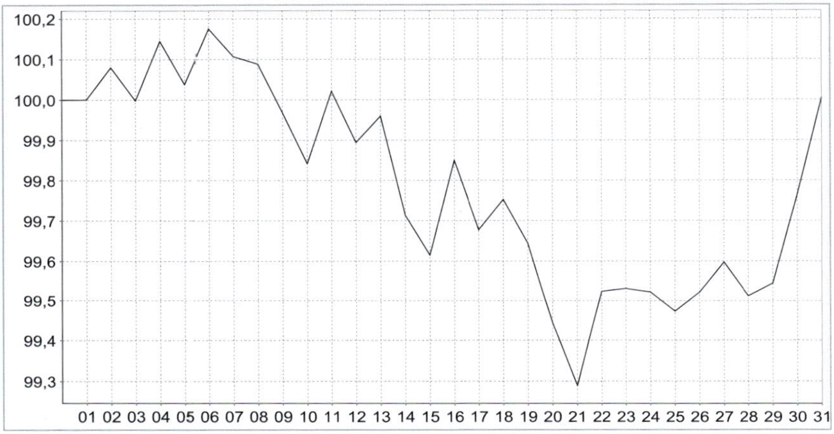

Die Mitte April eingeschlagene Abwärtsbewegung setzt sich im Mai weiter fort, wobei es bis zum Monats-Tief um den 21. des Monats konstant nach unten geht. In den letzten zehn Mai-Tagen startet dann eine Rallye, die den Dax in den Bereich des Eröffnungskurses zurückführt. Dabei bildet diese Aufwärtsbewegung den Auftakt zu einem kräftigen Sommer-Aufschwung.

Monatsstatistik Mai	
Anzahl Monate	54
Durchschnittliche Performance	-0,01 %
Positive Monate	28
Durchschnittliche Performance	+4,20 %
Negative Monate	26
Durchschnittliche Performance	–4,55 %
Gewinn-Wahrscheinlichkeit	52 %
Crash-Gefahr	7 %
Monats-Hoch am	6. Mai
Monats-Tief am	21. Mai

Monats-Performance Mai

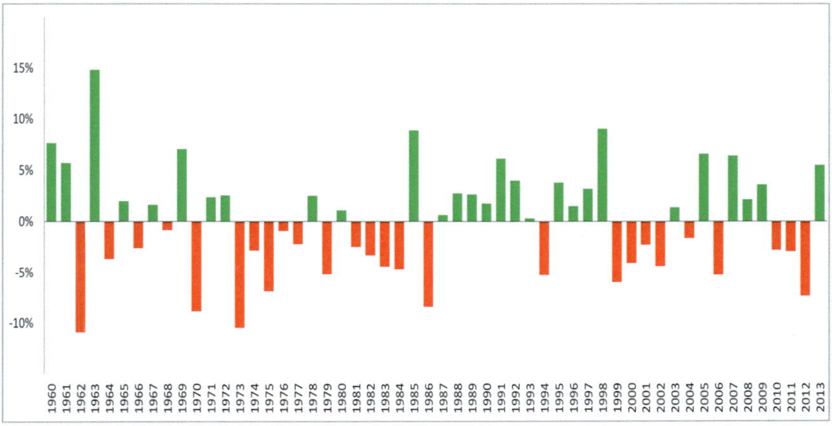

Die Gewinn-Wahrscheinlichkeit von 52 % und auch die durchschnittliche Performance von –0,01 % charakterisieren den Mai auf den ersten Blick als sehr langweiligen Börsenmonat, in dem die Kurse nicht von der Stelle kommen. Doch die relativ hohe Crash-Gefahr von 7 % und vor allem die Häufigkeitsverteilung der Performance mit großen Ausschlägen in beide Richtungen zeigen, dass der Mai immer wieder für Überraschungen gut ist.

Häufigkeitsverteilung der Mai-Performances

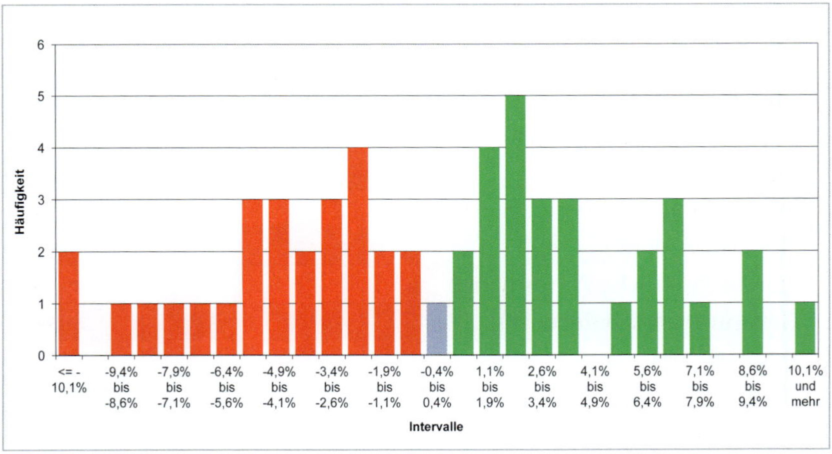

DAX IM JUNI +0,13 %

Typischer Juni-Verlauf

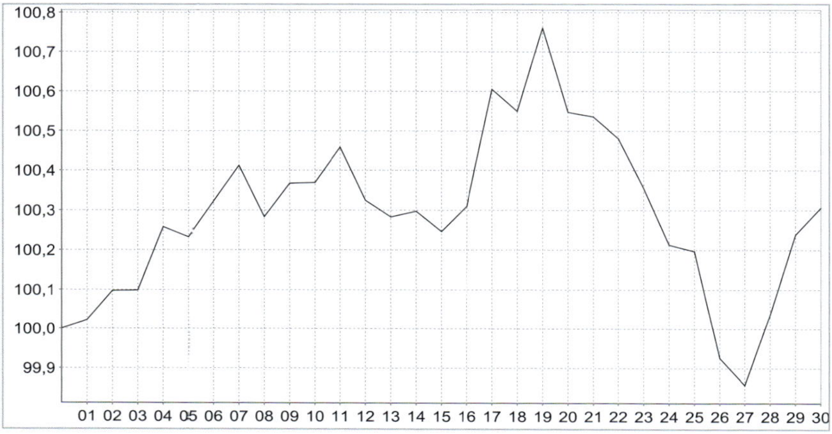

Im Juni knüpft der Dax zunächst nahtlos an die Ende Mai gestartete Rallye an und tendiert die erste Woche klar nach oben. Anschließend treten die Notierungen ein paar Tage auf der Stelle, bevor es schließlich zur Monatsmitte zu einem neuen Aufwärtsschub kommt, der in das zyklische Monats-Hoch mündet. Das Monatsende wird dann von einer Korrektur dominiert, wobei der Index das Tief wenige Tage vor dem Monatswechsel auslotet.

Monatsstatistik Juni	
Anzahl Monate	54
Durchschnittliche Performance	+0,13 %
Positive Monate	26
Durchschnittliche Performance	+4,26 %
Negative Monate	28
Durchschnittliche Performance	−3,71 %
Gewinn-Wahrscheinlichkeit	48 %
Crash-Gefahr	6 %
Monats-Hoch am	19. Juni
Monats-Tief am	27. Juni

Monats-Performance Juni

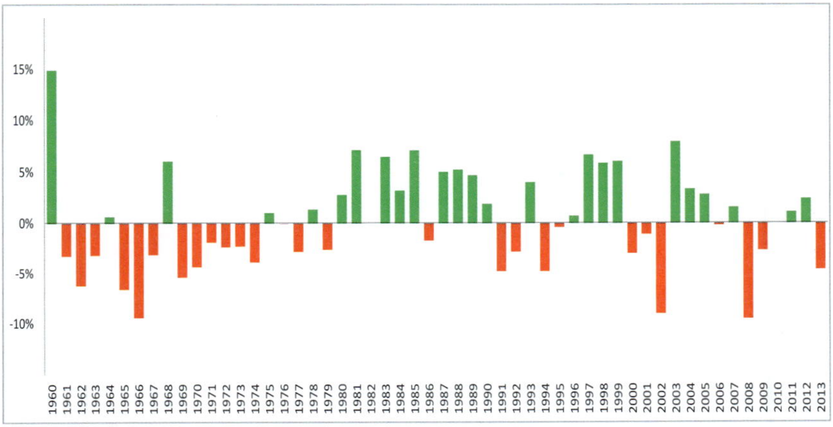

Die Kennzahlen für den Juni ähneln sehr stark denen vom Mai. Dabei zeigt die Gewinn-Wahrscheinlichkeit von 48 %, dass die unter dem Strich minimal positive Performance vor allem durch wenige Ausreißer nach oben erreicht wird. Denn sofern der Juni mit Kursgewinnen abgeschlossen werden konnte, lag das Plus bei 4,26 %, während es bei negativen Monaten „nur" zu einem durchschnittlichen Abschlag von 3,71 % gekommen ist.

Häufigkeitsverteilung der Juni-Performances

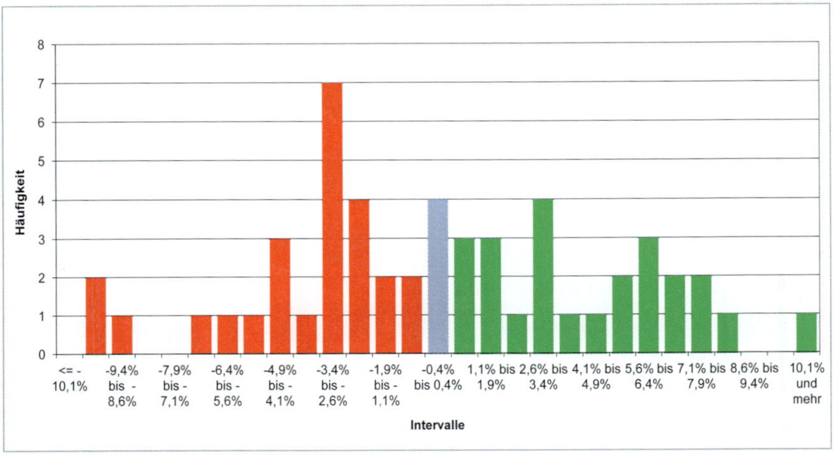

DAX IM JULI +1,32 %

Typischer Juli-Verlauf

Im Juli markiert der Dax sein Monats-Tief normalerweise direkt zu Beginn, denn anschließend werden die Kurse von der Sommer-Rallye beherrscht. Dabei folgt einem ersten Aufschwung bis zur Monatsmitte eine kurze Schwächephase, in der rund die Hälfte des vorherigen Aufschwungs korrigiert wird. Zum Monatsende ziehen die Notierungen dann wieder deutlich an, sodass der Dax den höchsten Stand zum 31. Juli erreicht.

Monatsstatistik Juli	
Anzahl Monate	54
Durchschnittliche Performance	+1,32 %
Positive Monate	32
Durchschnittliche Performance	+5,06 %
Negative Monate	22
Durchschnittliche Performance	−4,12 %
Gewinn-Wahrscheinlichkeit	59 %
Crash-Gefahr	4 %
Monats-Hoch am	31. Juli
Monats-Tief am	1. Juli

Monats-Performance Juli

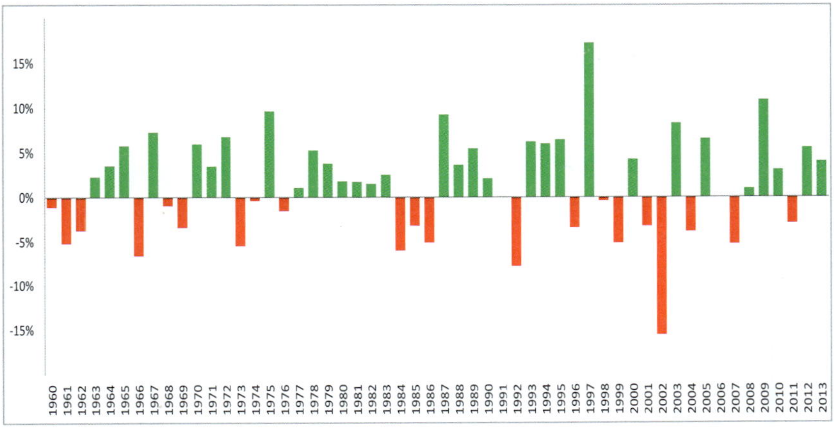

Der Juli ist nach Januar, April und Dezember der vierterfolgreichste Dax-Monat. Die Gewinn-Wahrscheinlichkeit liegt bei 59 %. Dabei zeigt die Häufigkeitsverteilung der Performances, dass es oft zu heftigen Ausschlägen kommt, wobei das Überraschungspotenzial eher auf der Oberseite liegt. Denn falls ein Juli mit Kursgewinnen abgeschlossen wird, erreicht der Dax im Mittel einen Zuwachs von 5,06 %. Einen solch hohen Wert weist sonst nur der Oktober mit 4,98 % auf.

Häufigkeitsverteilung der Juli-Performances

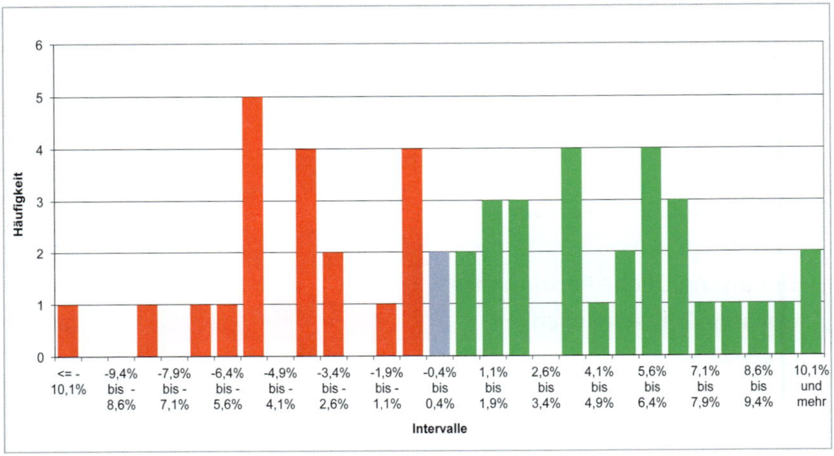

DAX IM AUGUST –0,08 %

Typischer August-Verlauf

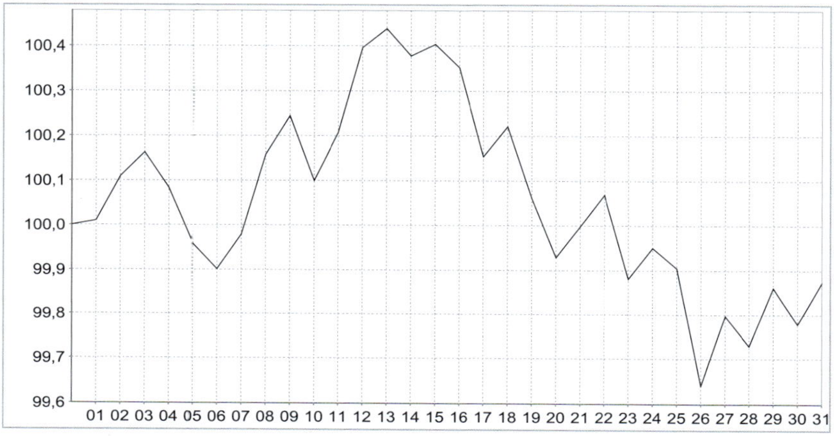

Im August findet die Sommer-Rallye normalerweise ihren Höhepunkt. Denn nach rund zehn bis zwölf Wochen, die unter dem Strich von Kursgewinnen geprägt sind, bildet der Dax am 13. August ein wichtiges zyklisches Hoch aus. Im Anschluss daran legen die Kurse den Rückwärtsgang ein, wobei sich diese Korrektur häufig bis in den Oktober hinein fortsetzt. Mit Ausnahme von 2011 pendelt die August-Performance seit 2002 in der engen Range von –2,83 % bis +3,13 %.

Monatsstatistik August	
Anzahl Monate	54
Durchschnittliche Performance	–0,08 %
Positive Monate	31
Durchschnittliche Performance	+3,89 %
Negative Monate	23
Durchschnittliche Performance	–5,44 %
Gewinn-Wahrscheinlichkeit	57 %
Crash-Gefahr	11 %
Monats-Hoch am	13. August
Monats-Tief am	26. August

Monats-Performance August

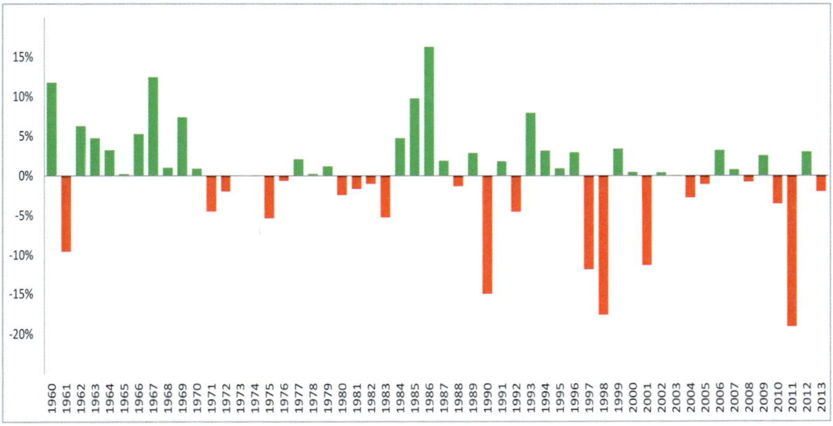

Insgesamt errechnet sich trotz dürftiger Durchschnitts-Performance von –0,08 % für den August eine beachtliche Gewinn-Wahrscheinlichkeit von 57 %. Dennoch ist der August kein einfacher Börsenmonat, denn wie die Häufigkeitsverteilung zeigt, mussten bisher fünf Mal Verluste von 9,5 % und mehr hingenommen werden. Gleichzeitig erreicht die Crash-Gefahr mit 11 % den höchsten Wert des ganzen Jahres.

Häufigkeitsverteilung der August-Performances

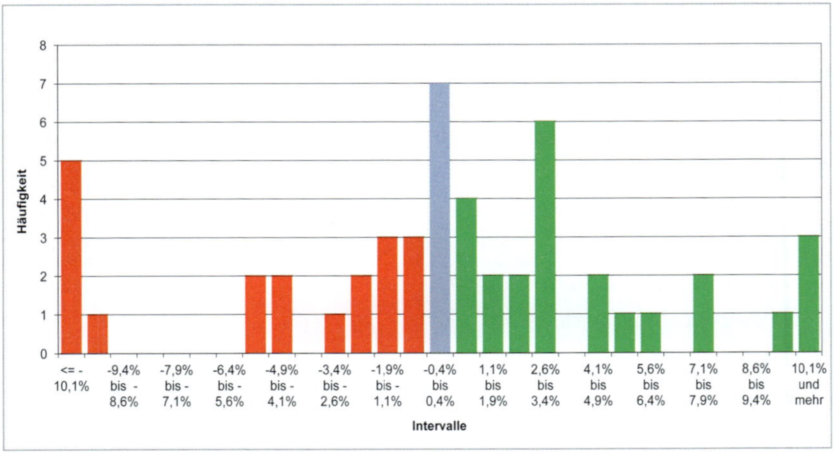

DAX IM SEPTEMBER –1,83 %

Typischer September-Verlauf

Der September ist aufgrund einer klar negativen Durchschnitts-Performance der schwächste Monat des gesamten Jahres. Die Gewinn-Wahrscheinlichkeit weist mit 41 % den mit Abstand schlechtesten Wert auf. Dabei kennen die Kurse unter dem Strich nur den Weg nach unten, sodass der September auf Monats-Hoch eröffnet und auf dem tiefsten Stand beendet wird.

Monatsstatistik September	
Anzahl Monate	54
Durchschnittliche Performance	–1,83 %
Positive Monate	22
Durchschnittliche Performance	+3,53 %
Negative Monate	32
Durchschnittliche Performance	–5,52 %
Gewinn-Wahrscheinlichkeit	41 %
Crash-Gefahr	9 %
Monats-Hoch am	2. September
Monats-Tief am	30. September

Monats-Performance September

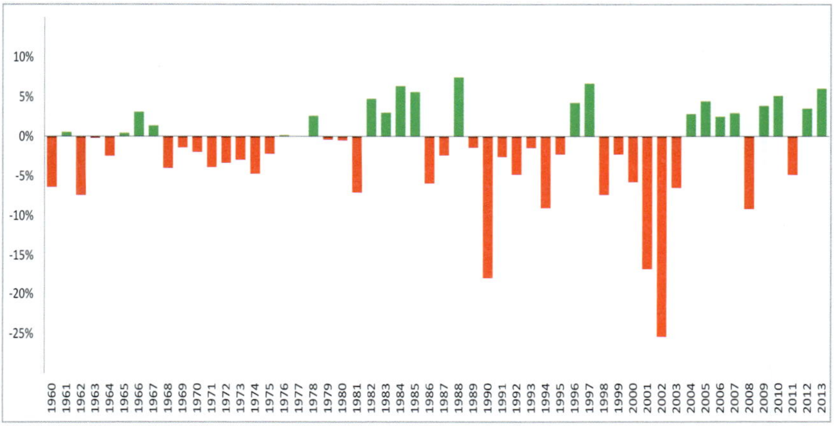

Die Gewinn-Wahrscheinlichkeit für den September liegt bei nur 41 %. Unter den schlechtesten fünf Dax-Monaten aller Zeiten ist drei Mal der September vertreten. Im September 2002 erlebte der Index mit einem Einbruch von 25,42 % seine schwärzesten Tage überhaupt. Insgesamt wurde der Monat elf Mal mit Verlusten von mehr als 5,6 % abgeschlossen. Unter dem Strich errechnet sich eine Crash-Gefahr von 9 %, sodass im September absolute Vorsicht angebracht ist.

Häufigkeitsverteilung der September-Performances

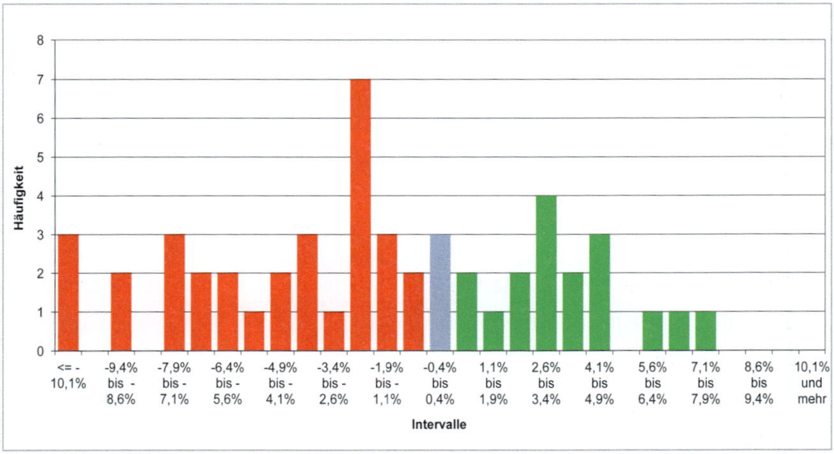

DAX IM OKTOBER +0,87 %

Typischer Oktober-Verlauf

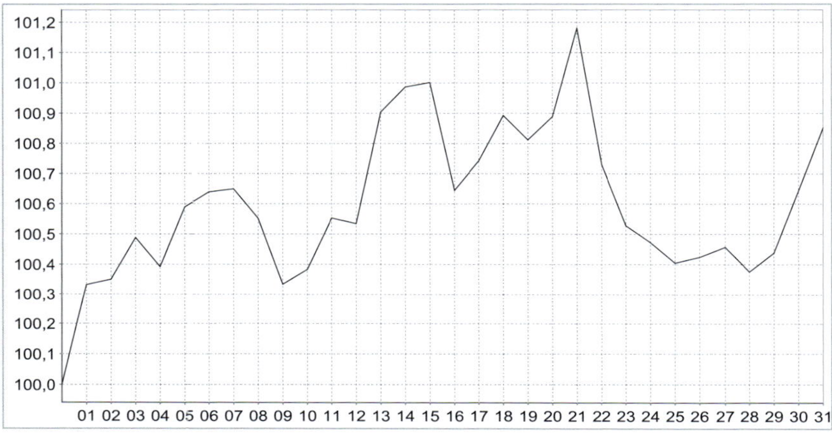

Im Oktober zeigt sich der Dax nach dem schwachen September wiedererstarkt. Die Kurse ziehen von Beginn an unter größeren Schwankungen nach oben und markieren um den 21. üblicherweise ihr Monats-Hoch. Danach kommt es noch einmal zu einem scharfen Einschnitt, der in ein wichtiges zyklisches Tief mündet. Aufgrund der festeren letzten Oktober-Tage bleibt unter dem Strich ein positives Gesamtergebnis.

Monatsstatistik Oktober	
Anzahl Monate	55
Durchschnittliche Performance	+0,87 %
Positive Monate	33
Durchschnittliche Performance	+4,98 %
Negative Monate	22
Durchschnittliche Performance	−5,30 %
Gewinn-Wahrscheinlichkeit	60 %
Crash-Gefahr	9 %
Monats-Hoch am	21. Oktober
Monats-Tief am	1. Oktober

Monats-Performance Oktober

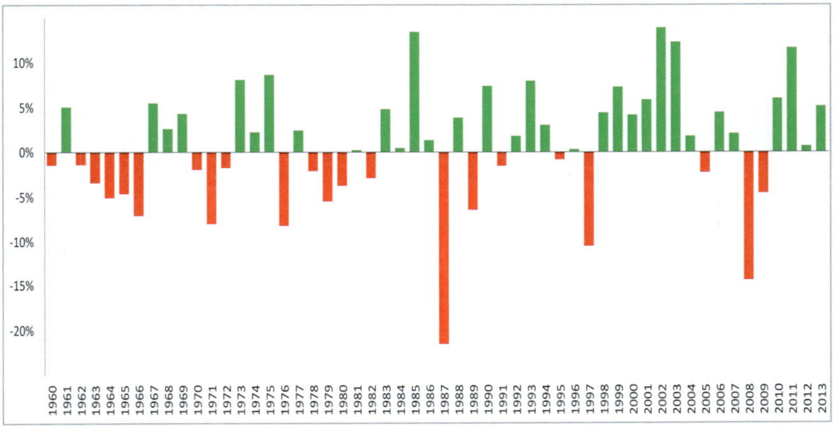

Insgesamt ergibt sich für den zehnten Monat des Jahres ein gespaltenes Bild: Die hohe Crash-Gefahr von 9 % sowie die Einbrüche von 1987, 1997 und 2008 verdeutlichen, dass es im Oktober durchaus zu negativen Überraschungen kommen kann. In der Summe ist der Oktober jedoch ein guter Monat, denn die durchschnittliche Performance von 0,87 % sowie die hohe Gewinn-Wahrscheinlichkeit von 60 % liegen klar im positiven Bereich.

Häufigkeitsverteilung der Oktober-Performances

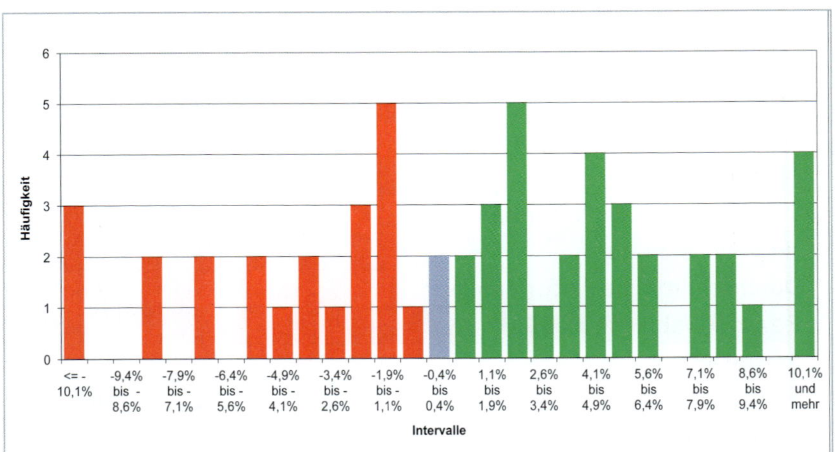

DAX IM NOVEMBER +1,09 %

Typischer November-Verlauf

Der Dax knüpft im November an die Ende Oktober eingeleitete Rallye an und verzeichnet in der ersten Woche einen Aufwärtstrend. Einigen schwächeren Tagen folgt dann bis zur Monatsmitte ein Zwischenspurt, woran sich noch einmal leichtere Notierungen anschließen. Ab dem 22. zeigen die Kurspfeile wieder klar nach oben, wobei der Index sein Monats-Hoch in der Regel am 30. markiert.

Monatsstatistik November	
Anzahl Monate	54
Durchschnittliche Performance	+1,09 %
Positive Monate	35
Durchschnittliche Performance	+3,77 %
Negative Monate	20
Durchschnittliche Performance	−3,60 %
Gewinn-Wahrscheinlichkeit	64 %
Crash-Gefahr	5 %
Monats-Hoch am	30. November
Monats-Tief am	1. November

Monats-Performance November

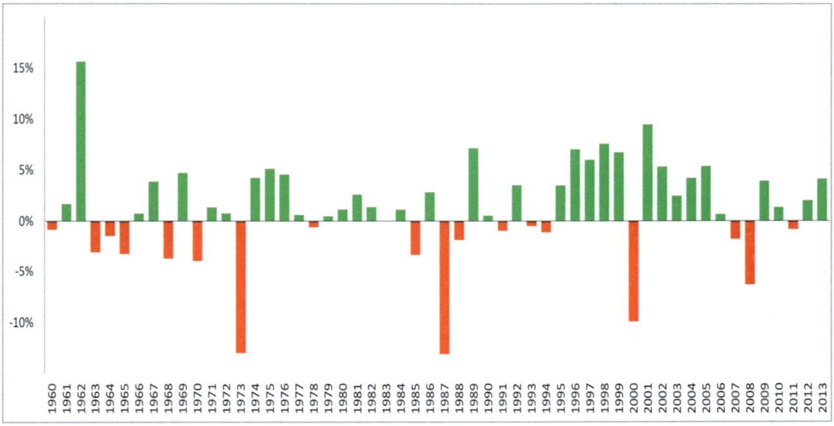

Der November ist einer von sechs Monaten mit durchschnittlichen Gewinnen von mehr als einem Prozent. Zudem liegt der November in Bezug auf die Gewinn-Wahrscheinlichkeit mit 64 % knapp hinter dem Januar (65 %) an der Spitze. Darüber hinaus zeigt die Häufigkeitsverteilung der einzelnen Performances, dass es bisher nur wenige Ausreißer gab, womit der November eher als ruhiger Börsenmonat einzuordnen ist.

Häufigkeitsverteilung der November-Performances

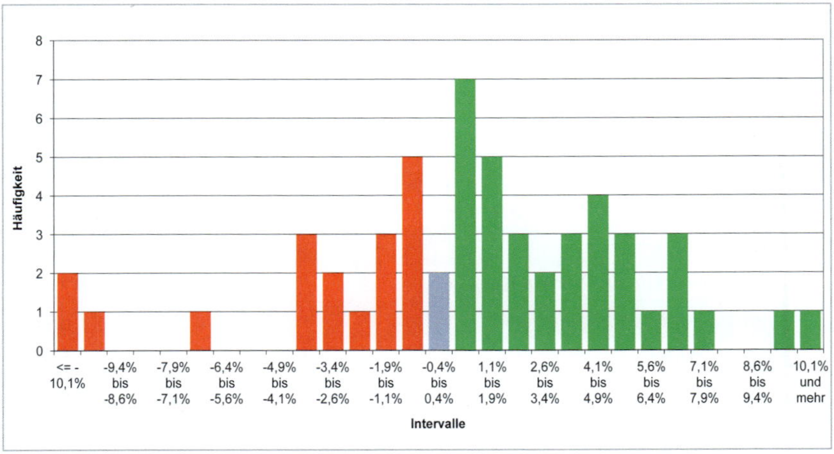

DAX IM DEZEMBER +1,42 %

Typischer Dezember-Verlauf

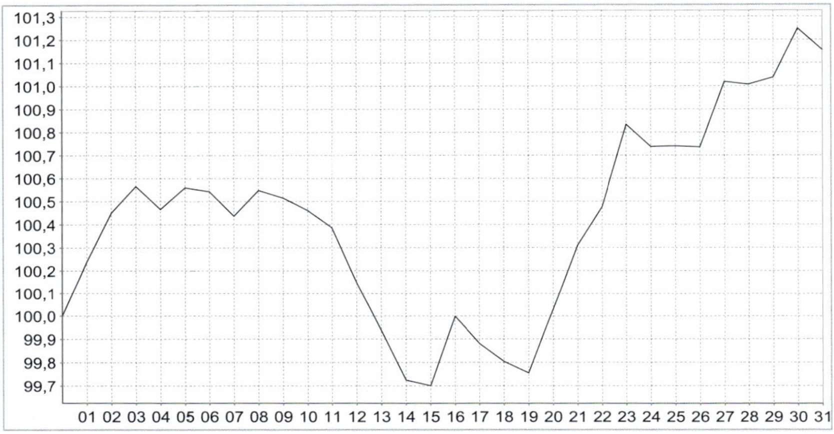

Auch im Dezember tendiert der Dax zu Monatsbeginn fester, bevor dann in der zweiten Woche eine Korrektur einsetzt. Das Monats-Tief bilden die Kurse schließlich am 15. Dezember heraus, worauf eine kräftige Weihnachtsrallye folgt. Denn über die Feiertage können die Notierungen deutlich zulegen, sodass der Index das Monats-Hoch in der Regel in der letzten Handelswoche markiert.

Monatsstatistik Dezember	
Anzahl Monate	55
Durchschnittliche Performance	+1,42
Positive Monate	33
Durchschnittliche Performance	+4,29 %
Negative Monate	22
Durchschnittliche Performance	–2,87 %
Gewinn-Wahrscheinlichkeit	60 %
Crash-Gefahr	2 %
Monats-Hoch am	30. Dezember
Monats-Tief am	15. Dezember

Monats-Performance Dezember

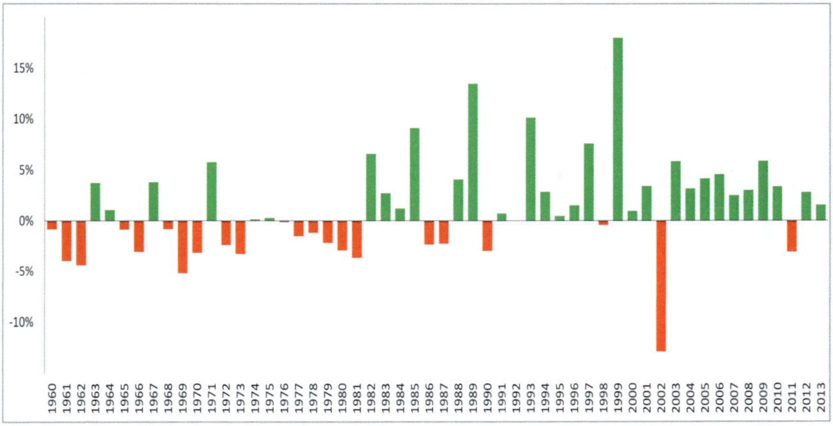

Mit einer Performance von 1,42 % steht der Dezember nach April und Januar für den drittbesten Monat des gesamten Jahres. Die Crash-Gefahr ist mit nur 2 % extrem gering. Denn in der gesamten Dax-Historie wurden lediglich 2002 mehr als 7,5 % (12,88 %) abgegeben. Daher ist die Wahrscheinlichkeit für einen Einbruch der Kurse im Dezember genauso gering wie im besten Monat des Jahres, im April.

Häufigkeitsverteilung der Dezember-Performances

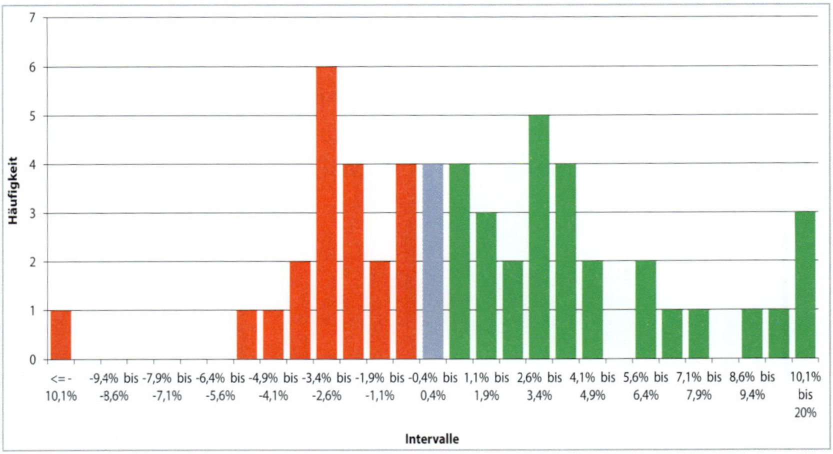

Zusammenfassung

Die Dax-Veränderungen der vergangenen 54 bzw. 55 Jahre lassen folgende Schlüsse zu:

Die ersten vier Monate beginnt der Dax stets auf dem späteren Monats-Tief. Auch im Juli, Oktober und November markiert der Index den Tiefpunkt in der Regel am ersten Handelstag des Monats. Das Monats-Hoch wird im März, Juli, November und Dezember am letzten Tag des Monats erreicht und im Oktober am 21.

Im Widerspruch zu diesen Verläufen steht der September-Zyklus mit einem Hoch zu Monatsanfang (2. September) und einem Ende auf Monats-Tief. Dementsprechend erzielt der Dax in neun von zwölf Monaten Kursgewinne, und lediglich Mai, August und September werden im Durchschnitt mit Verlusten beendet. Dabei stehen April, Januar und Dezember für die höchsten Kursgewinne.

Sofern ein Monat mit Gewinnen beendet wird, erreichen die Kurse im Juli den höchsten Anstieg, gefolgt von Oktober, Februar und April.

Das kleinste durchschnittliche Plus verzeichnet der Juni. Beendet der Dax einen Monat mit Kursverlusten, müssen im September die größten Abschläge hingenommen werden, gefolgt von August und Oktober.

Was die Gewinn-Wahrscheinlichkeit angeht, liegen Januar, November, April und März an der Spitze. Auch Juli, August, Oktober und Dezember zeigen noch überdurchschnittlich hohe Werte. Die geringste Wahrscheinlichkeit von Kursgewinnen weist der September auf. Im Februar und Juni sind Kursverluste ebenfalls wahrscheinlicher als -gewinne. Die Crash-Gefahr identifiziert August, September und Oktober als die gefährlichsten Börsenmonate. Auch im Mai kommt es häufiger zu größeren Kursverlusten.

Übersicht Jahreszyklus Dax

	Anzahl Monate	durchschnittliche Performance	positive Monate	durchschnittliche Performance	negative Monate	durchschnittliche Performance	Gewinn-Wahrscheinlichkeit	Crashgefahr	Monatshoch	Monatstief
Januar	54	1,48 %	35	4,60 %	19	−4,28 %	65 %	6 %	06.01.	01.01.
Februar	54	0,67 %	26	4,86 %	28	−3,21 %	48 %	6 %	18.02.	01.02.
März	54	1,22 %	33	3,74 %	21	−2,73 %	61 %	4 %	31.03.	01.03.
April	54	1,53 %	33	4,79 %	21	−3,58 %	61 %	2 %	17.04.	01.04.
Mai	54	−0,01 %	28	4,20 %	26	−4,55 %	52 %	7 %	06.05.	21.05.
Juni	54	0,13 %	26	4,26 %	28	−3,71 %	48 %	6 %	19.06.	27.06.
Juli	54	1,32 %	32	5,06 %	22	−4,12 %	59 %	4 %	31.07.	01.07.
August	54	−0,08 %	31	3,89 %	23	−5,44 %	57 %	11 %	13.08.	26.08.
September	54	−1,83 %	22	3,53 %	32	−5,52 %	41 %	9 %	02.09.	30.09.
Oktober	55	0,87 %	33	4,98 %	22	−5,30 %	60 %	9 %	21.10.	01.10.
November	55	1,09 %	35	3,77 %	20	−3,60 %	64 %	5 %	30.11.	01.11.
Dezember	55	1,42 %	33	4,29 %	22	−2,87 %	60 %	2 %	30.12.	15.12.

ZYKLISCHER VERLAUF IM DAX

Der Dax beginnt das Jahr mit einer kräftigen Jahresanfangs-Rallye. Diese Aufwärtsbewegung setzt sich bis in den April hinein fort, wobei am 17. April ein erster zyklischer Hochpunkt markiert wird. Daran schließt sich eine Korrektur an, die in ein wichtiges Tief am 28. Mai mündet. Dieser untere Umkehrpunkt bildet den Auftakt zur Sommer-Rallye, die die nächsten zweieinhalb Monate dominiert. Dabei ziehen die Notierungen, von kleinen Korrekturen unterbrochen, bis Mitte August nach oben.

Am 13. August klettert der Dax auf sein zwischenzeitliches Jahres-Hoch, um anschließend in eine Korrektur überzugehen. Diese Schwächephase erstreckt sich über etwa sechs Wochen. Der Oktober markiert dann das Ende dieser Spätsommer-Korrektur. Hier sind hohe Ausschläge an der Tagesordnung, wobei am 29. Oktober eine kräftige Herbst-Rallye startet, die sich bis Anfang Dezember fortsetzt.

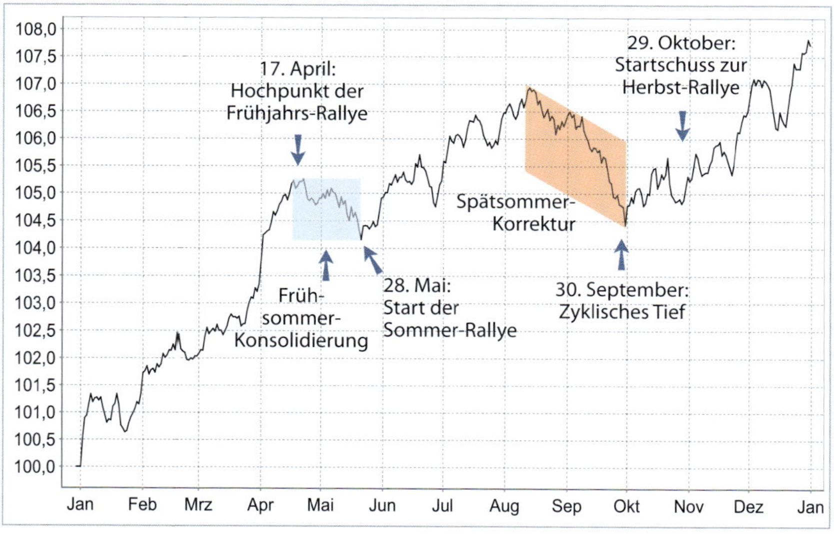

Nach einer kurzen Schwächephase ziehen die Kurse schließlich bis zum Jahresende abermals deutlich an, und der Dax beendet das Jahr in der Regel auf einem neuen Jahres-Hoch.

Fazit:

- Anleger sollten sich vor allem Ende Mai und Ende September einen Einstieg auf der Hausse-Seite überlegen, insbesondere wenn Börsianer aufgrund der Spätsommer-Korrektur in Panik verfallen.
- Auch der Jahresbeginn kann ein guter Kaufzeitpunkt sein.
- Gewinnmitnahmen gilt es Mitte April zu überprüfen, vor allem wenn Anleger euphorisch werden.
- Der Höhepunkt der Sommer-Rallye im August könnte ebenfalls dazu geeignet sein, die aufgelaufenen Gewinne zu realisieren und evtl. sogar auf Baisse-Engagements zu setzen.

2.2 DOW JONES-JAHRESZYKLUS

2.2.1 Dow Jones-Jahreszyklus auf Tagesbasis

Der nachfolgende Chart, zeigt wie sich der Dow Jones Industrial Average aus Sicht der Börsenzyklen im Jahresverlauf entwickelt. Erstmals eingeführt wurde der berühmteste Index der Welt 1896. Lediglich während des Ersten Weltkriegs setzte der Handel von Ende Juli 1914 bis zum 12. Dezember 1914 aus. Damit basieren die Auswertungen aus den Tagesveränderungen der vergangenen 116 bzw. 117 Jahren.

Dow Jones-Jahreszyklus

Der Dow Jones zeigt einen ähnlichen Verlauf wie der Dax, ist aber wesentlich weniger volatil. Bis Mitte Mai kennen die Kurse per saldo nur den Weg nach oben, auch wenn Ende März und Ende April kleinere Rücksetzer einkalkuliert werden müssen. Im Mai folgt die erste größere Korrektur, die jedoch nach vier Wochen schon wieder aufgeholt ist. Den Juli und August bestimmt dann eine kräftige Sommer-Rallye, die in das vorläufige Hoch Anfang September mündet. Im Anschluss kommt es zu einer mehrwöchigen Konsolidierung mit einem Tief Ende Oktober. Danach beginnt eine neue Rallye, die sich zum Jahreswechsel hin deutlich beschleunigt. Häufig schließt der Dow Jones auf einem Jahres-Hoch.

DOW JONES IM JANUAR +1,02 %

Typischer Januar-Verlauf

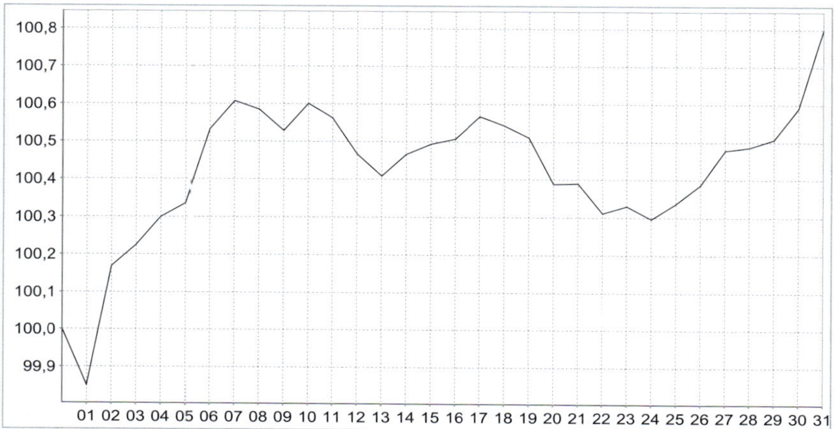

Der Dow Jones beginnt das Jahr mit einer kräftigen Jahresanfangs-Rallye, die sich bis in die zweite Handelswoche des Januars erstreckt. Im Anschluss daran tendieren die Kurse rund 14 Tage seitwärts bzw. leicht nach unten, ohne jedoch wieder unter das Eröffnungsniveau zurückzufallen. In der letzten Woche geht es dann erneut kräftig nach oben, womit der Januar auf Monats-Hoch beendet wird.

Monatsstatistik Januar	
Anzahl Monate	117
Durchschnittliche Performance	+1,02 %
Positive Monate	75
Durchschnittliche Performance	+3,66 %
Negative Monate	42
Durchschnittliche Performance	−3,71 %
Gewinn-Wahrscheinlichkeit	64 %
Crash-Gefahr	3 %
Monats-Hoch am	31. Januar
Monats-Tief am	1. Januar

Monats-Performance Januar

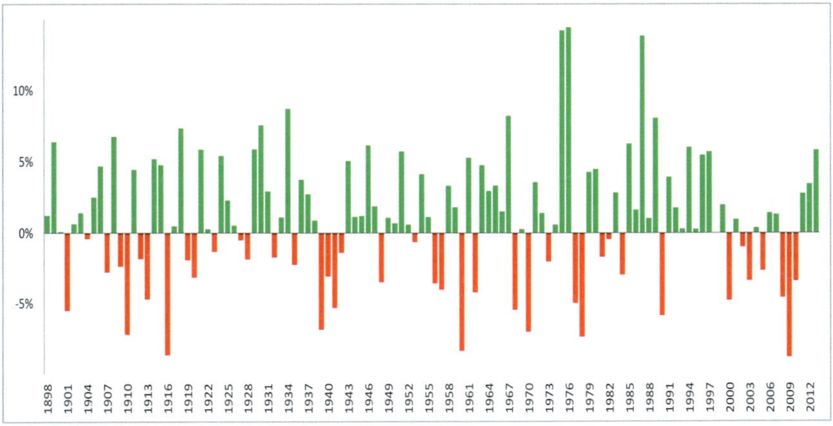

Der Januar überzeugt vor allem durch seine hohe Gewinn-Wahrscheinlichkeit, die mit 64 % den zweithöchsten Wert des gesamten Jahres aufweist. Gleichermaßen niedrig ist die Crash-Gefahr, denn in der 117-jährigen Historie gab es bisher nur drei Januar-Monate, die mit einem Minus von mehr als 7,5 % abgeschlossen wurden. Andererseits kommen auch größere Ausreißer nach oben eher selten vor.

Häufigkeitsverteilung der Januar-Performances

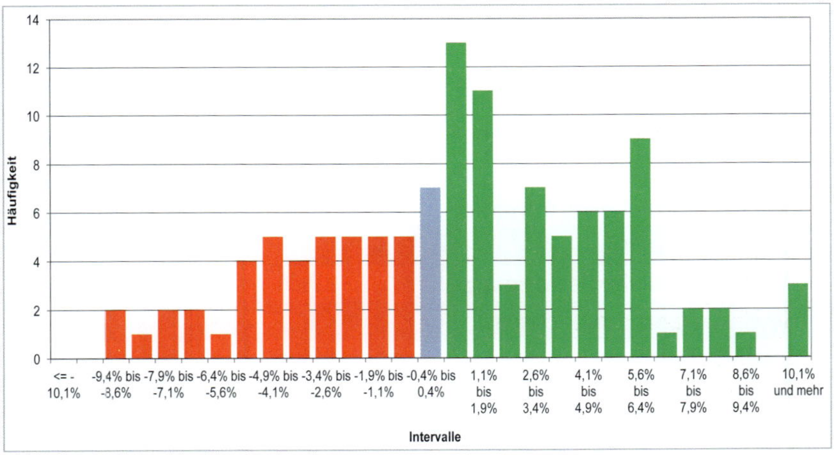

DOW JONES IM FEBRUAR −0,21 %

Typischer Februar-Verlauf

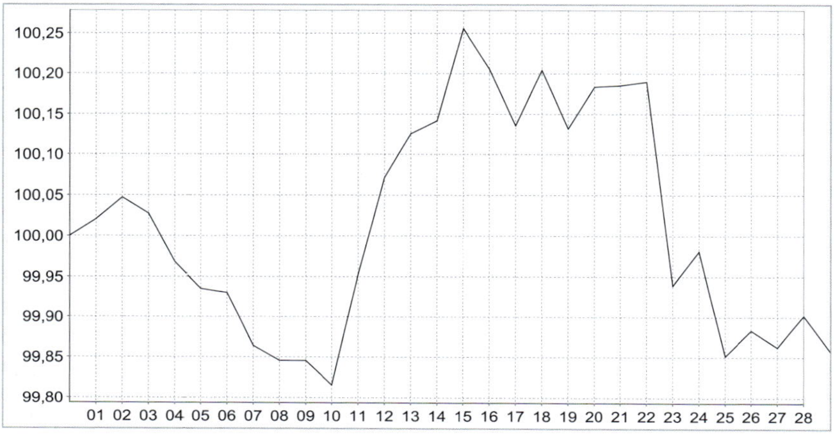

Der Februar ist neben dem September der einzige Monat, für den sich ein Minus errechnet. Dabei geht der Dow gleich zu Monatsbeginn in die Knie. Um den 10. herum wird dann das Monats-Tief markiert, worauf ein deutlicher Aufschwung folgt, der ca. eine Woche dauert. Im Anschluss an eine kurze Seitwärtsphase brechen die Notierungen zum Monatsende wieder weg, sodass der Februar per saldo mit einem kleinen Abschlag beendet wird.

Monatsstatistik Februar	
Anzahl Monate	117
Durchschnittliche Performance	−0,21 %
Positive Monate	60
Durchschnittliche Performance	+2,83 %
Negative Monate	57
Durchschnittliche Performance	−3,40 %
Gewinn-Wahrscheinlichkeit	51 %
Crash-Gefahr	3 %
Monats-Hoch am	15. Februar
Monats-Tief am	10. Februar

Monats-Performance Februar

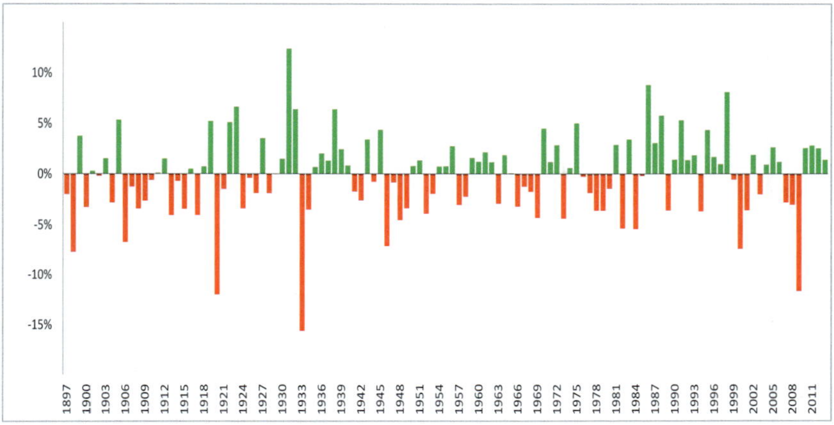

Die Kennzahlen für den Februar unterstreichen die Unentschlossenheit der Kurse. Denn sowohl größere Ausschläge nach oben als auch kräftige Einbrüche (Crash-Gefahr 3 %) sind kaum zu finden. Die Häufigkeitsverteilung der Monats-Performances zeigt ein fast symmetrisches Bild um die Nulllinie. Die Gewinn-Wahrscheinlichkeit von 51 % bestätigt diese Aussagen ebenfalls.

Häufigkeitsverteilung der Februar-Performances

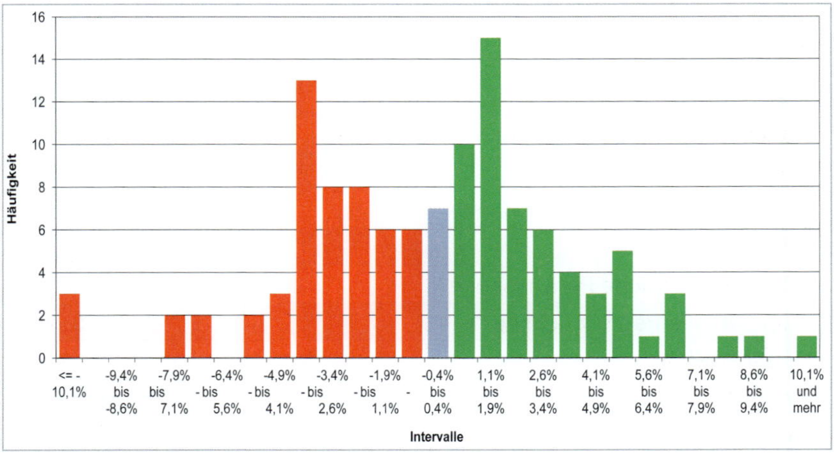

DOW JONES IM MÄRZ +0,81 %

Typischer März-Verlauf

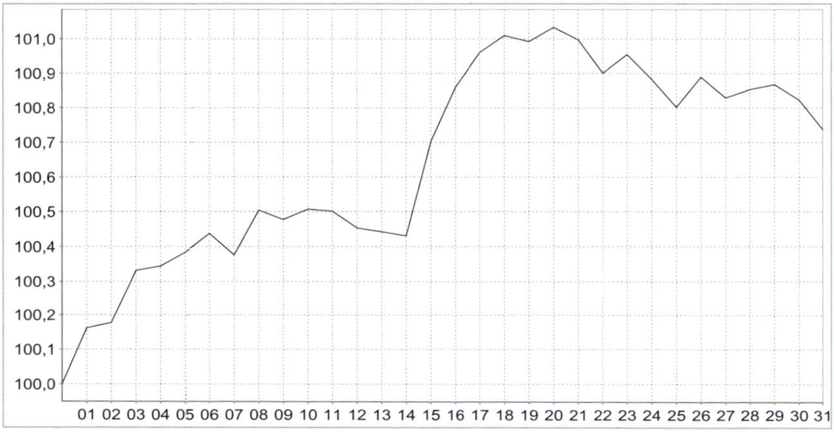

Die Ende Februar eingeschlagene Korrektur endet zum März-Anfang schon wieder, denn unmittelbar zu Monatsbeginn wird das Tief markiert. Von da aus geht es rund drei Wochen deutlich nach oben, lediglich von einer kleinen Seitwärtsphase um den 8. herum unterbrochen. Am 20. klettert der Index dann auf den höchsten März-Stand, um danach einen Teil der Profite wieder abzugeben.

Monatsstatistik März	
Anzahl Monate	117
Durchschnittliche Performance	+0,81 %
Positive Monate	72
Durchschnittliche Performance	+3,74 %
Negative Monate	45
Durchschnittliche Performance	−3,86 %
Gewinn-Wahrscheinlichkeit	62 %
Crash-Gefahr	6 %
Monats-Hoch am	20. März
Monats-Tief am	1. März

Monats-Performance März

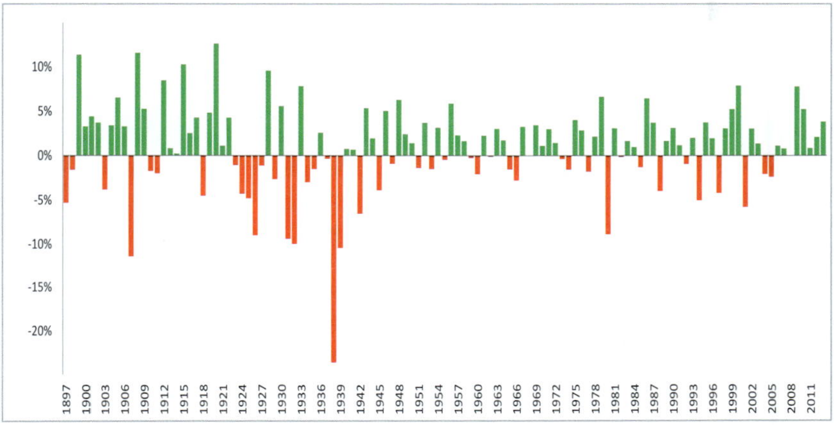

Die Gewinn-Wahrscheinlichkeit von 62 % liegt im oberen Drittel aller Dow-Jones-Monate. Auffällig ist zudem, dass der Index trotz der guten Durchschnitts-Performance in positiven Monaten weniger gewinnt, als in negativen verloren wird. Dafür sorgt in besonderem Maße die relativ hohe Crash-Gefahr von 6 %, die vor allem aus zwei heftigen Einbrüchen zum Ende der 1930er-Jahre zurückzuführen ist, wobei der März 1938 sogar den drittschlechtesten Monat aller Zeiten bedeutete.

Häufigkeitsverteilung der März-Performances

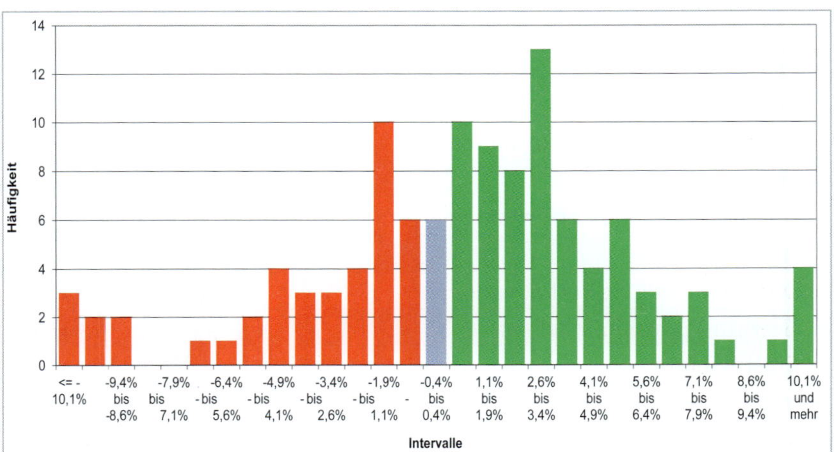

DOW JONES IM APRIL +1,16 %

Typischer April-Verlauf

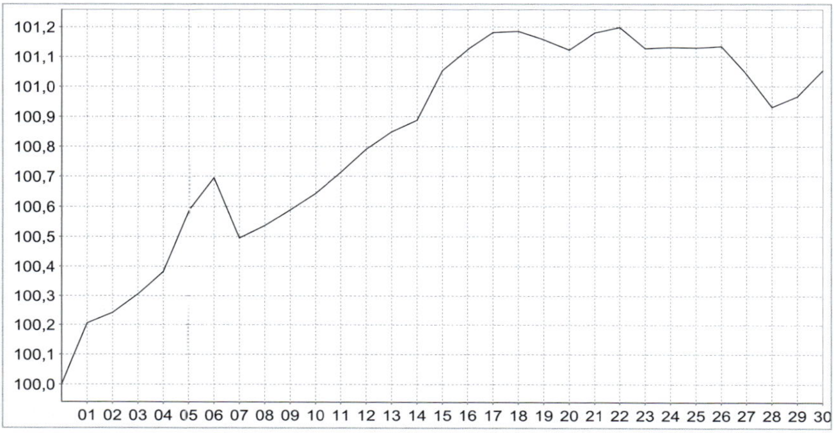

Der typische April-Verlauf ähnelt stark dem März-Zyklus. Denn auch im vierten Monat des Jahres wird das spätere Monats-Tief direkt zur Eröffnung markiert, woran sich eine kräftige Rallye anschließt, die den Dow Jones bis zum 18. auf sein Monats-Hoch führt. Zum April-Ende korrigieren die Notierungen dann, ohne allerdings allzu viel von den vorherigen Gewinnen wieder abzugeben.

Monatsstatistik April	
Anzahl Monate	117
Durchschnittliche Performance	+1,16 %
Positive Monate	68
Durchschnittliche Performance	+4,50 %
Negative Monate	49
Durchschnittliche Performance	−3,47 %
Gewinn-Wahrscheinlichkeit	58 %
Crash-Gefahr	3 %
Monats-Hoch am	21. April
Monats-Tief am	1. April

Monats-Performance April

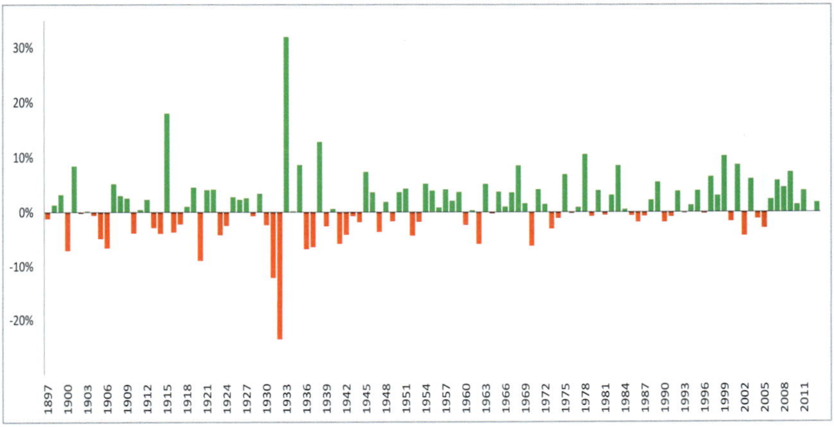

Im April kommt der Dow trotz einer eher durchschnittlichen Gewinn-Wahrscheinlichkeit von 58 % im Mittel auf ein Plus von 1,16 %. Dabei zeigt die Häufigkeitsverteilung sehr gut, dass Ausreißer in der Performance eher auf der Oberseite zu finden sind. Dementsprechend liegt die Crash-Gefahr bei nur 3 %, was neben dem Januar den niedrigsten Wert des gesamten Jahres bedeutet. Dem stehen allein fünf April-Monate mit Gewinnen von 10 % und mehr gegenüber.

Häufigkeitsverteilung der April-Performances

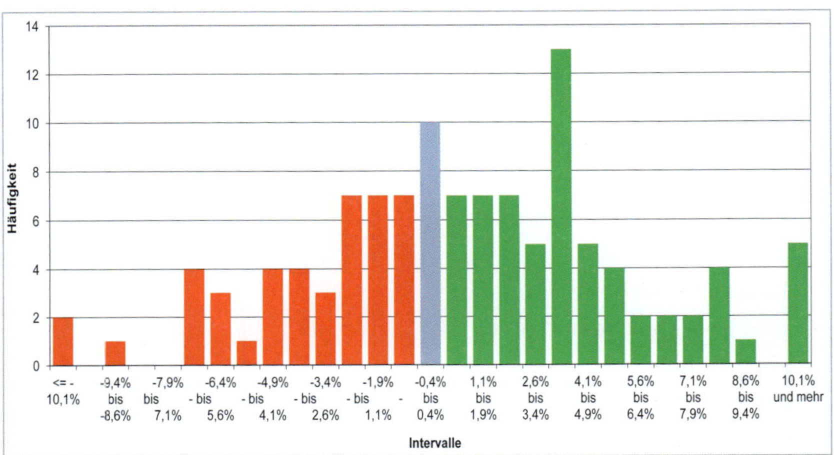

DOW JONES IM MAI –0,02 %

Typischer Mai-Verlauf

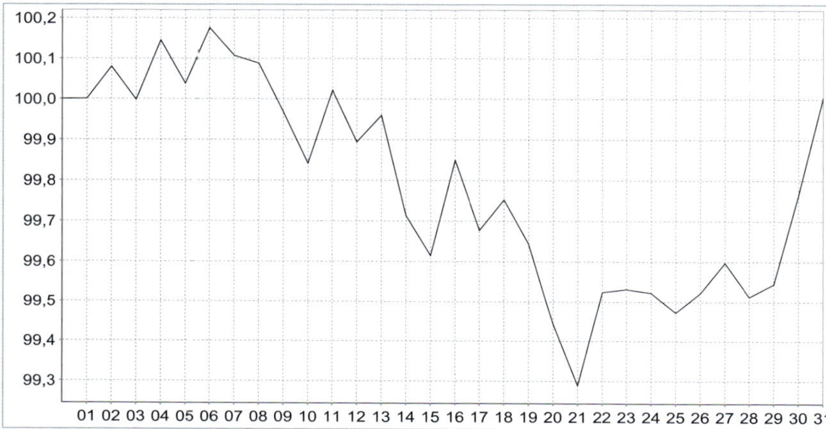

Unmittelbar zu Monatsanfang springt der Dow Jones regelrecht nach oben und markiert im Anschluss daran zum Ende der ersten Woche sein Monats-Hoch. Darauf folgt eine dreiwöchige Korrekturphase an, die den Index wieder knapp unter das Ausgangsniveau fallen lässt. Nach dem Monats-Tief um den 25. können sich die Kurse schließlich leicht verbessern.

Monatsstatistik Mai	
Anzahl Monate	117
Durchschnittliche Performance	–0,02 %
Positive Monate	60
Durchschnittliche Performance	+3,80 %
Negative Monate	57
Durchschnittliche Performance	–4,03 %
Gewinn-Wahrscheinlichkeit	51 %
Crash-Gefahr	6 %
Monats-Hoch am	6. Mai
Monats-Tief am	25. Mai

Monats-Performance Mai

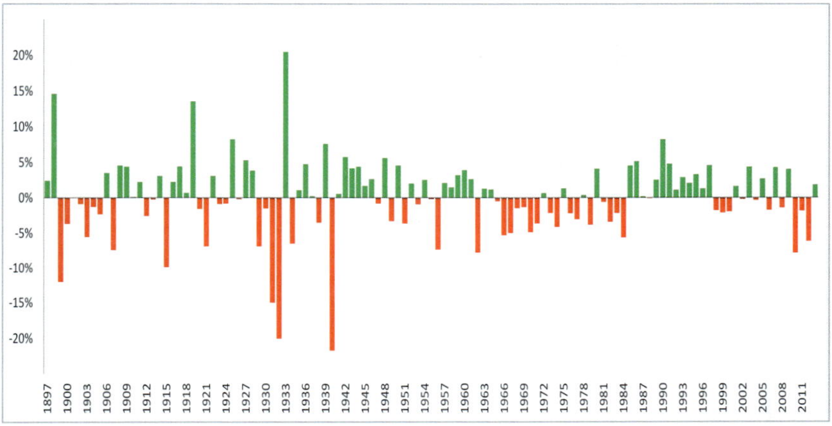

Die Durchschnitts-Performance von –0,02 % identifiziert den Mai als unspektakulären Börsenmonat, wobei die niedrige Gewinn-Wahrscheinlichkeit von 51 % jede Richtung erlaubt. Die Häufigkeitsverteilung zeigt, dass Ausreißer in der Performance eher selten zu finden sind. Wenn es allerdings zu größeren Kursbewegungen kommt, gehen diese mit höherer Wahrscheinlichkeit nach unten als nach oben.

Häufigkeitsverteilung der Mai-Performances

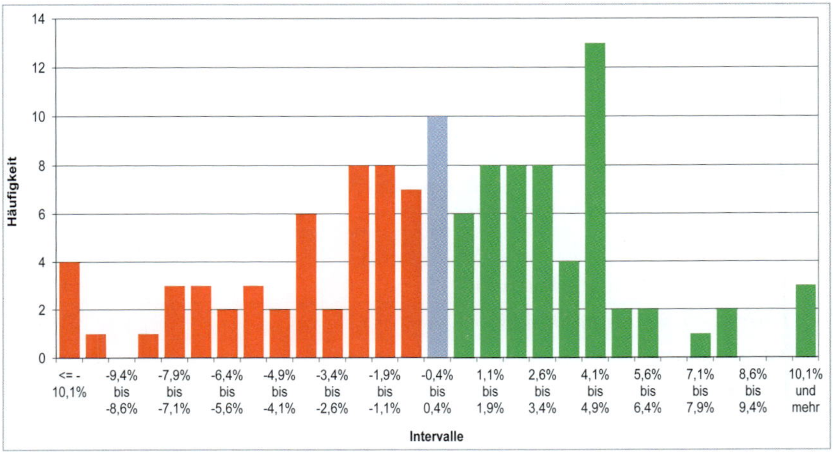

DOW JONES IM JUNI +0,24 %

Typischer Juni-Verlauf

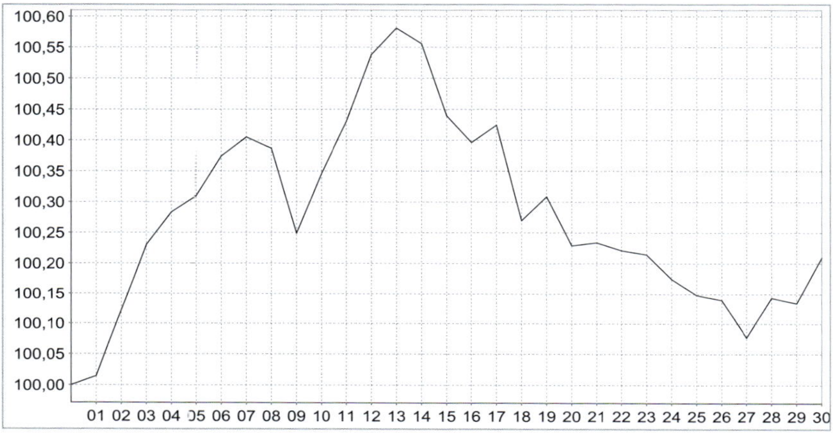

Im Juni setzt der Dow Jones seine Ende Mai eingeschlagene Aufwärtsbewegung zunächst fort und tendiert vom Start weg nach oben, womit das Monats-Tief zumeist gleich zu Beginn markiert wird. Mitte Juni lotet der Index dann normalerweise das Monats-Hoch aus, worauf der Markt in eine Konsolidierungsphase übergeht. Unter dem Strich bleibt für den Juni ein marginales Plus.

Monatsstatistik Juni	
Anzahl Monate	118
Durchschnittliche Performance	+0,24 %
Positive Monate	57
Durchschnittliche Performance	+4,14 %
Negative Monate	61
Durchschnittliche Performance	–3,41 %
Gewinn-Wahrscheinlichkeit	48 %
Crash-Gefahr	4 %
Monats-Hoch am	13. Juni
Monats-Tief am	1. Juni

Monats-Performance Juni

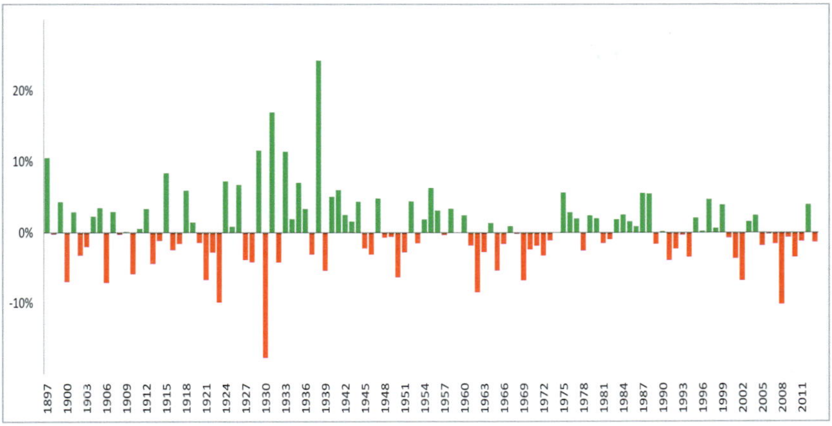

Trotz einer positiven Durchschnitts-Performance weist der Juni eine Gewinn-Wahrscheinlichkeit von nur 48 % auf. Nach dem September (GW: 43 %) bedeutet das den zweitschlechtesten Wert aller Monate. Alles in allem ist der Juni – mit Ausnahme von 2008, als der Index innerhalb der Finanzkrise 10,19 % verlor – aber ein eher ruhiger Monat, denn die großen Kursschläge der Häufigkeitsverteilung stammen allesamt aus der ersten Hälfte des vergangenen Jahrhunderts.

Häufigkeitsverteilung der Juni-Performances

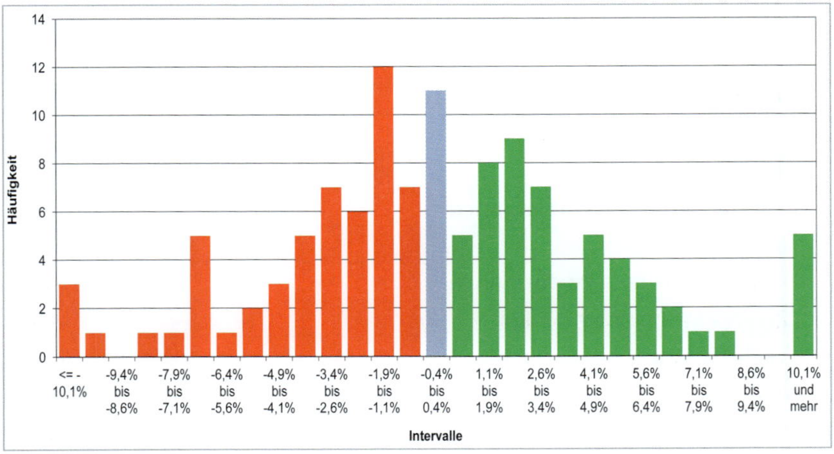

DOW JONES IM JULI +1,36 %

Typischer Juli-Verlauf

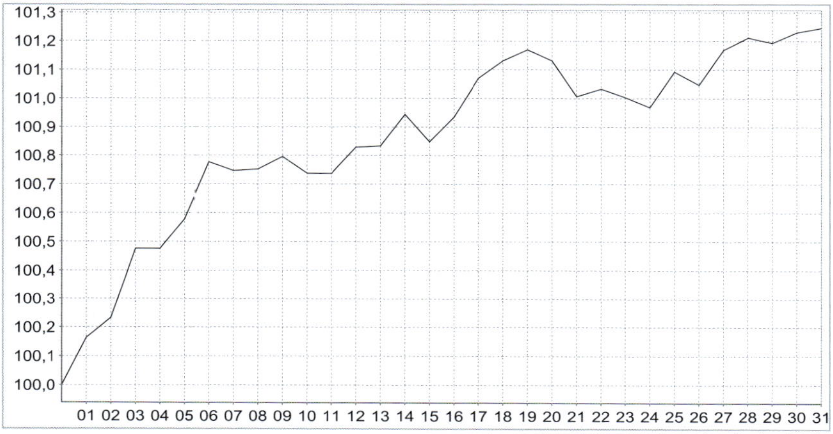

Im Juli zieht der Dow Jones ohne nennenswerte Korrekturen konstant nach oben. Das Monats-Tief wird direkt zu Beginn ausgebildet, und die einzige kurze Schwächephase durchlebt der Index zwischen dem 18. und dem 25. In den letzten Handelstagen setzt sich die Rallye weiter fort, sodass der Juli in der Regel im Bereich des Monats-Hochs beendet wird.

Monatsstatistik Juli	
Anzahl Monate	118
Durchschnittliche Performance	+1,36 %
Positive Monate	74
Durchschnittliche Performance	+4,47 %
Negative Monate	44
Durchschnittliche Performance	−3,87 %
Gewinn-Wahrscheinlichkeit	63 %
Crash-Gefahr	6 %
Monats-Hoch am	31. Juli
Monats-Tief am	1. Juli

Monats-Performance Juli

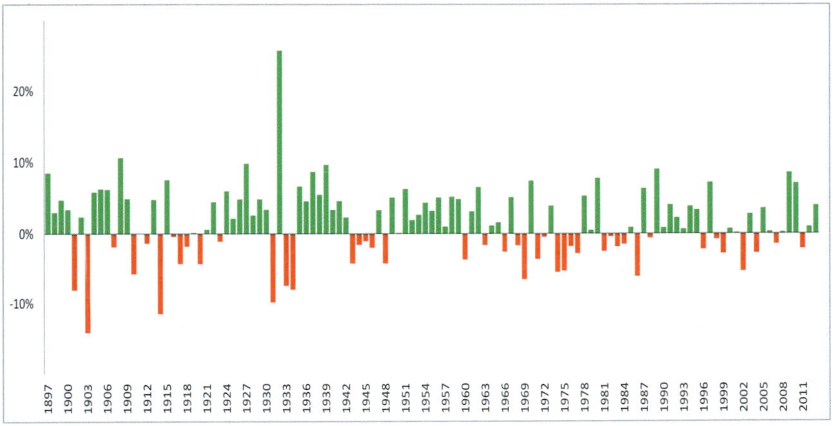

Die Performance von +1,36 % macht den Juli nach dem Dezember zum zweitbesten Monat des Jahres. Die Gewinn-Wahrscheinlichkeit liegt mit 63 % ebenfalls an zweiter Stelle. Die hohen negativen Ausschläge in der Häufigkeitsverteilung sowie die relativ hohe Crash-Gefahr von 6 % resultieren – wie beim Juni – vor allem aus den turbulenten Zeiten zwischen 1897 und 1945. Seitdem ist der Juli ein sehr ruhiger Monat bei klar positiver Grundtendenz.

Häufigkeitsverteilung der Juli-Performances

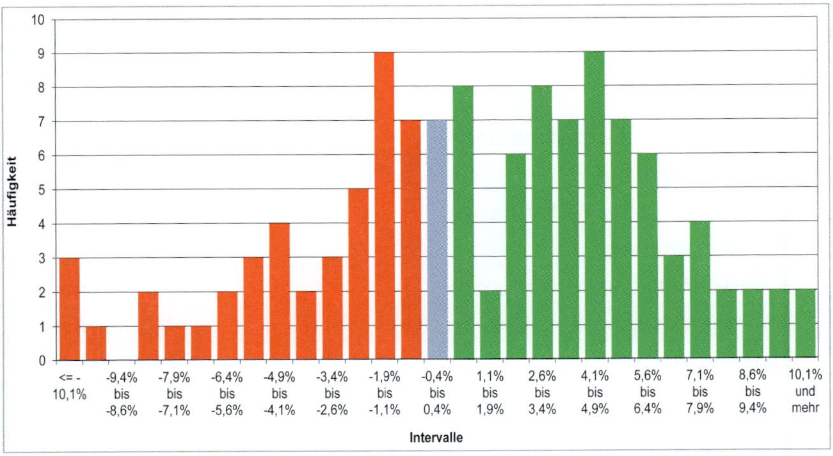

DOW JONES IM AUGUST +1,12 %

Typischer August-Verlauf

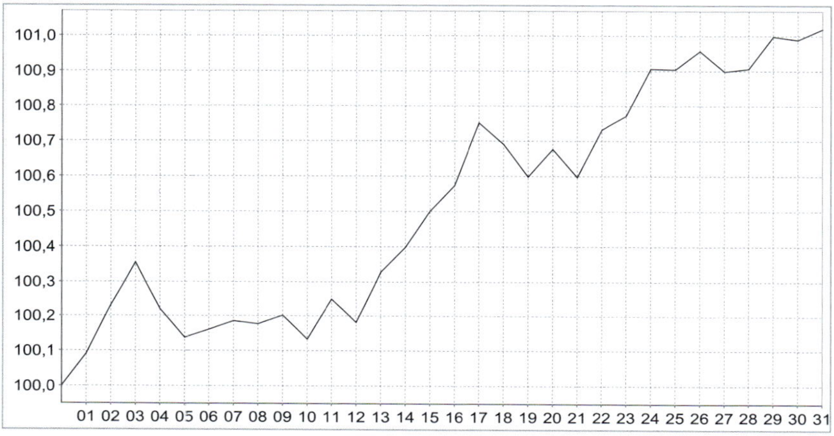

Im August erreicht die Sommer-Rallye ihren Höhepunkt. Beginnend auf dem Monats-Tief kennen die Kurse nur die Richtung nach oben. Im Anschluss an die festere Eröffnung folgt in der zweiten Handelswoche eine kurze Seitwärtsphase, die durch den weiteren Rallye-Schub abgelöst wird. Nach der kurzen Verschnaufpause um den 20. herum zieht der Index wieder an und markiert zum Ende hin ein wichtiges zyklisches Hoch.

Monatsstatistik August	
Anzahl Monate	117
Durchschnittliche Performance	+1,12 %
Positive Monate	73
Durchschnittliche Performance	+4,15 %
Negative Monate	44
Durchschnittliche Performance	−3,92 %
Gewinn-Wahrscheinlichkeit	62 %
Crash-Gefahr	5 %
Monats-Hoch am	31. August
Monats-Tief am	1. August

Monats-Performance August

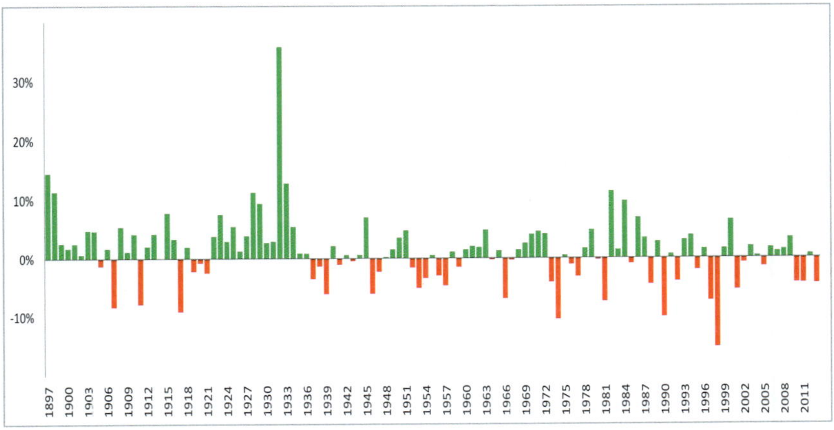

Der August reiht sich, was die Durchschnitts-Performance angeht, direkt hinter dem Juli auf Platz drei ein. Auch die Gewinn-Wahrscheinlichkeit von 62 % bedeutet einen Top-Wert und wird nur noch vom Dezember übertroffen. Die Crash-Gefahr ist mit 5 % ebenfalls als eher gering einzuschätzen. Insgesamt erreicht die Sommer-Rallye im August ihren Zenit, bevor die Kurse in die zyklisch schwächere Herbst-Phase einschwenken.

Häufigkeitsverteilung der August-Performances

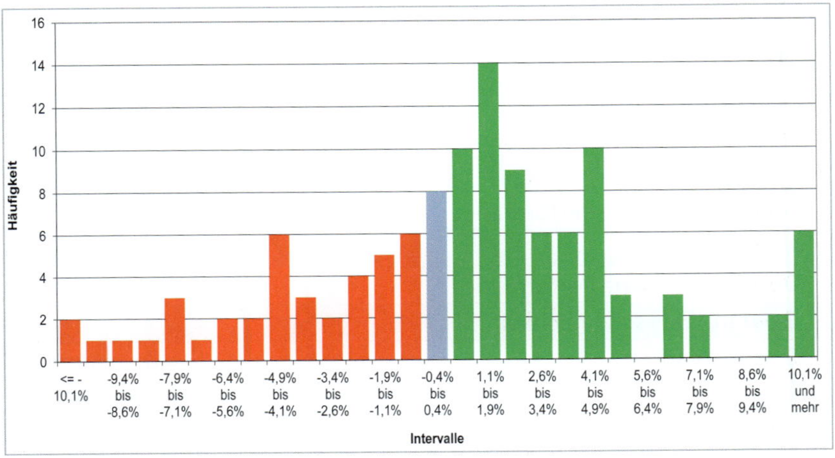

DOW JONES IM SEPTEMBER –1,08 %

Typischer September-Verlauf

Nach den starken Sommermonaten tendiert der Dow auch in der ersten September-Woche noch fester und markiert um den 6. herum sein Monats-Hoch. Anschließend geht es den gesamten Monat steil nach unten, wobei es zu keinen nennenswerten Gegenbewegungen kommt. Am letzten Handelstag wird dann auch das Tief ausgebildet, das deutlich unter dem Eröffnungskurs liegt.

Monatsstatistik September	
Anzahl Monate	117
Durchschnittliche Performance	–1,08 %
Positive Monate	50
Durchschnittliche Performance	+3,76 %
Negative Monate	67
Durchschnittliche Performance	–4,70 %
Gewinn-Wahrscheinlichkeit	43 %
Crash-Gefahr	10 %
Monats-Hoch am	6. September
Monats-Tief am	30. September

Monats-Performance September

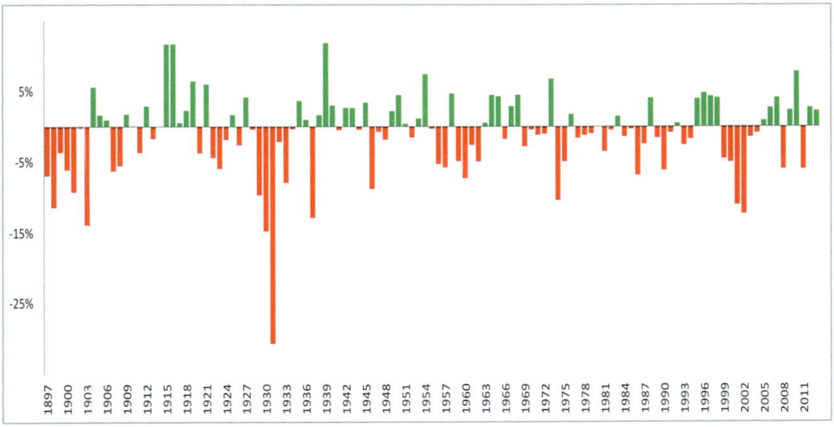

Der September ist sowohl aus Sicht der Durchschnitts-Performance als auch bei der Gewinn-Wahrscheinlichkeit mit einem Wert von 43 % der schlechteste Monat des Jahres. Darüber hinaus hat es in der gesamten Dow-Jones-Historie schon 13 September-Monate mit Verlusten von mehr als 7,5 % gegeben. Daraus ergibt sich die hohe Crash-Gefahr von 10 %. Auch seine schwärzeste Stunde durchlebte der Index im September 1931 (Monatsverlust: 30 %).

Häufigkeitsverteilung der September-Performances

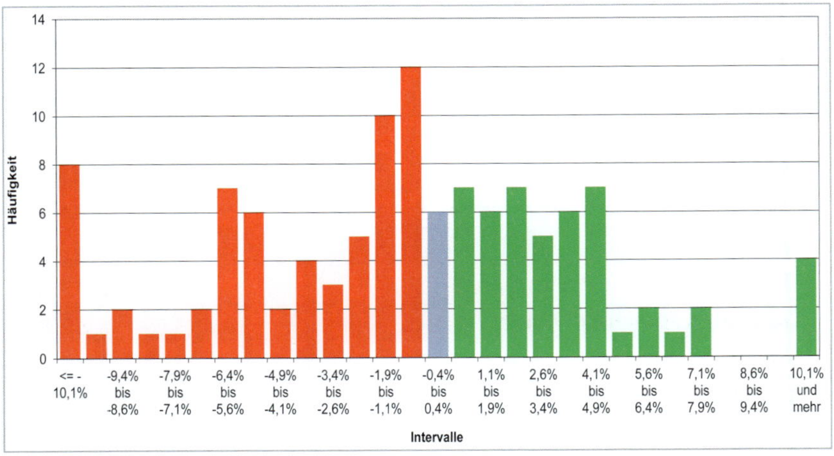

DOW JONES IM OKTOBER +0,31 %

Typischer Oktober-Verlauf

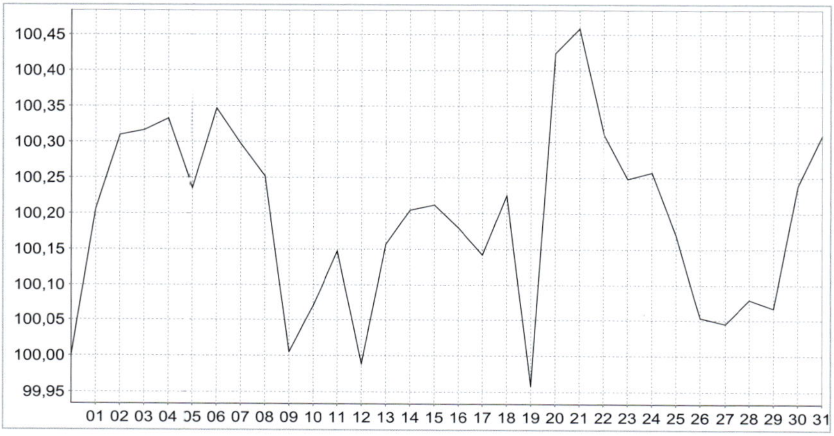

Nach dem schwachen September ist der Oktober von einem hochvolatilen Verlauf geprägt. Direkt im Anschluss an die Eröffnung steigen die Kurse, worauf in der zweiten und dritten Handelswoche eine schwächere Tendenz folgt. Dem kräftigen Zwischenspurt um den 21., der gleichzeitig auch das Monats-Hoch bedeutet, folgt dann abermals ein Rücksetzer. In den letzten Tagen zieht der Dow wieder an und schließt zum Ende fast unverändert.

Monatsstatistik Oktober	
Anzahl Monate	117
Durchschnittliche Performance	+0,31 %
Positive Monate	69
Durchschnittliche Performance	+3,84 %
Negative Monate	48
Durchschnittliche Performance	−4,75 %
Gewinn-Wahrscheinlichkeit	59 %
Crash-Gefahr	9 %
Monats-Hoch am	21. Oktober
Monats-Tief am	19. Oktober

Monats-Performance Oktober

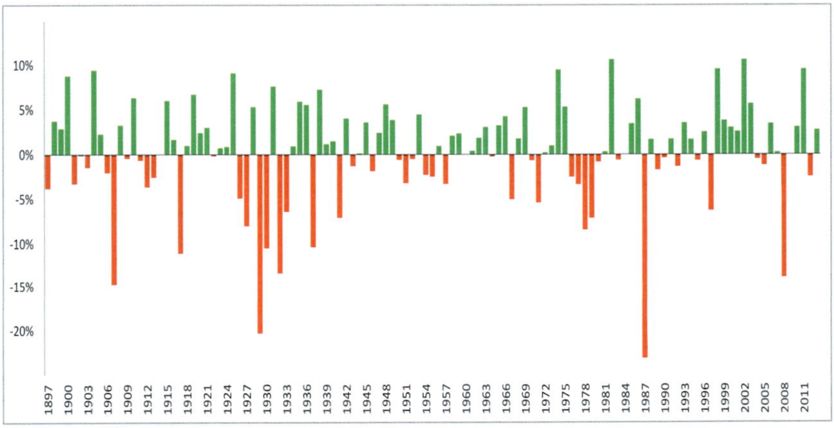

Unterm Strich ist der Oktober ein eher guter Börsenmonat, der eine positive Durchschnitts-Performance und eine Gewinn-Wahrscheinlichkeit von 59 % aufweist. Dennoch bleibt Vorsicht angebracht, denn wie die Häufigkeitsverteilung zeigt, kommt es im Oktober nicht selten zu heftigen Einbrüchen. Die Crash-Gefahr liegt demnach bei 9 %. Unter den 15 schlechtesten Dow-Monaten aller Zeiten ist der Oktober insgesamt drei Mal vertreten (1907, 1929, 1987).

Häufigkeitsverteilung der Oktober-Performances

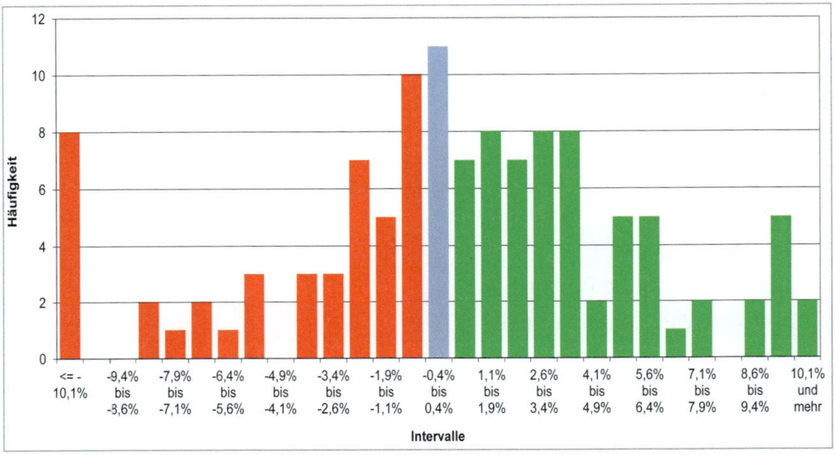

DOW JONES IM NOVEMBER +0,94 %

Typischer November-Verlauf

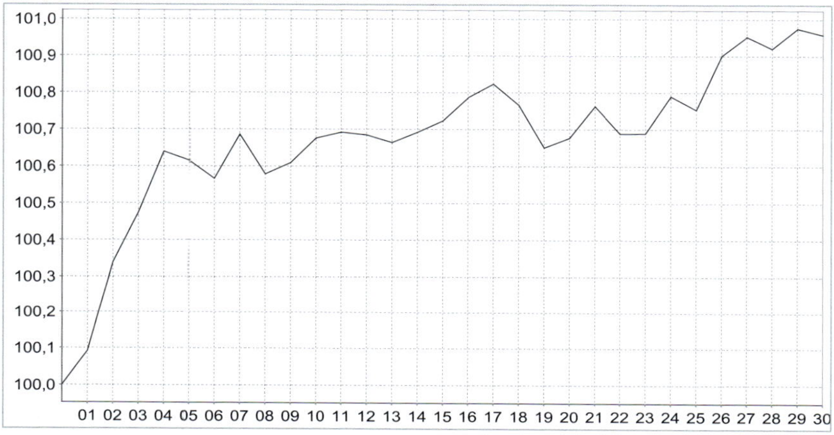

Der Dow Jones eröffnet den November in der Regel auf dem Monats-Tief und setzt die festere Tendenz der letzten Oktober-Woche zunächst fort. Anschließend folgt eine Seitwärtsbewegung zwischen dem 4. und dem 13. Im Anschluss kommt die Aufwärtsbewegung langsam wieder in Schwung, wobei sich die Dynamik ab dem 20. noch einmal erhöht. Das Monats-Hoch wird um den 29. ausgebildet.

Monatsstatistik November	
Anzahl Monate	117
Durchschnittliche Performance	+0,94 %
Positive Monate	71
Durchschnittliche Performance	+4,36 %
Negative Monate	46
Durchschnittliche Performance	−4,35 %
Gewinn-Wahrscheinlichkeit	61 %
Crash-Gefahr	8 %
Monats-Hoch am	29. November
Monats-Tief am	1. November

Monats-Performance November

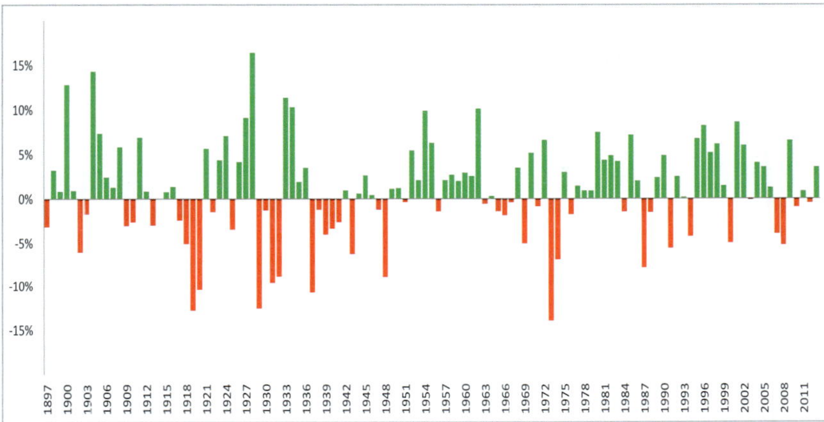

Nach den schwierigen Spätsommer-Monaten weist der November wieder bessere Kennzahlen auf. Im Hinblick auf die Durchschnitts-Performance und auch auf die Gewinn-Wahrscheinlichkeit (61 %) liegt der vorletzte Monat des Jahres im oberen Mittelfeld, wobei es zu Ausreißern nach oben genauso häufig kommt wie zu starken Einbrüchen. Damit ergibt sich eine Crash-Gefahr von 8 %, sodass trotz der unter dem Strich guten Zahlen immer noch Vorsicht angebracht ist.

Häufigkeitsverteilung der November-Performances

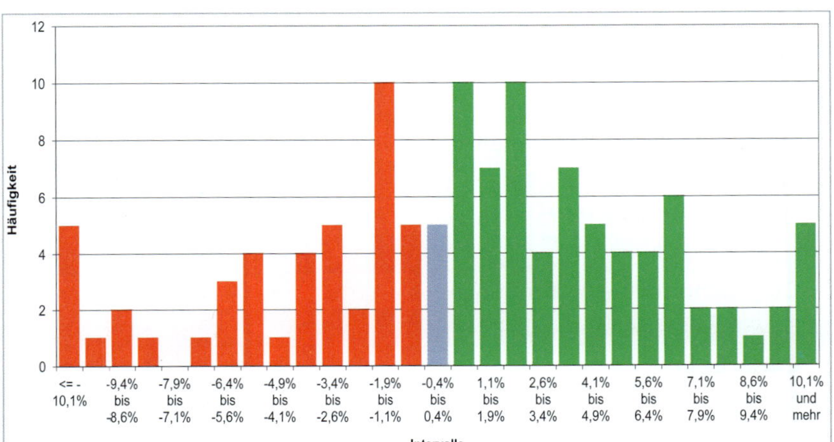

DOW JONES IM DEZEMBER +1,47 %

Typischer Dezember-Verlauf

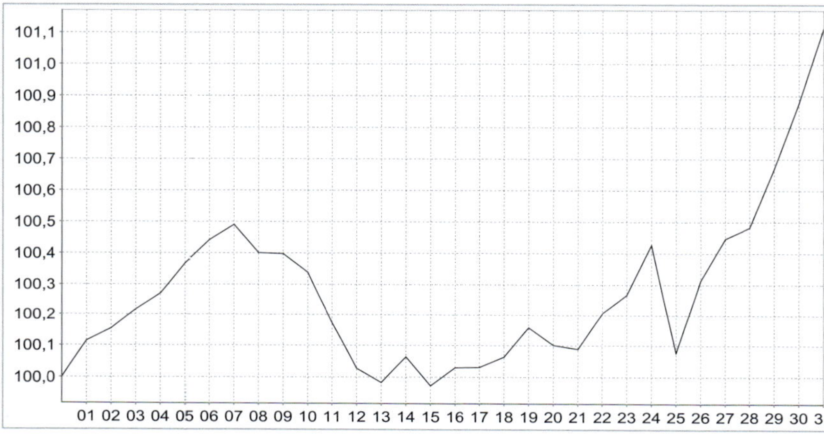

Der Dezember bildet den erfolgreichen Abschluss des Jahres. Vom Monatsbeginn bis zum 7. kommt es zu einer kräftigen Rallye, wobei diese Gewinne genauso schnell wieder abgegeben werden. Um den 13. wird dann das Monats-Tief ausgelotet, worauf eine leicht aufwärts gerichtete Seitwärtsbewegung folgt. Danach startet um den 22. eine überaus kräftige Schluss-Rallye, die in der Regel dazu führt, dass das Börsenjahr im Dow Jones auf dem Jahres-Hoch beendet wird.

Monatsstatistik Dezember	
Anzahl Monate	118
Durchschnittliche Performance	+1,47 %
Positive Monate	85
Durchschnittliche Performance	+3,24 %
Negative Monate	33
Durchschnittliche Performance	-3,09 %
Gewinn-Wahrscheinlichkeit	72 %
Crash-Gefahr	3 %
Monats-Hoch am	31. Dezember
Monats-Tief am	13. Dezember

Monats-Performance Dezember

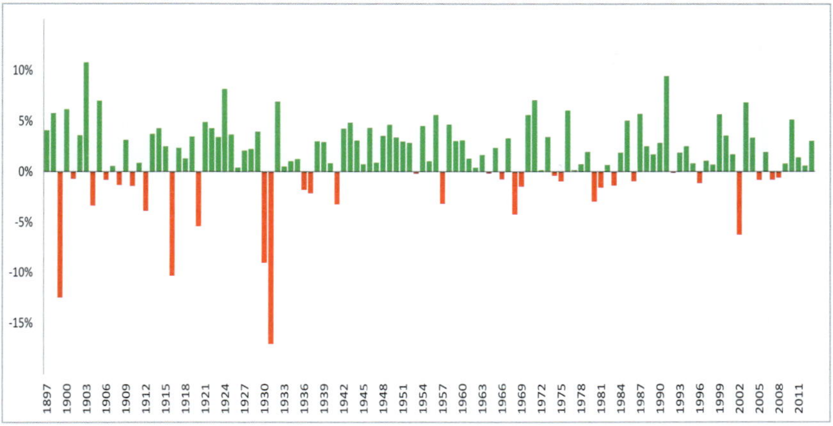

Sowohl hinsichtlich der Durchschnitts-Performance als auch der Gewinn-Wahrscheinlichkeit von 72 % liegt der Dezember klar an der Spitze aller Monate. Darüber hinaus zeigt die Häufigkeitsverteilung, dass Ausreißer nach unten extrem selten sind. Insgesamt wurden nur elf Dezember-Monate mit Verlusten von mehr als 3 % beendet. Demgegenüber sorgt die kräftige Weihnachts-Rallye in schöner Regelmäßigkeit für massive Gewinne

Häufigkeitsverteilung der Dezember-Performances

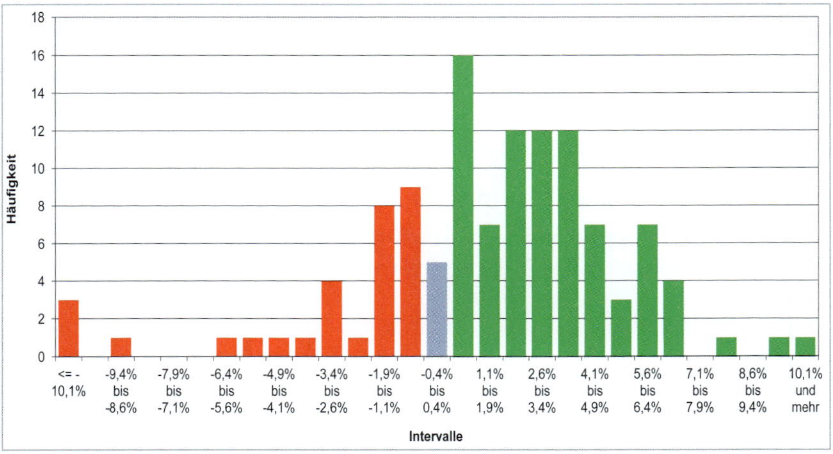

Zusammenfassung

Sechs der ersten acht Monate des Jahres werden auf dem späteren Monats-Tief begonnen. Ausnahmen bilden hier lediglich der Februar und der Mai, in denen das Tief erst im Verlauf des Monats markiert wird. Der November startet ebenfalls auf dem späteren Monats-Tief.

Das Monats-Hoch wird im Januar, Juli, August und Dezember am letzten Handelstag erreicht. Im November bilden die Kurse am 27. ihren Höchststand heraus.

Völlig gegensätzlich verläuft der September-Zyklus mit einem Hoch zu Monatsanfang (6. September) und dem Ende auf Monats-Tief. Im vergleichbaren Mai werden das Hoch am 6. und das Tief am 25. herausgebildet.

Der Dow Jones erzielt in neun von zwölf Monaten Kursgewinne, und lediglich Mai, Februar und September werden im Durchschnitt mit Verlusten beendet. Im Juni verzeichnet der Index formal zwar Kursgewinne, doch die fallen mit 0,24 % sehr gering aus. Die größten Zugewinne erzielt der Index im Dezember und Juli, gefolgt vom April.

Werden Monate mit einem Minus beendet, müssen im Herbst (September, Oktober, November) die größten Abschläge hingenommen werden.

Die Wahrscheinlichkeit von Kursgewinnen ist im Dezember am größten, gefolgt von Januar, August, Juli und März.

Die niedrigste Gewinn-Wahrscheinlichkeit ergibt sich für den September. Im Juni, Mai und Februar halten sich Kursgewinne und -verluste die Waage.

Im Herbst ist das Risiko für einen Einbruch der Märkte am größten. Die Crash-Gefahr liegt für den September bei 10 %. Auch Oktober und November weisen mit 9 % bzw. 8 % noch überdurchschnittlich hohe Werte auf.

Übersicht Jahreszyklus Dow Jones

	Anzahl Monate	durchschnittliche Performance	positive Monate	durchschnittliche Performance	negative Monate	durchschnittliche Performance	Gewinn-Wahrscheinlichkeit	Crash-gefahr	Monats-hoch	Monats-tief
Januar	117	1,02 %	75	3,66 %	42	−3,71 %	64 %	3 %	31. 01.	01. 01.
Februar	117	−0,21 %	60	2,83 %	57	−3,40 %	51 %	3 %	10. 02.	15. 02.
März	117	0,81 %	72	3,74 %	45	−3,86 %	62 %	6 %	20. 03.	01. 03.
April	117	1,16 %	68	4,50 %	49	−3,47 %	58 %	3 %	18. 04.	01. 04.
Mai	117	−0,02 %	60	3,80 %	57	−4,03 %	51 %	6 %	06. 05.	25. 05.
Juni	118	0,24 %	57	4,14 %	61	−3,41 %	48 %	4 %	13. 06.	01. 06.
Juli	118	1,36 %	74	4,47 %	44	−3,87 %	63 %	6 %	31. 07.	01. 07.
August	117	1,12 %	73	4,15 %	44	−3,92 %	62 %	5 %	31. 08.	01. 08.
September	117	−1,08 %	50	3,76 %	67	−4,70 %	43 %	10 %	06. 09.	30. 09.
Oktober	117	0,31 %	69	3,84 %	48	−4,75 %	59 %	9 %	21. 10.	27. 10.
November	117	0,94 %	71	4,36 %	46	−4,35 %	61 %	8 %	27. 11.	01. 11.
Dezember	118	1,47 %	85	3,24 %	33	−3,09 %	72 %	3 %	31. 12.	13. 12.

ZYKLISCHER VERLAUF IM DOW JONES

Die ersten acht Monate des Jahres sind im Dow Jones von steigenden Kursen geprägt. Dabei wird die Aufwärtsbewegung lediglich von einigen kurzen Konsolidierungsphasen unterbrochen.

Im Mai kommt es zur einzigen nennenswerten Korrektur des ersten Halbjahres, bevor gegen Ende des Monats der Sommer-Höhenflug startet. Diese Rallye findet ihren Höhepunkt Anfang September. Danach drehen die Kurse abrupt in Richtung Süden und begeben sich auf eine achtwöchige Talfahrt.

Ende Oktober bildet der Index dann einen tragfähigen Boden, von dem aus die Kurse wieder massiv anziehen. Einem schnellen Anstieg bis Anfang Dezember folgt noch mal eine kurze Schwächephase, die sich allerdings nur über ein bis zwei Wochen erstreckt.

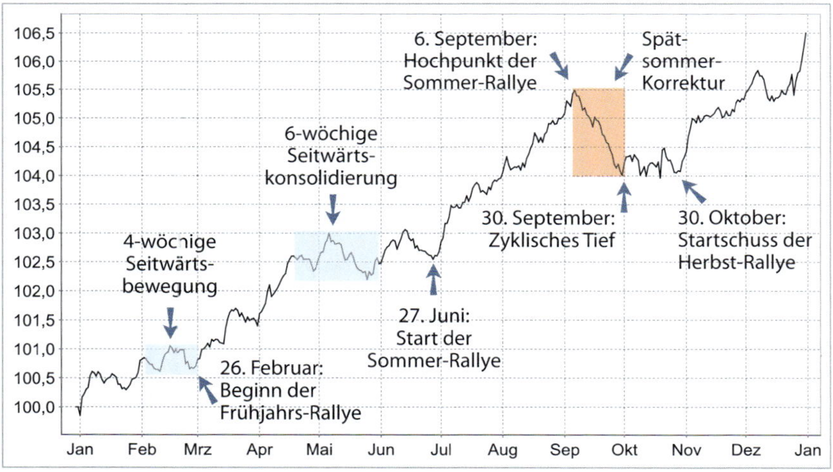

In den letzten Tagen des Jahres zieht der Dow Jones dann abermals kräftig an, womit zu Silvester üblicherweise ein neues Jahres-Hoch markiert wird.

Fazit:

- Das Jahr im Dow Jones wird von drei großen Trends beherrscht.
- Damit liegen die vielversprechendsten Einstiegspunkte gleich zu Jahresbeginn und im Anschluss an die Herbst-Korrektur Ende Oktober.
- Eher kurzfristig agierende Anleger können auch Ende Mai einen neuen Hausse-Einstieg wagen.
- Gewinnmitnahmen bzw. Einstiege auf der Baisse-Seite stehen dementsprechend Anfang Mai und Anfang September auf dem Programm.

2.3 SONSTIGE JAHRESZYKLEN

2.3.1 Der Jahreszyklus im S&P 500

Der Jahreszyklus des Standard & Poor's 500 basiert auf den täglichen Schlusskursen seit 1950.

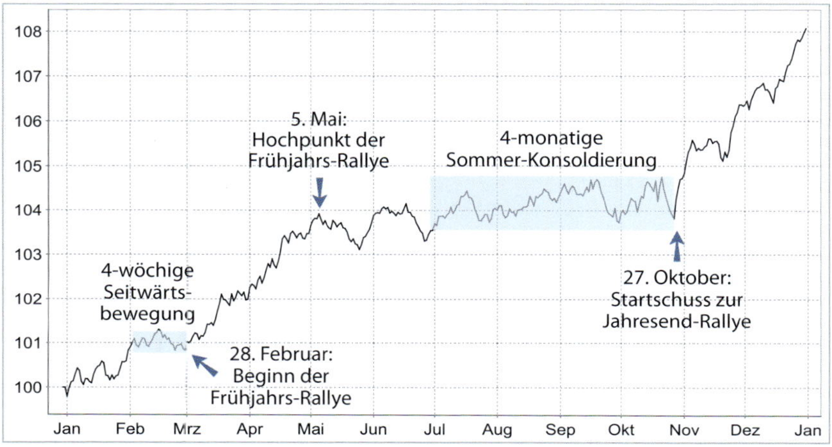

Der S&P startet mit einer typischen Jahresanfangs-Rallye, worauf Anfang Februar eine vierwöchige Seitwärtskonsolidierung folgt. Ende Februar entwickelt sich dann eine Frühjahrs-Rallye, die zu einem zyklischen Hochpunkt um den 5. Mai führt. Statt einer Sommer-Rallye beginnt im Juli eine gut viermonatige Seitwärtskonsolidierung, die bis Ende Oktober anhält. Dann fällt der Startschuss zur Jahresend-Rallye, in der es zu keinen nennenswerte Korrekturen mehr kommt. Das Jahr wird somit häufig auf Jahres-Hoch beendet.

2.3.2 Der Jahreszyklus im Nasdaq Composite

Die Abbildung zeigt den Nasdaq-Jahreszyklus anhand aller täglichen Schlusskurse seit 1971.

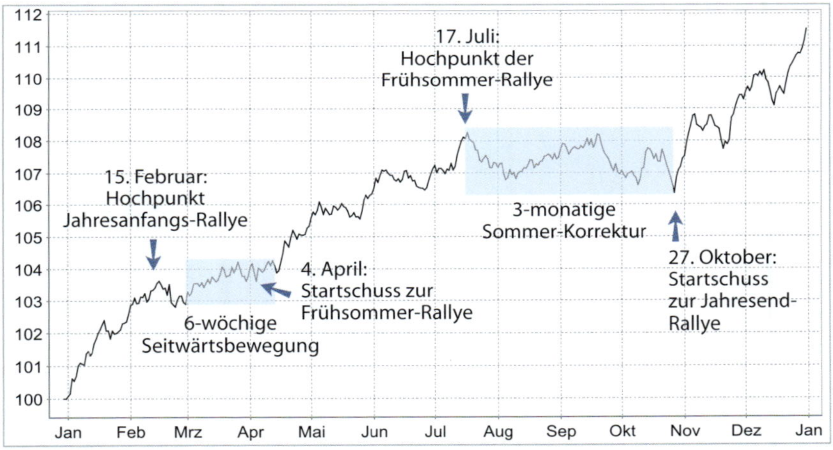

Bis Mitte Februar vollzieht der Nasdaq 100 eine kräftige Jahresanfangs-Rallye. Dem zyklischen Hochpunkt um den 15. Februar folgt eine sechswöchige Konsolidierung. Im Gegensatz zu Dow Jones und S&P startet bereits um den 4. April die typische Frühsommer-Rallye von über 14 Wochen. Um den 17. Juli entsteht ein zyklischer Hochpunkt, der die dreimonatige Sommer-Korrektur einleitet. Das zyklische Tief wird Ende Oktober gefunden, worauf die typische Jahresend-Rallye einsetzt, die aber erhöhten Schwankungen unterliegt. Der Jahresanfang kennzeichnet in der Regel das Jahres-Tief und das Jahresende das Jahres-Hoch.

2.3.3 Der Jahreszyklus im Nikkei

Der Jahreszyklus im japanischen Nikkei-Index basiert auf den täglichen Schlusskursen seit 1985.

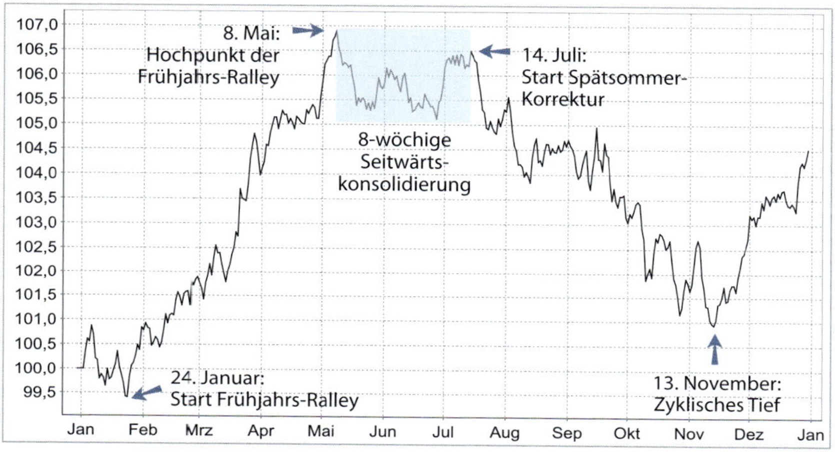

Der Nikkei-Zyklus unterscheidet sich grundlegend von den Jahreszyklen anderer Aktien-Indizes. Nach einer freundlicheren Jahreseröffnung tendiert der Markt in der dritten Januar-Woche schwächer. Zu Beginn der letzten Januar-Woche startet dann eine kräftige Rallye, die bis Anfang Mai anhält. Um den 8. Mai entsteht ein zyklischer Hochpunkt, dem eine etwa achtwöchige Konsolidierung folgt. Mitte 14. Juli entsteht ein zweites Zyklus-Hoch, das nicht mehr ganz an das Jahres-Hoch vom Mai herankommt. Denn der Nikkei leitet damit eine sehr kräftige Sommer-Korrektur ein, die den Index bis zum zyklischen Tief Mitte November zurückführt. Von dort erholen sich die Kurse mit einer kleinen Rallye wieder.

2.3.4 Der Jahreszyklus im Rohöl

Die Abbildung zeigt den Jahreszyklus im Rohöl auf Basis der täglichen Schlusskurse seit 1992.

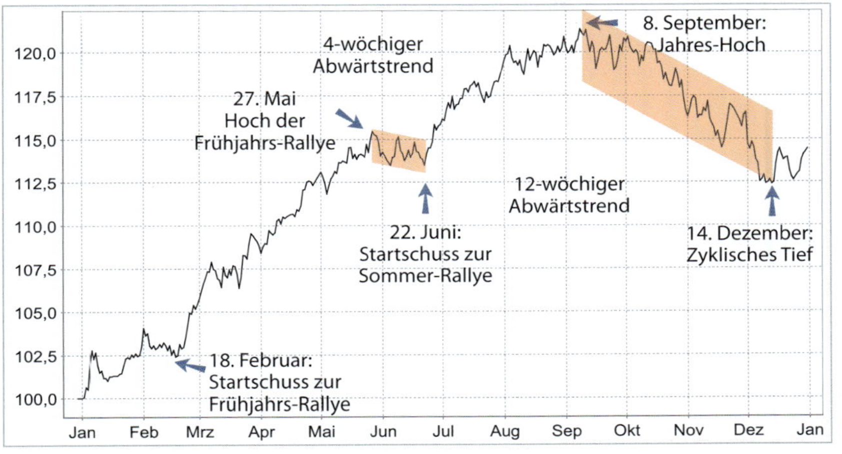

Der Ölpreis startet das neue Jahr etwas fester, wobei Anfang Februar eine leichte Korrektur einsetzt, die bis zum 18. Februar anhält. Von diesem zyklischen Tief beginnt eine kräftige Rallye bis Ende Mai. Im Anschluss an die rund vierwöchige Konsolidierung wird um den 22. Juni ein zyklischer Tiefpunkt herausgebildet, der den Startschuss zur massiven Sommer-Rallye bedeutet. Diese Aufwärtsbewegung endet um den 8. September, womit zugleich das Jahres-Hoch im Ölpreis entsteht. Danach fallen die Ölnotierungen deutlich bis zu einem zyklischen Tiefpunkt um den 14. Dezember.

2.3.5 Der Jahreszyklus im Gold

Der Jahreszyklus im Gold basiert auf allen täglichen Schlusskursen seit 1973.

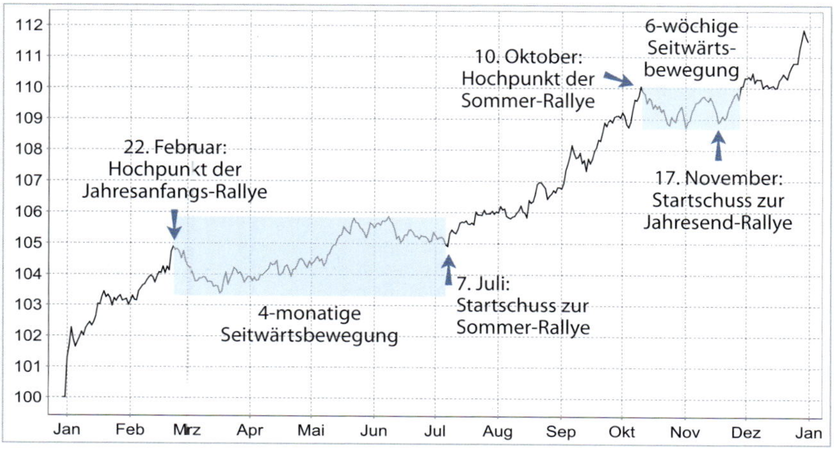

Der Goldpreis startet fester in ein neues Jahr und zeigt dabei erhöhte Schwankungen in beiden Richtungen. Die freundliche Tendenz hält bis zum zyklischen Hochpunkt um den 22. Februar an, worauf eine etwa viermonatige Seitwärtsbewegung einsetzt, die ebenfalls von einer hohen Volatilität gekennzeichnet ist. Der Startschuss zur Sommer-Rallye erfolgt um den 7. Juli, und danach ziehen die Goldpreise bis zum 10. Oktober massiv nach oben. Im Anschluss beginnt abermals eine Seitwärtskonsolidierung bis Mitte November. Nach dem zyklischen Tief am 17. November entwickelt sich eine Jahresend-Rallye, sodass der Goldpreis häufig nahe dem Jahres-Hoch schließt.

2.3.6 Der Jahreszyklus im Euro/Dollar

Die Abbildung zeigt den Jahreszyklus im Euro/Dollar auf Basis der täglichen Schlusskurse seit 1971.

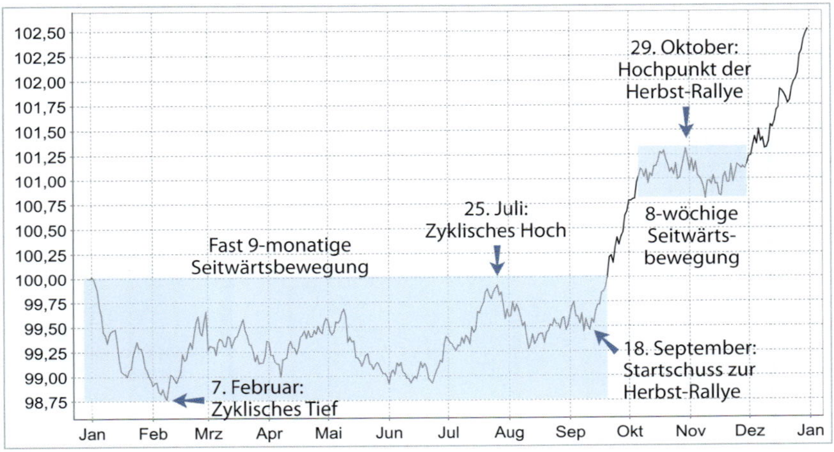

Der Zyklus-Chart zeigt, dass der Verlauf des Euro/Dollar die meiste Zeit des Jahres von einer Seitwärtsbewegung gekennzeichnet ist. Der Euro startet schwach und bildet sein zyklisches Tief um den 7. Februar heraus, das dann zumeist auch dem Jahres-Tief entspricht. Bis Mitte September ist die Tendenz von sehr kurzfristigen Trends gekennzeichnet, wobei der Euro ein ums andere Mal die Richtung wechselt. Insgesamt gilt für die ersten neuneinhalb Monate eine sehr nachhaltige Seitwärtsphase, bevor schließlich am 18. September die kräftige, etwa fünfwöchige Herbst-Rallye startet. Im Oktober und November tendiert der Euro/Dollar dann noch mal seitwärts, um im Anschluss eine kräftige Jahresend-Rallye einzuschlagen.

2.3.7 Der Jahreszyklus der T-Bond-Rendite (30 Jahre)

Die Abbildung zeigt den Jahreszyklus der T-Bond-Renditen auf Basis der täglichen Schlusskurse seit 1977, also der Rendite 30-jähriger US-Staatsanleihen.

Die T-Bond-Rendite startet in der ersten Handelswoche fester in ein neues Jahr und setzt diese Tendenz dann mit erhöhten Ausschlägen fort. Um den 30. Januar entsteht ein zyklisches Tief, dem eine sehr kräftige Rallye (das heißt, die Anleihenkurse sinken) bis zum 12. Mai folgt, wobei hier in der Regel das Jahres-Hoch herausgebildet wird. Zwischen Mitte Mai und Mitte Juni vollzieht die Rendite der T-Bonds eine steile Abwärtskorrektur, die zu einem zyklischen Tiefpunkt um den 16. Juni führt. Von dort zieht die T-Bond-Rendite wieder bis Ende Juli nach oben, womit das Zyklus-Hoch des zweiten Halbjahres entsteht. Danach schlägt die Rendite der T-Bonds eine neue Abwärtsbewegung ein (das heißt, die Anleihenkurse steigen), die bis Jahresende anhält. Damit werden kurz vor dem Jahresende zumeist die Jahres-Tiefs herausgebildet.

III. DER WAHL-ZYKLUS

„Politische Börsen haben kurz Beine" – so die landläufige Meinung. Doch ein Blick in die Kurshistorie zeigt, dass die Politik sehr wohl die Börsenkurse beeinflusst.

Wie Sie vermutlich schon häufig erlebt haben, neigen Politiker vor den Wahlen zu Versprechungen, von denen die Aktienmärkte profitieren können. Nach den Wahlen bleibt von den Ankündigungen nur noch wenig übrig, sodass an den Börsen Ernüchterung einkehrt.

Dieses Muster ist sowohl im Dow Jones als auch im Dax zu beobachten, womit sich die Kurshistorie in einen klaren Wahlzyklus unterteilen lässt. Dabei sind im Dow Jones Vorwahljahre und Wahljahre die stärksten Jahre, während in Deutschland die beiden Jahre vor einer Wahl sehr erfolgreich verlaufen.

Das folgende Kapitel zeigt die Wahlzyklen für den Dax und den Dow Jones, wobei auch die Unterschiede der einzelnen Monate zum üblichen Jahreszyklus dargestellt werden.

3.1 REGIERUNGSZYKLUS IN DEUTSCHLAND

Seit 1949 fanden insgesamt 18 Abstimmungen über die Zusammensetzung des deutschen Bundestags statt. Dabei wurden die Wahlen 14 Mal wie geplant durchgeführt, während die Bundesbürger in vier Fällen vorzeitig zur Urne gebeten worden sind. Im Dax beschränken sich die folgenden Auswertungen auf den Zeitraum seit 1961.

3.1.1 Dax-Entwicklung um den Wahltermin

In den Monaten vor einer Bundestagswahl tendiert der Dax in der Regel schwächer. Vor allem in den vier Wochen unmittelbar vor dem Stichtag geben die Kurse nach – allerdings fällt dieser Zeitraum sehr häufig auch mit dem saisonal schwachen September zusammen. Rund zehn Tage nach der Wahl bilden die Notierungen dann einen Wendepunkt aus, der den Grundstein für einen kräftigen Zwischenspurt legt. Dieser Kursschub endet in einem zyklischen Hoch, das rund sechs Wochen nach der Wahl markiert wird.

Dax-Verhalten um die Bundestagswahlen

3.1.2 Dax-Performance nach Regierungspartei

Wie groß der Einfluss der unterschiedlichen Regierungen auf die Dax-Entwicklung ist, zeigt eine Analyse der bisherigen Legislaturperioden. Im Schnitt errechnet sich für den deutschen Leitindex für diesen Zeitraum ein Anstieg von im Mittel 26,6 %. Doch für die einzelnen Regierungsparteien ergibt sich ein sehr unterschiedliches Bild.

Seit 1961 war der Bundestag 20 Jahre unter einer SPD-geführten Regierung. Von diesen 20 Jahren wurden insgesamt zwölf mit Kursgewinnen abgeschlossen und acht mit Abschlägen. Das entspricht einer Gewinn-Wahrscheinlichkeit von 60 %. Per saldo ergibt sich eine durchschnittliche Performance von –0,37 % p.a. für die Jahre mit einem Kanzler der Sozialdemokraten. Insgesamt verlor der Index während dieser Zeit rund 7 %.

Die Gewinn-Wahrscheinlichkeit liegt in den CDU-geführten Jahren mit 64 % nur unwesentlich höher, denn von insgesamt 25 Jahren unter einem Kanzler aus dem bürgerlichen Lager konnte der Dax 16 mit Aufschlägen beenden. Insgesamt sattelte der Index in diesem Zeitraum jedoch 707 % auf, was einer jährlichen Durchschnitts-Performance von 8,71 % entspricht.

Dax-Performance nach Regierungspartei

Regierung	Regierungsdauer	gesamt	pro Jahr
CDU	25 Jahre	707,10 %	8,71 %
SPD	20 Jahre	–7,09 %	–0,37 %
CDU/SPD	7 Jahre	126,22 %	12,37 %

Während in den Medien oftmals von Stillstand zu Zeiten einer großen Koalition zu lesen ist, zeigt die Historie, dass die Aktienmärkte gerade dann am besten abschneiden, wenn CDU/CSU und SPD gemeinsam am Ruder sitzen. Nach dem Ende des schwarz/gelben Bündnisses im Oktober 1966 hatte es bis 1969 eine große Koalition gegeben. Diese drei Jahre beendete der Dax mit Gewinnen von 52 %, 10 % und 12 %. 40 Jahre später war es nach der vorgezogenen Bundestagswahl im Oktober 2005 wieder so weit. Unter Angela Merkel stellten CDU und SPD gemeinsam die Regierung, was im Dax zu Jahresergebnissen von 22 %, 22 %, –40 % sowie 24 % führte. Von den sieben Jahren in einem von beiden großen Parteien gelenkten Deutschland verbuchte der wichtigste Index in sechs Fällen Kursgewinne.

Die Übersicht zeigt die Dax-Performances der einzelnen Bundeskanzler. Eindeutiger Liebling der Börsianer war Helmut Kohl, dessen Amtszeit weitgehend mit der Hausse von 1982 bis 2000 zusammenfiel. Der Dax verbuchte in den 16 Jahren der Regierungszeit Kohls ein Plus von 790 %. Das entspricht einem jährlichen Zuwachs von im Mittel 14,6 %.

Unter Gerhard Schröder konnten die Börsen im Zeitraum 2002 bis 2004 zwar rund 17,9 % pro Jahr zulegen, allerdings fällt auch der schwächste Wahlzyklus von 1998 bis 2001 mit einem jährlichen Abschlag von 9,4 % im Schnitt in die Ägide des SPD-Mannes.

Dax-Performance nach Bundeskanzler

Amtszeit	Kanzler	Regierungspartei	Performance	Performance pro Jahr
1994 – 1997	Kohl	CDU	121,84 %	22,04 %
1983 – 1986	Kohl	CDU	96,46 %	18,39 %
2002 – 2004	Schröder	SPD	63,84 %	17,89 %
1990 – 1993	Kohl	CDU	48,37 %	10,37 %
2009 – 2012	Merkel	CDU	38,32 %	11,42 %
1965 – 1968	Erhardt/ Kiesinger	CDU	37,99 %	8,38 %
1980 – 1982	Schmidt	SPD	29,02 %	8,86 %
2005 – 2008	Merkel	CDU	27,03 %	6,16 %
1987 – 1989	Kohl	CDU	13,50 %	3,22 %
2013 – heute	Merkel	CDU	5,14 %	–
1976 – 1979	Schmidt	SPD	–2,15 %	–0,54 %
1972 – 1975	Brandt/ Schmidt	SPD	–5,14 %	–1,31 %
1961 – 1964	Adenauer/ Erhardt	CDU	–14,29 %	–3,78 %
1969 – 1971	Brandt	SPD	–14,70 %	–5,16 %
1998 – 2001	Schröder	SPD	–32,60 %	–9,39 %

3.1.3 Dax-Regierungszyklus

In der nachfolgenden Tabelle wurde die Dax-Historie nach den einzelnen Jahren der Amtsperioden seit 1961 unterteilt. Völlig unabhängig davon, welche Partei den Kanzler gestellt hat, lässt sich ein zyklisches Verlaufsmuster erkennen.

Dax-Regierungszyklus

Wahl-Zyklus	Wahljahr	Nachwahljahr	Zwischenwahljahr	Vorwahljahr	Kanzler
1961	−8,3 %	−21,1 %	13,6 %	8,9 %	Adenauer/ Erhardt
1965	−11,6 %	−21,1 %	51,0 %	10,4 %	Erhardt/ Kiesinger
1969	12,0 %	−28,7 %	6,7 %	–	Brandt
1972	13,3 %	−26,1 %	1,4 %	40,2 %	Brandt/ Schmidt
1976	−9,6 %	7,9 %	4,7 %	−13,5 %	Schmidt
1980	−3,4 %	2,0 %	12,7 %	–	Schmidt
1983	40,0 %	6,1 %	66,4 %	4,8 %	Kohl
1987	−30,2 %	32,8 %	34,8 %	–	Kohl
1990	−21,9 %	12,9 %	−2,1 %	46,7 %	Kohl
1994	−7,1 %	7,0 %	28,2 %	47,1 %	Kohl
1998	17,7 %	39,1 %	−7,5 %	−19,8 %	Schröder
2002	−43,9 %	37,1 %	7,3 %	–	Schröder
2005	27,1 %	22,0 %	22,3 %	−40,4 %	Merkel
2009	23,9 %	16,1 %	−14,7 %	29,1 %	Merkel
2013	25,5 %				Merkel
Schnitt	1,6 %	6,1 %	16,1 %	11,4 %	
GW	47 %	71 %	79 %	70 %	

Mit einer Gewinn-Wahrscheinlichkeit von nur 47 % schneidet der Dax in Wahljahren am schwächsten ab. Auch die durchschnittliche Performance von 1,6 % zeigt die Unentschlossenheit der Börsen in Zeiten politischer Neu-Ordnung.

Nachwahljahre bieten dagegen seit einigen Jahren den idealen Nährboden für steigende Notierungen. Im ersten Jahr einer neuen Regierung erreicht der Dax zwar „nur" eine Performance von im Mittel 6,1 % bei einer Gewinn-Wahrscheinlichkeit von 71 %, doch seit 1973 wurde jedes Nachwahljahr mit Kursgewinnen beendet.

Am erfolgreichsten ist der Index in Zwischenwahljahren. Von den bisherigen 14 Jahren wurden insgesamt elf mit einem Plus beendet, wobei die Kurse im Mittel 16,1 % aufsatteln.

Die Jahre vor einer Bundestagswahl schließt der Dax im Durchschnitt mit einem Plus von 11,4 % ab, wobei es durchaus zu heftigen Einbrüchen kommen kann wie z.B. 2008. Unter dem Strich errechnet sich eine Gewinn-Wahrscheinlichkeit von 70 %. Wie sich der Dax innerhalb einer Legislaturperiode genau entwickelt, zeigt der nachfolgende Chart:

Dax-Regierungs-Zyklus seit 1961

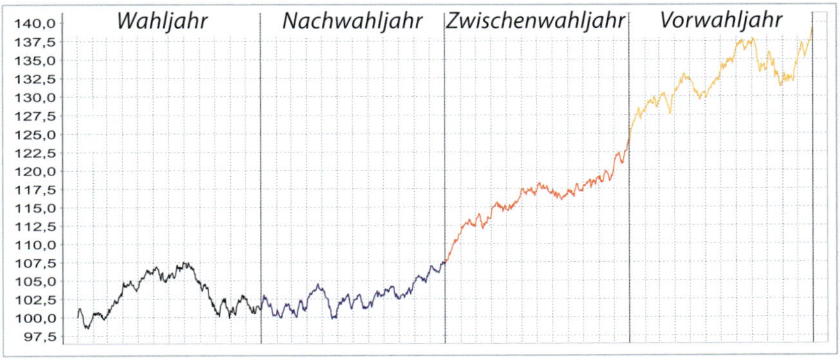

Der Dax beginnt Wahljahre deutlich fester, wobei diese Rallye im Sommer mit einer Seitwärtsbewegung konsolidiert wird. Im Herbst folgt eine Korrektur, die sich in abgeschwächter Form bis in den Mai der Nachwahljahre fortsetzt. Nach einem ruhigen Sommer startet im Oktober ein kräftiger Anstieg, der auch das komplette Zwischenwahljahr dominiert.

Diese Rallye führt zu einem zyklischen Hochpunkt im Mai der Vorwahljahre, bis dann eine kurze, aber heftige Korrektur einsetzt. Juni und Juli werden noch einmal von steigenden Kursen bestimmt, ehe es im dritten Quartal erneut zu einer Korrektur kommt. Die Jahresend-Rallye der Vorwahljahre erreicht in etwa das Niveau des Sommer-Hochs.

Zwischenwahljahre

Mit einer durchschnittlichen Performance von 16,1 % sind Zwischenwahljahre die mit Abstand besten des gesamten Regierungszyklus.

Dabei startet der Dax üblicherweise mit einer kräftigen Jahresanfangs-Rallye, die Mitte Februar einen ersten Hochpunkt ausbildet. Nach einem kurzen Rücksetzer folgt dann ein weiterer Kursschub bis Anfang März, woran sich die erste größere Korrektur anschließt. Auf ein weiteres Top vier Wochen später folgt im April/Mai eine kurze Verschnaufpause. Im Sommer treten die Kurse dann mehr oder weniger auf Stelle, denn häufig notiert der Dax Ende September auf dem gleichen Niveau wie Anfang Juni. Das vierte Quartal ist wieder von deutlich steigenden Kursen geprägt. Die Jahresend-Rallye beginnt in der letzten November-Woche und beschleunigt sich Ende Dezember, sodass der Index zum Ultimo auf Jahres-Hoch notiert.

Von den bisher 14 Zwischenwahljahren hat der Dax insgesamt elf mit Gewinnen abgeschlossen, woraus sich eine Gewinn-Wahrscheinlichkeit von 79 % ergibt. Das einzig wirklich schwache Zwischenwahljahr war 2011 mit einem Abschlag von 14,69 %. Dem stehen aber sieben Jahre mit Gewinnen von mehr als 10 % gegenüber. Insbesondere in den 60er sowie zwischen 1982 und 2000 waren Zwischenwahljahre überdurchschnittlich positiv.

Dax-Performance in Zwischenwahljahren: +16,1 %

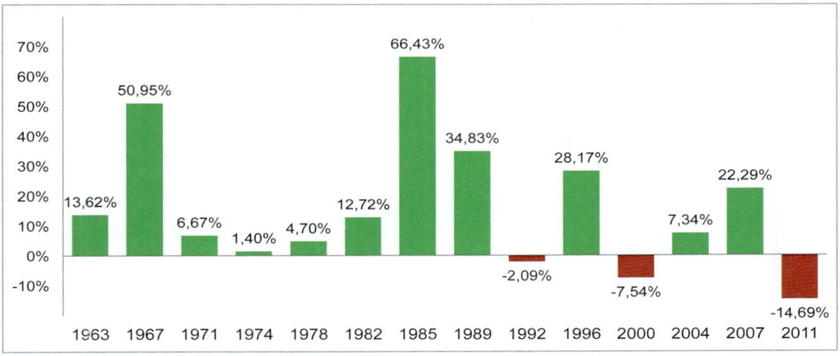

Zusammenfassung

Performance:	+16,1 %
Gewinn-Wahrscheinlichkeit:	79 %
Jahres-Hoch:	(+/–) 30.12.
Jahres-Tief:	(+/–) 01.01.
Performance:	Q1: 5,49 %
	Q2: 3,58 %
	Q3: 0,40 %
	Q4: 5,16 %

Monats-Performances in Zwischenwahljahren

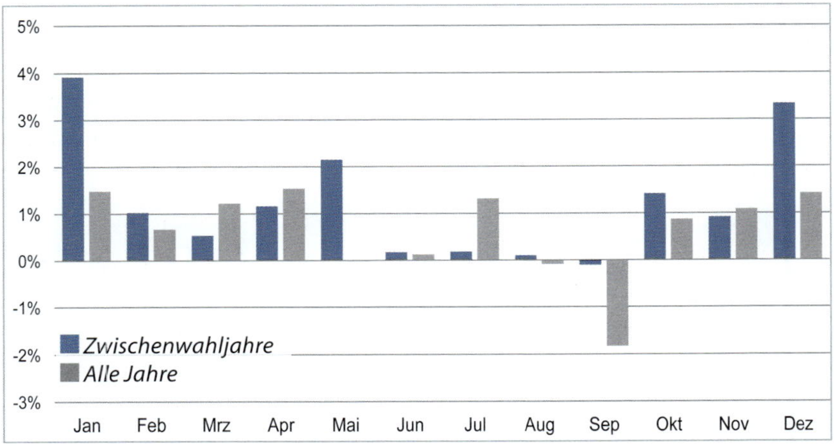

Januar-Verlauf im Zwischenwahljahr +3,91 %

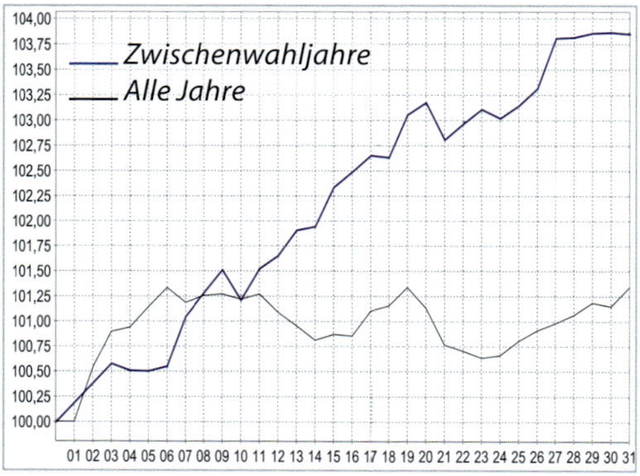

April-Verlauf im Zwischenwahljahr +1,51 %

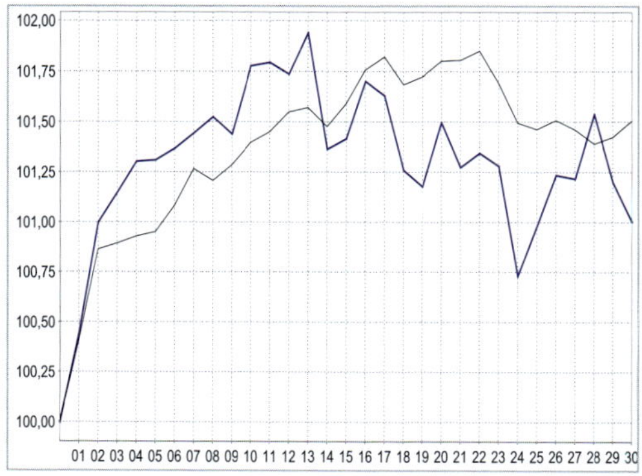

Februar-Verlauf im Zwischenwahljahr +1,01 %

Mai-Verlauf im Zwischenwahljahr +2,14 %

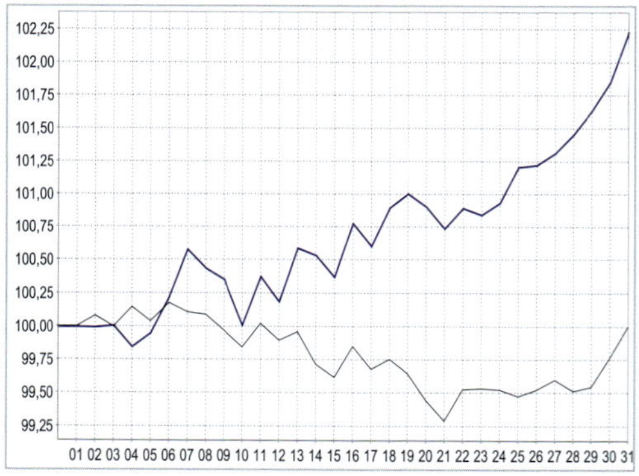

März-Verlauf im Zwischenwahljahr +0,53 %

Juni-Verlauf im Zwischenwahljahr +0,17 %

Juli-Verlauf im Zwischenwahljahr +0,18 %

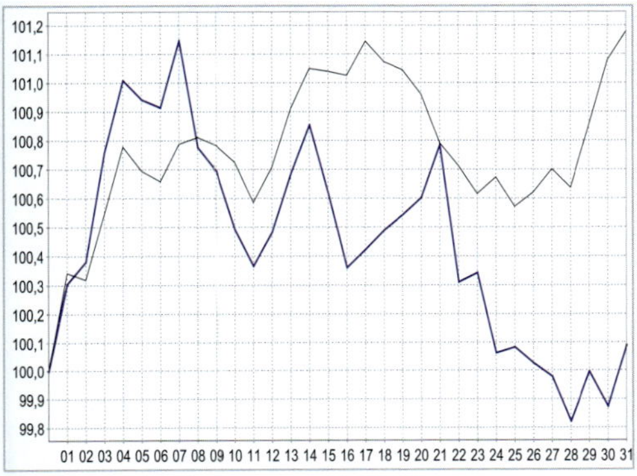

Oktober-Verlauf im Zwischenwahljahr +1,41 %

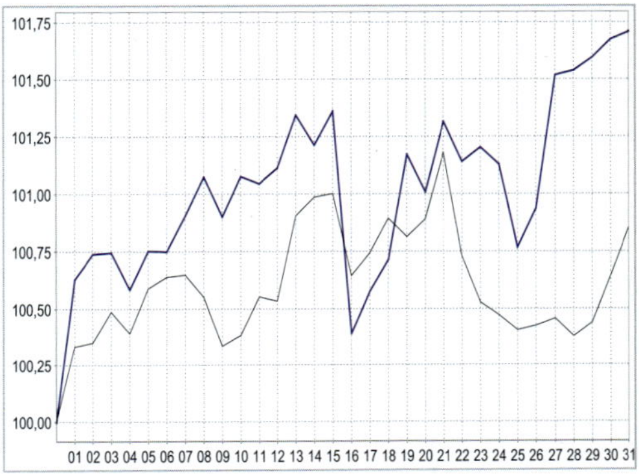

August-Verlauf im Zwischenwahljahr +0,10 %

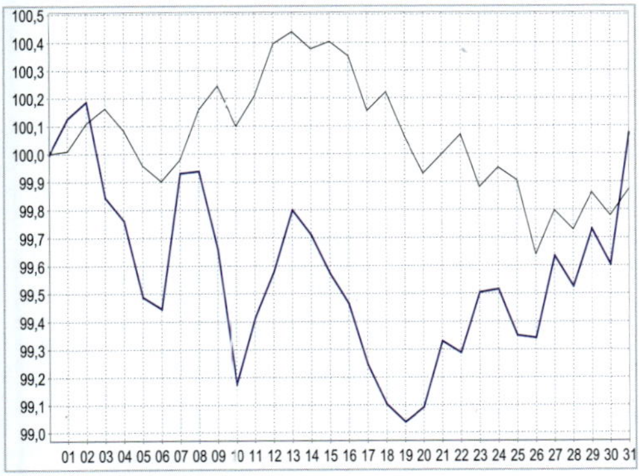

November-Verlauf im Zwischenwahljahr +0,91 %

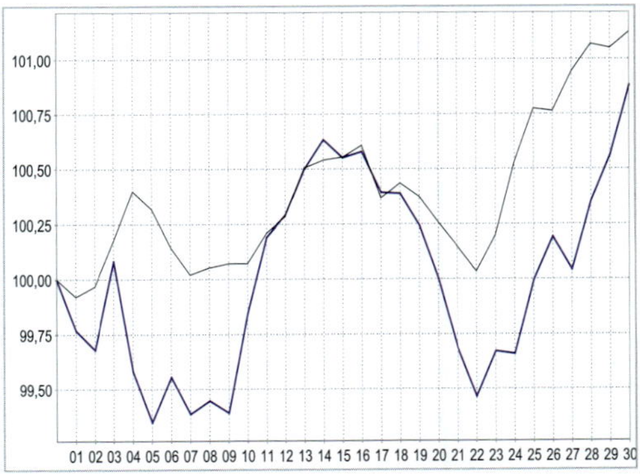

September-Verlauf im Zwischenwahljahr –0,11 %

Dezember-Verlauf im Zwischenwahljahr +3,33 %

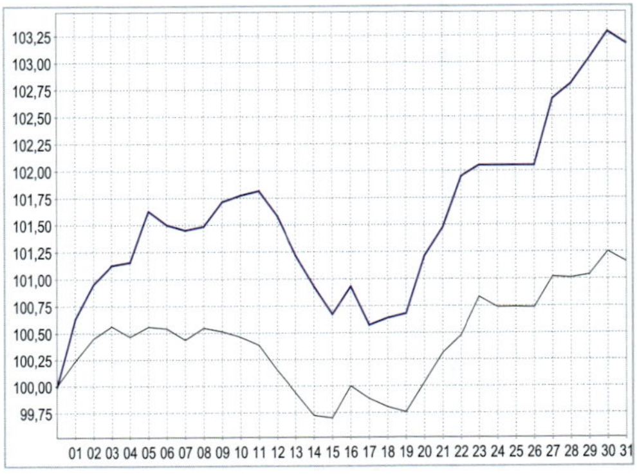

Vorwahljahre

Aufgrund der hohen Gewinn-Wahrscheinlichkeit von 70 % und einer durchschnittlichen Performance von 11,4 % erweisen sich Vorwahljahre als die zweitbesten Jahre im Regierungszyklus.

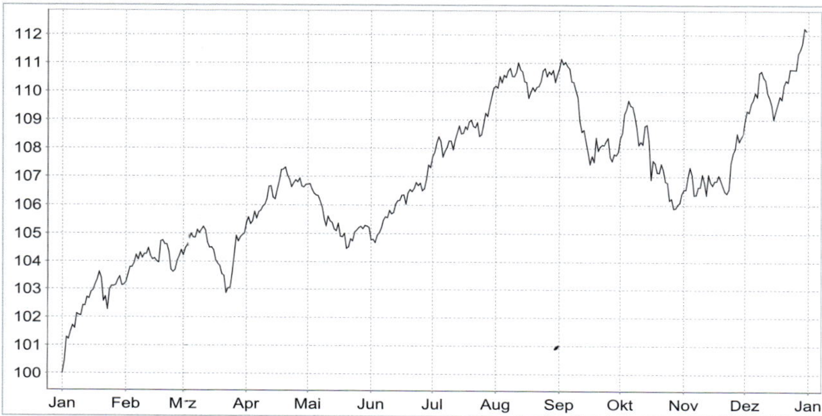

Vorwahljahre sind im Dax zunächst von einer Jahresanfangs-Rallye geprägt. Diese findet Mitte März ihren Hochpunkt, wonach der Index binnen weniger Tage massiv an Boden verliert. Anschließend ziehen die Kurse wieder stark an und bilden bereits Mitte April ein weiteres Zwischenhoch heraus. Nach einer erneuten Korrekturphase klettert der Dax ab Mitte Mai den gesamten Sommer hindurch in Richtung Jahres-Hoch, das Mitte August markiert wird. Im Anschluss an einen kurzen Dämpfer testet der Dax zwei Wochen später diese Tops. Dann jedoch fällt die typische Spätsommer-Korrektur besonders heftig aus, die ihren Tiefpunkt zunächst Mitte September und letztlich Ende Oktober herausbildet. Anschließend tritt der Index auf der Stelle und startet Ende November eine Jahresend-Rallye, die Anfang Dezember zwar kurz und heftig unterbrochen wird, bis zum Jahreswechsel aber zu insgesamt kräftigen Gewinnen führt.

Zwar wurden bisher erst drei Vorwahljahre mit Abschlägen abgeschlossen, allerdings fallen zwei dieser Verlustzeiträume in das neue Jahrtausend. Neben 2001 mussten auch 2008 Verluste hingenommen werden, die aufgrund der Finanzkrise mit 40,4 % heftige Ausmaße annahmen. 2012 dagegen verzeichnete der Index mit 29,1 % kräftige Gewinne.

Dax-Performance in Vorwahljahren: +11,4 %

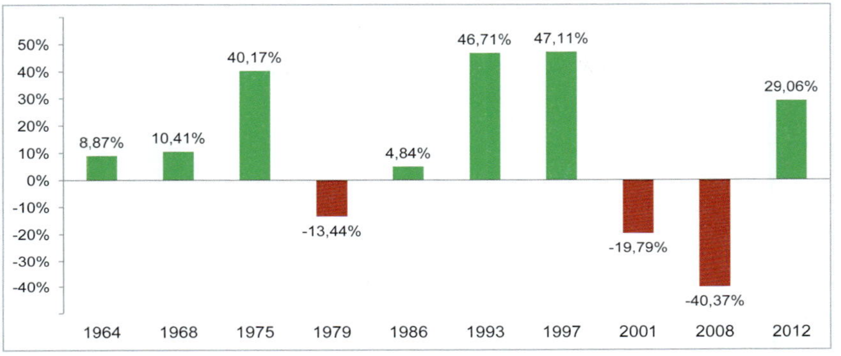

Zusammenfassung

Performance:	+11,4 %
Gewinn-Wahrscheinlichkeit:	70 %
Jahres-Hoch:	(+/–) 30.12.
Jahres-Tief:	(+/–) 01.01.
Performance:	Q1: 6,89 %
	Q2: –0,75 %
	Q3: 0,70 %
	Q4: 2,97 %

Monats-Performances in Vorwahljahren

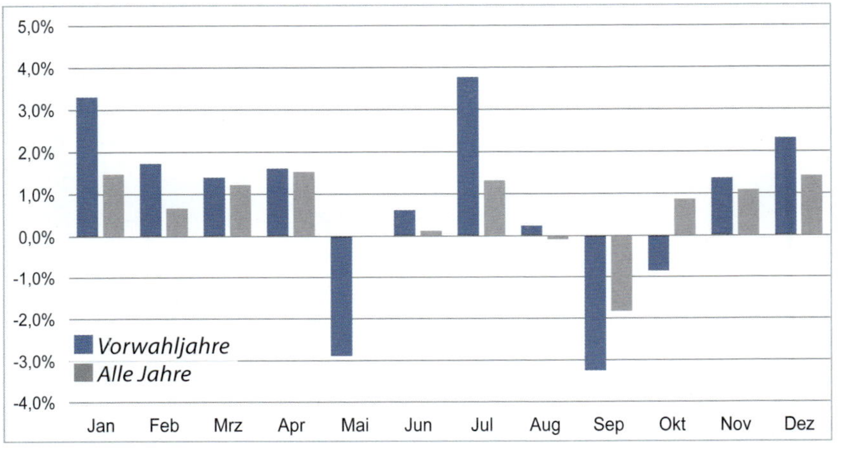

Januar-Verlauf im Vorwahljahr +3,30 %

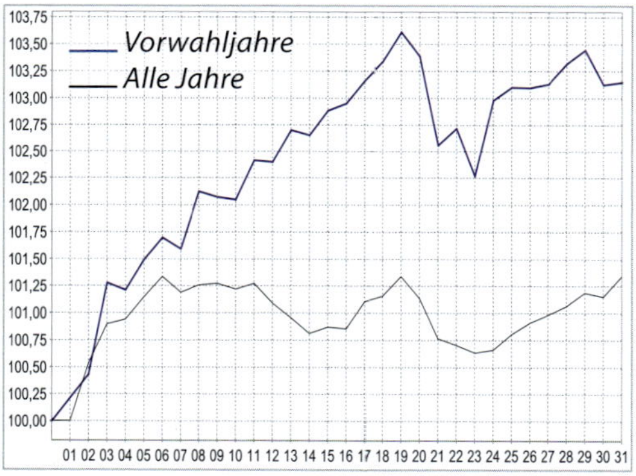

Februar-Verlauf im Vorwahljahr +1,72 %

März-Verlauf im Vorwahljahr +1,40 %

April-Verlauf im Vorwahljahr +1,61 %

Mai-Verlauf im Vorwahljahr –2,89 %

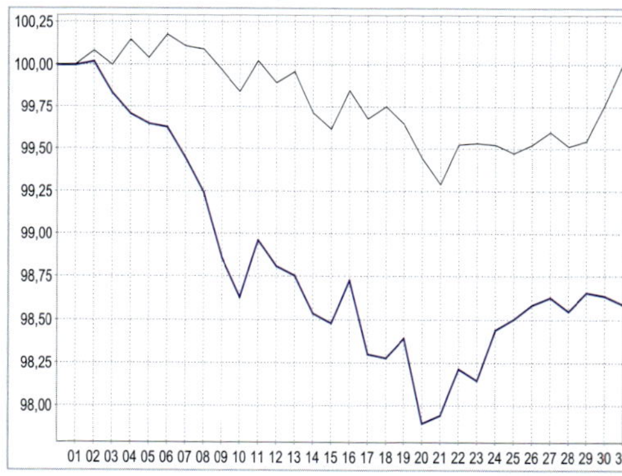

Juni-Verlauf im Vorwahljahr +0,61 %

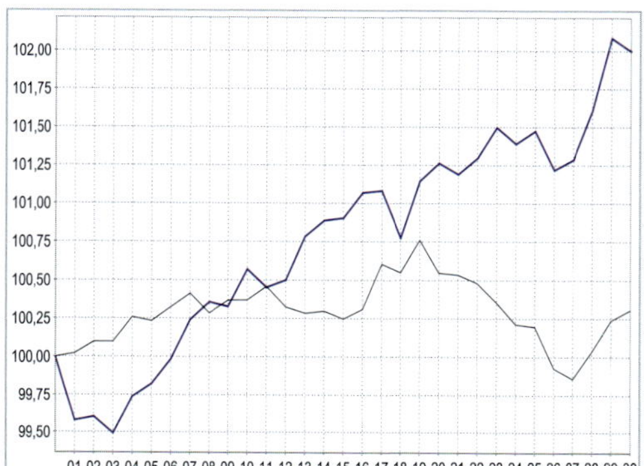

Juli-Verlauf im Vorwahljahr +3,76 %

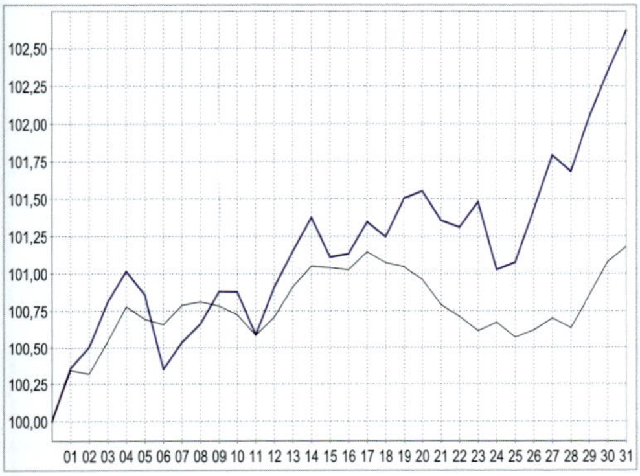

Oktober-Verlauf im Vorwahljahr –0,86 %

August-Verlauf im Vorwahljahr +0,24 %

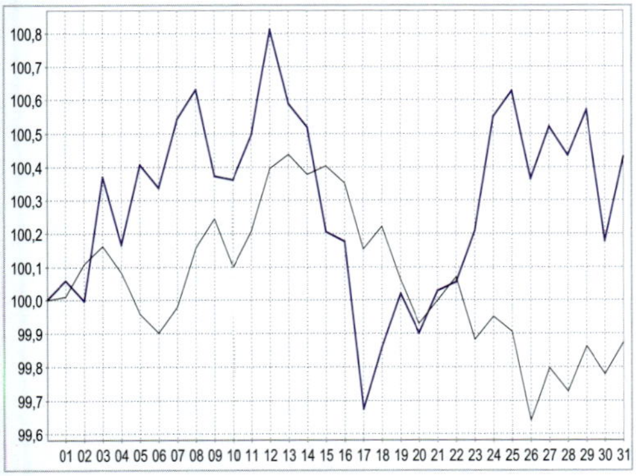

November-Verlauf im Vorwahljahr +1,36 %

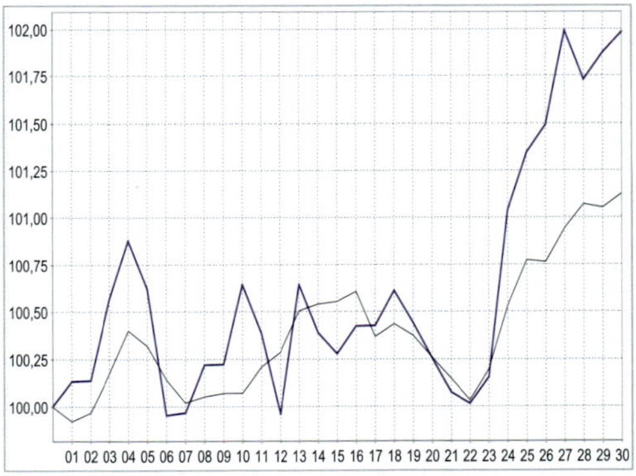

September-Verlauf im Vorwahljahr –3,27 %

Dezember-Verlauf im Vorwahljahr +2,31 %

Wahljahre

In Wahljahren tritt der Dax im Schnitt mit einer Performance von 1,6 % lediglich auf der Stelle und konsolidiert damit die Gewinne der Vorjahre. Auch die Gewinn-Wahrscheinlichkeit von 47 % deutet auf eher schwächere Jahre hin.

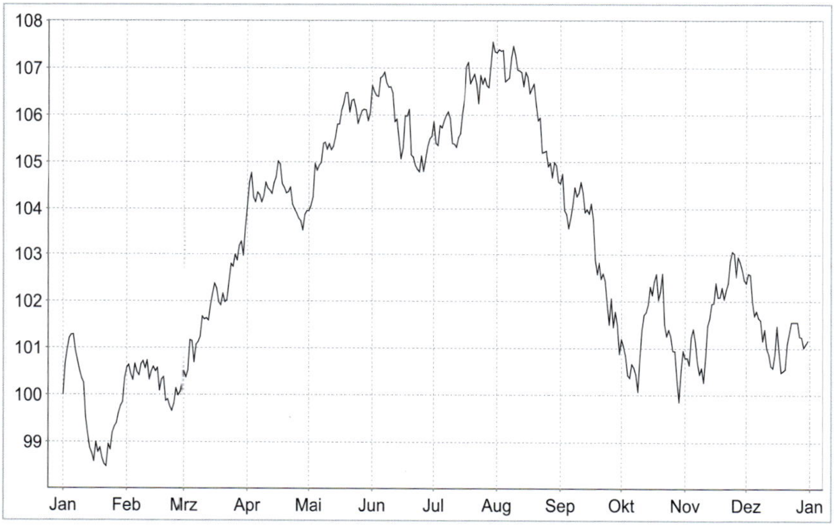

Das Wahljahr beginnt mit schnellen Kursgewinnen, dann jedoch dreht der Index schlagartig und bildet bereits Mitte Januar einen markanten unteren Wendepunkt heraus. Von dort ziehen die Kurse wieder massiv an, verschnaufen im Februar und springen anschließend auf ein erstes zyklisches Top Mitte April. Nach einer erneuten Korrektur klettert der Index auf ein weiteres Zwischenhoch im Juni und bildet schließlich per August das Jahres-Hoch heraus. Im Anschluss daran rauschen die Kurse in freiem Fall in Richtung Jahres-Tief, das sich nach einer kurzen Erholung Ende Oktober herausbildet. Während es im vierten Quartal normalerweise zu kräftigen Gewinnen kommt, tritt der Dax in Wahljahren überwiegend auf der Stelle.

Obwohl der Mittelwert für Wahljahre nahe null liegt, gibt es auch hier immer mal wieder heftige Ausschläge. So wurden die letzten drei Jahre, in denen zur Urne gebeten wurde, mit Gewinnen von 27,1 %, 23,9 % und 25,5 % abgeschlossen.

Dax-Performance in Wahljahren: +1,6 %

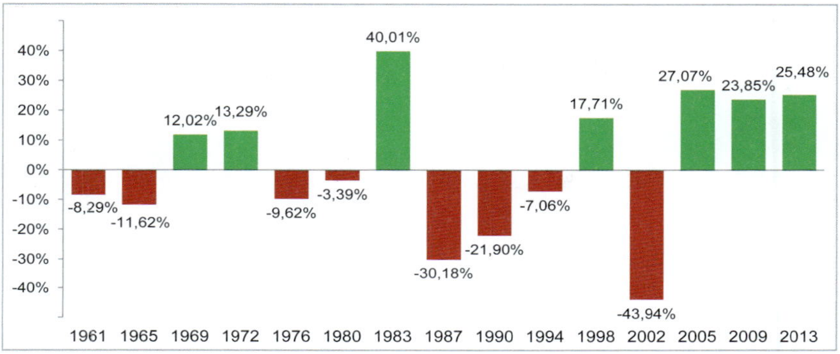

Zusammenfassung

Performance:	+1,6 %
Gewinn-Wahrscheinlichkeit:	47 %
Jahres-Hoch:	(+/–) 30.07.
Jahres-Tief:	(+/–) 22.01.
Performance:	Q1: 3,32 %
	Q2: 1,63 %
	Q3: –3,59 %
	Q4: 0,52 %

Monats-Performances in Wahljahren

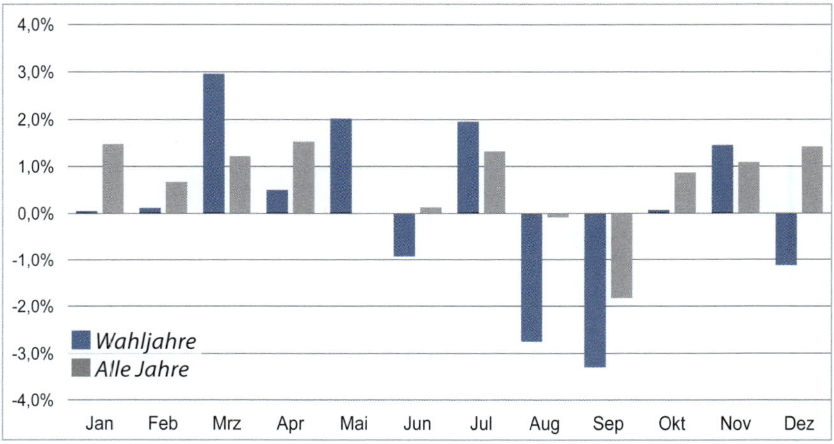

Januar-Verlauf im Wahljahr +0,06 %

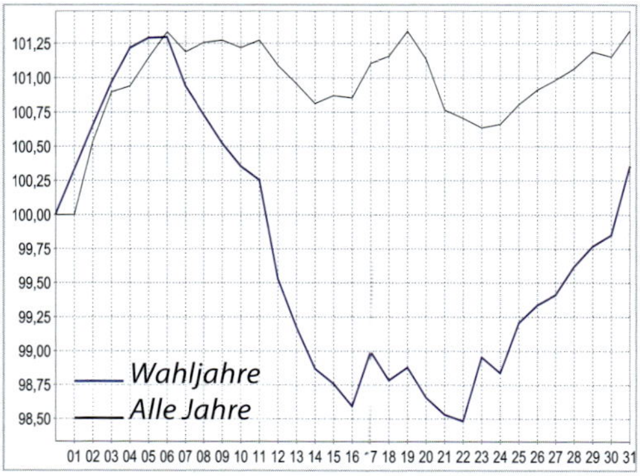

April-Verlauf im Wahljahr +0,51 %

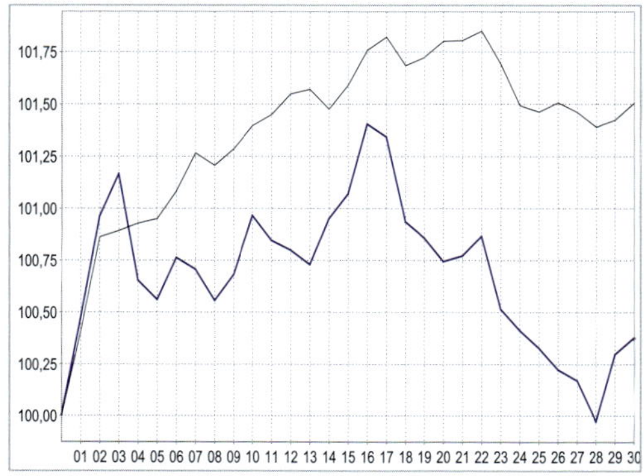

Februar-Verlauf im Wahljahr +0,12 %

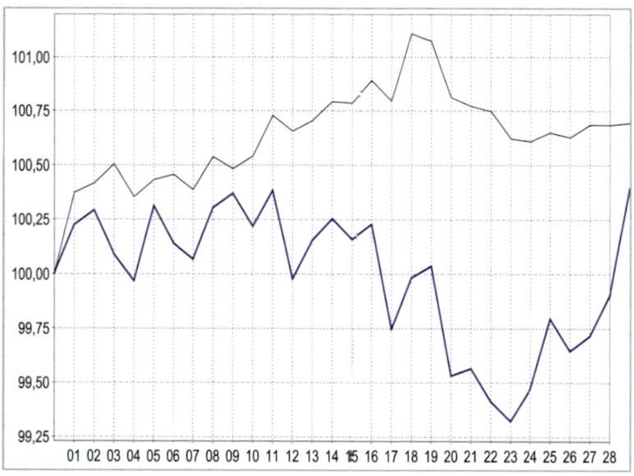

Mai-Verlauf im Wahljahr +2,03 %

März-Verlauf im Wahljahr +2,97 %

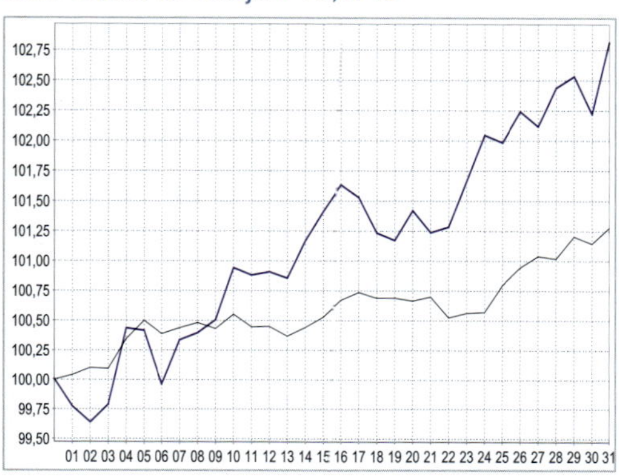

Juni-Verlauf im Wahljahr –0,92 %

Juli-Verlauf im Wahljahr +1,96 %

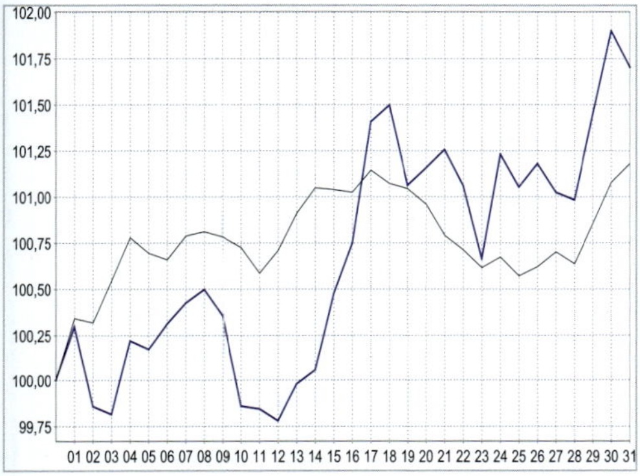

Oktober-Verlauf im Wahljahr +0,08 %

August-Verlauf im Wahljahr −2,74 %

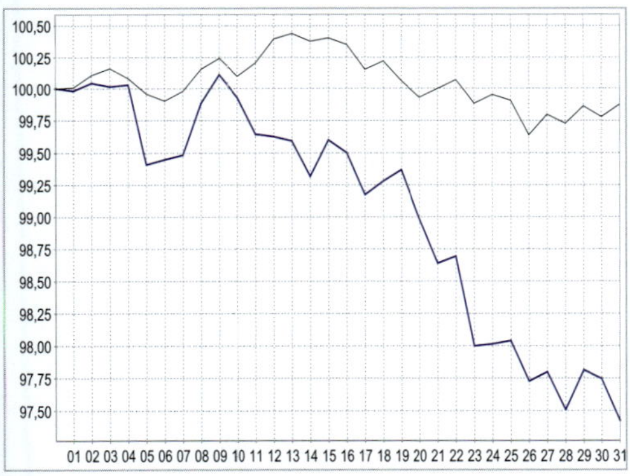

November-Verlauf im Wahljahr +1,46 %

September-Verlauf im Wahljahr −3,30 %

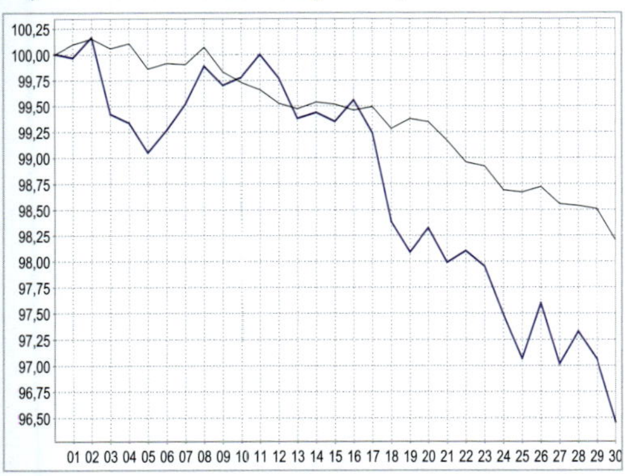

Dezember-Verlauf im Wahljahr −1,11 %

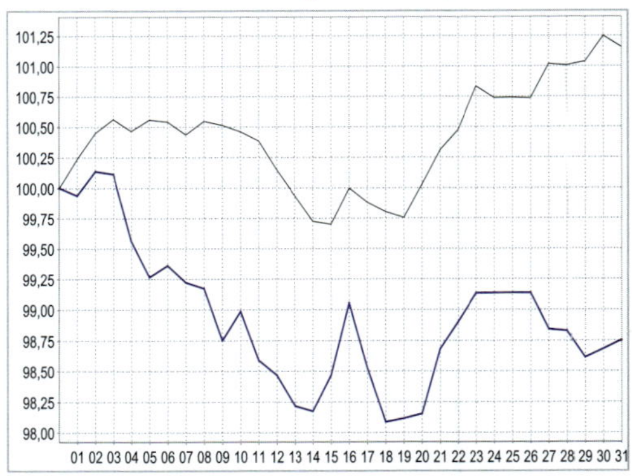

Nachwahljahre

Mit einer durchschnittlichen Performance von 6,1 % können sich die Kurse nach den turbulenten Wahljahren wieder leicht erholen. Auch die Gewinn-Wahrscheinlichkeit von 71 % spricht für steigende Notierungen.

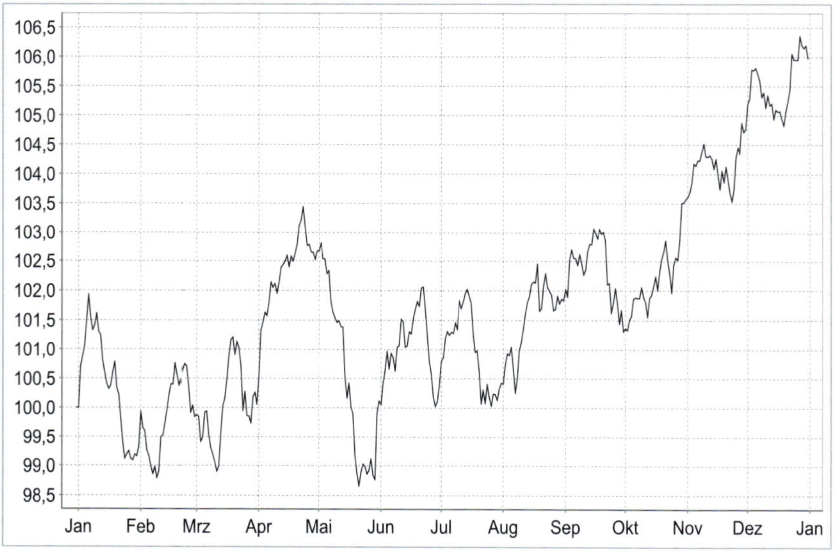

Nachwahljahre sind in der ersten Jahreshälfte von heftigen Ausschlägen in beide Richtungen geprägt. Nach einem stürmischen Jahresauftakt landet der Index Anfang April wieder auf dem Niveau zu Jahresbeginn. Dann steigt der Dax bis Mitte April auf ein zyklisches Zwischenhoch, woraufhin die Kurse im Mai entgegen der normalerweise ruhigen Tendenz im Wonnemonat rapide fallen und Ende des Monats das spätere Jahres-Tief herausbilden. Von dort erholt sich der Index zwar per saldo, doch erst ab Oktober setzt sich ein Aufwärtstrend durch, der bis Jahresende immer dynamischer wird und den Dax am Ende auf ein Jahres-Hoch schließen lässt.

Bemerkenswert ist die Entwicklung in den bisherigen Nachwahljahren Denn alle vier Verlustjahre datieren aus den 1960er- und Anfang der 1970er-Jahre. Seit 1976 wurde jede Periode mit Kursgewinnen beendet, die im Schnitt sogar zu einem Anstieg von 18,3 % führten.

Dax-Performance in Nachwahljahren: +6,1 %

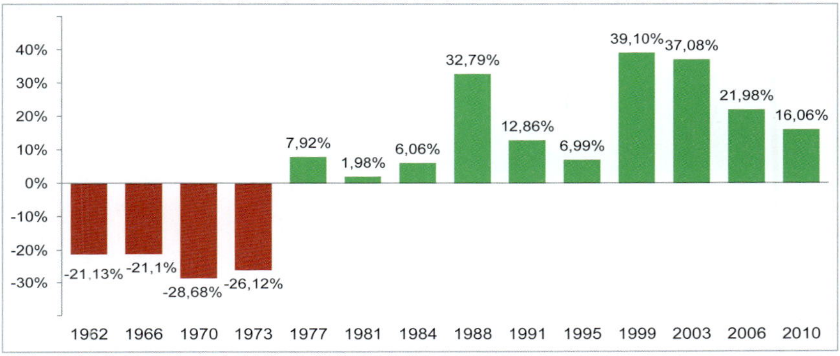

Zusammenfassung

Performance:	+6,1 %
Gewinn-Wahrscheinlichkeit:	71 %
Jahres-Hoch:	(+/–) 27.12.
Jahres-Tief:	(+/–) 29.05.
Performance:	Q1: –0,13 %
	Q2: –0,16 %
	Q3: 0,99 %
	Q4: 5,01 %

Monats-Performances in Nachwahljahren

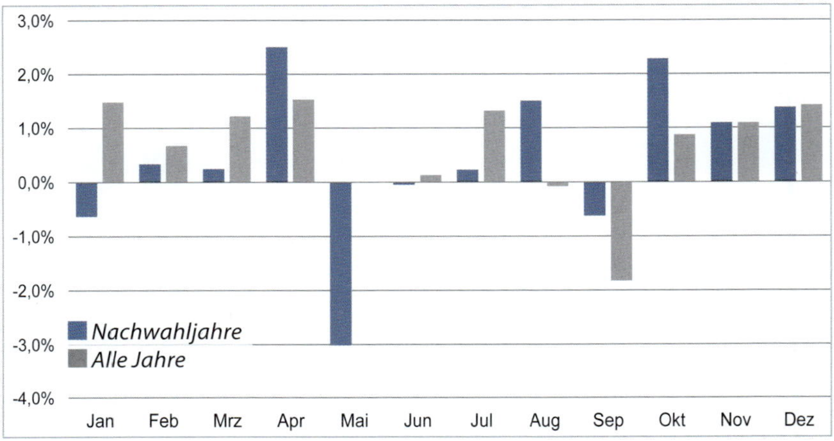

Januar-Verlauf im Nachwahljahr –0,63 %

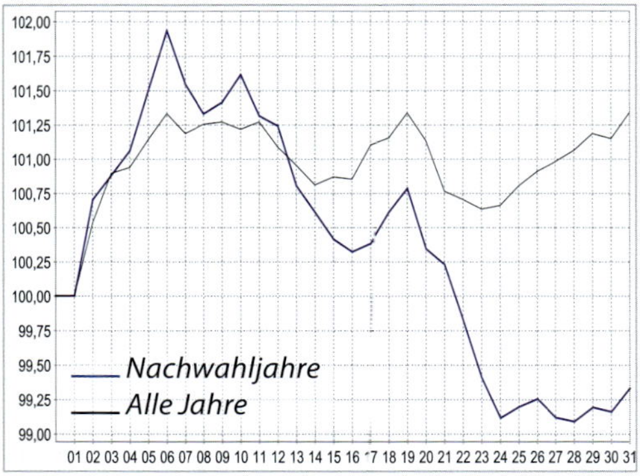

Februar-Verlauf im Nachwahljahr +0,34 %

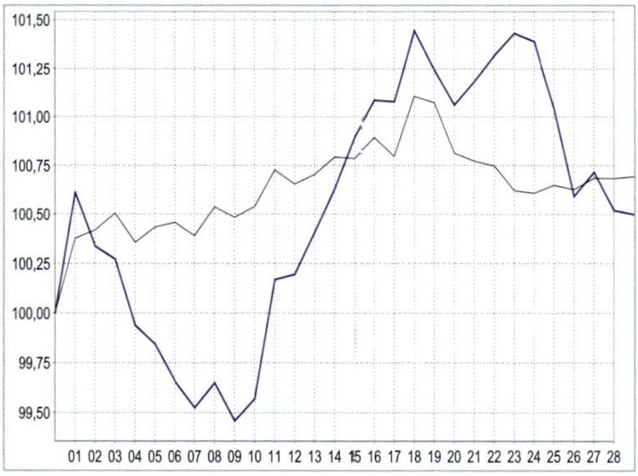

März-Verlauf im Nachwahljahr +0,25 %

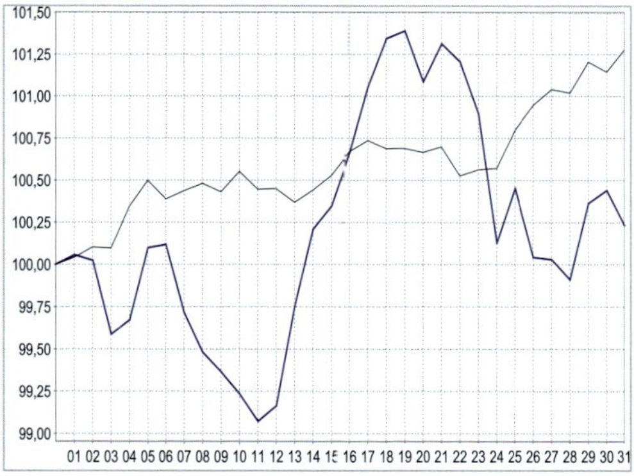

April-Verlauf im Nachwahljahr +2,51 %

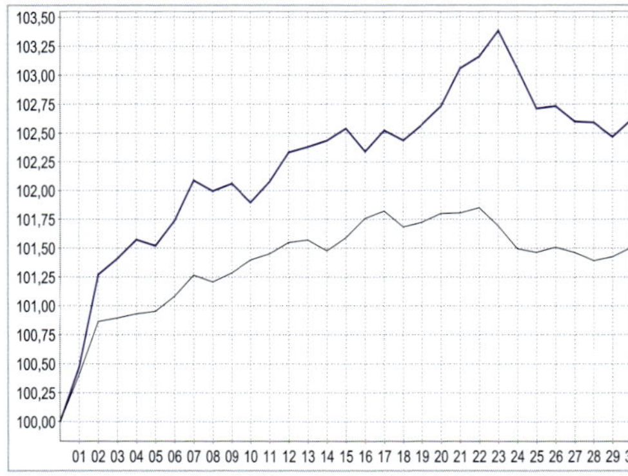

Mai-Verlauf im Nachwahljahr –3,01 %

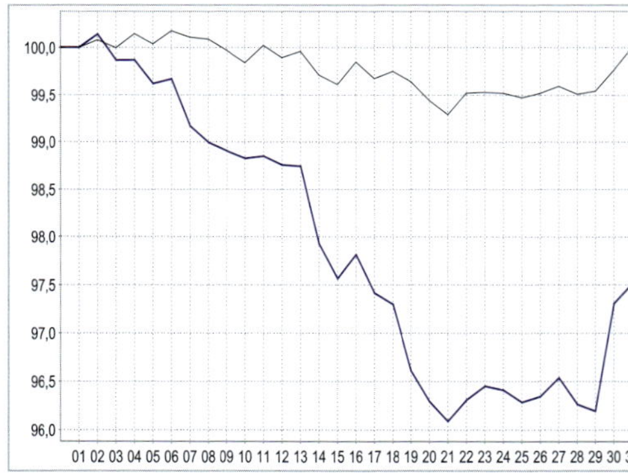

Juni-Verlauf im Nachwahljahr –0,05 %

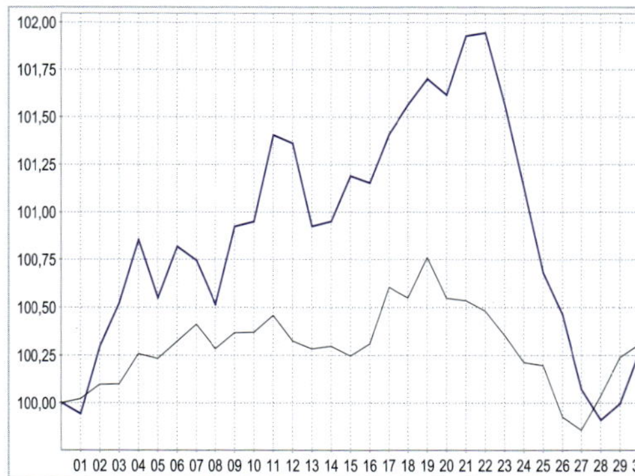

Juli-Verlauf im Nachwahljahr +0,23 %

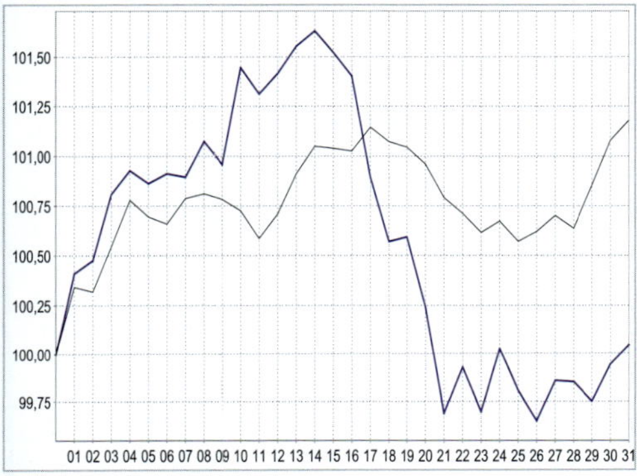

Oktober-Verlauf im Nachwahljahr +2,29 %

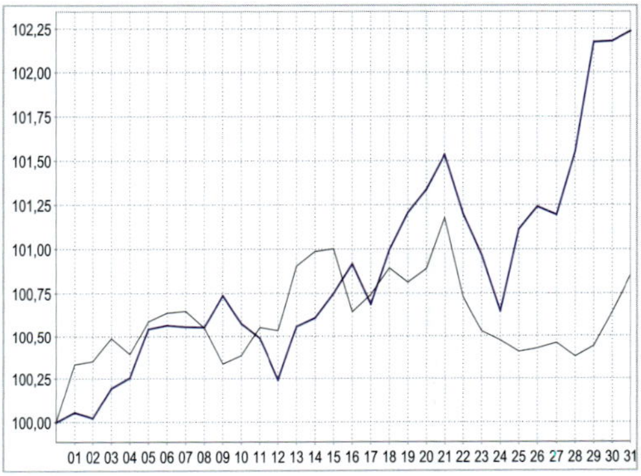

August-Verlauf im Nachwahljahr +1,51 %

November-Verlauf im Nachwahljahr +1,10 %

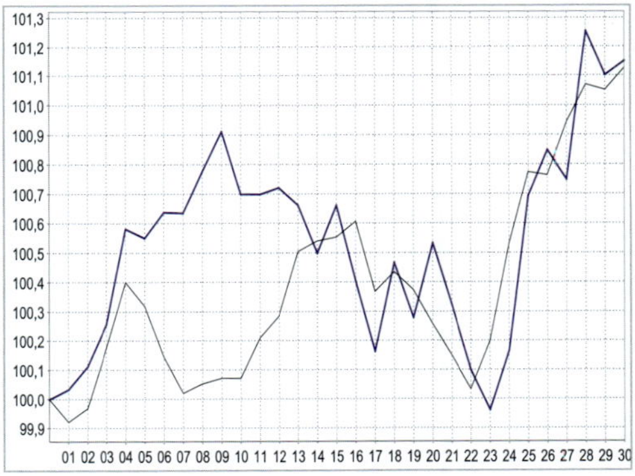

September-Verlauf im Nachwahljahr –0,62 %

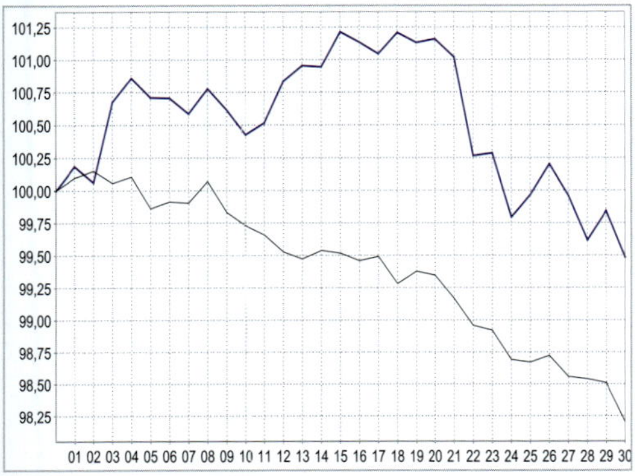

Dezember-Verlauf im Nachwahljahr +1,38 %

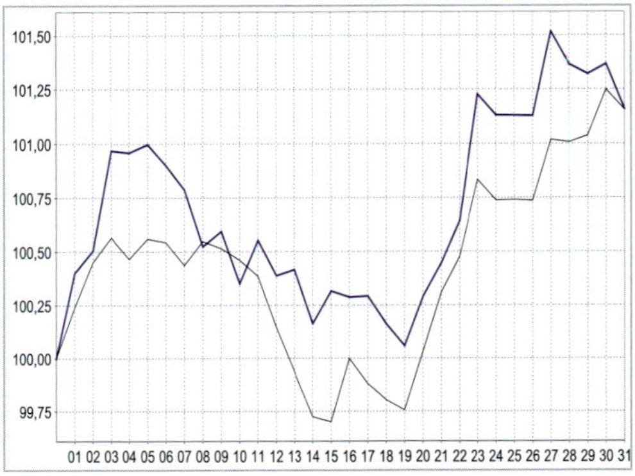

Fazit:

Der deutsche Regierungszyklus lässt sich in zwei Phasen unterteilen. Während die Kurse in Wahljahren und Nachwahljahren auf der Stelle treten, beginnt anschließend die deutlich bessere Phase. Zwischenwahljahre und Vorwahljahre bestechen dabei sowohl durch ihre hohe Durchschnitts-Performance als auch durch die überzeugende Gewinn-Wahrscheinlichkeit.

Dax-Regierungs-Zyklus seit 1961

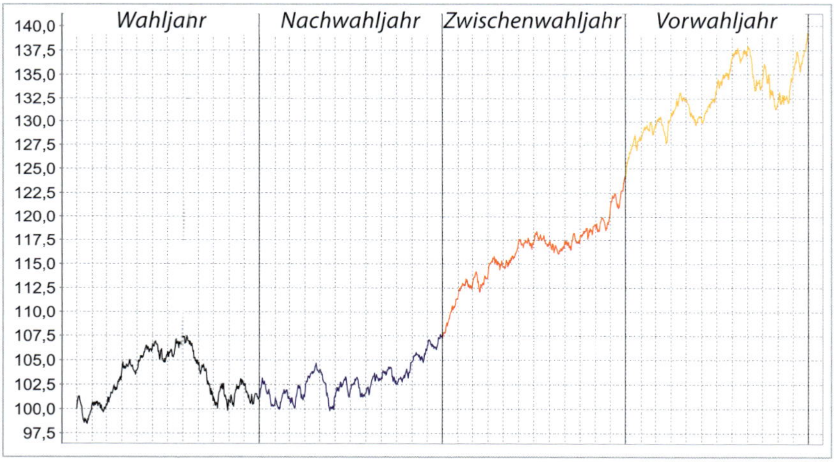

Die Grafik wurde durch eine Aneinanderreihung der einzelnen Tagesveränderungen seit 1961, getrennt nach den jeweiligen Jahren einer Regierungsperiode, konstruiert.

Nach einem anfänglichen Aufschwung im ersten Halbjahr der Wahljahre folgen 18 Monate mit schwächeren Notierungen. Im vierten Quartal der Nachwahljahre gelingt schließlich die Trendwende, woran sich eine rund zweieinhalbjährige Aufwärtsbewegung anschließt.

Dabei schneidet der Dax normalerweise unter einer CDU-geführten Regierung besser ab als bei einer sozialdemokratischen. Am stärksten kann der Index im Rahmen einer großen Koalition zulegen. Insgesamt ist dem Regierungszyklus hierzulande aber eine geringere Bedeutung zuzumessen als in den USA.

Übersicht Dax-Regierungs-Zyklus

	Wahljahr	Nachwahl-jahr	Zwischen-wahljahr	Vorwahl-jahr
Anzahl	15	14	14	10
Im Gewinn	7	10	11	7
GW	47 %	71 %	79 %	70 %
Performance	1,6 %	6,1 %	16,1 %	11,4 %
1. Quartal	3,32 %	−0,13 %	5,49 %	6,89 %
2. Quartal	1,63 %	−0,16 %	3,58 %	−0,75 %
3. Quartal	−3,59 %	0,99 %	0,40 %	0,70 %
4. Quartal	0,52 %	5,01 %	5,61 %	2,97 %
Jahres-Hoch	30.07.	27.12.	30.12.	30.12.
Jahres-Tief	22.01.	29.05.	01.01.	01.01.

3.2 DER US-PRÄSIDENTSCHAFTSZYKLUS

Das konsequente Festhalten an einem vierjährigen Wahlrhythmus erlaubt für die USA eine sehr aussagekräftige Analyse des Präsidentschaftszyklus. Zwar wurden seit 1896 auch Präsidenten vorzeitig ersetzt, doch es gab bisher noch nie Verzerrungen durch möglicherweise vorgezogene Wahlen.

3.2.1 Dow-Jones-Verhalten um den Wahltermin

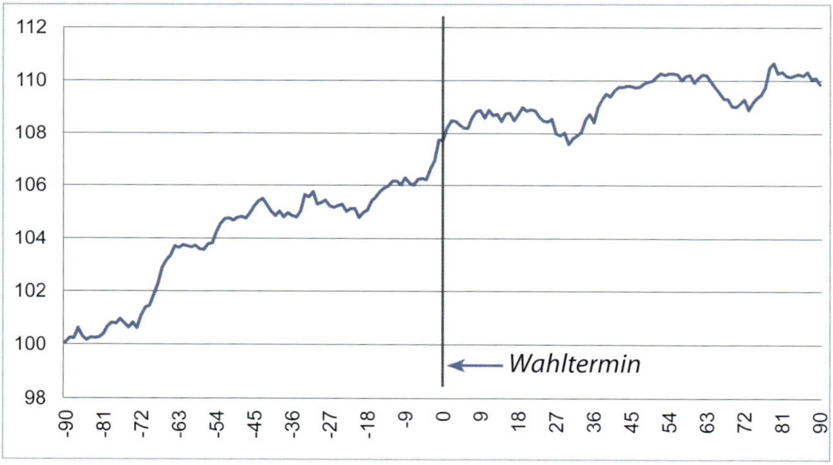

Anstehende Präsidentschaftswahlen beflügeln den Dow Jones. In den drei Monaten vor dem Wahltermin können die Kurse spürbar zulegen, wobei ein Großteil der Performance im Zeitraum sechs bis zehn Wochen vor der Wahl erzielt wird. Unmittelbar vor dem Urnengang zieht der Index dann abermals an. Diese positive Tendenz setzt sich bis zwei Wochen nach der Wahl fort. Im Anschluss daran treten die Notierungen per saldo auf der Stelle.

3.2.2 Dow Jones-Performance nach Präsidentschaftspartei

Der Dow Jones wird seit 1896 berechnet. In diese Zeit fielen 29 vierjährige Amtszeiten mit 19 US-Präsidenten. Lediglich unter dem Republikaner Calvin Coolidge sowie unter Bill Clinton konnte jedes einzelne Jahr im Präsidentschaftszyklus mit Kursgewinnen beendet werden. Barack Obama hat ebenfalls eine weiße Weste. Denn in allen vier Jahren seiner ersten Amtszeit verbuchte der Dow Jones unter dem Strich Kursgewinne. Die folgende Übersicht zeigt die Dow-Jones-Performance unter den jeweiligen Präsidenten:

Dow-Jones-Performance nach Präsidenten

Amtszeit	Präsident	Partei	Performance	Performance pro Jahr
1996 – 1999	Clinton	Demokraten	124,67 %	22,43 %
1924 – 1927	Coolidge	Republikaner	111,88 %	20,65 %
1932 – 1935	F. Roosevelt	Demokraten	85,02 %	16,63 %
2012 –	Obama	Demokraten	35,68 %	16,48 %
1952 – 1955	Eisenhower	Republikaner	81,42 %	16,06 %
1912 – 1915	Wilson	Demokraten	65,69 %	13,46 %
1988 – 1991	Bush sen.	Republikaner	63,44 %	13,07 %
1992 – 1995	Clinton	Demokraten	61,49 %	12,73 %
1896 – 1899	McKinley	Republikaner	61,42 %	12,72 %
1984 – 1987	Reagan	Republikaner	54,05 %	11,41 %
1980 – 1983	Reagan	Republikaner	50,07 %	10,68 %
1948 – 1951	Truman	Demokraten	48,60 %	10,41 %
1956 – 1959	Eisenhower	Republikaner	39,12 %	8,60 %
1908 – 1911	Taft	Republikaner	39,03 %	8,59 %
1944 – 1947	F. Roosevelt	Demokraten	33,31 %	7,45 %
2004 – 2007	Bush jr.	Republikaner	26,89 %	6,13 %
1904 – 1907	T. Roosevelt	Republikaner	19,62 %	4,58 %
1964 – 1967	Johnson	Demokraten	18,63 %	4,36 %
1960 – 1963	Kennedy	Demokraten	12,29 %	2,94 %
1916 – 1919	Wilson	Demokraten	8,13 %	1,97 %
1936 – 1939	F. Roosevelt	Demokraten	4,08 %	1,00 %
1976 – 1979	Carter	Demokraten	–1,60 %	–0,40 %
1968 – 1971	Nixon	Republikaner	–1,63 %	–0,41 %

Amtszeit	Präsident	Partei	Performance	Performance pro Jahr
1972 – 1975	Nixon	Republikaner	−4,25 %	−1,08 %
2008 – 2011	Obama	Demokraten	−7,90 %	−2,04 %
2000 – 2003	Bush jr.	Republikaner	−9,08 %	−2,35 %
1940 – 1943	F. Roosevelt	Demokraten	−9,39 %	−2,44 %
1920 – 1923	Harding	Republikaner	−10,91 %	−2,85 %
1900 – 1903	McKinley	Republikaner	−25,68 %	−7,15 %
1928 – 1931	Hoover	Republikaner	−61,52 %	−21,24 %
		Schnitt:	30,42 %	6,08 %

Am erfolgreichsten schnitt der Dow Jones unter der zweiten Amtszeit von Bill Clinton Ende der 1990er-Jahre ab. Auch unter Calvin Coolidge erreichte der Index im Schnitt mehr als 20 % Kursgewinn pro Jahr. Am Ende des Rankings findet sich Herbert Hoover, dessen Amtszeit mit der Großen Depression 1928 bis 1931 zusammenfiel.

In der Geschichte des Dow Jones wurde der US-Präsident in insgesamt 65 Jahren von der Republikanischen Partei gestellt, und in 52 Jahren kam der wichtigste Mann der Welt aus Reihen der Demokratischen Partei.

Dow Jones-Performance nach Partei

	Republikaner	Demokraten
Jahre	65	53
Performance	1019 %	4814 %
Ø Jahres-Performance	3,64 %	7,58 %

Für republikanische Präsidenten ergibt sich ein Gesamtplus von 1019 %, was einem jährlichen Anstieg von durchschnittlich 3,64 % entspricht. Unter der Ägide demokratischer Präsidenten war der Dow Jones wesentlich erfolgreicher, denn der Gesamtertrag von 4814 % bedeutet ein jährliches Plus von 7,58 %.

Die folgende Übersicht zeigt die Dow-Jones-Performance, unterteilt in die einzelnen Jahren einer Legislaturperiode. Es zeigt sich ein sehr auffälliger Präsidentschaftszyklus.

Dow-Jones-Performance nach Präsidentschaftszyklus

Präsidentschaftszyklus	Wahljahr	Nachwahljahr	Zwischenwahljahr	Vorwahljahr	Präsident
1896	−1,7 %	21,3 %	22,5 %	9,2 %	McKinley
1900	7,0 %	−8,7 %	−0,4 %	−23,6 %	McKinley
1904	41,7 %	38,2 %	−1,9 %	−37,7 %	T. Roosevelt
1908	46,6 %	15,0 %	−18,0 %	0,5 %	Taft
1912	7,6 %	−10,3 %	−5,1 %	81,7 %	Wilson
1916	−4,2 %	−21,7 %	10,5 %	30,5 %	Wilson
1920	−32,9 %	12,7 %	21,7 %	−3,3 %	Harding
1924	26,2 %	30,0 %	0,3 %	28,8 %	Coolidge
1928	48,2 %	−17,2 %	−33,8 %	−52,7 %	Hoover
1932	−23,1 %	66,7 %	4,1 %	38,5 %	F. Roosevelt
1936	24,8 %	−32,8 %	28,1 %	−2,9 %	F. Roosevelt
1940	−12,7 %	−15,4 %	7,6 %	13,8 %	F. Roosevelt
1944	12,1 %	26,6 %	−8,1 %	2,2 %	F. Roosevelt
1948	−2,1 %	12,9 %	17,6 %	14,4 %	Truman
1952	8,4 %	−3,8 %	44,0 %	20,8 %	Eisenhower
1956	2,3 %	−12,8 %	34,0 %	16,4 %	Eisenhower
1960	−9,3 %	18,7 %	−10,8 %	17,0 %	Kennedy
1964	14,6 %	10,9 %	−18,9 %	15,2 %	Johnson
1968	4,3 %	−15,2 %	4,8 %	6,1 %	Nixon
1972	14,6 %	−16,6 %	−27,6 %	38,3 %	Nixon
1976	17,9 %	−17,3 %	−3,1 %	4,2 %	Carter
1980	14,9 %	−9,2 %	19,6 %	20,3 %	Reagan

Präsidentschafts-zyklus	Wahljahr	Nach-wahljahr	Zwischen-wahljahr	Vorwahl-jahr	Präsident
1984	−3,7 %	27,7 %	22,6 %	2,3 %	Reagan
1988	11,8 %	27,0 %	−4,3 %	20,3 %	Bush sen.
1992	4,2 %	13,7 %	2,1 %	33,5 %	Clinton
1996	26,0 %	22,6 %	16,1 %	25,2 %	Clinton
2000	−6,2 %	−7,1 %	−16,8 %	25,3 %	Bush jr.
2004	3,1 %	−0,6 %	16,3 %	6,4 %	Bush jr.
2008	−33,8 %	18,8 %	9,7 %	5,6 %	Obama
2012	7,26 %	26,50 %			Obama
Schnitt:	7,18 %	6,64 %	4,64 %	12,28 %	
GW	66 %	52 %	59 %	83 %	

In den Jahren nach der Präsidentschaftswahl schneidet der Dow Jones üblicherweise am schwächsten ab. Zwar kann sich die Durchschnitts-Performance von 6,6 % durchaus sehen lassen, allerdings ist dieser hohe Mittelwert vor allem einigen positiven Ausreißern in der ersten Hälfte des 20. Jahrhunderts zu verdanken. So liegt die Gewinn-Wahrscheinlichkeit bei lediglich 52 %.

Dagegen werden 59 % aller Zwischenwahljahre mit Kursgewinnen abgeschlossen, die im Mittel zu einem Plus von 4,6 % führen. Unter dem Strich hat es der Dow Jones in den Nach- und Zwischenwahljahren am schwersten.

Deutlich positiv ist die Bilanz von Vorwahljahren. So erreicht das amerikanische Kursbarometer hier im Durchschnitt ein Plus von über 12 %. Dabei wurden sogar die vergangenen 18 Vorwahljahre mit Gewinnen beendet. Insgesamt liegt die Gewinn-Wahrscheinlichkeit über alle Vorwahljahre bei 83 %.

In Wahljahren können die Notierungen mit erhöhter Wahrscheinlichkeit zulegen. So klettert der Dow Jones in Jahren, in denen zur Abstimmung gebeten wird, im Mittel um 7,1 %. Die Gewinn-Wahrscheinlichkeit liegt bei 66 %.

Der nachfolgende Chart zeigt den typischen Verlauf innerhalb einer Amtsperiode:

Dow-Jones-Präsidentschaftszyklus seit 1896

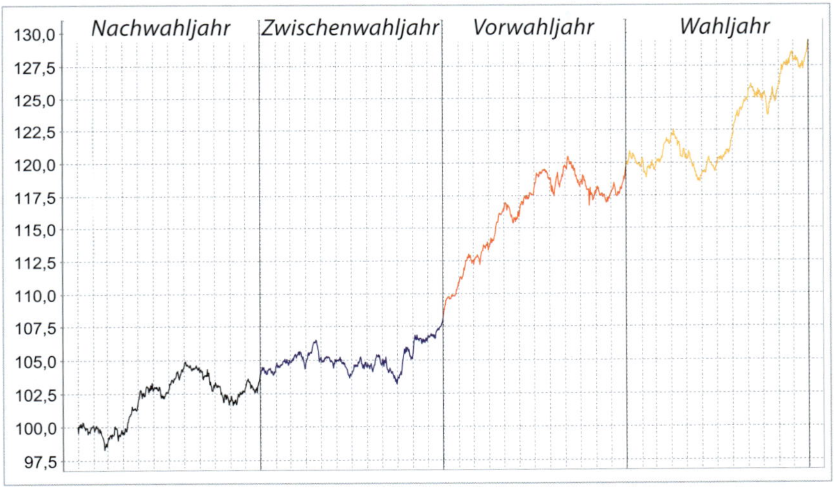

Zu Beginn der Nachwahljahre tritt der Dow Jones auf der Stelle, bevor es im Sommer zu einer kleinen Rallye kommt mit einem zyklischen Hoch im August. Diese Gewinne werden jedoch im dritten Quartal wieder abgegeben, bevor im November eine Jahresend-Rallye startet, die sich bis in die Zwischenwahljahre hinein fortsetzt. Danach verläuft der Index bis Oktober seitwärts, woran sich ein fulminanter Anstieg anschließt, der auch die ersten neun Monate der Vorwahljahre dominiert. Anschließend folgt eine volatile Seitwärtsbewegung, ehe das zyklische Tief im Juni von Wahljahren den Grundstein für eine siebenmonatige Rallye legt.

Nachwahljahr

Bis Ende der 1970er-Jahre gingen die Kurse in den Jahren nach einer Präsidentschaftswahl mehrheitlich in die Knie. Dabei notierte der Dow Jones im Schnitt leichter – unabhängig davon, ob der amtierende Präsident die Wahl gewonnen hatte oder ob es zu einem Machtwechsel kam. Dieses Bild hat sich in den vergangenen 30 Jahren jedoch verändert. Denn in der Mittelwertbetrachtung über alle Nachwahljahre ergibt sich eine durchschnittliche Performance für den Dow Jones von 6,6 %. Die Gewinn-Wahrscheinlichkeit liegt allerdings nur bei 52 %.

Das erste Jahr nach der Präsidentschaftswahl startet der Index mit einem unveränderten Januar. Anschließend gehen die Kurse dann entgegen dem normalen zyklischen Verlauf deutlich in die Knie, wobei in der letzten Februar-Woche in der Regel ein zyklisches Tief ausgelotet wird. Darauf folgt eine Kurs-Rallye, die lediglich Mitte März noch einmal von einer kurzen, aber heftigen Korrektur unterbrochen wird. Bis Anfang August kann der Dow Jones kräftig zulegen, bevor es dann zur typischen Spätsommerkorrektur kommt, die sich abweichend vom Jahreszyklus bis in den November verlängert. Dabei entsteht der zyklische Tiefpunkt des zweiten Halbjahres Mitte November. Danach geht der Dow Jones in eine Jahresend-Rallye über, wobei das Jahr per saldo mit einem Plus von knapp 7 % beendet wird.

Dow Jones-Performance in Nachwahljahren +6,6 %

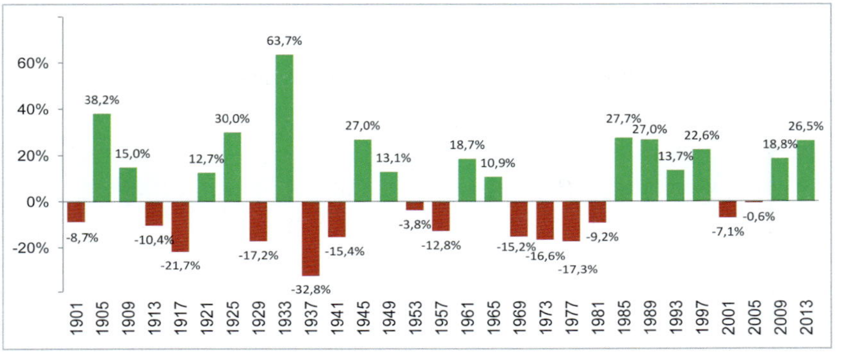

Zusammenfassung

Performance:	+6,6 %
Gewinn-Wahrscheinlichkeit:	52 %
Jahres-Hoch:	(+/–) 04.08.
Jahres-Tief:	(+/–) 23.02.
Performance:	Q1: –0,14 %
	Q2: 4,14 %
	Q3: 0,55 %
	Q4: 1,33 %

Monats-Performances in Nachwahljahren

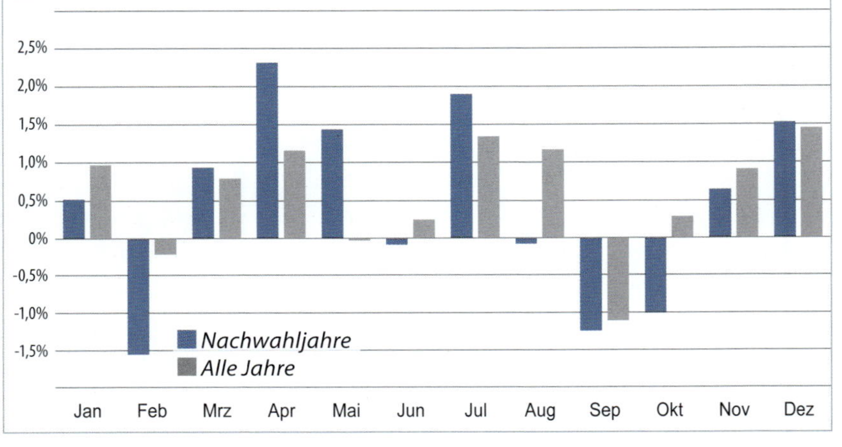

Januar-Verlauf im Nachwahljahr +0,53 %

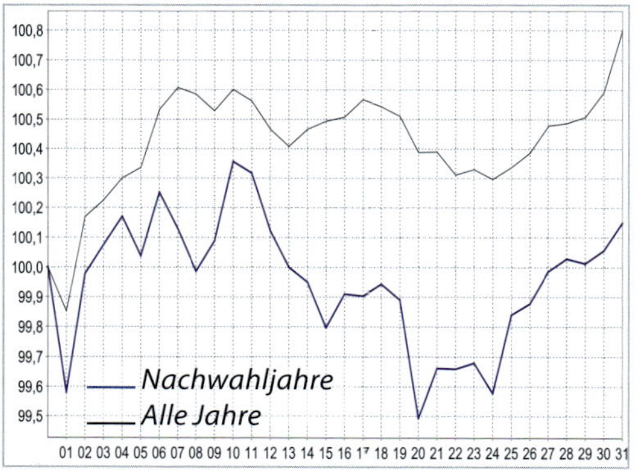

April-Verlauf im Nachwahljahr +2,32 %

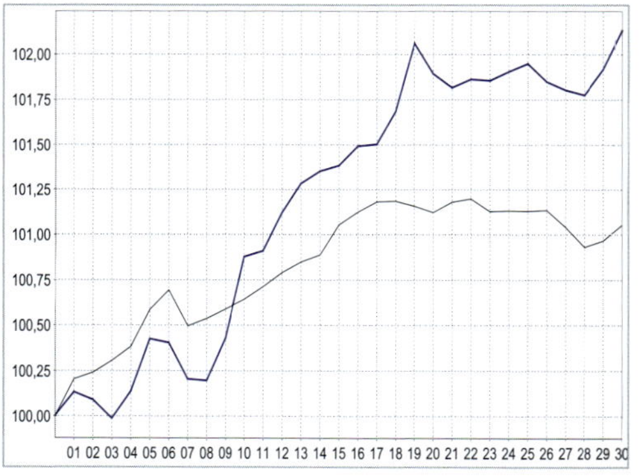

Februar-Verlauf im Nachwahljahr –1,55 %

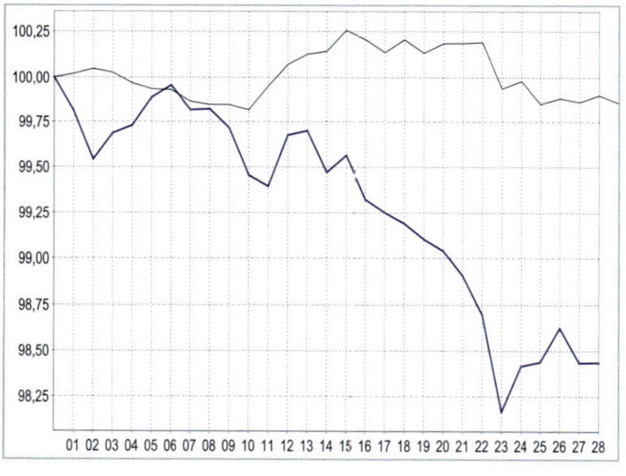

Mai-Verlauf im Nachwahljahr +1,44 %

März-Verlauf im Nachwahljahr +0,94 %

Juni-Verlauf im Nachwahljahr +0,09 %

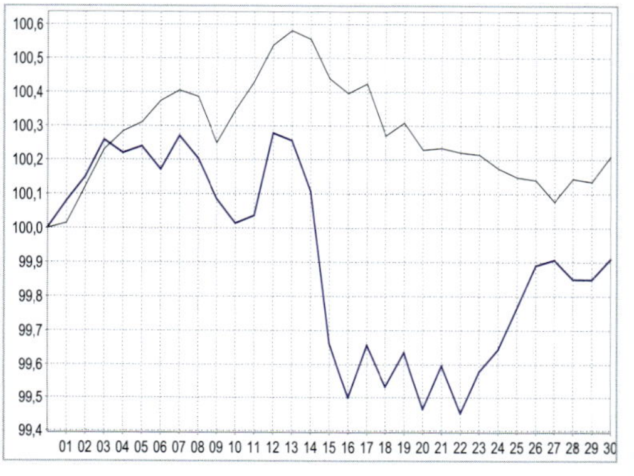

Juli-Verlauf im Nachwahljahr +1,91 %

Oktober-Verlauf im Nachwahljahr –1,00 %

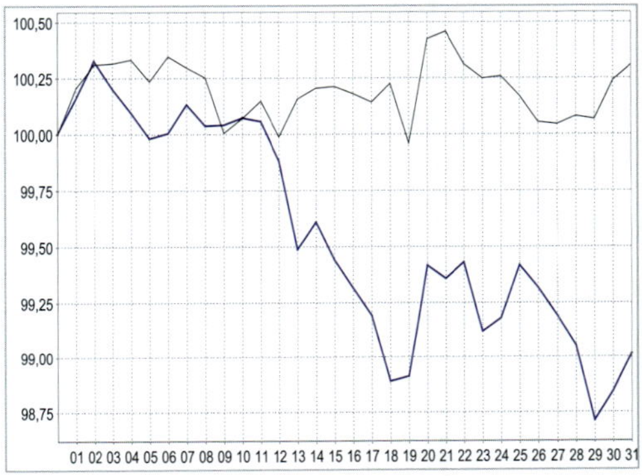

August-Verlauf im Nachwahljahr –0,08 %

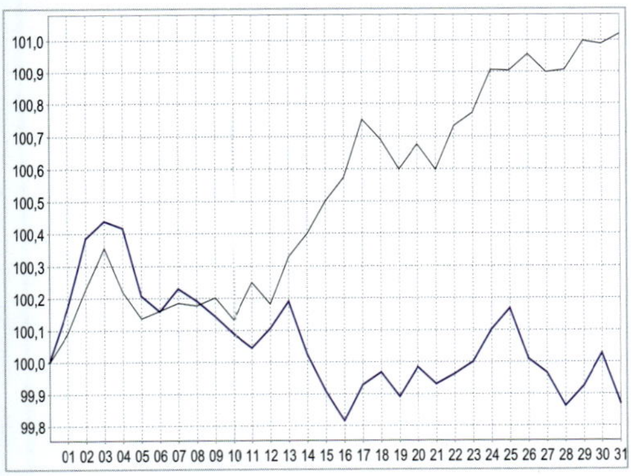

November-Verlauf im Nachwahljahr +0,65 %

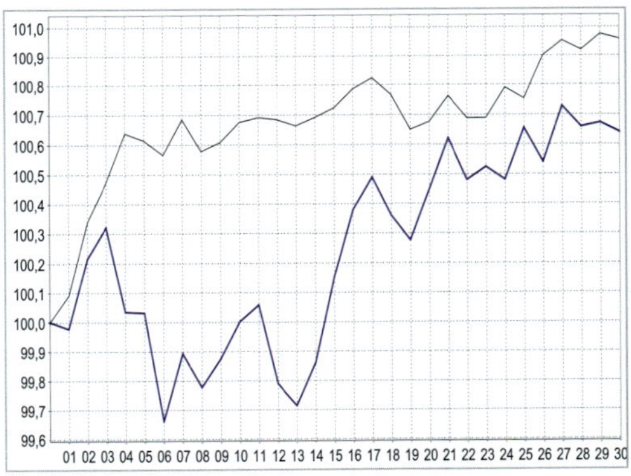

September-Verlauf im Nachwahljahr –1,24 %

Dezember-Verlauf im Nachwahljahr +1,53 %

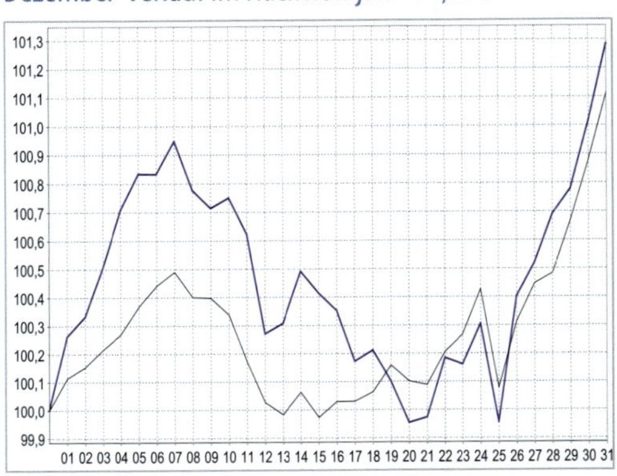

Zwischenwahljahr

Im zweiten Nachwahljahr oder Zwischenwahljahr beträgt der durchschnittliche Gewinn nur 4,64 %. Damit bilden diese Jahre die schwächsten im gesamten Präsidentschaftszyklus. Die Gewinn-Wahrscheinlichkeit liegt bei 59 %, da von insgesamt 29 Jahren bisher zwölf mit Verlusten und 17 mit Gewinnen beendet worden sind.

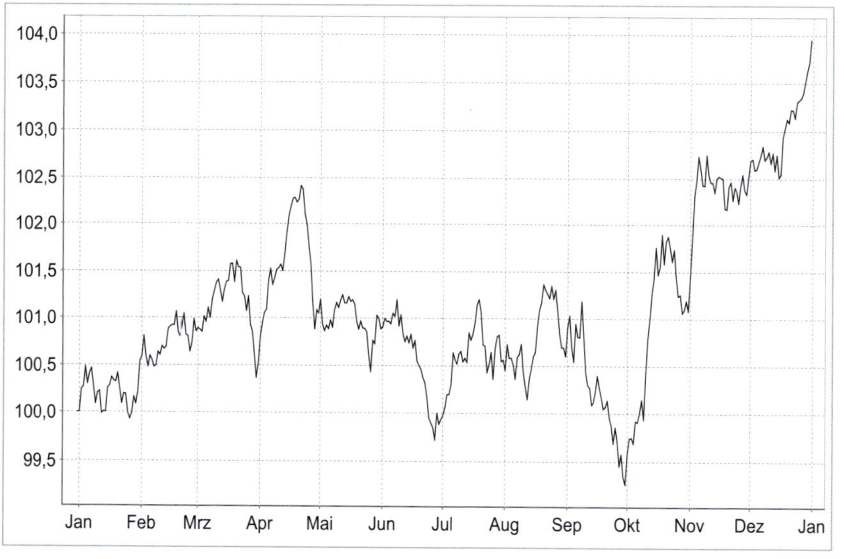

Zwischenwahljahre beginnen deutlich fester, wobei der Dow Jones bis Mitte März kontinuierlich nach oben zieht. In den letzten zwei März-Wochen folgt dann ein scharfer Einschnitt, der aber in einem sehr festen April sofort wieder aufgeholt wird. Um den 20. April entsteht der zyklische Hochpunkt des ersten Halbjahres. In den daran anschließenden fünf Monaten markiert der Index Ende Juni ein zyklisches Tief. Im Hochsommer ziehen die Notierungen dann noch einmal für rund acht Wochen an, bevor es im September massiv nach unten geht. Ende des Monats bilden die Kurse in der Regel ihr Jahres-Tief, das knapp unterhalb des Vorjahresschlusses liegt. Es folgt ein überdurchschnittlich festes viertes Quartal, dem die gesamten Kursgewinne von im Schnitt 4,64 % zu verdanken sind. Das Jahr wird normalerweise auf dem Jahres-Hoch beendet.

Dow-Jones-Performance in Zwischenwahljahren +4,6 %

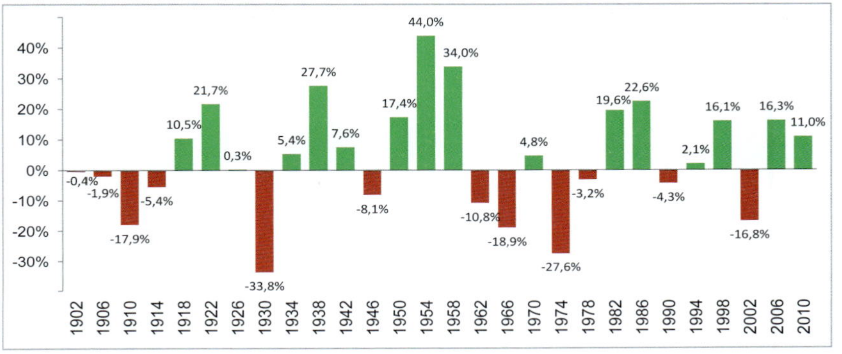

Zusammenfassung

Performance:	+4,6 %
Gewinn-Wahrscheinlichkeit:	59 %
Jahres-Hoch:	(+/–) 31.12.
Jahres-Tief:	(+/–) 30.09.
Performance:	Q1: 0,66 %
	Q2: –0,60 %
	Q3: –0,62 %
	Q4: 4,75 %

Monats-Performances in Zwischenwahljahren

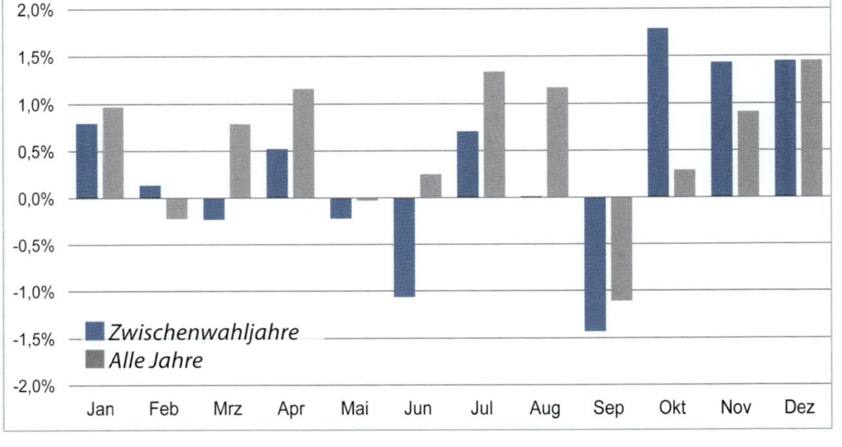

Januar-Verlauf im Zwischenwahljahr +0,80 %

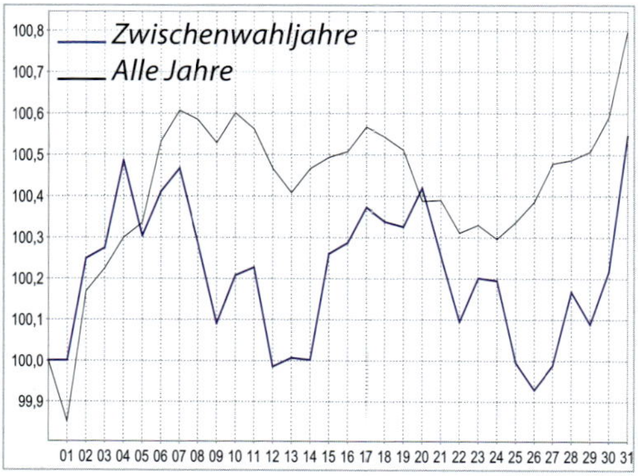

April-Verlauf im Zwischenwahljahr +0,53 %

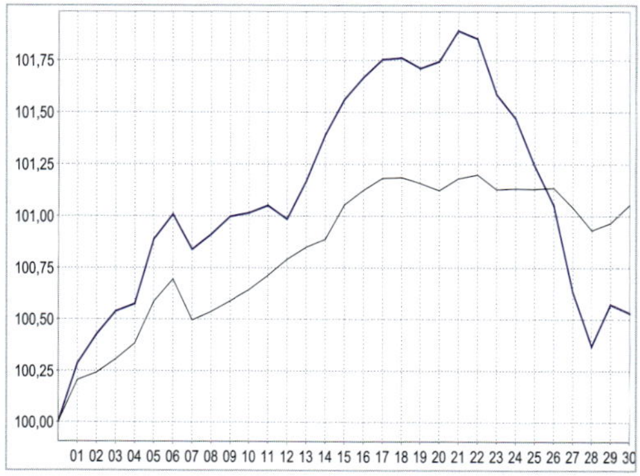

Februar-Verlauf im Zwischenwahljahr –0,14 %

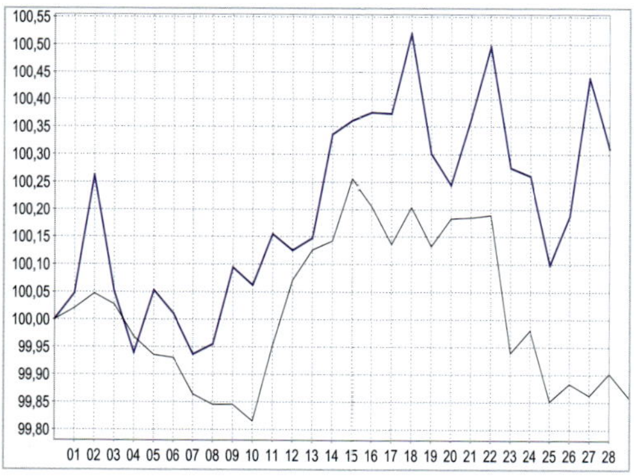

Mai-Verlauf im Zwischenwahljahr –0,21 %

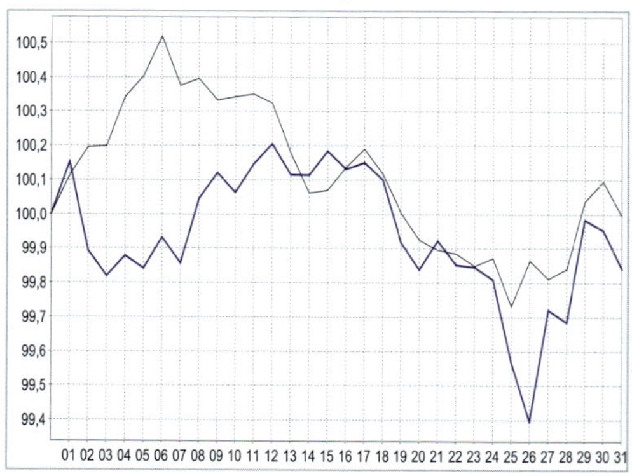

März-Verlauf im Zwischenwahljahr –0,23 %

Juni-Verlauf im Zwischenwahljahr –1,06 %

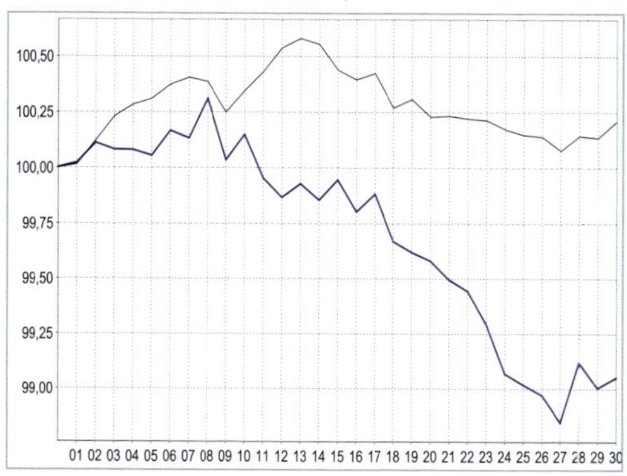

Juli-Verlauf im Zwischenwahljahr +0,71 %

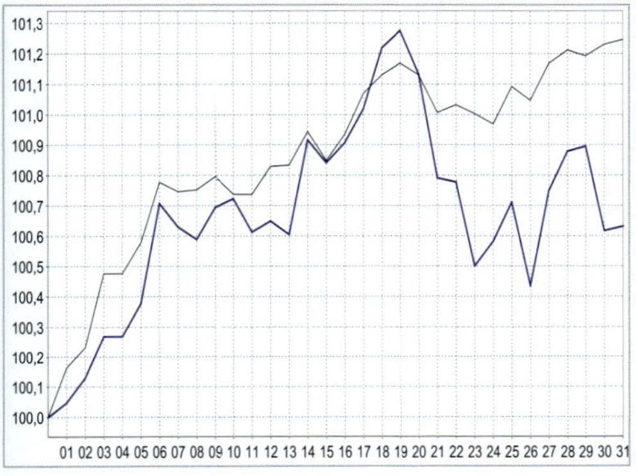

Oktober-Verlauf im Zwischenwahljahr +1,79 %

August-Verlauf im Zwischenwahljahr +0,01 %

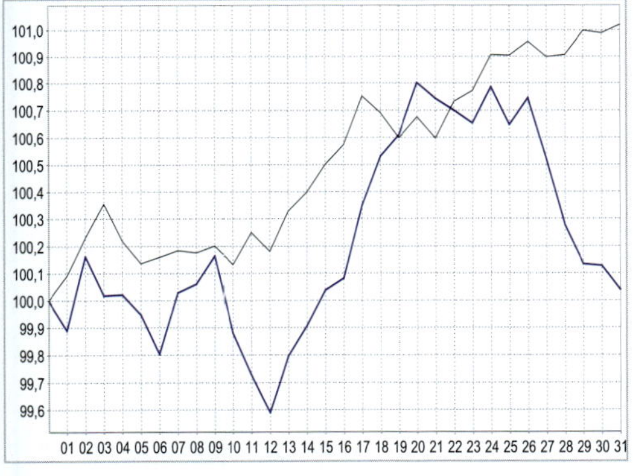

November-Verlauf im Zwischenwahljahr +1,43 %

September-Verlauf im Zwischenwahljahr –1,43 %

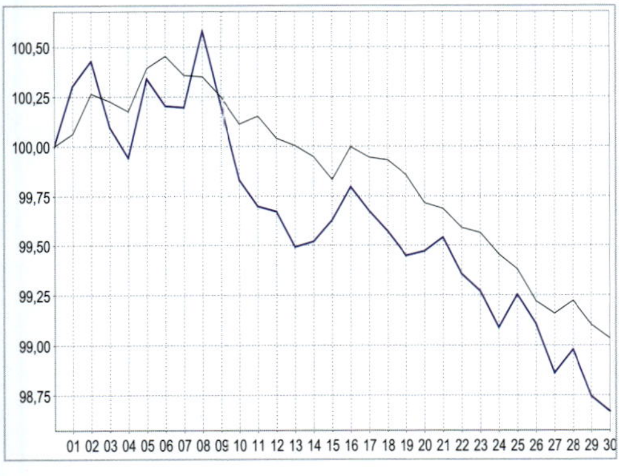

Dezember-Verlauf im Zwischenwahljahr +1,45 %

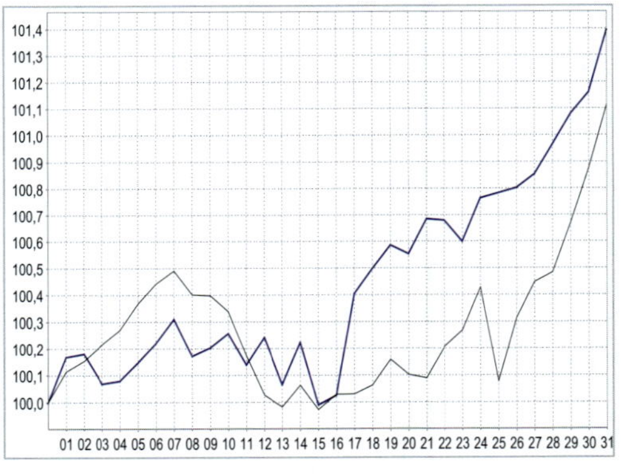

Vorwahljahr

In den Jahren vor der Wahl explodiert der Dow Jones regelrecht. Dabei wurden zuletzt 16 Vorwahljahre in Folge mit einem Kursgewinn abgeschlossen. Daraus ergibt sich die sehr hohe Gewinn-Wahrscheinlichkeit von 83 %. Über alle Vorwahljahre beläuft sich der durchschnittliche Gewinn auf 12,28 %.

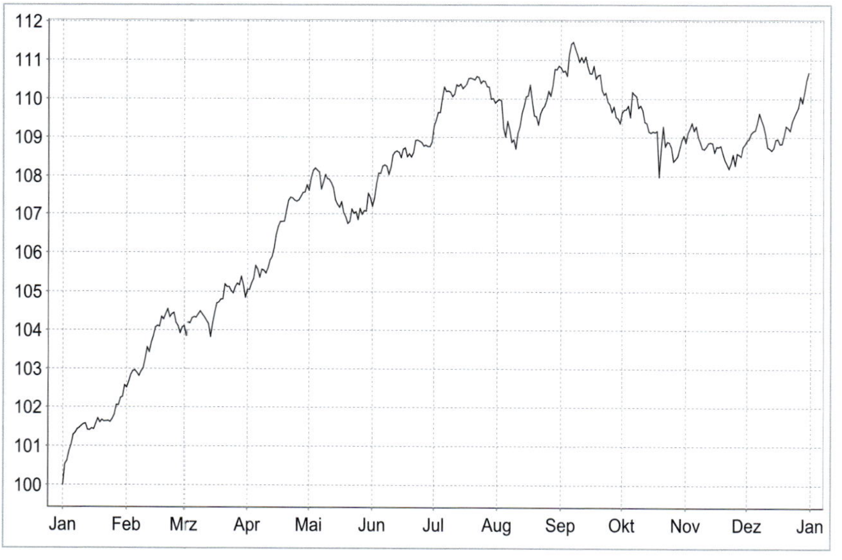

Der Dow Jones eröffnet Vorwahljahre auf dem späteren Jahres-Tief und zieht von Beginn an konstant nach oben. Bis Ende Februar verbuchen die Kurse im Schnitt bereits Zuwächse von rund 5 %. Die erste nennenswerte Konsolidierung der Aufwärtsbewegung erfolgt im Mai, wenn die Notierungen rund drei Wochen korrigieren. Diese Abschläge werden aber zügig wieder aufgeholt, wobei sich der Anstieg zunächst bis Mitte Juli fortsetzt. Danach kommt es abermals zu einem kleinen Rücksetzer, bevor der Index erneut einen Zwischenspurt einlegt, der im Jahres-Hoch gipfelt, das normalerweise Anfang September gebildet wird. Etwas verspätet beginnt dann die typische Spätsommer-Korrektur, die das zyklische Tief des zweiten Halbjahres Ende Oktober herausbildet. Im Dezember ziehen die Notierungen dann noch einmal an, wobei das Jahr knapp unterhalb der Höchststände beendet wird.

Dow-Jones-Performance in Vorwahljahren +12,3 %

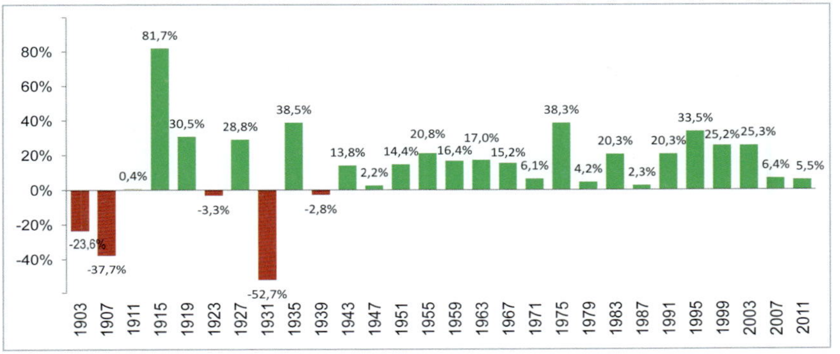

Zusammenfassung

Performance:	+12,3 %	
Gewinn-Wahrscheinlichkeit:	83 %	
Jahres-Hoch:	(+/–) 07.09.	
Jahres-Tief:	(+/–) 01.01.	
Performance:	Q1:	4,79 %
	Q2:	4,09 %
	Q3:	0,59 %
	Q4:	1,54 %

Monats-Performances in Vorwahljahren

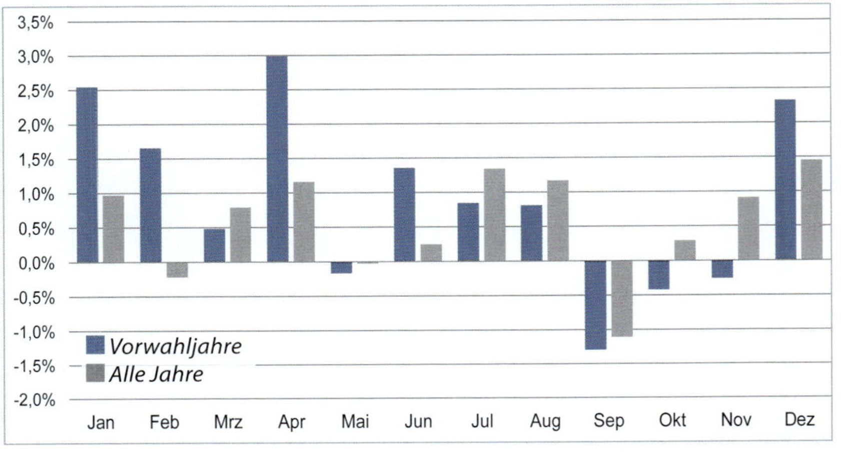

Januar-Verlauf im Vorwahljahr +2,54 %

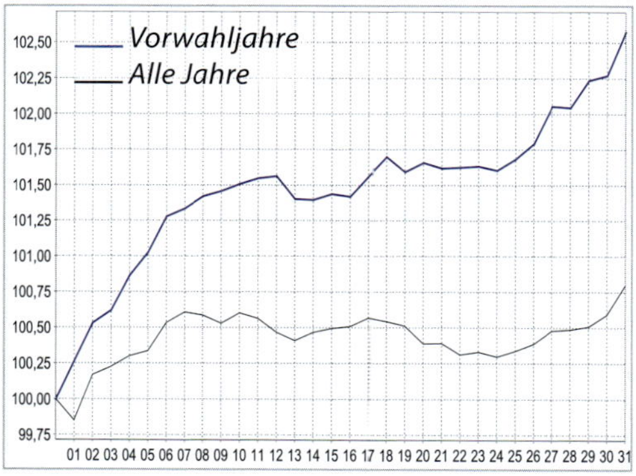

Februar-Verlauf im Vorwahljahr +1,65 %

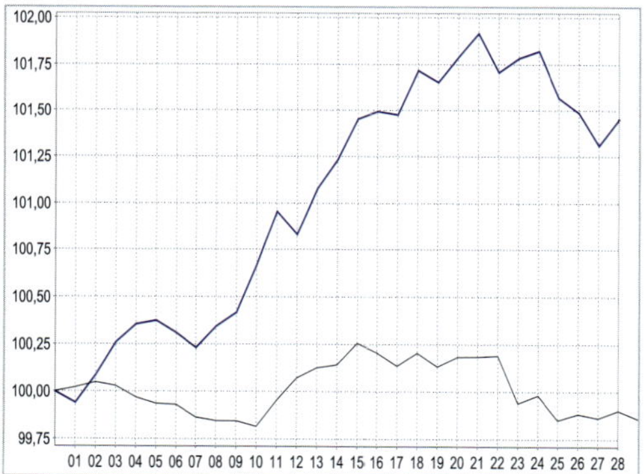

März-Verlauf im Vorwahljahr +0,48 %

April-Verlauf im Vorwahljahr +2,98 %

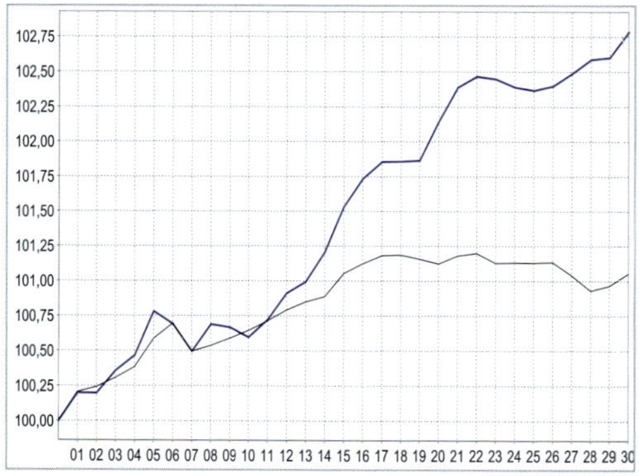

Mai-Verlauf im Vorwahljahr −0,17 %

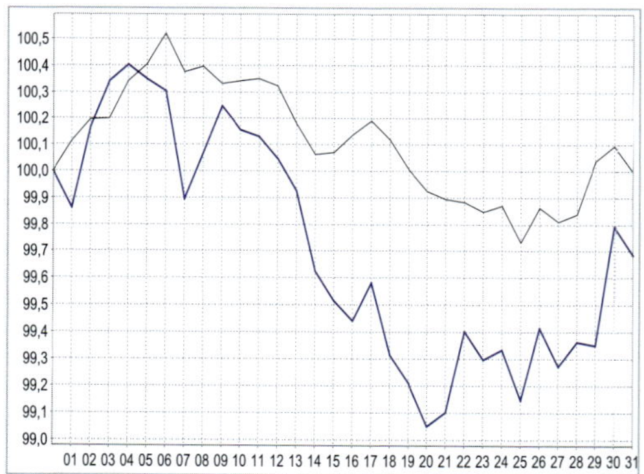

Juni-Verlauf im Vorwahljahr +1,35 %

Juli-Verlauf im Vorwahljahr +0,84 %

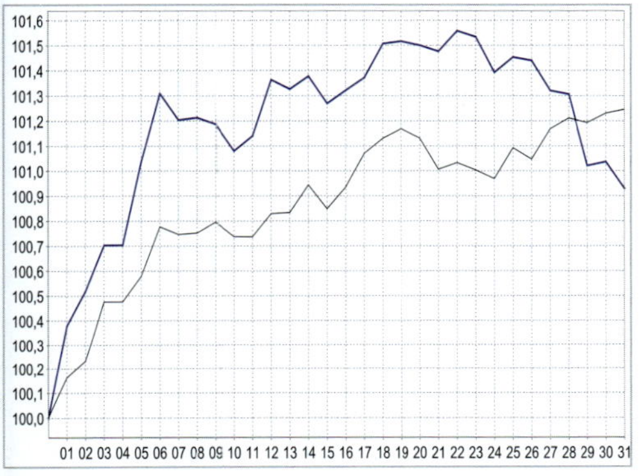

Oktober-Verlauf im Vorwahljahr –0,43 %

August-Verlauf im Vorwahljahr +0,80 %

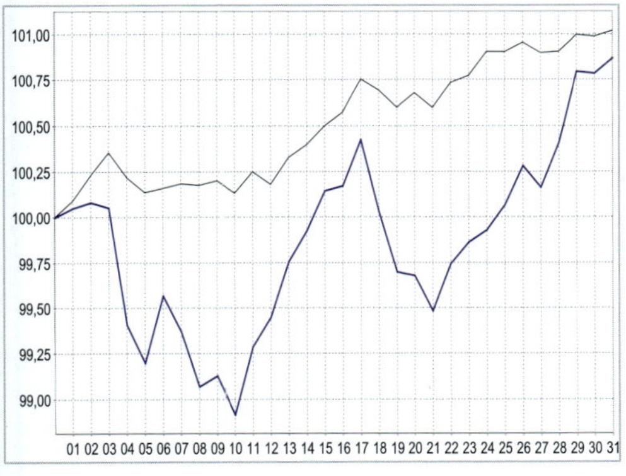

November-Verlauf im Vorwahljahr –0,26 %

September-Verlauf im Vorwahljahr –1,30 %

Dezember-Verlauf im Vorwahljahr +2,32 %

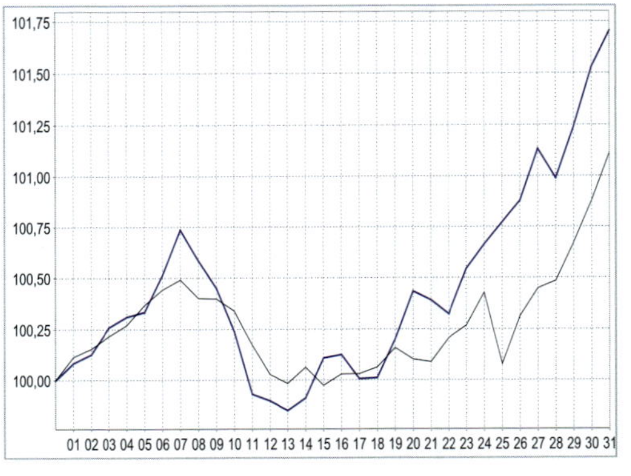

Wahljahr

Jahre, in denen der US-Präsident gewählt wird, verlaufen für den Dow Jones sehr erfolgreich. Es errechnet sich ein durchschnittliches Plus von 7,18 %, wobei 2008 zum Höhepunkt der Finanzkrise mit einem Minus von 33,84 % das schlechteste Wahljahr in der gesamten Historie war. Von den bisherigen 29 Jahren wurden insgesamt zehn mit Verlusten und 19 mit Gewinnen beendet, womit sich eine Gewinn-Wahrscheinlichkeit von 66 % ergibt.

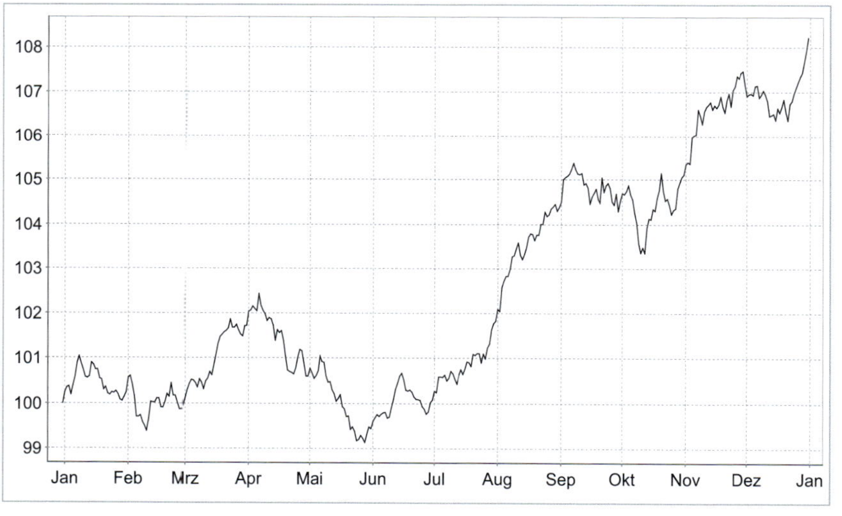

Der Dow Jones beginnt das Jahr mit einer rund zehn Tage dauernden Jahresanfangs-Rallye, bevor die Kurse rund vier Wochen auf Talfahrt gehen. Der März verläuft dann wieder sehr positiv, sodass der Index Anfang April einen wichtigen zyklischen Hochpunkt markiert. Anschließend kommt es zu einer Sommer-Korrektur, in der die Kurse acht Wochen nach unten tendieren. Ende Mai wird schließlich das Jahres-Tief herausgebildet. Im Hochsommer gewinnt der Dow Jones wieder deutlich an Boden. Anfang August überbietet der Index das April-Top, wobei sich die Aufwärtsbewegung bis in den September hinein fortsetzt. Es folgt die typische Spätsommer-Korrektur mit einem wichtigen Tief Mitte Oktober. Zum Jahresende notieren die Kurse wieder deutlich fester und beenden das Jahr auf dem Hochpunkt des gesamten Präsidentschaftszyklus.

Dow-Jones-Performance in Wahljahren +7,2 %

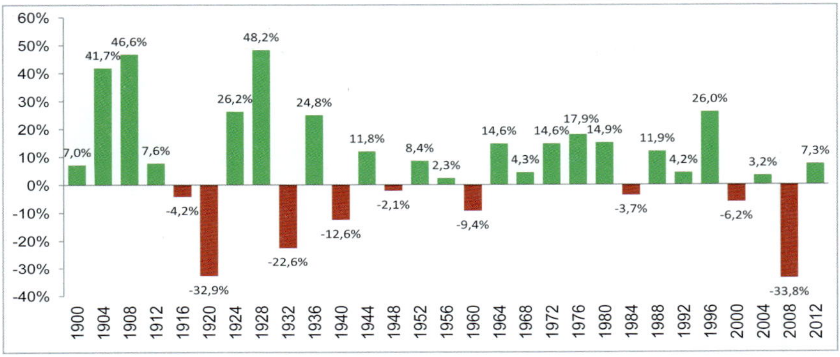

Zusammenfassung

Performance:	+7,2 %
Gewinn-Wahrscheinlichkeit:	66 %
Jahres-Hoch:	(+/–) 31.12.
Jahres-Tief:	(+/–) 28.05.
Performance:	Q1: 1,01 %
	Q2: –1,65 %
	Q3: 4,88 %
	Q4: 3,41 %

Monats-Performances in Wahljahren

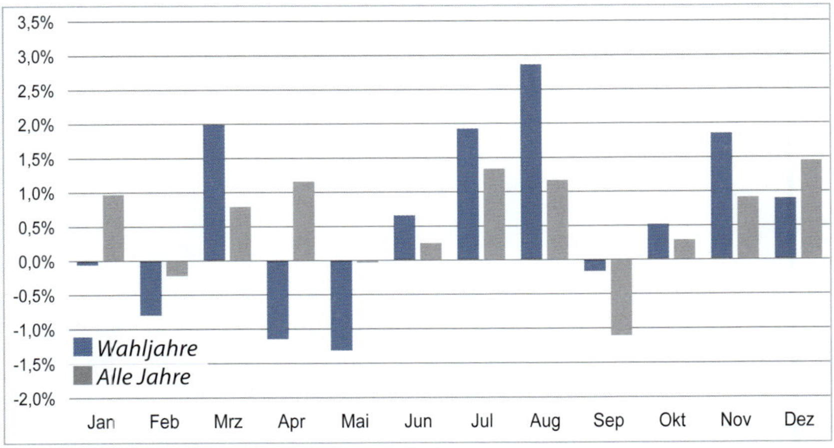

Januar-Verlauf im Wahljahr –0,06 %

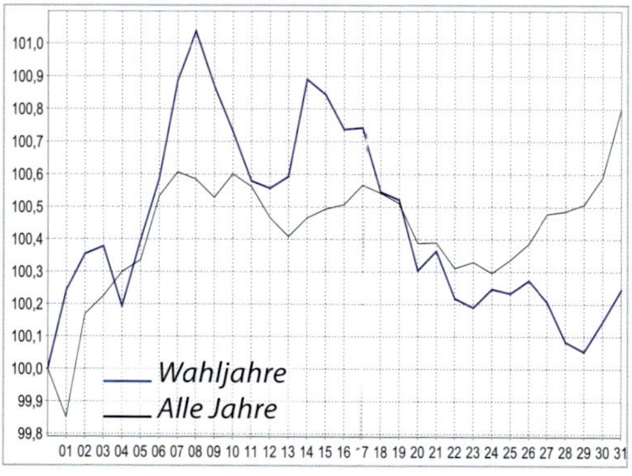

Februar-Verlauf im Wahljahr –0,80 %

März-Verlauf im Wahljahr +1,98 %

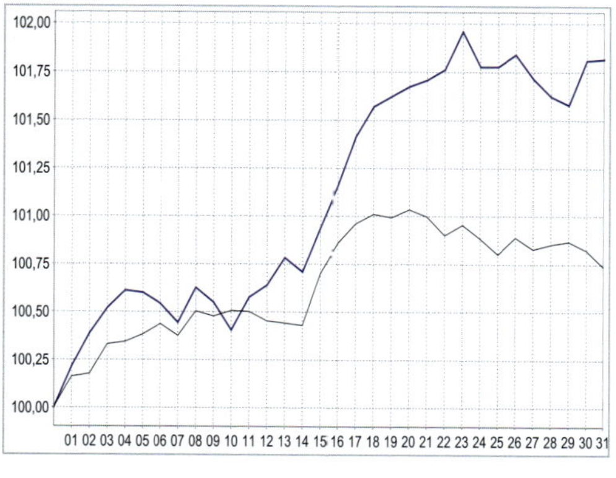

April-Verlauf im Wahljahr –1,15 %

Mai-Verlauf im Wahljahr –1,31 %

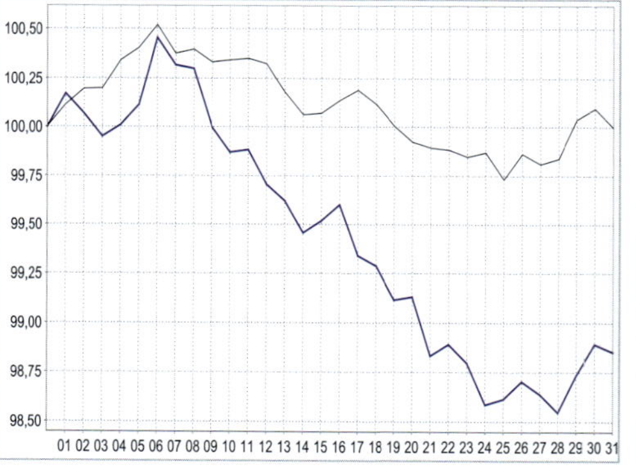

Juni-Verlauf im Wahljahr +0,65 %

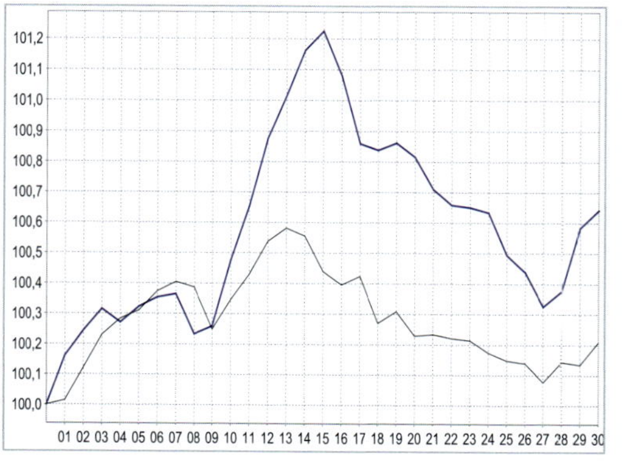

Juli-Verlauf im Wahljahr +1,92 %

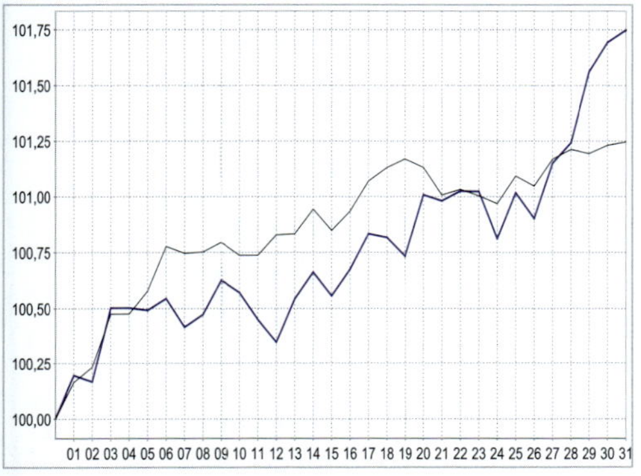

Oktober-Verlauf im Wahljahr +0,52 %

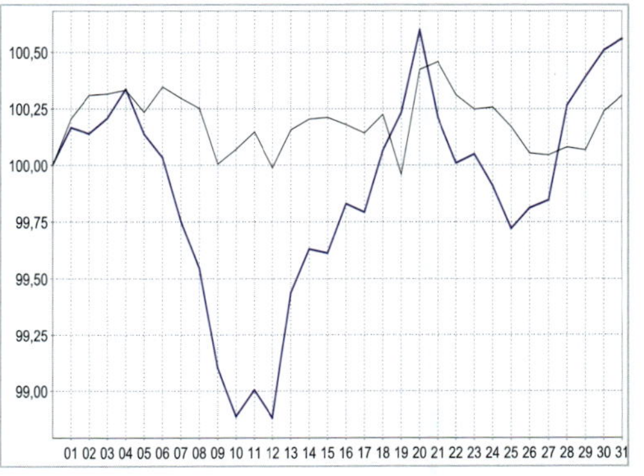

August-Verlauf im Wahljahr +2,86 %

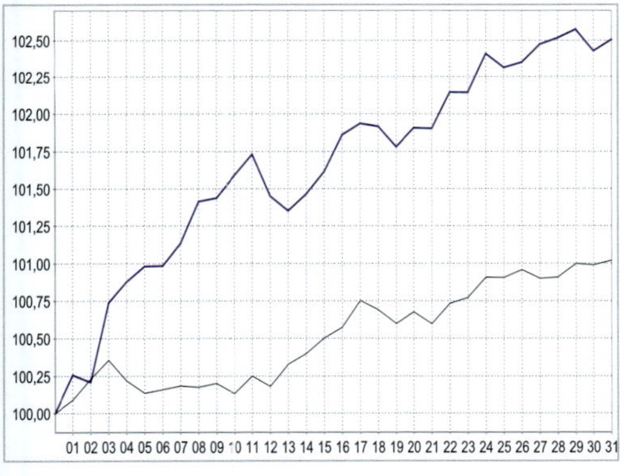

November-Verlauf im Wahljahr +1,85 %

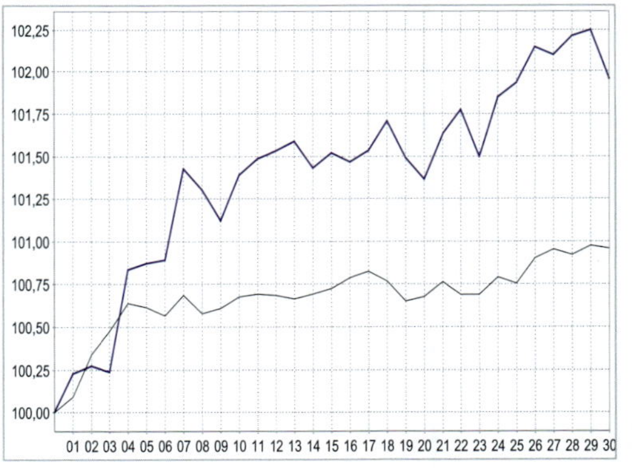

September-Verlauf im Wahljahr –0,17 %

Dezember-Verlauf im Wahljahr +0,89 %

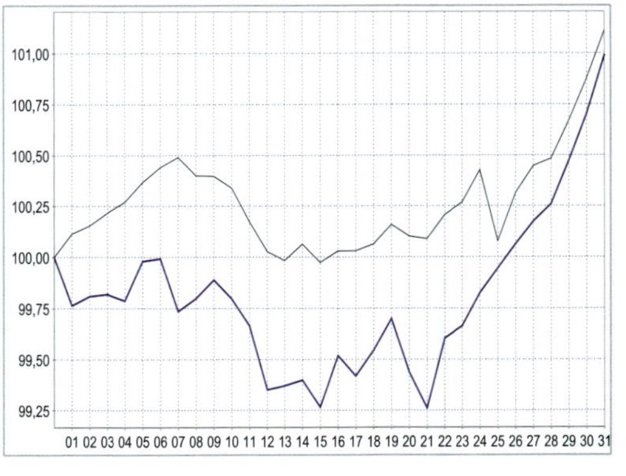

Fazit:

Der US-Präsidentschaftszyklus lässt sich in vier Phasen unterteilen. Während die Kurse in Nachwahl- und Zwischenwahljahren lediglich auf der Stelle treten, sind Vorwahljahre von deutlich steigender Tendenz geprägt.

Im vierten Quartal der Jahre vor einer Wahl beginnt dann eine sechsmonatige Seitwärtsbewegung, ehe die Kurse im Frühjahr der Wahljahre wieder an Fahrt aufnehmen. Diese positive Tendenz endet in der Regel mit der Vereidigung des Präsidenten.

Dabei schneidet der Dow Jones in Jahren mit einem demokratischen Präsidenten deutlich besser ab als mit einem Republikaner an der Spitze.

Dow-Jones-Präsidentschafts-Zyklus seit 1896

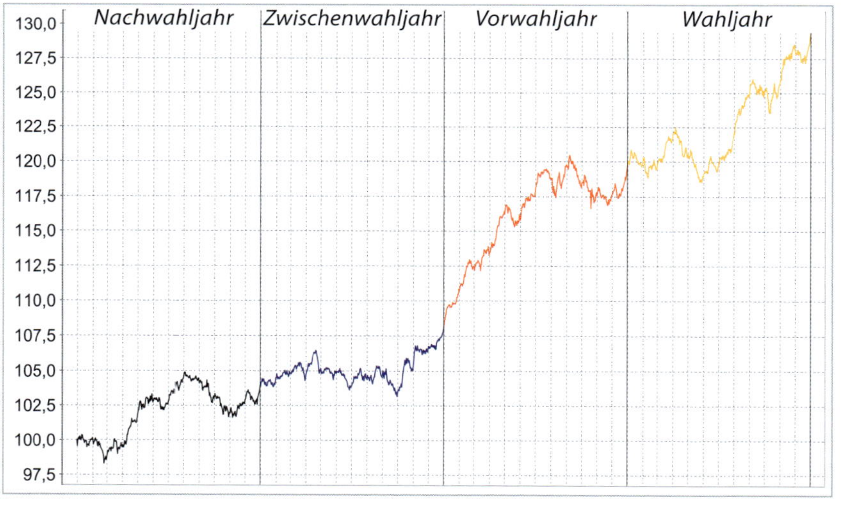

Der typische Verlauf zeigt das Zyklus-Tief des Dow Jones im Nachwahljahr, die Hängepartie der Kurse im zweiten Nachwahljahr, die massive Aufwärtsbewegung im Vorwahljahr und die freundliche Tendenz im Wahljahr, in der auch das Zyklus-Hoch des Präsidentschaftszyklus markiert wird.

Übersicht Dow-Jones-Präsidentschafts-Zyklus

	Wahljahr	Nachwahl-jahr	Zwischen-wahljahr	Vorwahl-jahr
Anzahl	29	29	28	28
Im Gewinn	19	15	16	23
GW	66 %	52 %	59 %	83 %
Performance	7,2 %	6,6 %	4,6 %	12,3 %
1. Quartal	1,01 %	−0,14 %	0,66 %	4,79 %
2. Quartal	−1,65 %	4,14 %	−0,60 %	4,09 %
3. Quartal	4,88 %	0,55 %	−0,62 %	0,59 %
4. Quartal	3,41 %	1,33 %	4,75 %	1,54 %
Jahres-Hoch	31.12.	04.08.	31.12.	07.09.
Jahres-Tief	28.05.	23.02.	30.09.	01.01.

IV. DER ZYKLUS DER VIER-JAHRES-TIEFS

Im folgenden Kurzkapitel steht ein Zyklus im Vordergrund, der für Anleger wesentlich schwerer zu „fühlen" ist als beispielsweise der Jahreszyklus aber dafür eine atemberaubende Trefferquote aufweist.

So neigen Dax und vor allem Dow Jones dazu, alle vier Jahre ein wichtiges Tief auszuloten. Zwar waren die Rückgänge 2006 und 2010 etwas weniger dramatisch als normalerweise, doch Sie erinnern sich vermutlich noch an das Tief der Jahrhundert-Baisse 2002 oder an das Tief 1998 in Folge der Hedgefonds- bzw. Asienkrise.

Dass zwischen diesen Tiefs stets vier Jahre liegen, ist kein Zufall, wie die nächsten Seiten zeigen werden. Bemerkenswert außerdem, dass sich dieser Zyklus mittlerweile fast 120 Jahre zurückverfolgen lässt.

4.1 ZYKLUS DER VIER-JAHRES-TIEFS IM DOW JONES

Der Dow Jones bildet in einem Vier-Jahres-Rhythmus sehr häufig wesentliche Tiefpunkte heraus. Bewegen wir uns zur Veranschaulichung Schritt für Schritt bis 1898 zurück, wobei im nachfolgenden Chart alle Vier-Jahres-Tiefs markiert wurden:

Vier-Jahres-Tiefs im Dow Jones

Rückblick

Ausgehend vom Jahres-Hoch zum Jahreswechsel verlor der Dow Jones in den ersten fünf Wochen 2014 rund 8 %. Per Redaktionsschluss stand noch nicht fest, ob dieses Februar-Tief auch das endgültige Jahres-Tief bedeutet.

In 2010 setzte der Dow Jones vom April-Top um 14 % zurück, ehe ein Anstieg von 32 % bis Mai 2011 begann.

2006 wurde mit einem Kursrückgang zwischen Mai und Juli um 8 % ein wichtiges Tief ausgebildet, worauf bis Oktober 2007 eine Rallye von 33 % folgte.

Jahr	Jahres-Tief	im Monat	vorheriges Hoch	Absturz in %
2014	15372,80	Februar	16576,70	−7,3 %
2010	9686,48	Juli	11.205,03	−13,6 %
2006	10706,14	Juni	11.642,65	−8,0 %
2002	7286,27	Oktober	11.723,00	−37,8 %
1998	7539,07	August	9.338,00	−19,3 %
1994	3593,55	April	3.978,40	−9,7 %
1990	2365,10	Oktober	2.999,80	−21,2 %
1986	1502,29	Januar	1.909,00	−7,0 %
1982	776,92	August	1.024,05	−24,1 %
1978	742,12	Februar	1.014,79	−26,9 %
1974	577,60	Dezember	1.051,70	−45,1 %
1970	631,16	Mai	985,21	−35,9 %
1966	744,32	Oktober	995,15	−25,2 %
1962	535,76	Juni	726,01	−26,2 %
1958	436,89	Februar	520,78	−16,1 %
1954	279,87	Januar	293,79	−4,7 %
1950	196,81	Januar	201,00	−2,1 %
1946	163,12	Oktober	212,50	−23,2 %
1942	92,92	April	130,06	−28,6 %
1938	98,95	März	189,34	−47,7 %
1934	85,51	Juli	110,74	−22,8 %
1930	157,51	Dezember	293,26	−46,3 %
1926	135,20	März	162,31	−16,7 %
1922	78,59	Januar	81,50	−3,6 %
1918	73,38	Januar	76,68	−4,3 %
1914	52,32	Juli	61,12	−14,4 %
1910	53,93	Juli	73,64	−26,8 %
1906	62,40	Juli	75,45	−17,3 %
1902	50,14	April	49,65	−12,1 %
1898	44,66	August	40,89	−24,7 %

Vom Januar-Hoch im Jahr 2000 hatte der Dow Jones bis Oktober 2002 38 % verloren, danach bis März 2005 43 % gewonnen.

1998 ging es von Juli bis August um 19 % zurück, und im Anschluss schoss der Index in 19 Monaten um 55 % nach oben.

1994 hatte der Dow Jones von der Spitze 10 % abgegeben, worauf die Hausse bis 1997 einen Gewinn von 130 % brachte.

1990 setzte der Index um 21 % zurück und gewann darauf bis 1994 68 %.

Für 1986 ist kein wesentlicher Tiefpunkt auszumachen, aber der Dow Jones verlor im Juli 7 %, worauf eine Zwölf-Monats-Rallye von 53 % folgte.

1982 hatte der Dow Jones gegenüber dem 1981er Hoch 24 % verloren und haussierte dann um 250 % bis 1987.

Das Tief von 1978 lag 27 % unter dem Hoch von 1976, und danach folgte ein Anstieg um 17 % bis Juni 1978.

Das Jahres-Tief 1974 befand sich 45 % unter dem 1973er-Top, worauf bis 1976 eine Rallye von 76 % folgte.

1970 hatte der Dow Jones 36 % gegenüber den Tops von 1968 abgegeben und dann bis 1971 wieder 51 % gewonnen.

Der Rücksetzer von 1966 umfasste 25 % gegenüber den Februar-Hochs, worauf ein Anstieg um 27 % bis 1967 folgte.

1962 war der Dow Jones von März bis Juni um 26 % gefallen, um anschließend um 75 % bis 1965 zu haussieren.

Auf den 16 %-Rückgang in 1958 nach den Hochs von 1957 folgte eine kräftige Aufwärtsbewegung von 57 % bis 1960.

1954 wurde zwar kein wesentliches Tief markiert – der Dow hatte vom 1953er Hoch nur 5 % verloren –, doch hier startete eine kräftige Rallye um 85 % bis 1956.

1950 ist ebenfalls kein wirkliches Tief auszumachen, da der Dow Jones schon Anfang Januar eine Aufwärtsbewegung einschlug, die bis 1953 anhielt und zu einem Plus von 50 % führte.

1946 hatte der Index von Mai bis Oktober 23 % nachgegeben und anschließend bis Februar 1947 wieder 13 % gewonnen.

Auf den Rücksetzer um 29 % gegenüber den Hochs aus 1941 folgte von 1942 bis 1946 eine beeindruckende Rallye von 122 %.

1938 kam es nach dem Einbruch von den August-Hochs aus 1937 um 48 % zu einem Kursschub von 60 %.

1934 setzte der Dow Jones vom Hoch aus dem Februar bis Juli um 23 % zurück, worauf eine Erholung um 89 % bis 1936 folgte.

Vier Jahre zuvor, 1930, betrug der Rückschlag von den April-Tops sogar 46 %, ehe der Index bis Februar 1931 wieder 23 % zulegen konnte.

Im Jahr 1926 war das US-Barometer von Februar bis Ende März um 17 % gefallen und erholte sich danach wieder um 23 % bis Anfang August.

1922 gab es kein richtiges Zyklus-Tief. Denn von den Dezember-Tops 1921 betrug das Minus gerade einmal 4 %, worauf aber ein Dow Jones-Anstieg um 34 % bis 1923 folgte.

Auch 1918 hatte der Index Anfang Januar lediglich um 4 % nachgegeben, um dann bis November 1919 eine Aufwärtsbewegung von 63 % zu starten.

1914 war der Dow von der März-Spitze bis Juli um 14 % gefallen. Darauf folgte eine heftige Rallye mit einem Kursplus von 90 % bis Dezember 1915.

1910 hatte das Wall Street-Barometer 27 % seit den Tops von 1909 verloren und konnte sich von Juli bis Oktober um 17 % erholen.

1906 folgte auf ein Minus von 17 % gegenüber Januar ein Anstieg um 13 % in vier Wochen.

1902 war der Dow Jones von September bis Dezember 12 % gefallen, ehe der Index bis Februar 1903 wieder 14 % zulegte.

1898 kam es zu einem Einbruch von 25 % seit den Tops von 1897, dem sich eine fünfmonatige Rallye um 45 % anschloss.

Fazit:

Der Dow Jones bildet alle vier Jahre einen bedeutenden Tiefpunkt heraus. Bis zu diesem Tief verliert der Index im Mittel rund 22 %, und danach folgt eine kräftige Rallye, in der die davor markierten Hochs überboten werden. Damit eröffnen sich alle vier Jahre bedeutende Kaufgelegenheiten.

4.2 ZYKLUS DER ZWÖLF-JAHRES-TIEFS IM DOW JONES

Aus dem Vier-Jahres-Zyklus generiert sich aber auch noch ein wirklich erstaunlicher Zwölf-Jahres-Zyklus, der seit 1942 festgestellt werden kann.

Rückblick

- In 1942 markierte der Dow Jones ein zyklisches Tief, das danach nicht mehr unterboten wurde.
- Zwölf Jahre später schrieb man das Jahr 1954, und auch dieses Kursniveau hat der Dow Jones dann niemals wieder unterschritten.
- Weitere zwölf Jahre danach kam es zum Tiefpunkt von 1966. Dieses Tief bedeutete allerdings einen Ausreißer aus diesem Zwölf-Jahres-

Zyklus, da die Kurse in den anschließenden Vier-Jahres-Tiefs von 1970 und 1974 auf ein niedrigeres Niveau gefallen waren.

- Zwölf Jahre später, 1978, erreichten die Kurse Tiefs, die nicht mehr unterschritten wurden.
- Wiederum zwölf Jahre später wurde in 1990 das Tief der 90er-Jahre markiert, das nicht mehr unterboten wurde.
- Abermals zwölf Jahre später hat der Dow Jones 2002 den Tiefpunkt der 2000 eingeschlagenen Baisse erreicht, der im Februar/März 2009 lediglich an 22 Tagen unterboten wurde.
- Zwölf Jahre danach kam der Dow Jones 2014 an einen wichtigen Tiefpunkt an.

Fazit:

Die Zwölf-Jahres-Tiefs im Dow Jones haben eine große Bedeutung, da diese Tiefpunkte in der Folge nie mehr unterboten werden.

4.3 ZYKLUS DER VIER-JAHRES-TIEFS IM DAX

Auch im Dax-Verlauf ist ein vierjähriger Rhythmus wesentlicher Tiefpunkte zu beobachten. Im folgenden Chart wurden alle Vier-Jahres-Tiefs für den Deutschen Aktienindex markiert:

Vier-Jahres-Tiefs im Dax

Rückblick:

2014 rutschte der Dax im Frühjahr rund 7 % ab, um im März das bisherige Jahres-Tief auszuloten.

Vier Jahre vorher, 2010, hatte der Index ausgehend vom Januar-Top bis in den Februar über 10 % verloren. Im Anschluss folgte eine 13-monatige Rallye mit einem Plus von 39 %.

2006 verlor der deutsche Leitindex vom Mai-Hoch 14 %, um danach bis Juli 2007 eine Rallye von 53 % zu starten.

2002 war der Dax von seinem März-Hoch bis Oktober um rund 52 % eingebrochen, worauf bis Dezember eine Erholung um 34 % erfolgte.

Vier Jahre zuvor, 1998, hatte der Index von seinem Juli-Top 37 % bis Oktober verloren, bevor sich der Dax bis zu seinem Hoch im März 2000 um 107 % nach oben katapultierte.

1994 war der Dax von den Januar-Hochs bis Oktober um 14 % eingebrochen und erholte sich dann bis Februar 1995 um 9 %.

1990 hatte der Dax von Juli bis September 32 % zurückgesetzt, um sich anschließend bis Juni 1991 wieder um 29 % zu verbessern.

1986 war der Index von April bis Juli um 21 % eingebrochen, worauf eine Rallye von 21 % bis September folgte.

1982 verlor der Dax von April bis August 8 % und schoss danach bis Februar 1984 um 72 % nach oben.

Jahr	Zyklus-Tief	im Monat	vorheriges Hoch	Absturz in %
2014	9017,80	März	9708,94	–7,12 %
2010	5434,34	Februar	6048,30	–10,15 %
2006	5292,14	Juni	6140,72	–13,82 %
2002	2597,88	Oktober	5462,55	–52,44 %
1998	3896,08	Oktober	6171,43	–36,87 %
1994	1960,59	Oktober	2267,98	–13,55 %
1990	1334,89	September	1966,04	–32,10 %
1986	1248,58	Juli	1586,00	–21,27 %
1982	476,65	August	532,90	–10,56 %
1978	525,01	Mai	563,06	–6,76 %
1974	372,26	November	580,99	–35,93 %
1970	443,86	Dezember	659,20	–32,67 %
1966	324,99	November	527,39	–38,38 %
1962	316,62	Oktober	603,79	–47,56 %

Das Tief von 1978 lag im Mai 7 % unter den Februar-Hochs, worauf eine Erholung um 17 % bis zum Oktober folgte.

Nachdem der Dax von den 1973er-Tops bis November 1974 um 36 % eingebrochen war, betrug das anschließende Plus bis April 1975 wieder 42 %.

Im Dezember 1970 war der Dax 33 % unter die 1969er-Hochs gefallen, um dann bis Februar 1971 wieder 22 % zu gewinnen.

Bis November 1966 hatte das deutsche Marktbarometer gegenüber den Tops aus 1964 38 % verloren, worauf eine Rallye von 83 % bis Juli 1968 folgte.

1962 hatte der Dax gegenüber September 1960 48 % abgegeben und im Anschluss, vom Oktober-Tief ausgehend, in nur einem Monat wieder 28 % gewonnen.

Fazit:

Der Dax hat eine zu kurze Historie, um einen wirksamen Zwölf-Jahres-Zyklus unterstellen zu können, doch in jedem Fall entstehen auch hier in einem Vier-Jahres-Zyklus wichtige Tiefpunkte. Bis zu diesen Tiefs errechnet sich im Mittel ein Rückgang von rund 30 %, und danach folgt eine sehr kräftige Rallye.

Allerdings neigt der Dax dazu, die absoluten Tiefpunkte etwas später als der Dow Jones herauszubilden. Das Dekaden-Tief der 1990er-Jahre wurde z.B. im Dax erst im Januar 1991 anstatt 1990 markiert. Allerdings war der Dax dabei im Januar lediglich zwölf Punkte unter das 1990er-September-Niveau gefallen. Und auch dem Tief vom Oktober 2002 bei 2597 Punkten folgte erst im März 2003 der absolute Tiefpunkt von 2203 Zählern.

Doch auch im Dax eröffnen sich alle vier Jahre bedeutende Kaufgelegenheiten.

V. JAHRZEHNTZYKLEN

Börsenzyklen kommen auf jeder Zeitebene vor. Dabei können wir den Jahreszyklus der Börsen Monat für Monat überprüfen. Es gibt allerdings auch Zyklen, die nicht so leicht zu „fühlen" sind. Ganz einfach, weil der umfassende Zeitraum wesentlich größer wird.

Kaum ein Leser dieser Zeilen dürfte sich so bewusst an den Verlauf mehrerer Jahrzehnte erinnern, um daraus ein wiederkehrendes Muster zu konstruieren. Und doch verhalten sich die Kurse innerhalb einer Dekade in aller Regel sehr ähnlich. So tendieren die Börsen in den ersten Jahren einer neuen Dekade eher schwächer, um in der zweiten Hälfte kräftig zu steigen.

Das folgende Kapitel zeigt, welches Muster hinter diesem Jahrzehntzyklus steckt. So notieren die Märkte beispielsweise in 5er-Jahren fester, während es in 0er-Jahren eher nach unten geht.

5.1 DER JAHRZEHNTZYKLUS IM DAX

5.1.1 Dax-Jahrzehntzyklus

Die folgende Grafik wurde durch eine Aneinanderreihung der einzelnen Tagesveränderungen seit Mai 1959 getrennt nach den verschiedenen Endjahren eines Jahrzehnts konstruiert. Die 3er-Jahre umfassen demnach beispielsweise sämtliche Kursveränderungen in den Jahren 1963, 1973, 1983, 1993, 2003 und 2013.

Dax-Jahrzehntzyklus

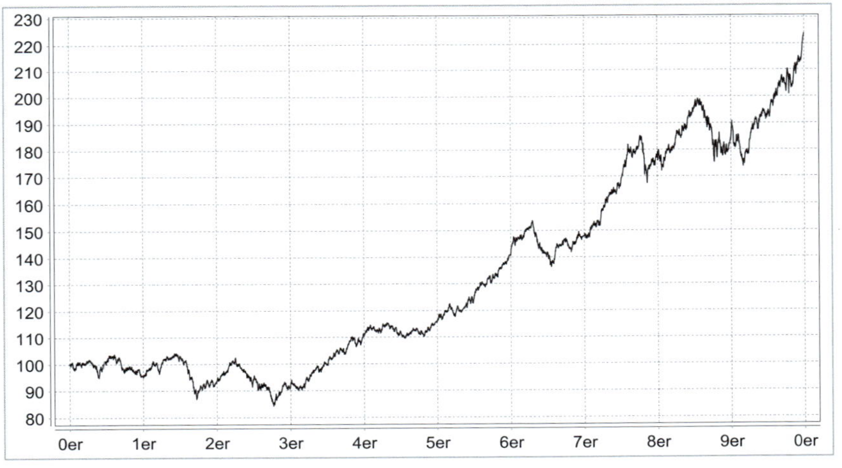

Sie erkennen ein zyklisches Verlaufsmuster. Denn sehr häufig wird im ersten Jahr eines neuen Jahrzehnts eine Baisse eingeleitet. Diese massive Abwärtsbewegung setzt sich in 1er- und 2er-Jahren fort, wobei häufig im Herbst der 2er-Jahre der Tiefpunkt des gesamten Jahrzehnts markiert wird. Danach startet der Dax eine Aufwärtsbewegung, die erst in 6er-Jahren eine nennenswerte Korrektur nach sich zieht. Anschließend wird die Rallye noch einmal von Schwächephasen Mitte der 7er- und 8er-Jahre unterbrochen, bevor es zu einem regelrechten Endspurt kommt. Denn häufig wird die Dekade auf dem Jahrzehnt-Hoch beendet.

Die genauen Verläufe der einzelnen Jahre im Dax zeigen die folgenden Seiten.

0ER-JAHRE IM DAX: –2,94 %

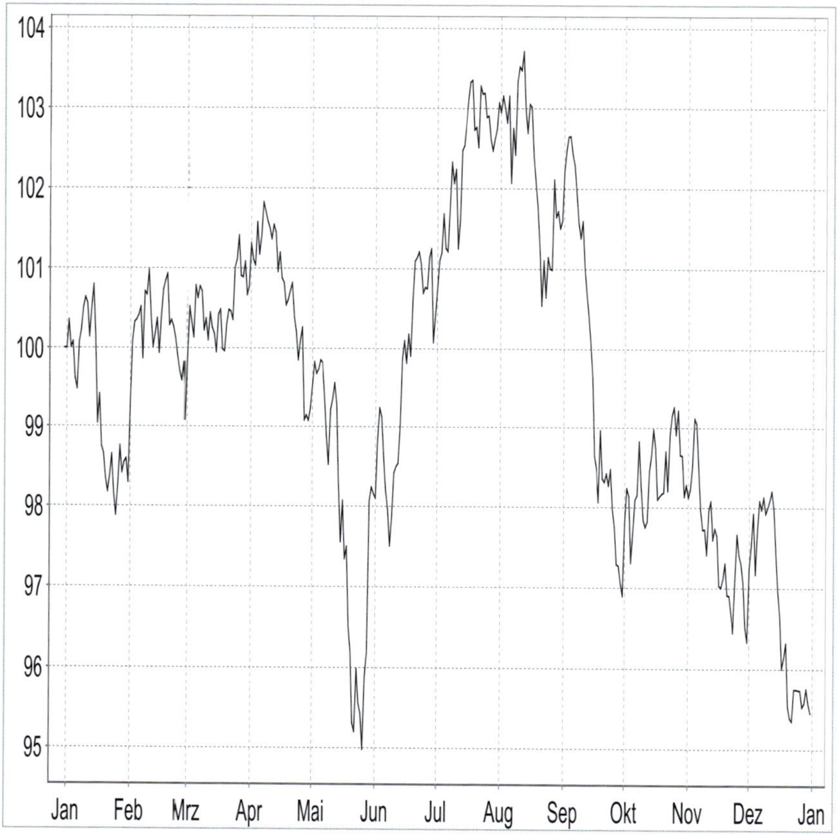

In 0er-Jahren zeigt der Dax einen volatilen Verlauf mit einer per saldo schwächeren Tendenz, wobei die Gewinn-Wahrscheinlichkeit bei nur 33 % liegt. Das zyklische Hoch des ersten Halbjahres wird oft Mitte April herausgebildet. Anschließend tritt eine Abwärtsbewegung ein, die sich Mitte Mai rasant beschleunigt und ins Jahres-Tief mündet. Diesem Tief folgt dann eine kräftigere Erholung, die Mitte August zum Jahres-Hoch führt. Danach drehen die Kurse wieder nachhaltig nach unten, wobei der Dax im August und im September deutlich schwächer als normal abschneidet. Die Jahresend-Rallye fällt aus, der Index verliert sogar im Dezember und beendet das 0er-Jahr nahezu auf Jahres-Tief.

Dax-Performance in 0er-Jahren

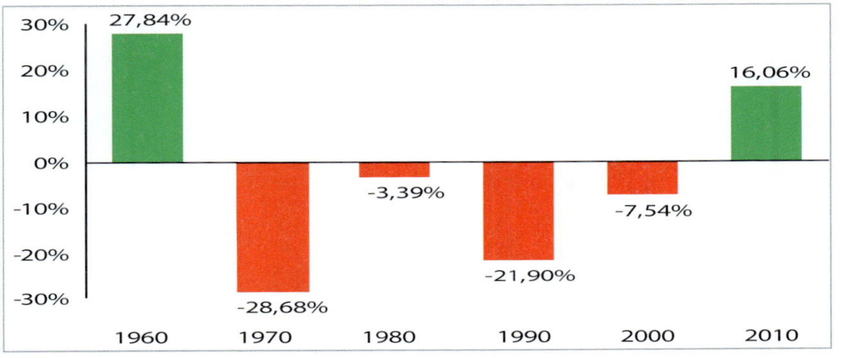

Zusammenfassung

Performance:	–2,94 %
Gewinn-Wahrscheinlichkeit:	33 %
Jahres-Hoch:	(+/–) 12.08.
Jahres-Tief:	(+/–) 26.05.
Performance:	Q1: 1,41 %
	Q2: 0,41 %
	Q3: –3,21 %
	Q4: –1,17 %

Monats-Performances in 0er-Jahren

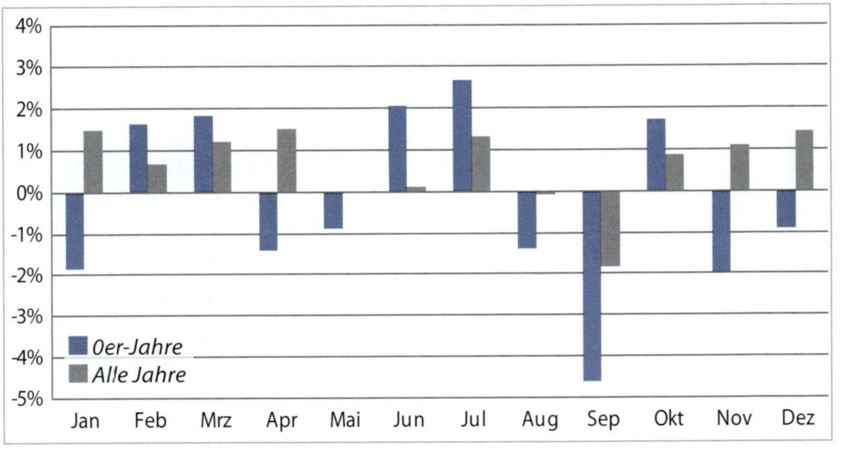

Januar-Verlauf im 0er-Jahr −1,86 %

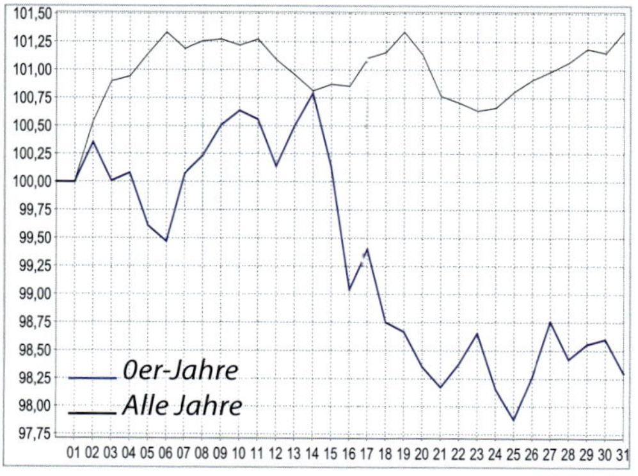

April-Verlauf im 0er-Jahr −1,41 %

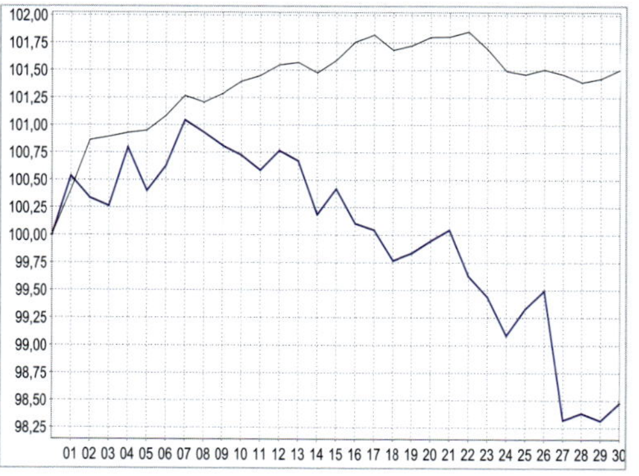

Februar-Verlauf im 0er-Jahr +1,62 %

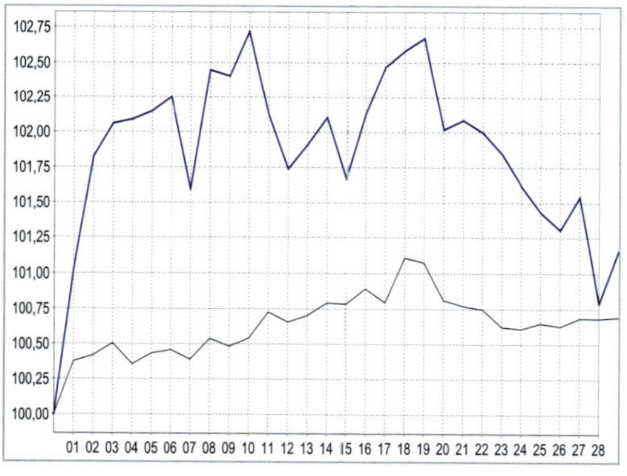

Mai-Verlauf im 0er-Jahr −0,88 %

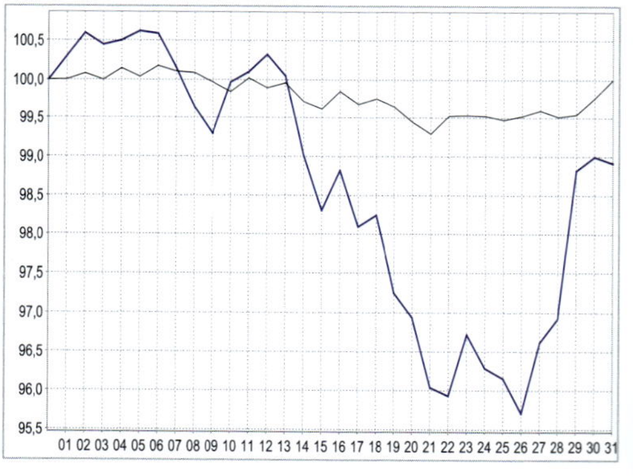

März-Verlauf im 0er-Jahr +1,83 %

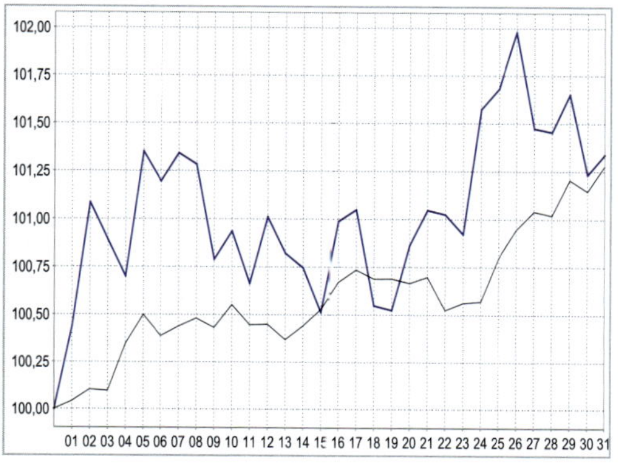

Juni-Verlauf im 0er-Jahr +2,06 %

Juli-Verlauf im 0er-Jahr +2,67 %

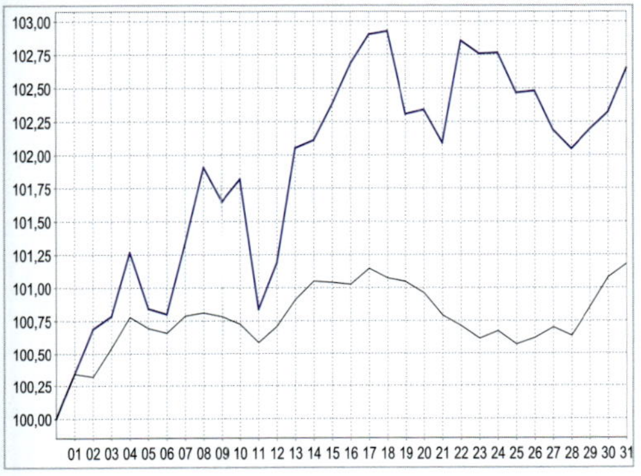

Oktober-Verlauf im 0er-Jahr +1,72 %

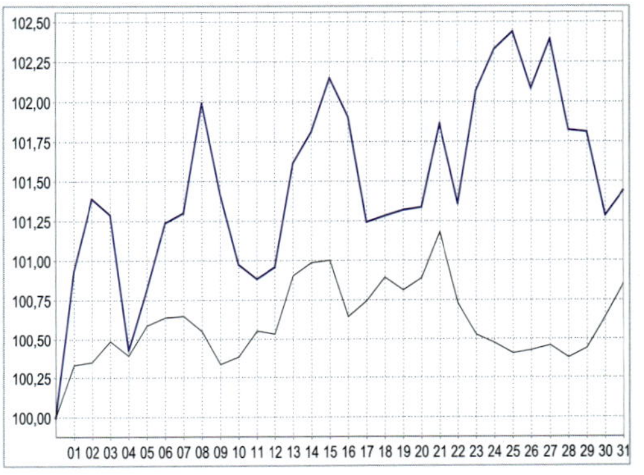

August-Verlauf im 0er-Jahr −1,39 %

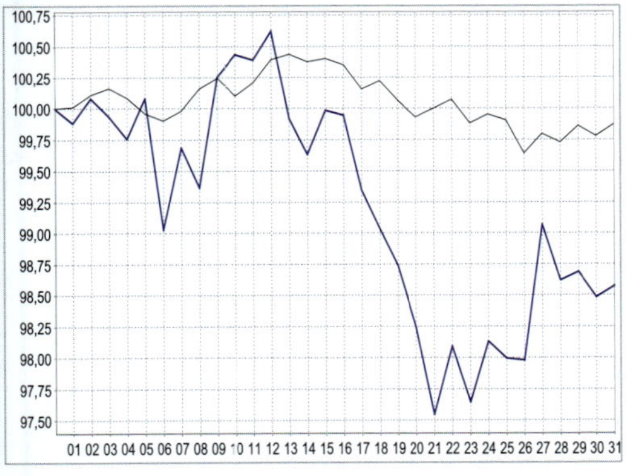

November-Verlauf im 0er-Jahr −1,97 %

September-Verlauf im 0er-Jahr −4,62 %

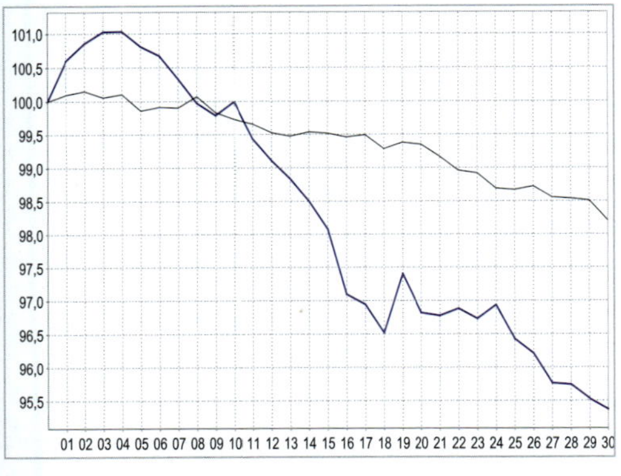

Dezember-Verlauf im 0er-Jahr −0,92 %

1ER-JAHRE IM DAX: –3,55 %

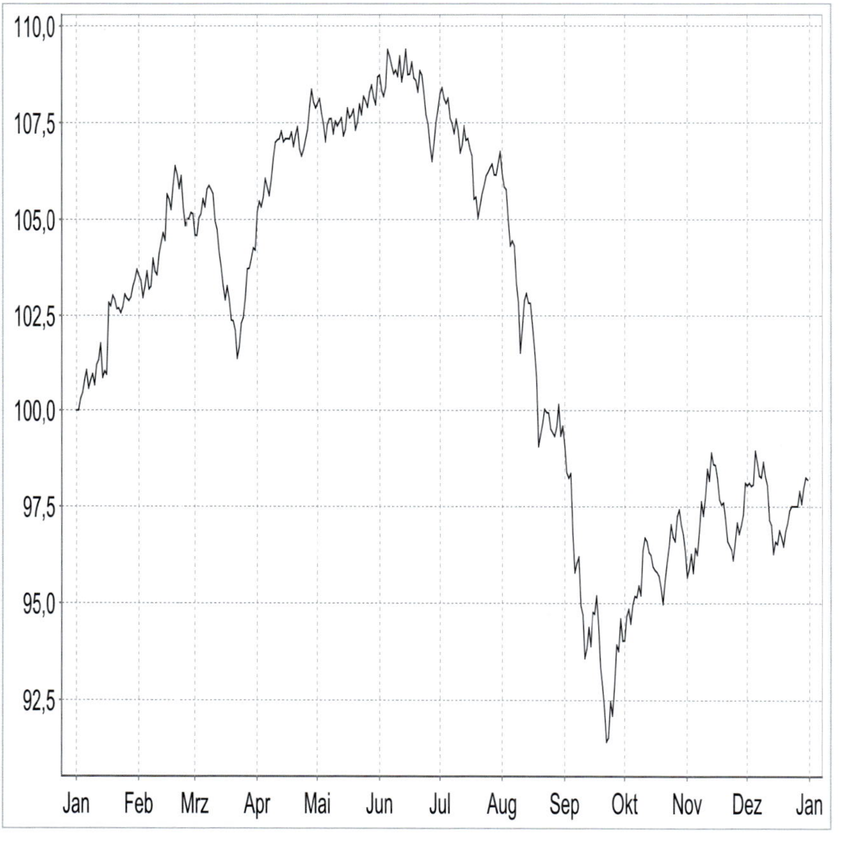

Durch die ausgeprägte Schwäche im dritten Quartal beendet der Dax 1er-Jahre mit einem Minus bei einer Gewinn-Wahrscheinlichkeit von 50 %. Ausgehend vom zyklischen Tiefpunkt im März ziehen die Kurse nach oben, wobei die Aufwärtstendenz bis Juni anhält. Hier wird das Jahres-Hoch gebildet. Von dort schlagen die Kurse eine Abwärtsbewegung ein, die sich nach einem Zwischenhoch Anfang August deutlich verschärft. August und September sind von rasant fallenden Kursen geprägt, wobei Ende September das Jahres-Tief entsteht. Insgesamt verliert der Index im dritten Quartal über 13 %. Danach erholt sich der Dax wieder, erreicht aber nicht mehr das Anfangsniveau des Börsenjahres.

Dax-Performance in 1er-Jahren

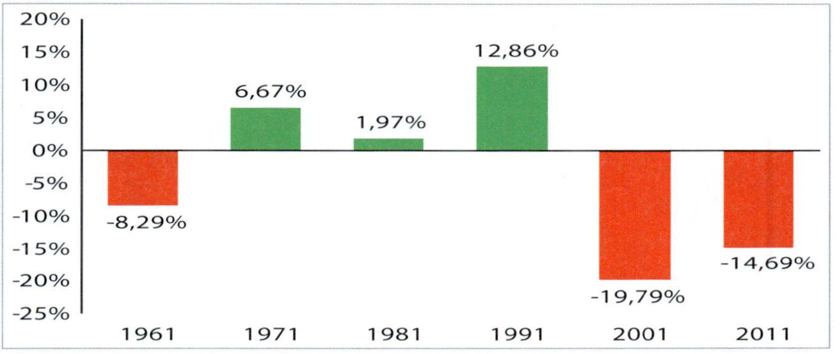

Zusammenfassung

Performance:	–3,55 %
Gewinn-Wahrscheinlichkeit:	50 %
Jahres-Hoch:	(+/–) 14.06.
Jahres-Tief:	(+/–) 22.09.
Performance:	Q1: 3,95 %
	Q2: 3,80 %
	Q3: –13,57 %
	Q4: 4,23 %

Monats-Performances in 1er-Jahren

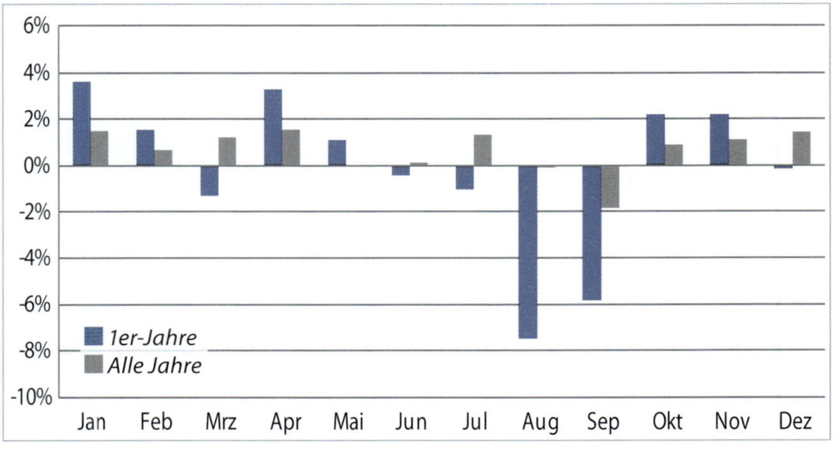

Januar-Verlauf im 1er-Jahr +3,64 %

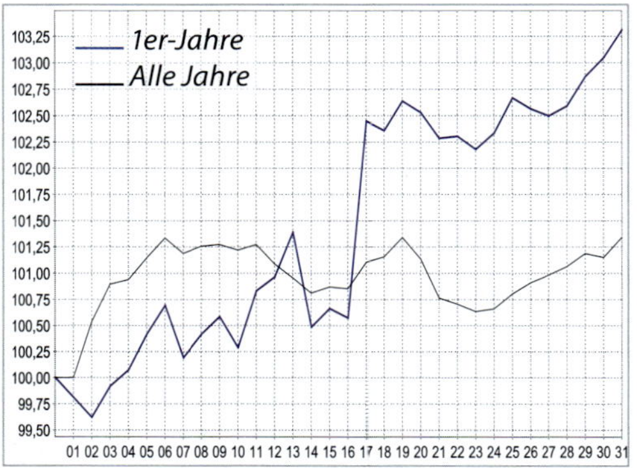

April-Verlauf im 1er-Jahr +3,29 %

Februar-Verlauf im 1er-Jahr +1,56 %

Mai-Verlauf im 1er-Jahr +1,09 %

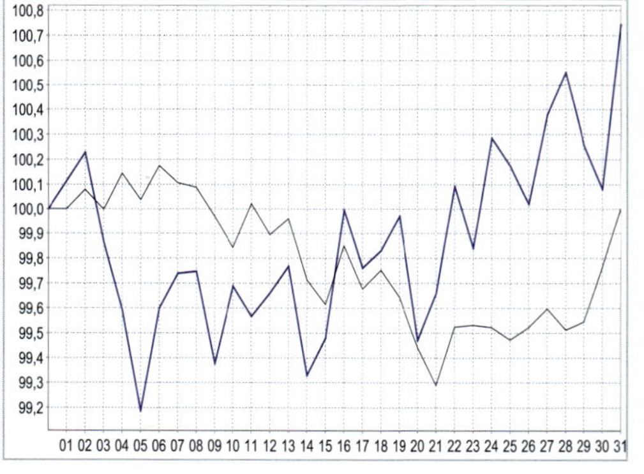

März-Verlauf im 1er-Jahr –1,32 %

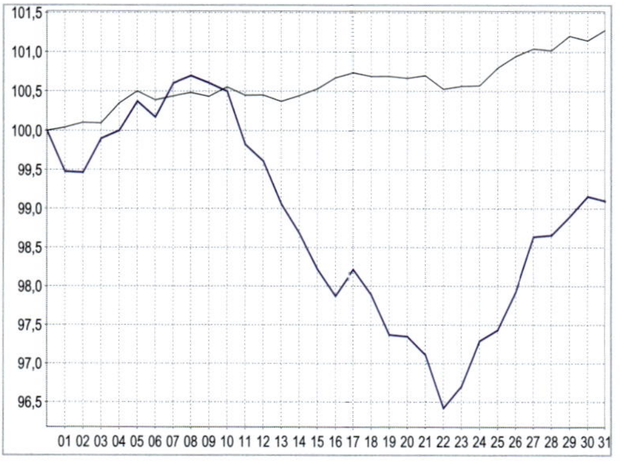

Juni-Verlauf im 1er-Jahr –0,44 %

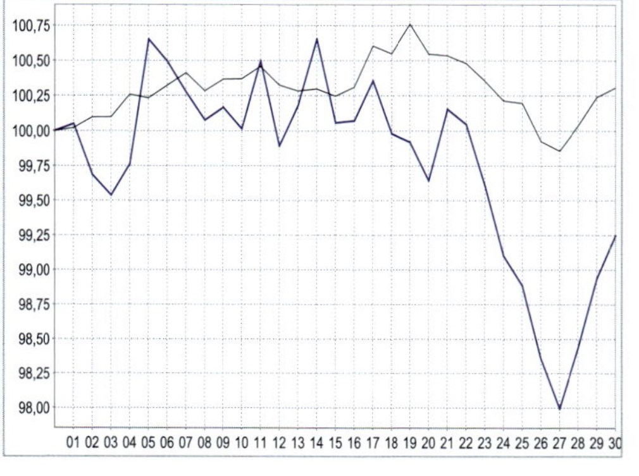

Juli-Verlauf im 1er-Jahr –1,04 %

Oktober-Verlauf im 1er-Jahr +2,19 %

August-Verlauf im 1er-Jahr –7,48 %

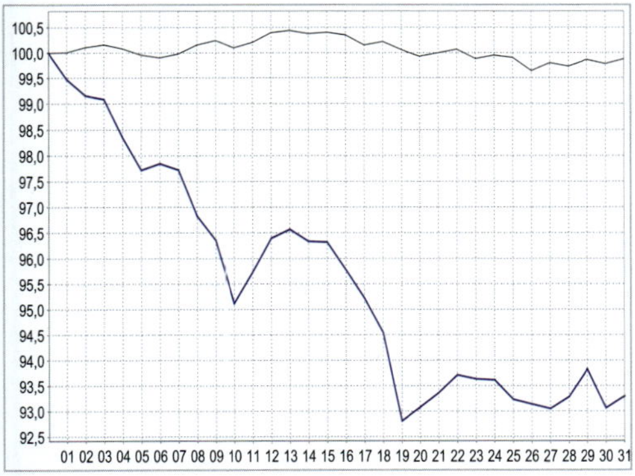

November-Verlauf im 1er-Jahr +2,20 %

September-Verlauf im 1er-Jahr –5,84 %

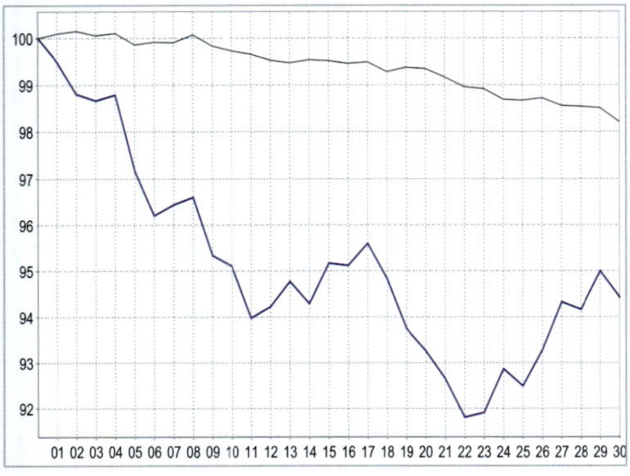

Dezember-Verlauf im 1er-Jahr –0,13 %

2ER-JAHRE IM DAX: –2,01 %

In 2er-Jahre muss der Dax das dritte Jahr hintereinander Verluste hinnehmen (Gewinn-Wahrscheinlichkeit: 50 %). Dabei startet der Markt eine Frühjahrs-Rallye, die bis Anfang April anhält. Das hier markierte Top bedeutet aber zumeist bereits das spätere Jahres-Hoch, denn dort setzt eine sechsmonatige nachhaltige Abwärtsbewegung ein. Dabei fallen die Kurse vor allem im April, Mai und im September rasant, wobei das zyklische Tief im Oktober häufig das Jahrzehnt-Tief bedeutet. Per saldo verlieren die Kurse zwischen Jahres-Hoch und Jahres-Tief rund 20 %, worauf bis Anfang Dezember wieder eine kräftige technische Erholung folgt, durch die das deutliche Jahres-Minus wieder etwas reduziert wird.

Dax-Performance in 2er-Jahren

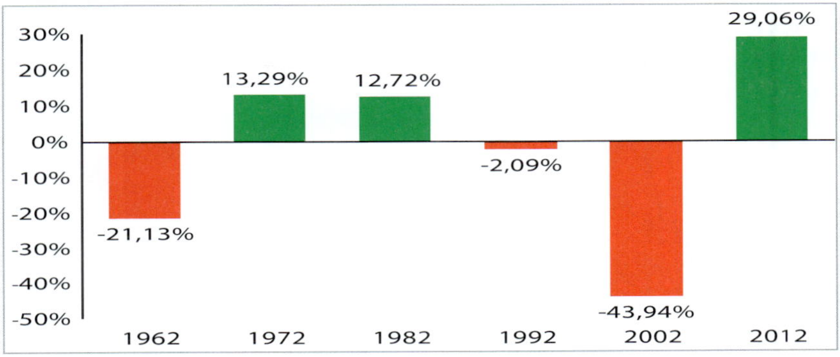

Zusammenfassung

Performance:	–2,01 %
Gewinn-Wahrscheinlichkeit:	50 %
Jahres-Hoch:	(+/–) 02.04.
Jahres-Tief:	(+/–) 09.10.
Performance:	Q1: 9,40 %
	Q2: –9,04 %
	Q3: –6,65 %
	Q4: 4,31 %

Monats-Performances in 2er-Jahren

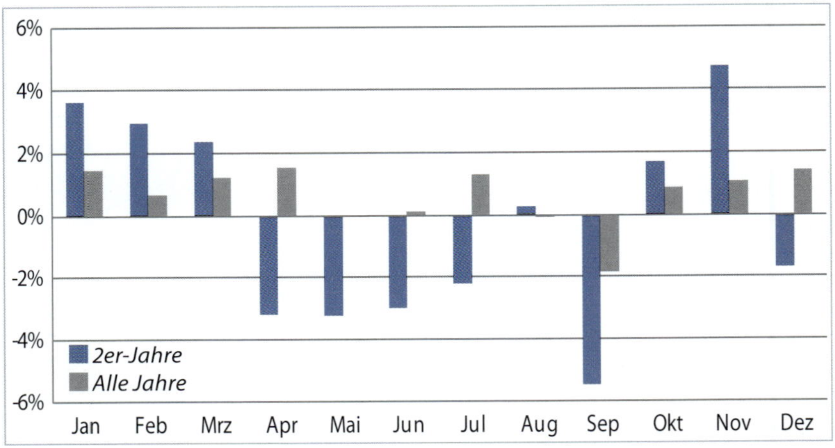

Januar-Verlauf im 2er-Jahr +3,65 %

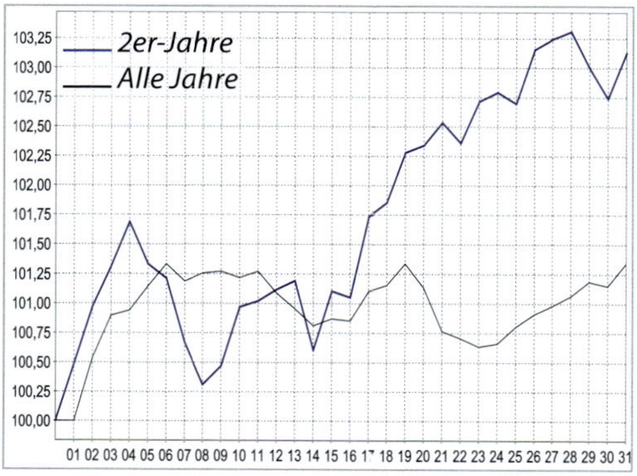

April-Verlauf im 2er-Jahr –3,20 %

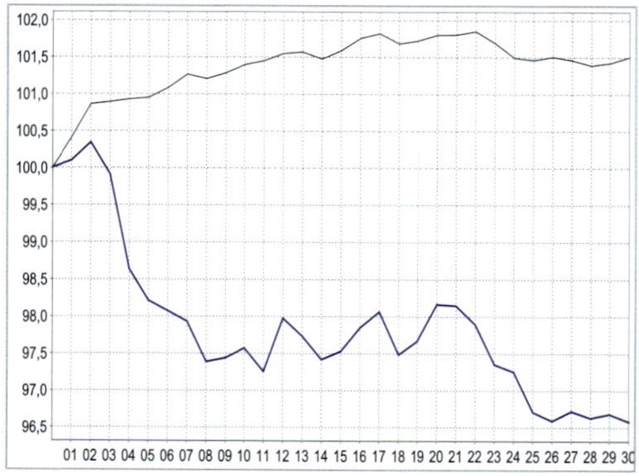

Februar-Verlauf im 2er-Jahr +2,96 %

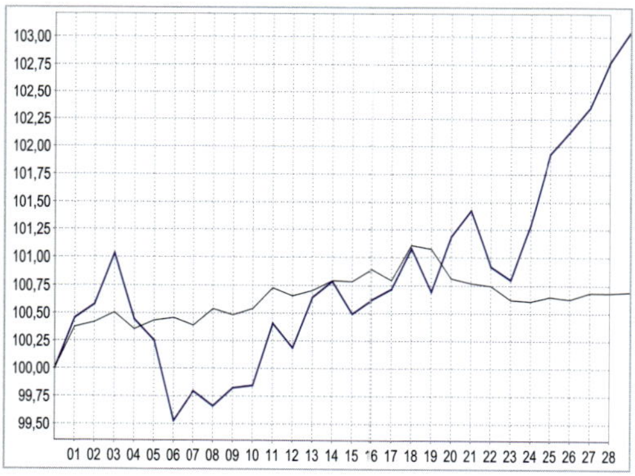

Mai-Verlauf im 2er-Jahr –3,24 %

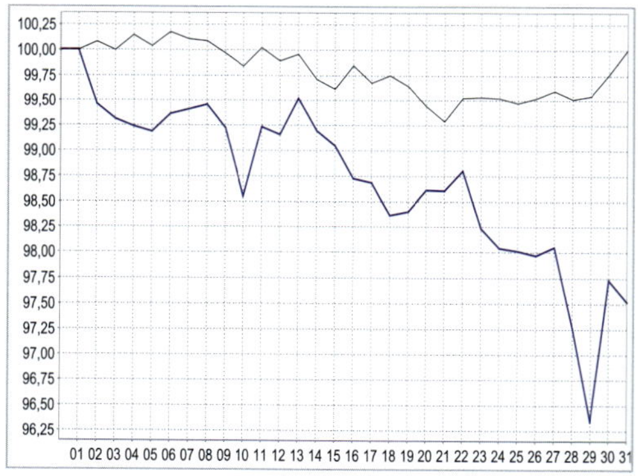

März-Verlauf im 2er-Jahr +2,38 %

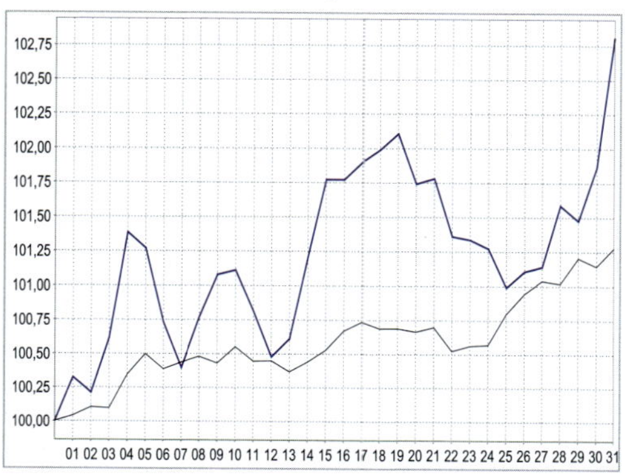

Juni-Verlauf im 2er-Jahr –3,00 %

Juli-Verlauf im 2er-Jahr −2,22 %

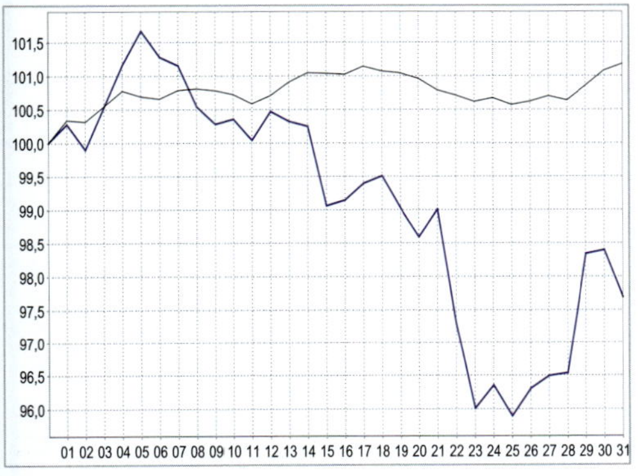

Oktober-Verlauf im 2er-Jahr +1,70 %

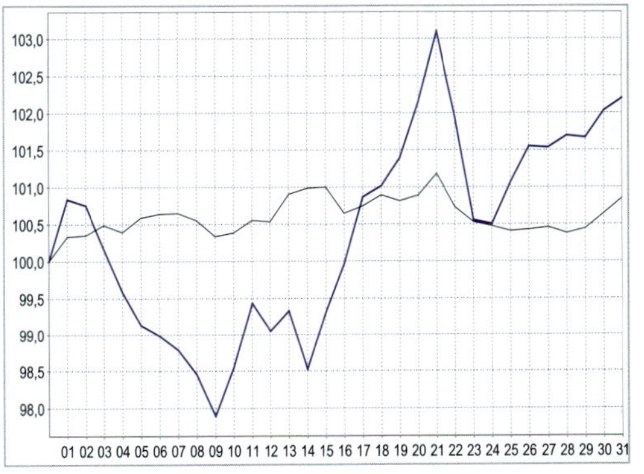

August-Verlauf im 2er-Jahr +0,29 %

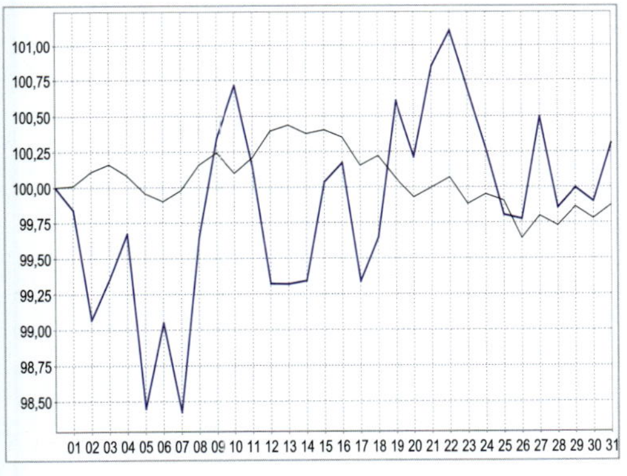

November-Verlauf im 2er-Jahr +4,75 %

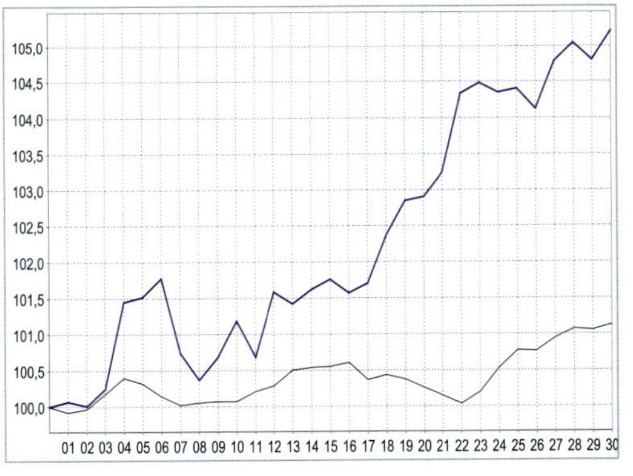

September-Verlauf im 2er-Jahr −5,48 %

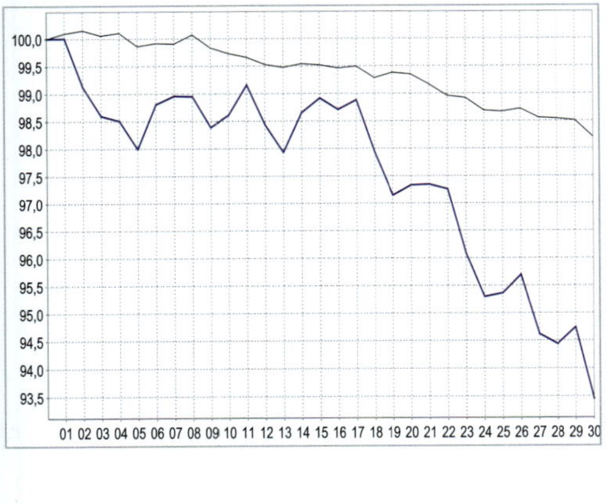

Dezember-Verlauf im 2er-Jahr −1,70 %

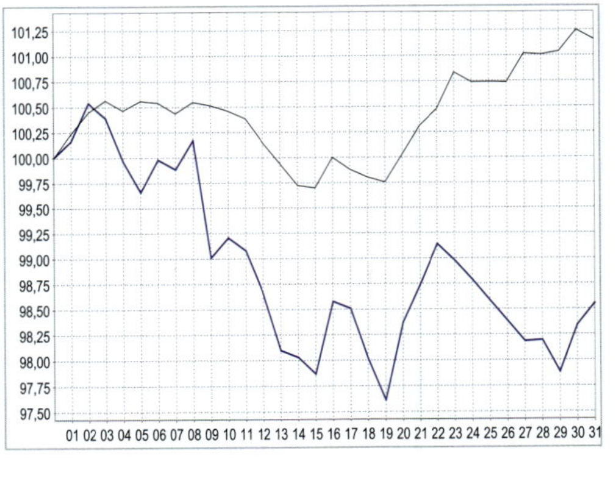

3ER-JAHRE IM DAX: +22,80 %

Nachdem der Dax in den ersten drei Jahren einer Dekade kräftig an Boden verloren hat, kennt der Index in 3er-Jahren eigentlich nur die Richtung nach oben. Zu Beginn mag dies noch bezweifelt werden, schließlich bleibt die typische Jahresanfangs-Rallye aus, und stattdessen wird im Februar/März das spätere Jahres-Tief herausgebildet. Dann jedoch entwickelt sich eine dynamische Rallye, die bis zum Jahresende anhält. Entsprechend beendet der Index das Jahr mit einem deutlichen Zuwachs von durchschnittlich 22,80 % nahezu auf Jahres-Hoch, womit 3er-Jahre die zweitbeste Performance im Jahrzehnt ausweisen. Die Gewinn-Wahrscheinlichkeit weist mit 83 % ebenfalls einen Top-Wert auf.

Dax-Performance in 3er-Jahren

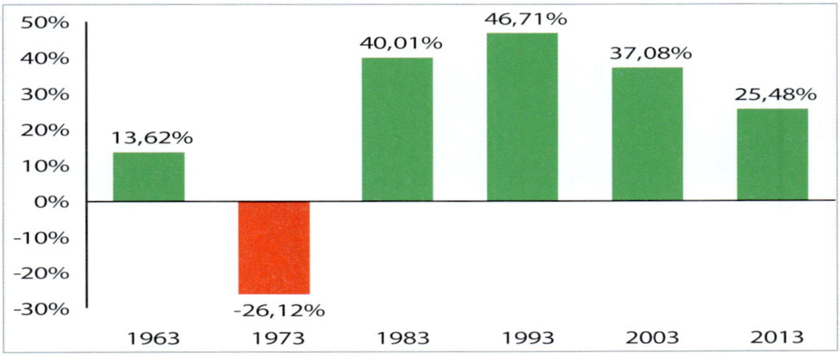

Zusammenfassung

Performance:	+22,80 %
Gewinn-Wahrscheinlichkeit:	83 %
Jahres-Hoch:	(+/–) 30.12.
Jahres-Tief:	(+/–) 09.02.
Performance:	Q1: 2,64 %
	Q2: 7,30 %
	Q3: 3,40 %
	Q4: 7,81 %

Monats-Performances in 3er-Jahren

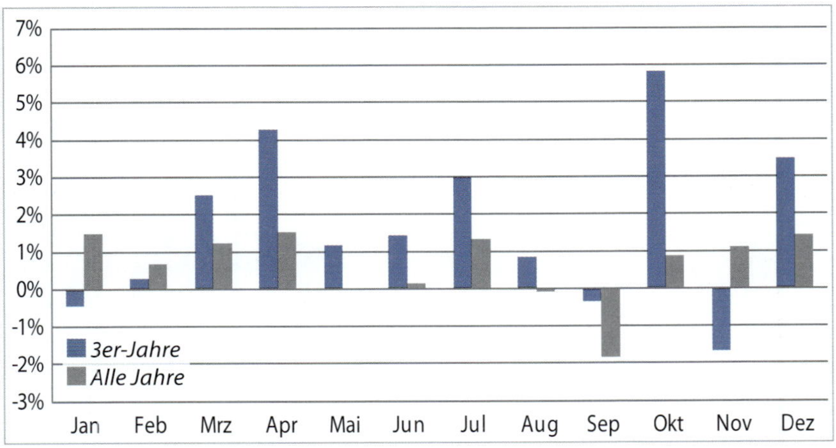

Januar-Verlauf im 3er-Jahr –0,46 %

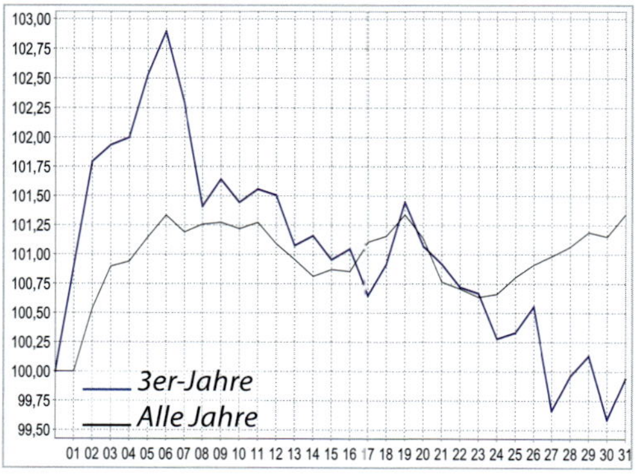

April-Verlauf im 3er-Jahr +4,28 %

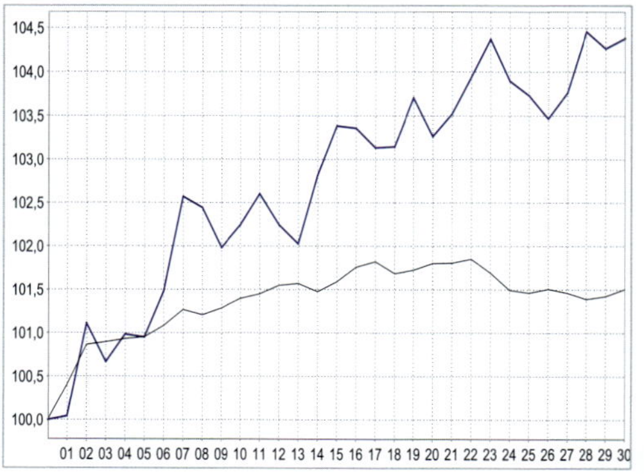

Februar-Verlauf im 3er-Jahr +0,29 %

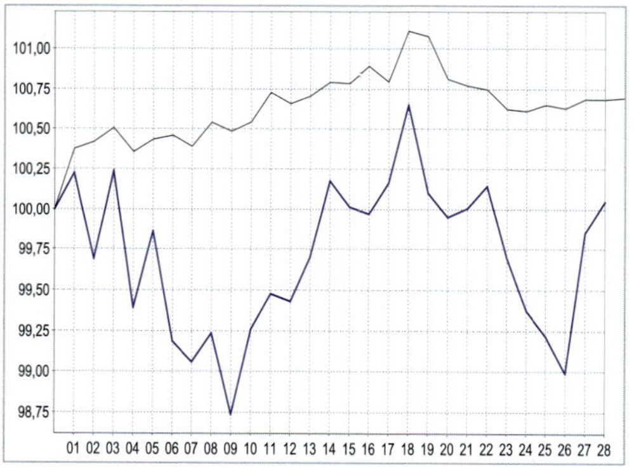

Mai-Verlauf im 3er-Jahr +1,18 %

März-Verlauf im 3er-Jahr +2,53 %

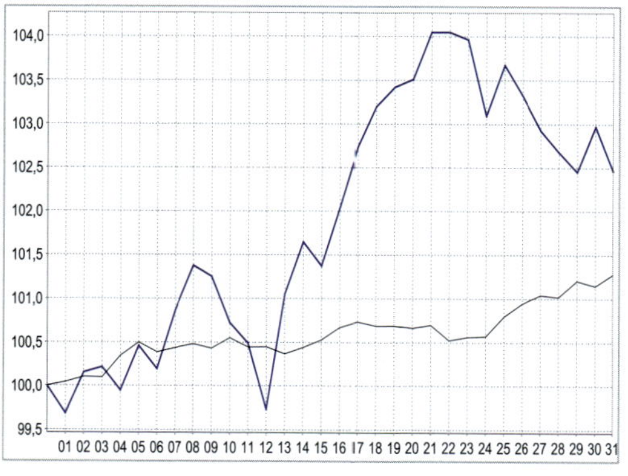

Juni-Verlauf im 3er-Jahr +1,41 %

Juli-Verlauf im 3er-Jahr +2,97 %

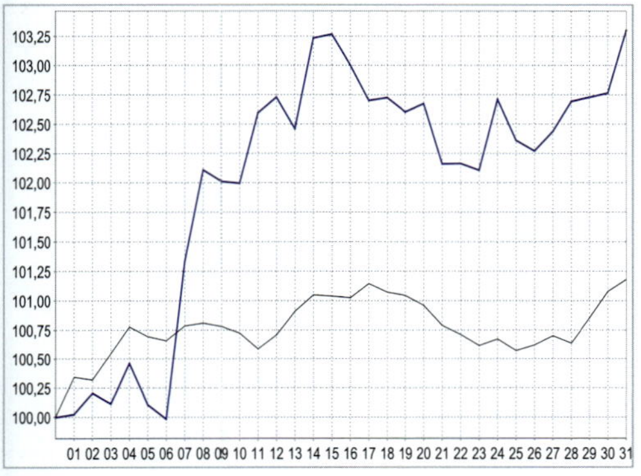

Oktober-Verlauf im 3er-Jahr +5,81 %

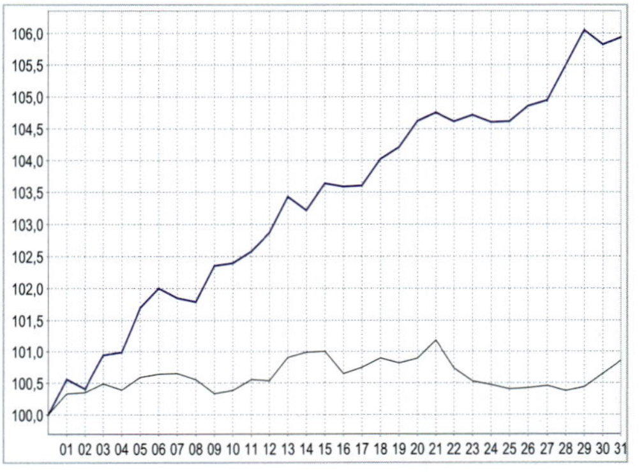

August-Verlauf im 3er-Jahr +0,84 %

November-Verlauf im 3er-Jahr –1,69 %

September-Verlauf im 3er-Jahr –0,37 %

Dezember-Verlauf im 3er-Jahr +3,46 %

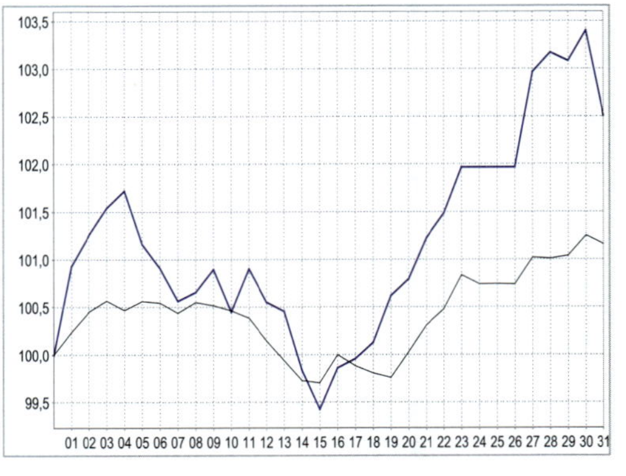

4ER-JAHRE IM DAX: +3,32 %

In 4er-Jahren unterliegt der Dax heftigen Kursschwankungen in beiden Richtungen. Kann der Index zu Jahresbeginn noch deutlich zulegen, so endet die Jahresanfangs-Rallye bereits Anfang Februar. Im April bildet der Index einen zyklischen Hochpunkt, das zumeist das Jahres-Hoch bedeutet. Daraufhin fallen die Kurse rapide, bevor Ende Juli zumeist das Jahres-Tief markiert wird. Von dort zieht der Index bis September wieder nach oben, um im Oktober noch einmal leicht zu korrigieren. Die Jahresend-Rallye führt den Dax bis knapp unter das April-Hoch, sodass 4er-Jahre bei einer Gewinn-Wahrscheinlichkeit von 80 % mit unspektakulären Kursgewinnen beendet werden.

Dax-Performance in 4er-Jahren

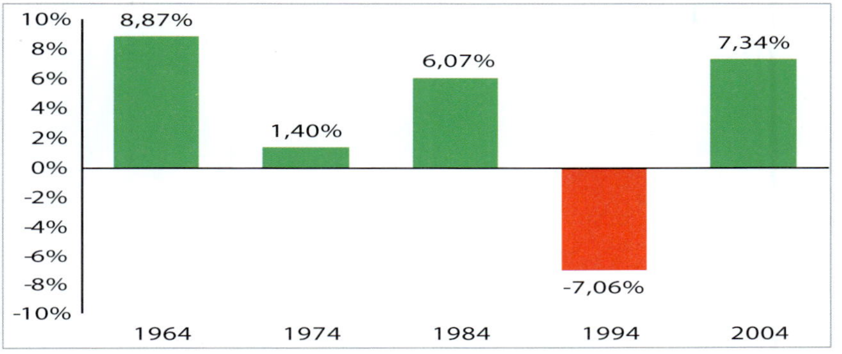

Zusammenfassung

Performance:	+3,32 %
Gewinn-Wahrscheinlichkeit:	80 %
Jahres-Hoch:	(+/–) 27.04.
Jahres-Tief:	(+/–) 25.07.
Performance:	Q1: 1,69 %
	Q2: –1,36 %
	Q3: –0,20 %
	Q4: 3,60 %

Monats-Performances in 4er-Jahren

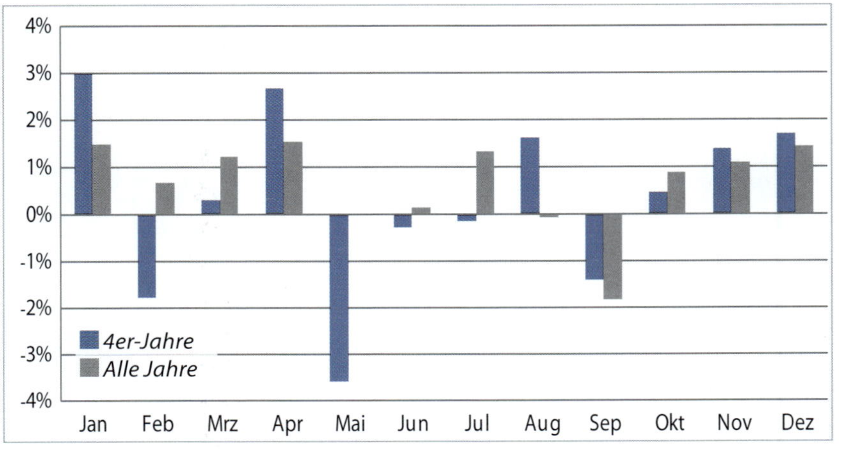

Januar-Verlauf im 4er-Jahr +2,98 %

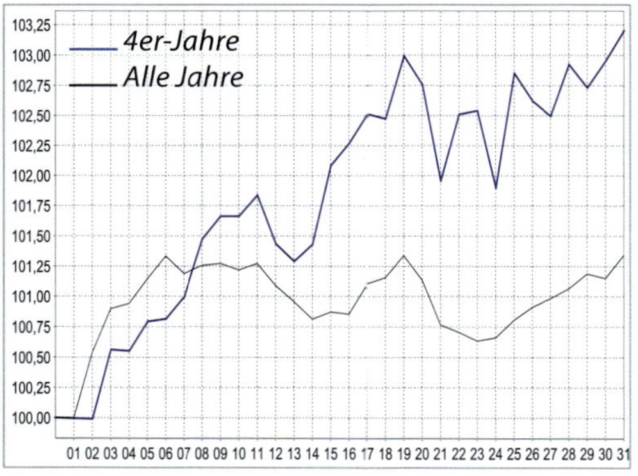

April-Verlauf im 4er-Jahr +2,66 %

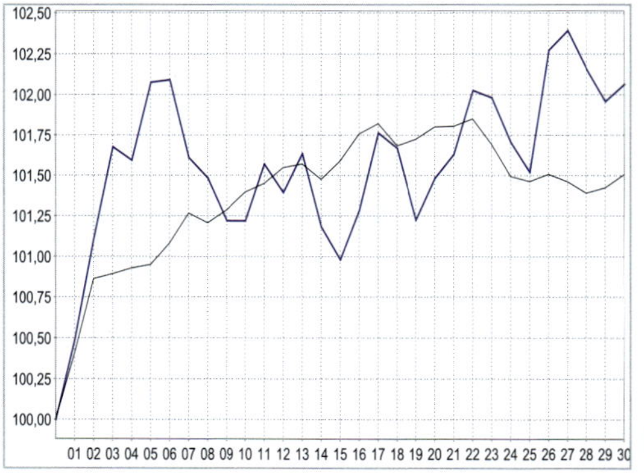

Februar-Verlauf im 4er-Jahr −1,79 %

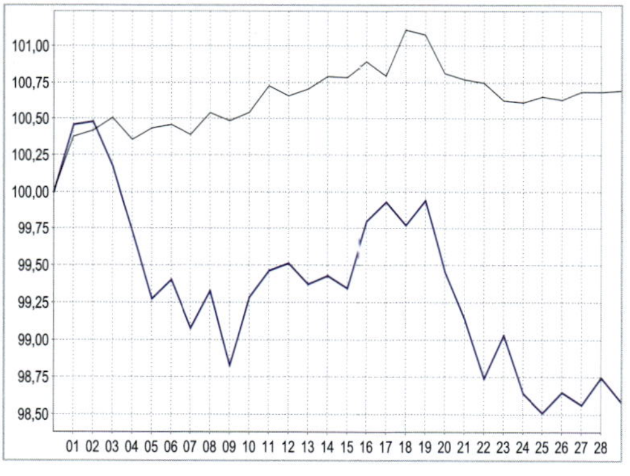

Mai-Verlauf im 4er-Jahr −3,60 %

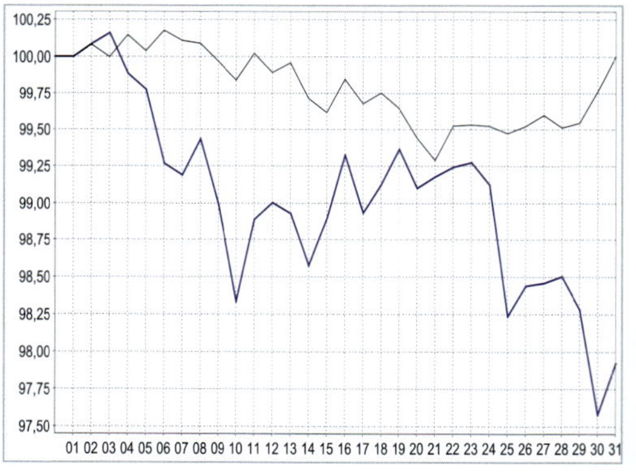

März-Verlauf im 4er-Jahr +0,65 %

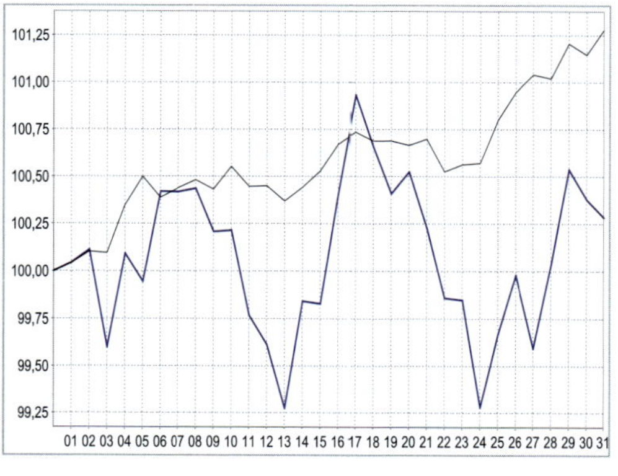

Juni-Verlauf im 4er-Jahr −0,29 %

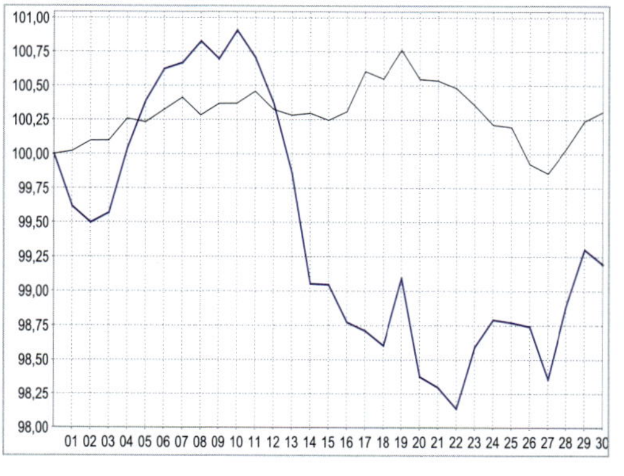

Juli-Verlauf im 4er-Jahr –0,15 %

Oktober-Verlauf im 4er-Jahr +0,45 %

August-Verlauf im 4er-Jahr +1,60 %

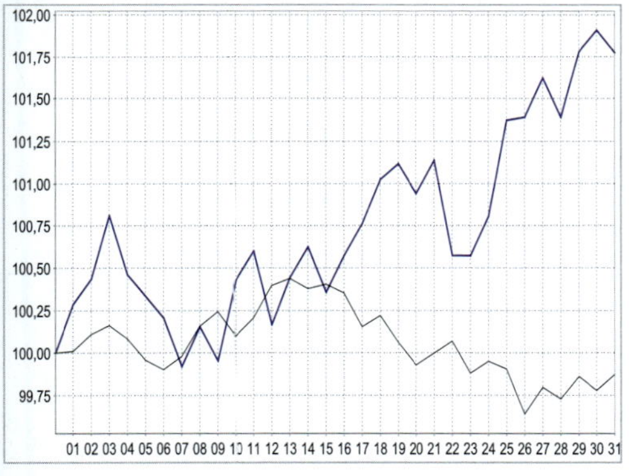

November-Verlauf im 4er-Jahr +1,38 %

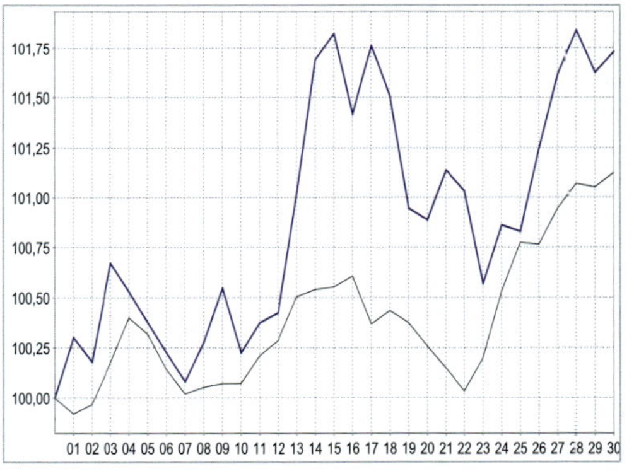

September-Verlauf im 4er-Jahr –1,42 %

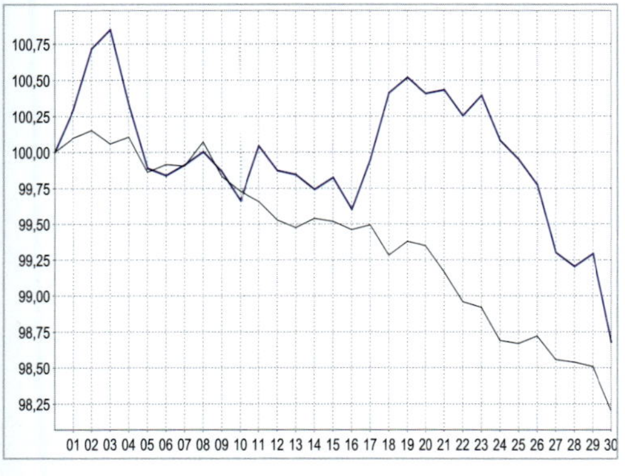

Dezember-Verlauf im 4er-Jahr +1,69 %

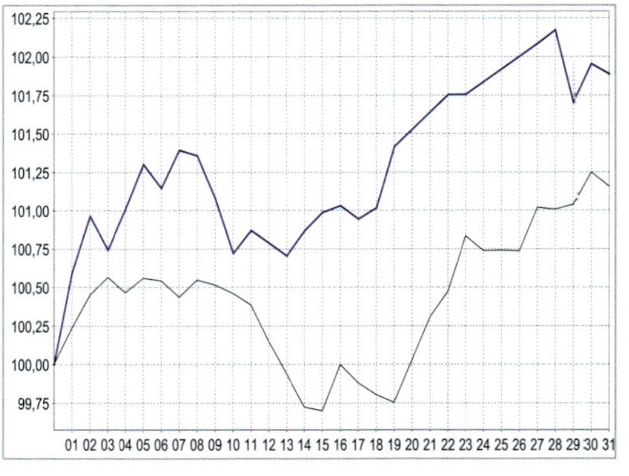

5ER-JAHRE IM DAX: +25,81 %

Dank kräftiger Kursgewinne bei nur sehr geringen Korrekturen sind die 5er-Jahre die besten Börsenjahre. Die Jahresanfangs-Rallye endet mit einem zyklischen Hoch im März, worauf eine kurzzeitige Korrektur folgt. Bis Mitte April bildet sich ein nächstes Hoch heraus, bevor die Kurse erneut geringfügig zurücksetzen. Ab Mai wird schließlich eine langfristig dynamische Rallye gestartet, die – lediglich unterbrochen von geringen Kurskorrekturen im Juni und September – bis zum Jahresende anhält und den Dax somit in 5er-Jahren um durchschnittlich 25,81 % ansteigen lässt. Die Gewinn-Wahrscheinlichkeit liegt hier bei 80 %.

Dax-Performance in 5er-Jahren

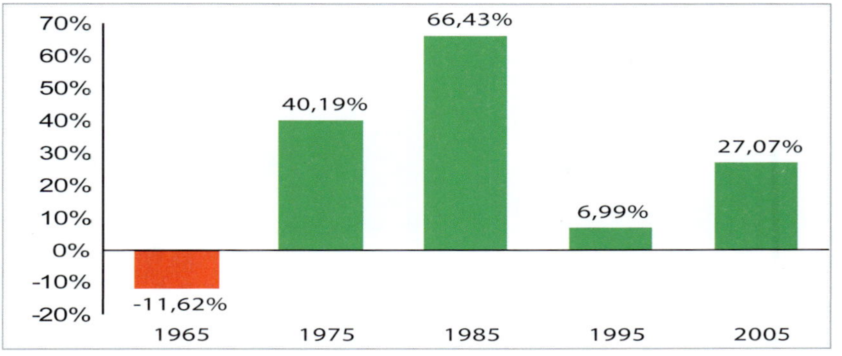

Zusammenfassung

Performance:	+25,81 %	
Gewinn-Wahrscheinlichkeit:	80 %	
Jahres-Hoch:	(+/–) 29.12.	
Jahres-Tief:	(+/–) 01.01.	
Performance:	Q1:	3,33 %
	Q2:	5,19 %
	Q3:	6,96 %
	Q4:	7,17 %

Monats-Performances in 5er-Jahren

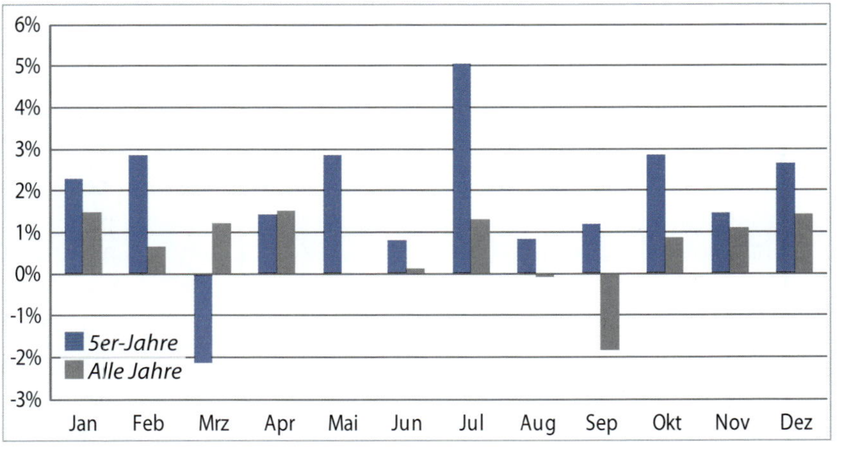

Januar-Verlauf im 5er-Jahr +2,30 %

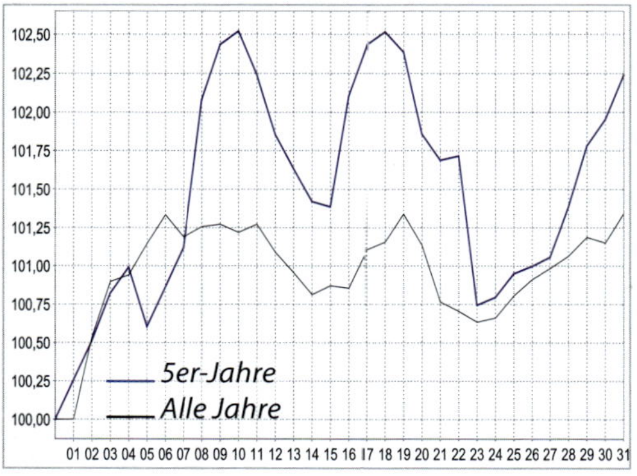

April-Verlauf im 5er-Jahr +1,43 %

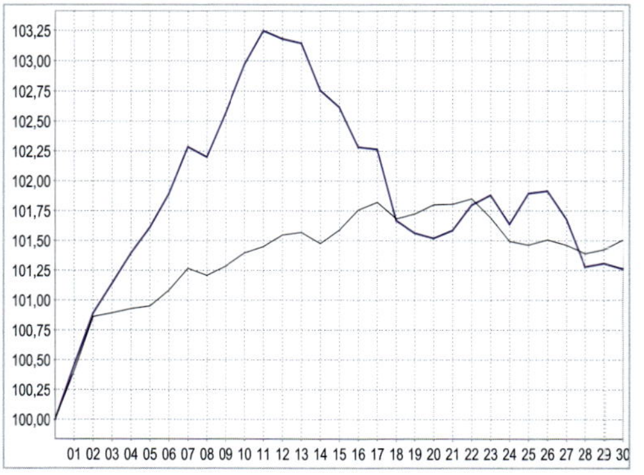

Februar-Verlauf im 5er-Jahr +2,67 %

Mai-Verlauf im 5er-Jahr +2,87 %

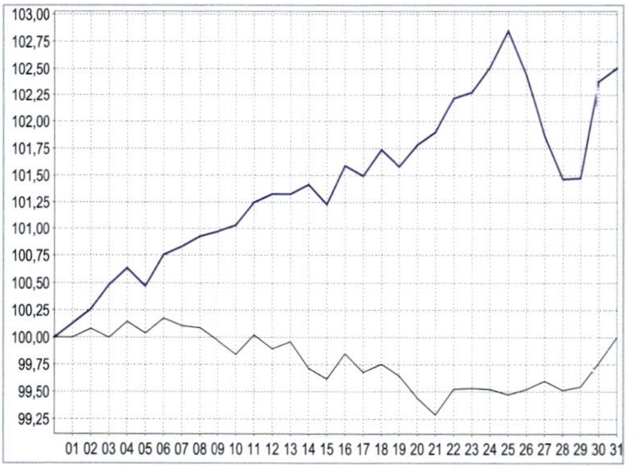

März-Verlauf im 5er-Jahr −2,12 %

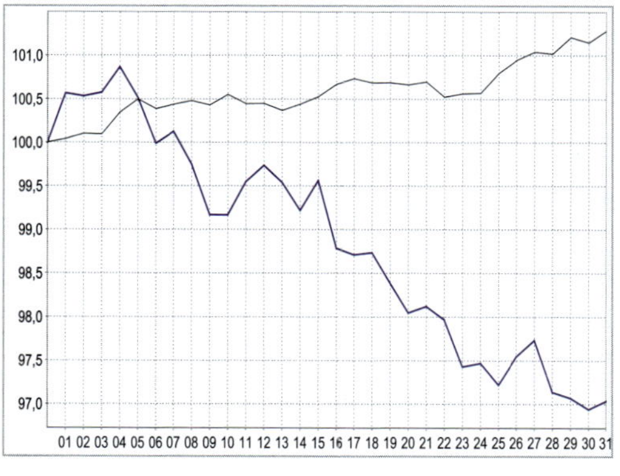

Juni-Verlauf im 5er-Jahr +0,80 %

Juli-Verlauf im 5er-Jahr +5,04 %

Oktober-Verlauf im 5er-Jahr +2,86 %

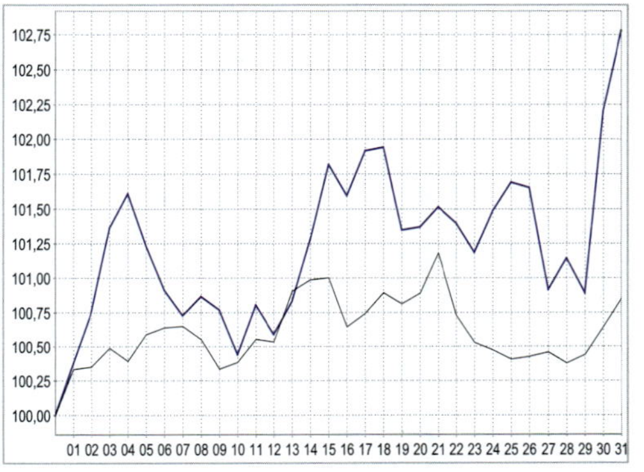

August-Verlauf im 5er-Jahr +0,83 %

November-Verlauf im 5er-Jahr +1,45 %

September-Verlauf im 5er-Jahr +1,19 %

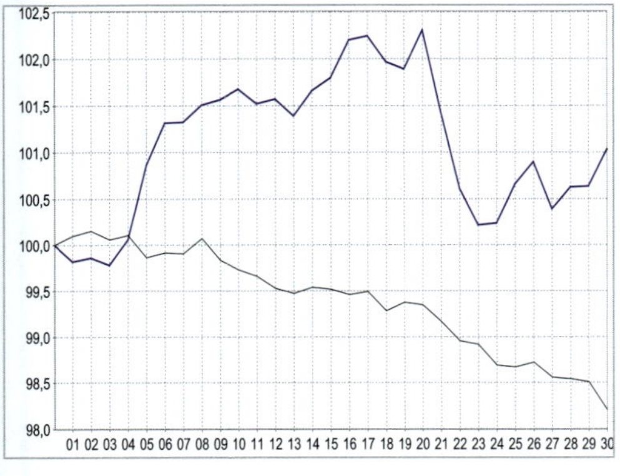

Dezember-Verlauf im 5er-Jahr +2,64 %

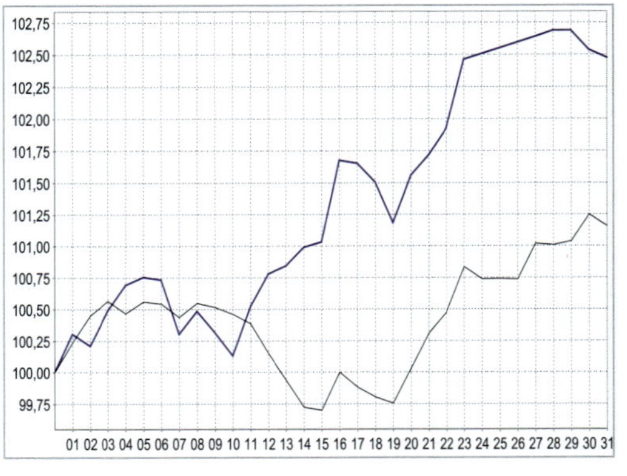

6ER-JAHRE IM DAX: +4,86 %

6er-Jahre beginnen im Dax mit einer Jahresanfangs-Rallye, in deren Folge Ende April das Jahres-Hoch markiert wird. Danach begibt sich der Index auf eine heftige Talfahrt mit einem Abschlag von 15 % und bildet Ende Juli sein Jahres-Tief heraus. Anschließend erholen sich die Notierungen im August rasant, wobei dieser positive Trend in ein zyklisches Hoch im Oktober mündet. Nach einer erneuten Korrektur im weiteren Monatsverlauf klettern die Kurse bis Anfang Dezember ein letztes Mal und korrigieren anschließend nochmals, sodass am Ende nur ein geringer Jahresgewinn bleibt. Die Gewinn-Wahrscheinlichkeit in 6er-Jahren beträgt immerhin 60 %.

Dax-Performance in 6er-Jahren

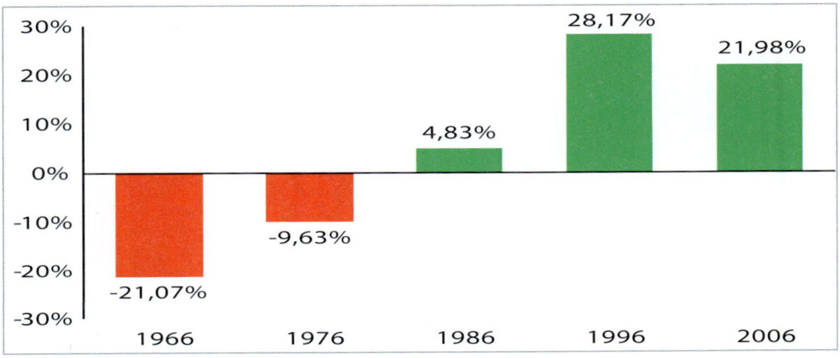

Zusammenfassung

Performance:	+4,86 %
Gewinn-Wahrscheinlichkeit:	60 %
Jahres-Hoch:	(+/–) 20.04.
Jahres-Tief:	(+/–) 22.07.
Performance:	Q1: 6,91 %
	Q2: –6,58 %
	Q3: 2,43 %
	Q4: 1,42 %

Monats-Performances in 6er-Jahren

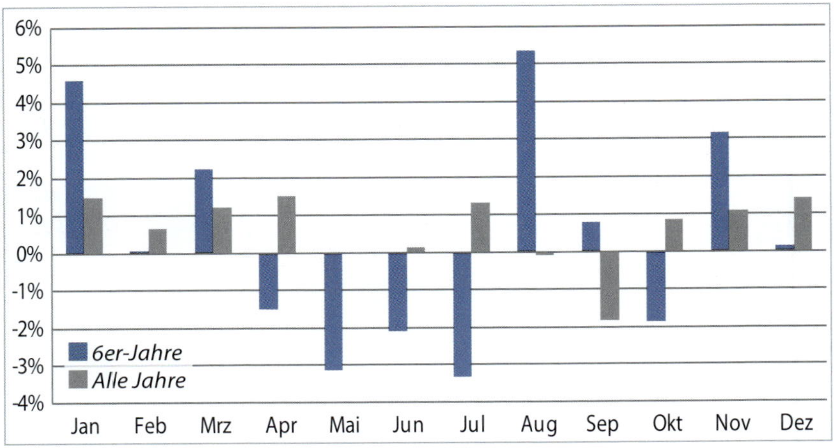

Januar-Verlauf im 6er-Jahr +4,59 %

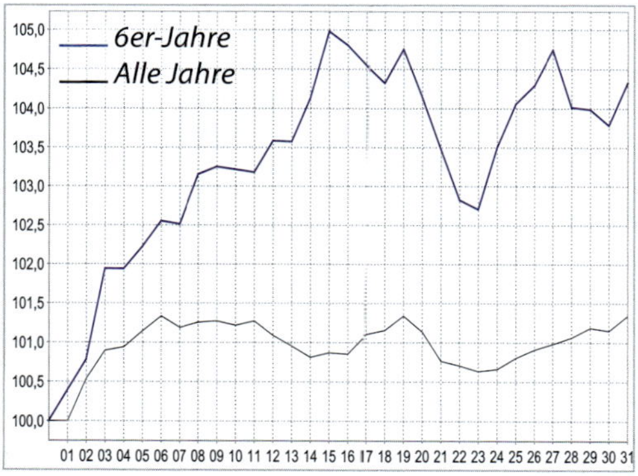

April-Verlauf im 6er-Jahr –1,50 %

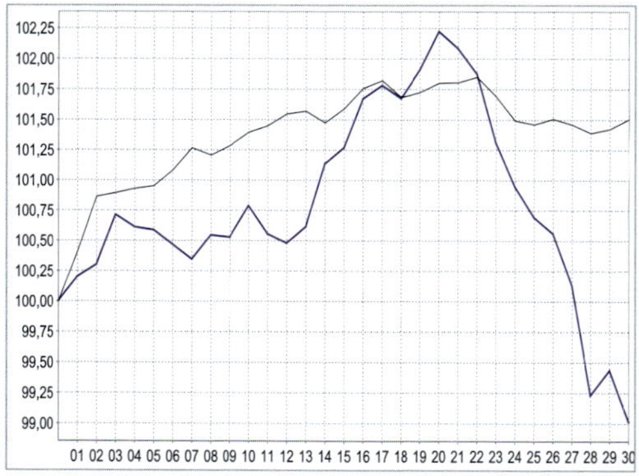

Februar-Verlauf im 6er-Jahr +0,06 %

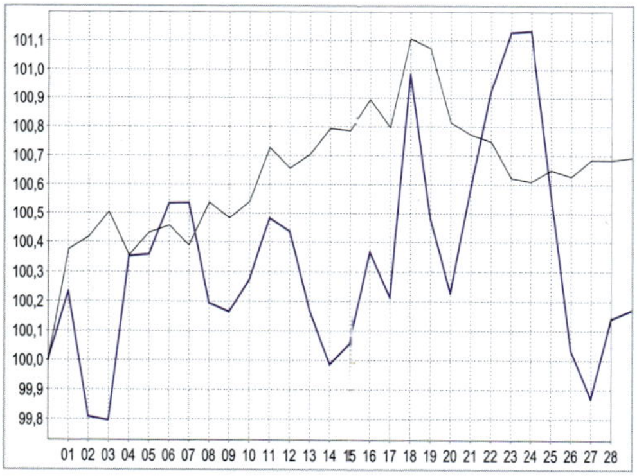

Mai-Verlauf im 6er-Jahr –3,13 %

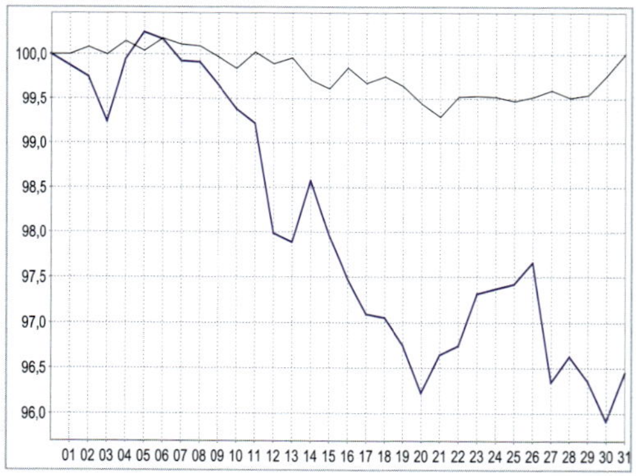

März-Verlauf im 6er-Jahr +2,24 %

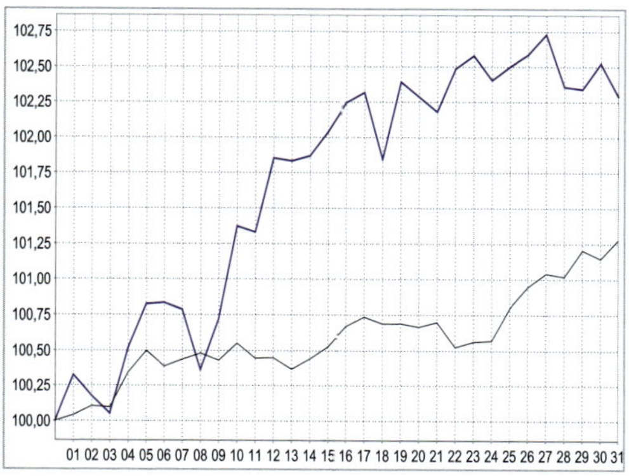

Juni-Verlauf im 6er-Jahr –2,11 %

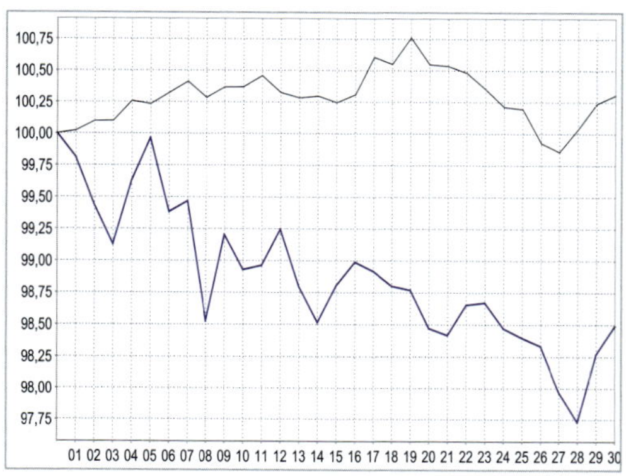

Juli-Verlauf im 6er-Jahr –3,33 %

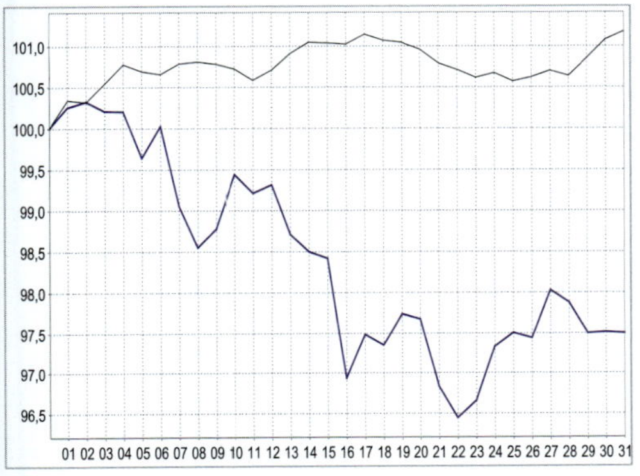

Oktober-Verlauf im 6er-Jahr –1,87 %

August-Verlauf im 6er-Jahr +5,33 %

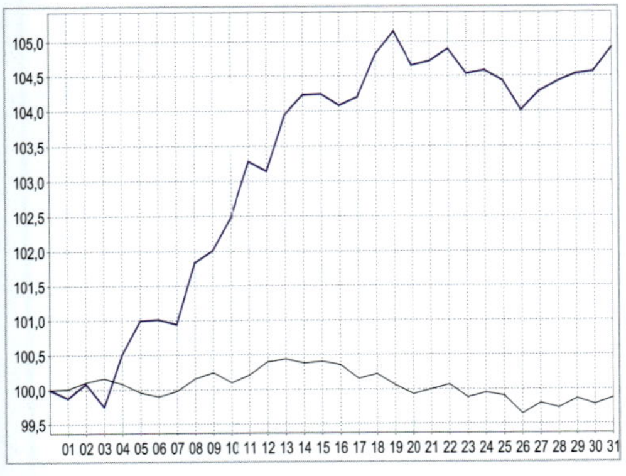

November-Verlauf im 6er-Jahr +3,14 %

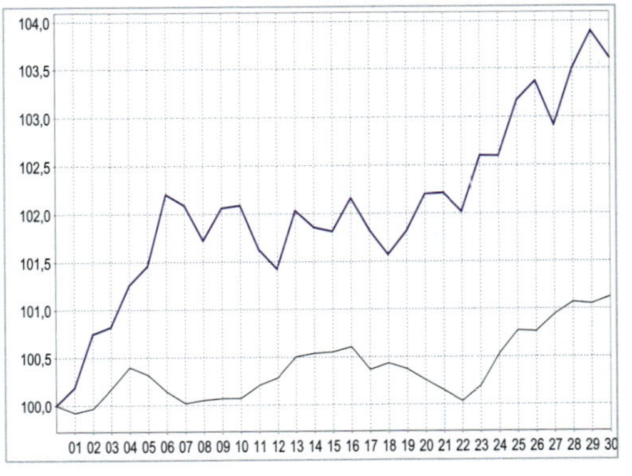

September-Verlauf im 6er-Jahr +0,080 %

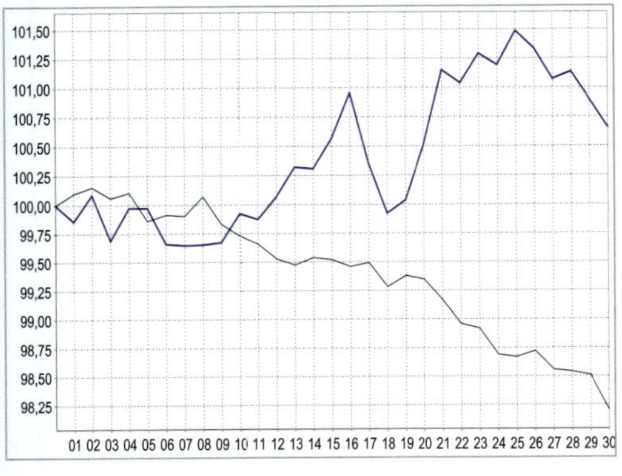

Dezember-Verlauf im 6er-Jahr +0,13 %

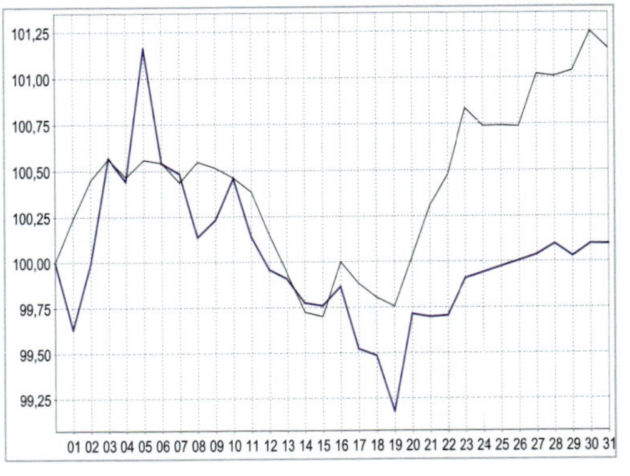

7ER-JAHRE IM DAX: +19,62 %

Anfangs scheinen 7er-Jahre im Dax nicht besonders spannend zu werden, da die Kurse bis Februar auf der Stelle treten. Dann stellt sich jedoch ein kontinuierlicher, sechs Monate anhaltender Aufwärtstrend ein, wobei der Index insbesondere im dritten Quartal deutlich besser abschneidet. Im Übergang zum Oktober wird das Jahres-Hoch markiert, ehe eine kräftige Korrektur erfolgt, die im November ihren zyklischen Tiefpunkt erreicht. Die Verluste dieser Wochen relativieren sich durch die Mitte November eingeläutete Jahresend-Rallye. Im Schnitt beendet der Dax 7er-Jahre mit einem Plus von fast 20 % bei einer Gewinn-Wahrscheinlichkeit von 80 %.

Dax-Performance in 7er-Jahren

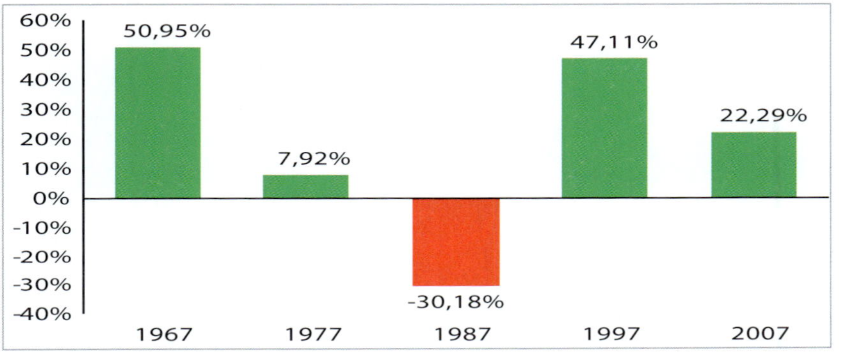

Zusammenfassung

Performance:	+19,62 %	
Gewinn-Wahrscheinlichkeit:	80 %	
Jahres-Hoch:	(+/–) 05.10.	
Jahres-Tief:	(+/–) 14.01.	
Performance:	Q1:	6,22 %
	Q2:	5,71 %
	Q3:	8,43 %
	Q4:	–2,71 %

Monats-Performances in 7er-Jahren

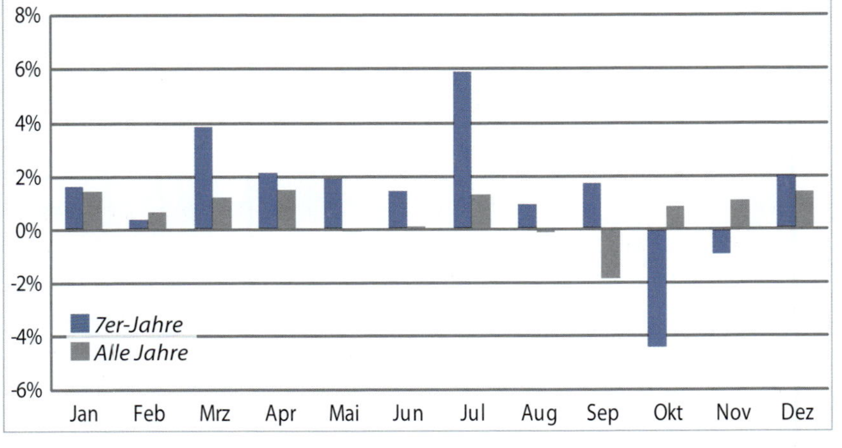

Januar-Verlauf im 7er-Jahr +1,65 %

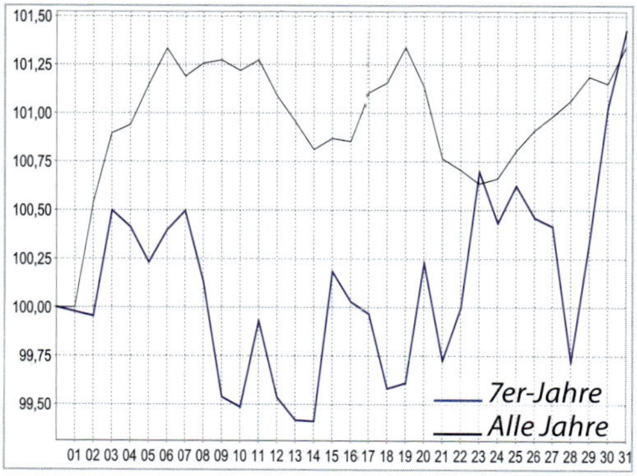

April-Verlauf im 7er-Jahr +2,15 %

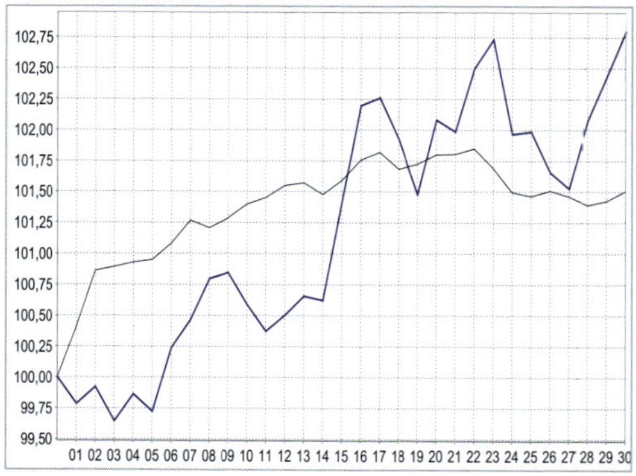

Februar-Verlauf im 7er-Jahr +0,42 %

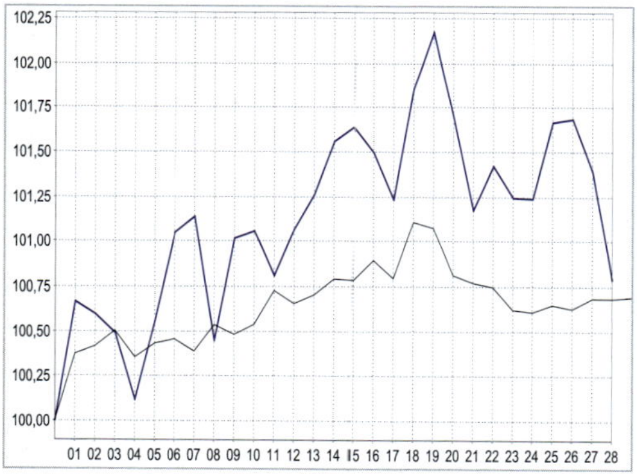

Mai-Verlauf im 7er-Jahr +1,93 %

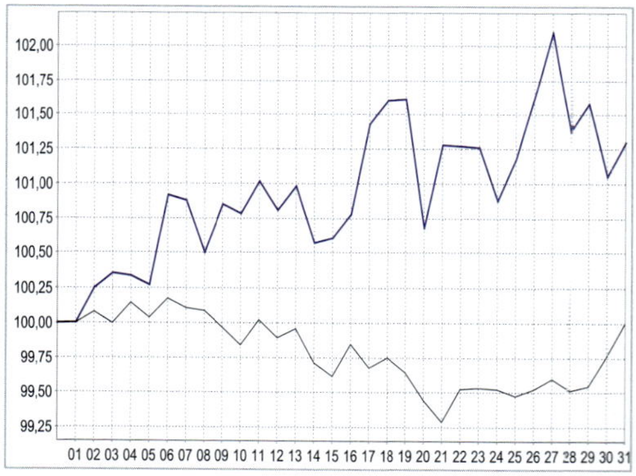

März-Verlauf im 7er-Jahr +3,86 %

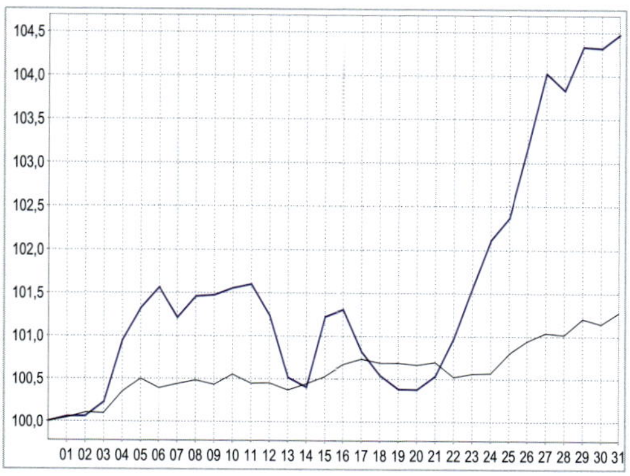

Juni-Verlauf im 7er-Jahr +1,49 %

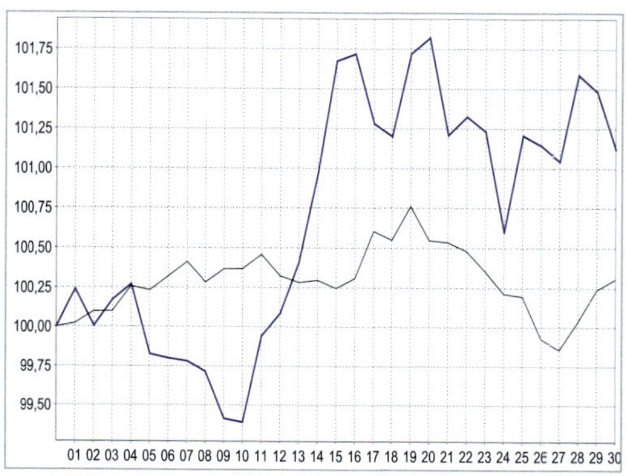

Juli-Verlauf im 7er-Jahr +5,91 %

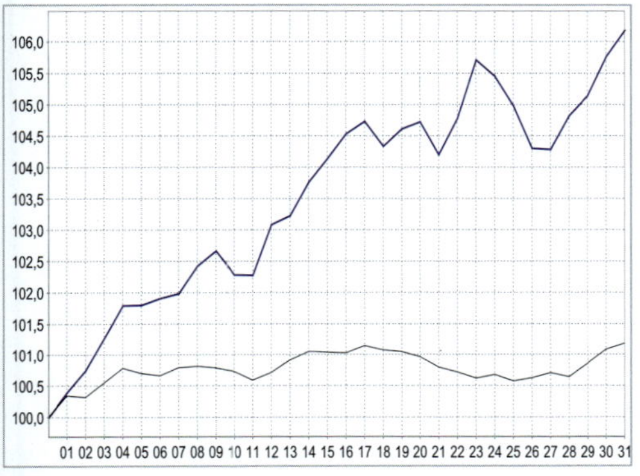

Oktober-Verlauf im 7er-Jahr –4,44 %

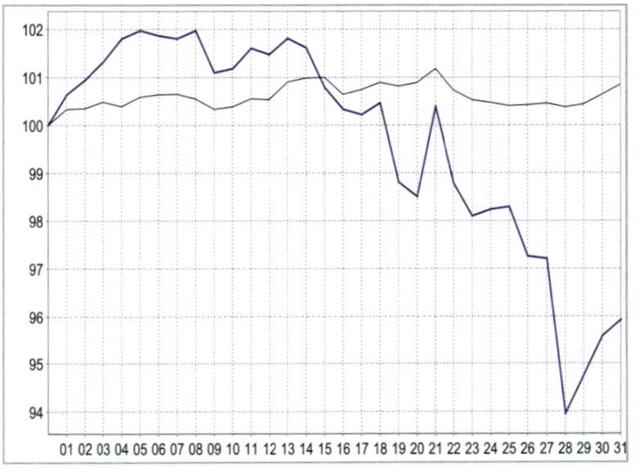

August-Verlauf im 7er-Jahr +0,89 %

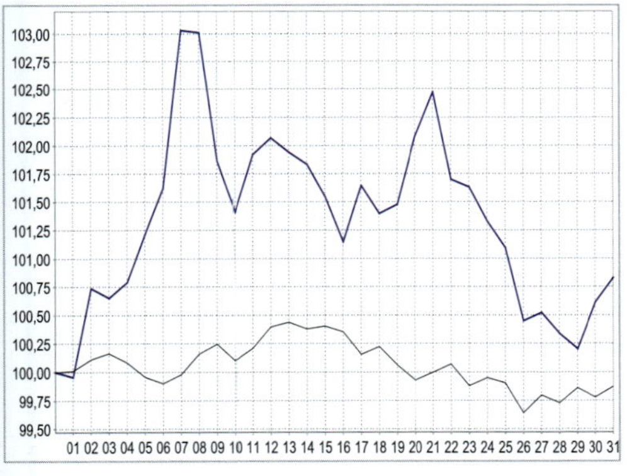

November-Verlauf im 7er-Jahr –0,91 %

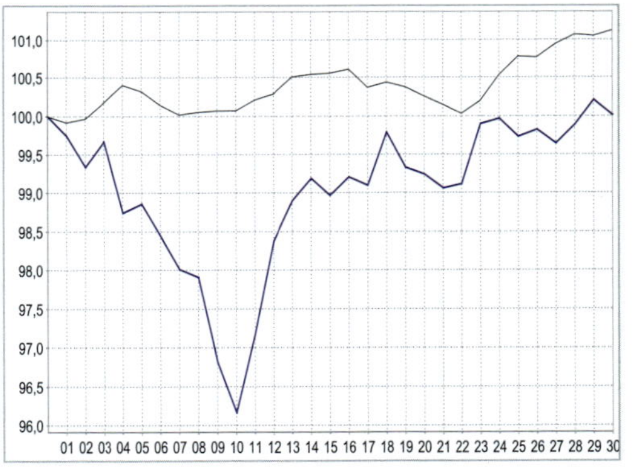

September-Verlauf im 7er-Jahr +1,72 %

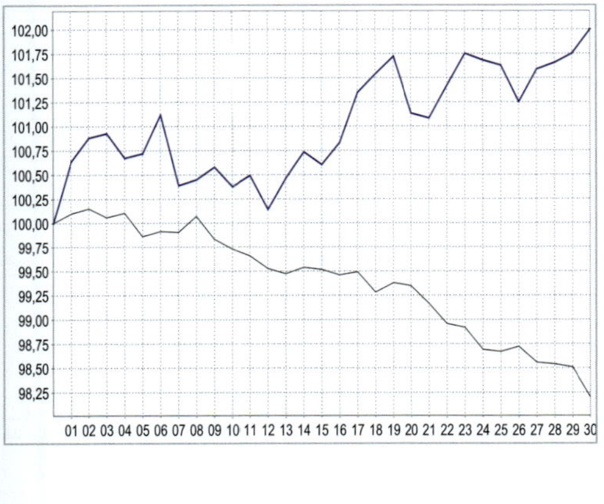

Dezember-Verlauf im 7er-Jahr +2,04 %

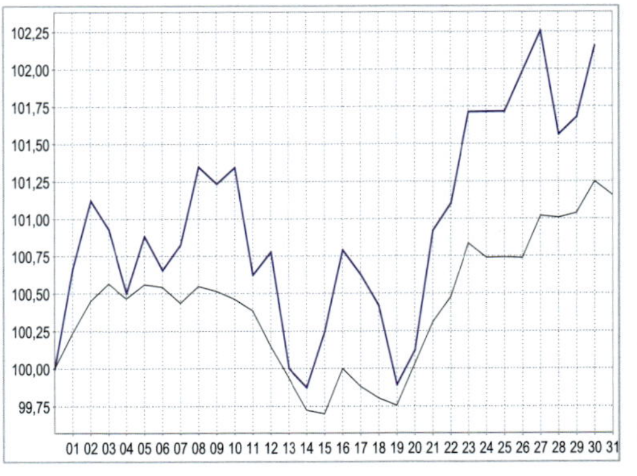

8ER-JAHRE IM DAX: +5,05 %

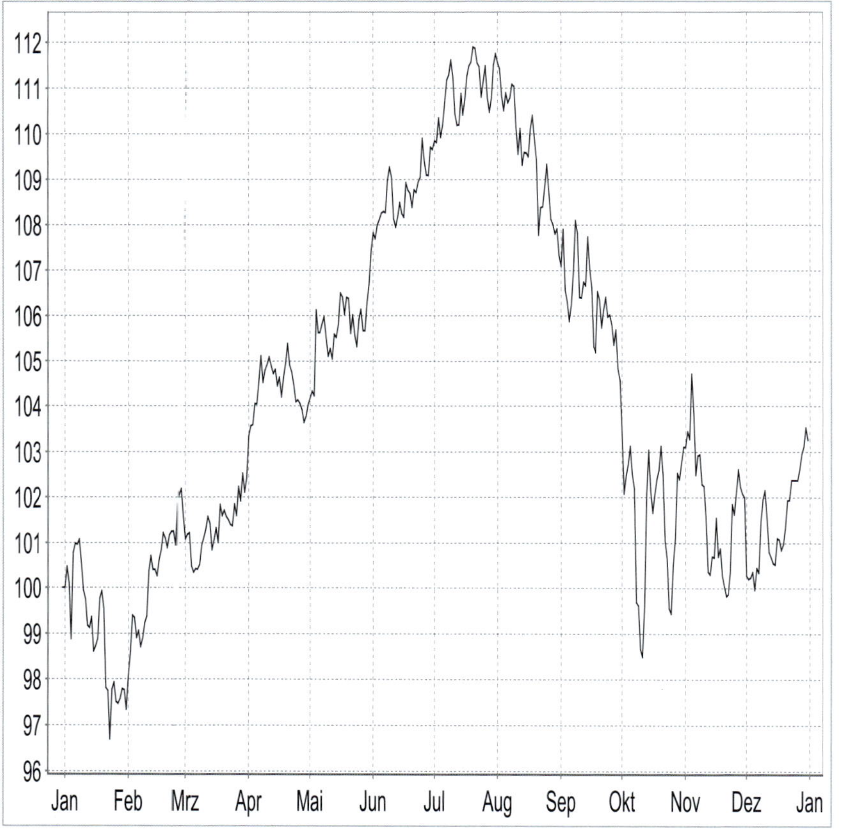

In den ersten drei Wochen geben die Kurse in 8er-Jahren deutlich nach, ehe der Dax doch noch zu einer kräftigen Frühjahrs-Rallye ausholt. Dieser Aufschwung setzt sich auch im zweiten Quartal fort und dauert bis in den Sommer. Mitte Juli wird dann das Jahres-Hoch herausgebildet. Anschließend setzt eine kräftige Korrektur ein, die bis Anfang Oktober anhält und alle bis dahin angehäuften Gewinne aufzehrt. Das letzte Quartal ist von Ausschlägen in beide Richtungen geprägt. Nach einem zyklischen Tief im Oktober startet Mitte Dezember die Jahresend-Rallye, die noch zu einem geringen Jahresgewinn führt, wobei allerdings vier von fünf Jahren mit einem Plus beendet werden.

Dax-Performance in 8er-Jahren

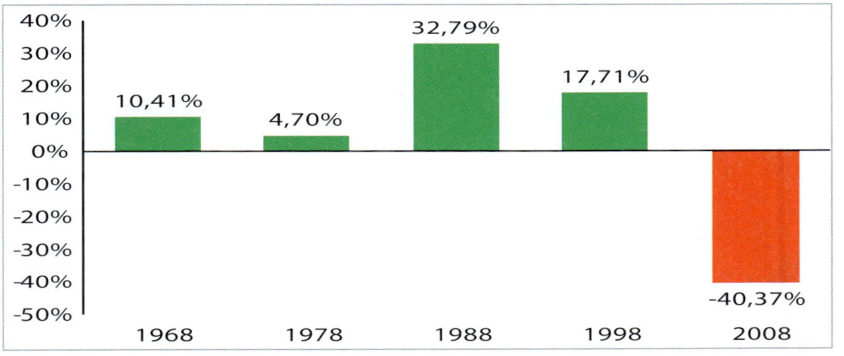

Zusammenfassung

Performance:	+5,05 %	
Gewinn-Wahrscheinlichkeit:	80 %	
Jahres-Hoch:	(+/–) 21.07.	
Jahres-Tief:	(+/–) 23.01.	
Performance:	Q1:	2,78 %
	Q2:	6,41 %
	Q3:	–3,87 %
	Q4:	–1,13 %

Monats-Performances in 8er-Jahren

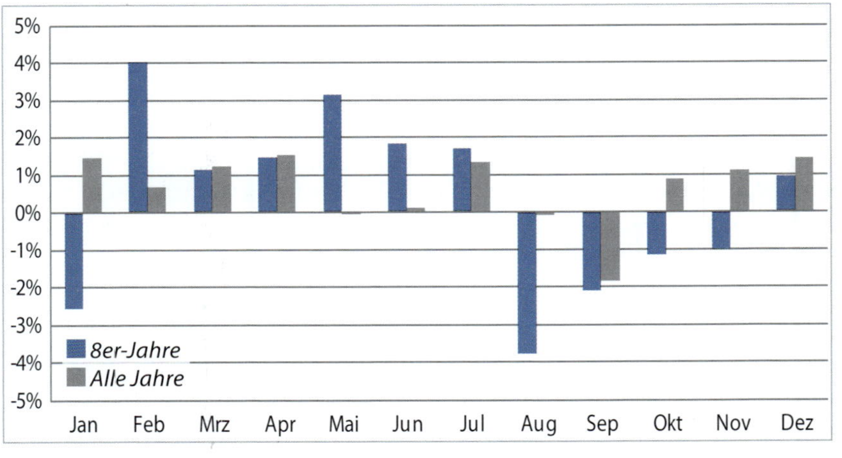

Januar-Verlauf im 8er-Jahr –2,55 %

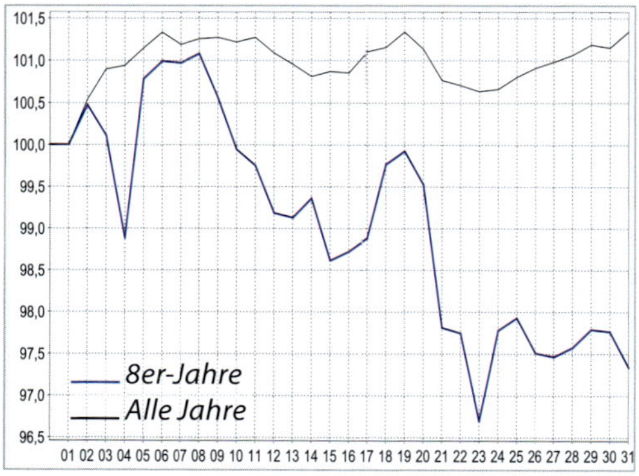

April-Verlauf im 8er-Jahr +1,47 %

Februar-Verlauf im 8er-Jahr +4,03 %

Mai-Verlauf im 8er-Jahr +3,12 %

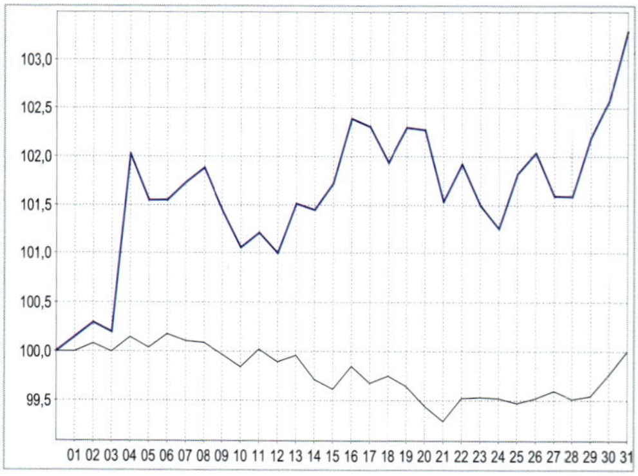

März-Verlauf im 8er-Jahr +1,13 %

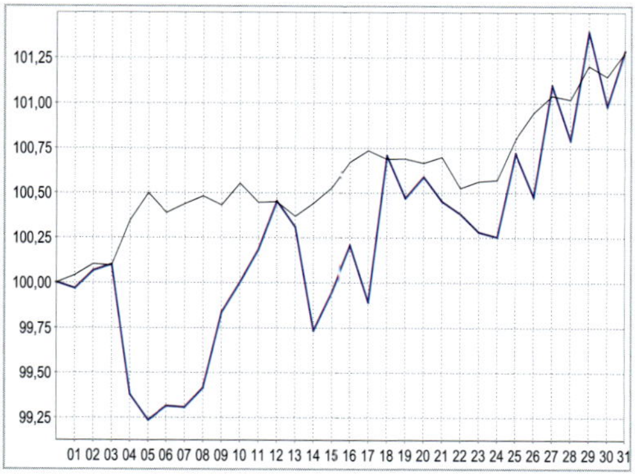

Juni-Verlauf im 8er-Jahr +1,83 %

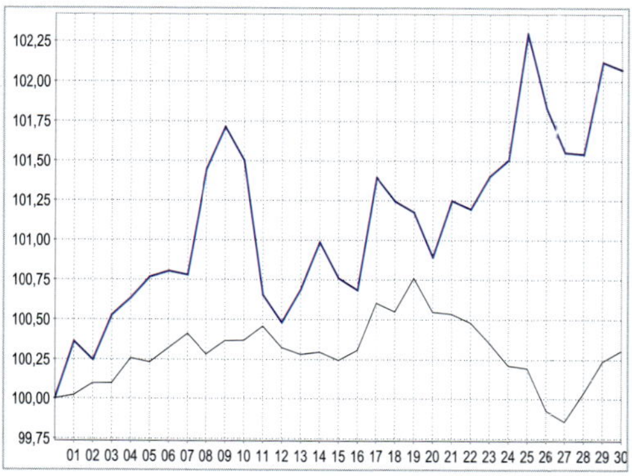

Juli-Verlauf im 8er-Jahr +1,70 %

Oktober-Verlauf im 8er-Jahr −1,15 %

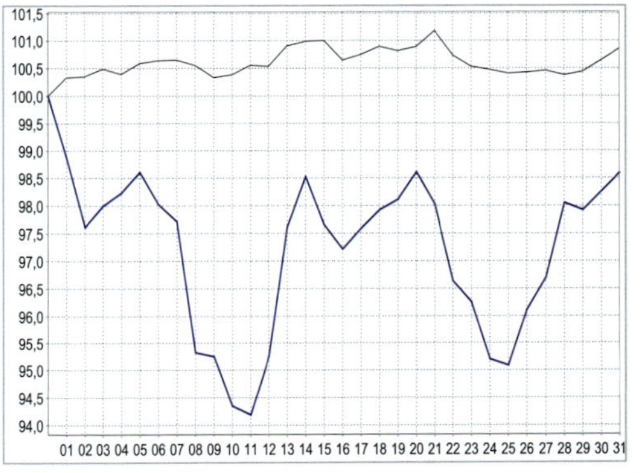

August-Verlauf im 8er-Jahr −3,77 %

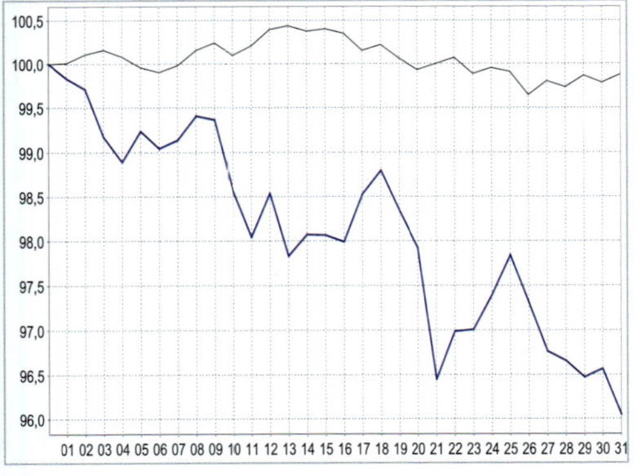

November-Verlauf im 8er-Jahr −1,03 %

September-Verlauf im 8er-Jahr −2,12 %

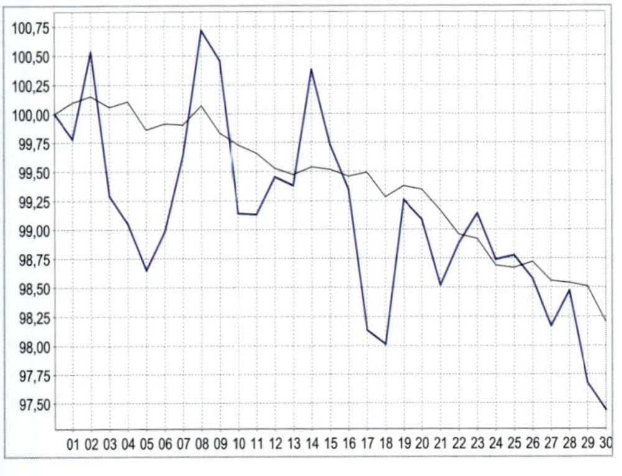

Dezember-Verlauf im 8er-Jahr +0,94 %

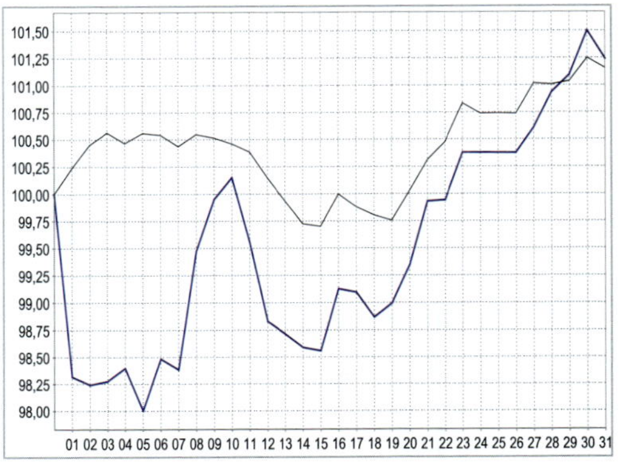

9ER-JAHRE IM DAX: +19,27 %

Die typische Jahresanfangs-Rallye bleibt zu Beginn von 9er-Jahren aus, auch wenn die erste Handelwoche positiv verläuft. Anschließend verliert der Index bis März jedoch rund 10 %, um das spätere Jahres-Tief auszuloten. Dort beginnt eine zehnmonatige Rallye, die besonders im April an Dynamik gewinnt und nur im Oktober von einer kurzen, aber volatilen Seitwärtsphase unterbrochen wird. Die letzten zwei Monate des Jahres werden dann von einer kräftigen Jahresend-Rallye dominiert, sodass 9er-Jahre im Dax auf Jahres- und damit auch auf Jahrzehnt-Hoch beendet werden. Die Gewinn-Wahrscheinlichkeit für 9er-Jahre liegt bei 80 %.

Dax-Performance in 9er-Jahren

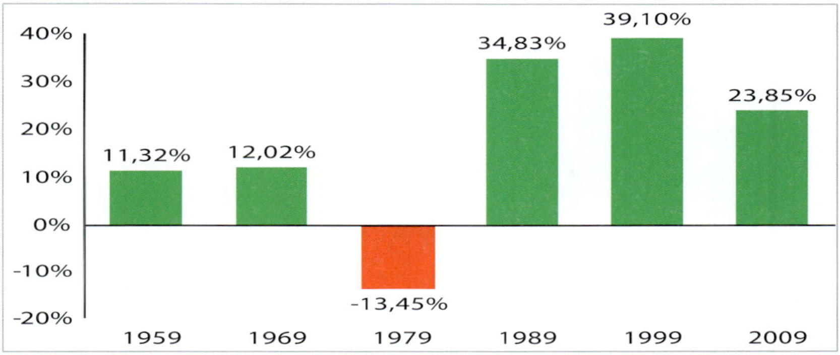

Zusammenfassung

Performance:	+19,27 %
Gewinn-Wahrscheinlichkeit:	80 %
Jahres-Hoch:	(+/–) 31.12.
Jahres-Tief:	(+/–) 03.03.
Performance:	Q1: – 3,34 %
	Q2: 6,58 %
	Q3: 5,45 %
	Q4: 10,04 %

Monats-Performances in 9er-Jahren

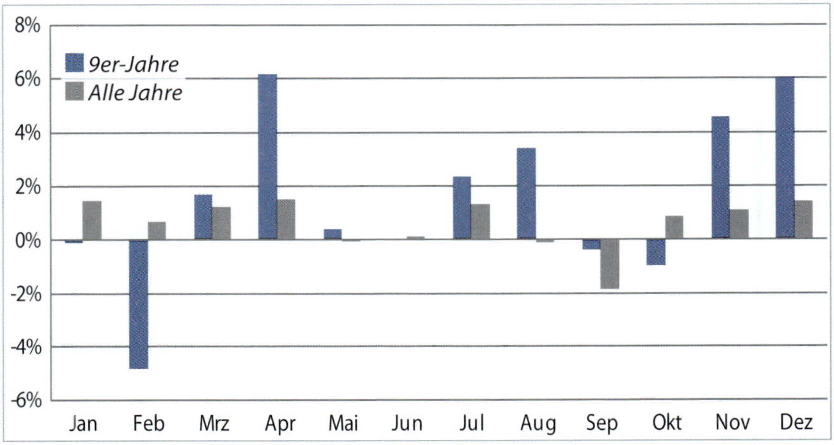

Januar-Verlauf im 9er-Jahr –0,10 %

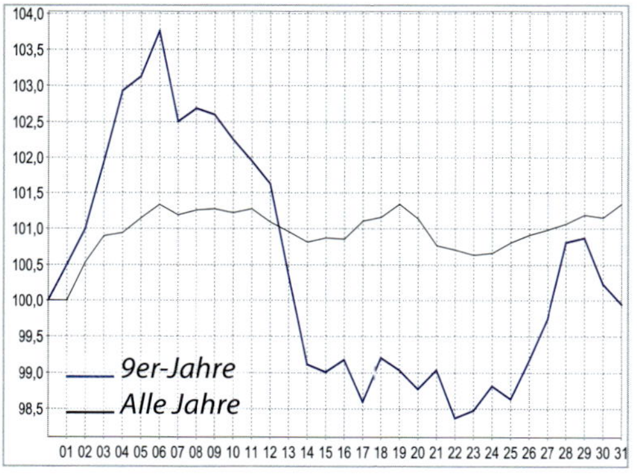

April-Verlauf im 9er-Jahr +6,15 %

Februar-Verlauf im 9er-Jahr –4,83 %

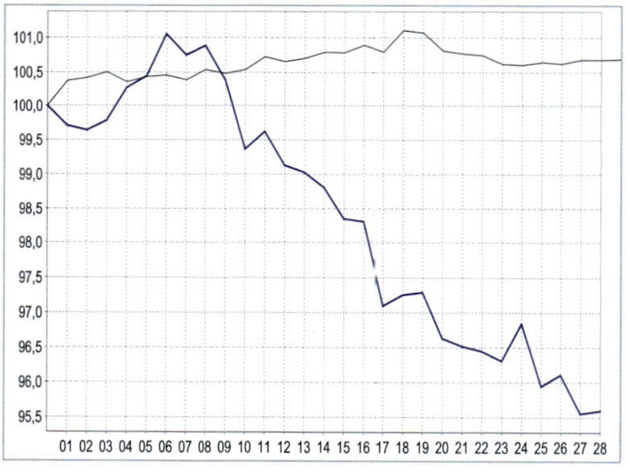

Mai-Verlauf im 9er-Jahr +0,43 %

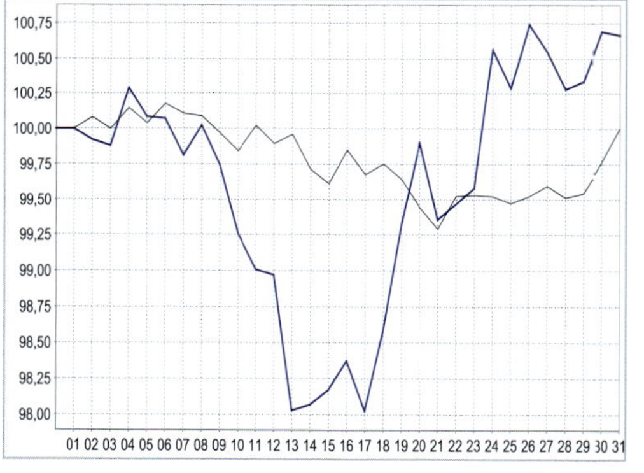

März-Verlauf im 9er-Jahr +1,68 %

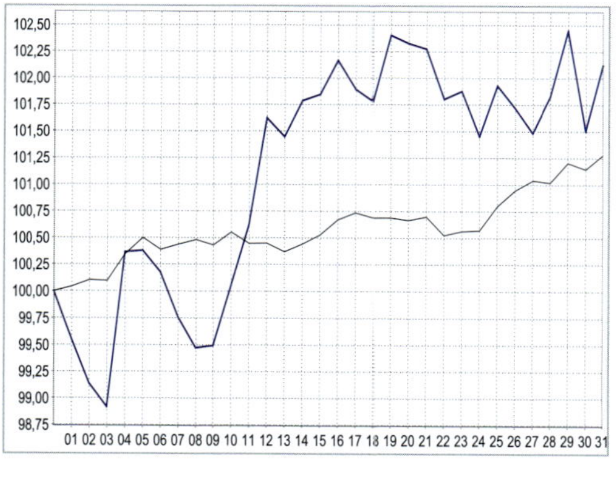

Juni-Verlauf im 9er-Jahr +0,04 %

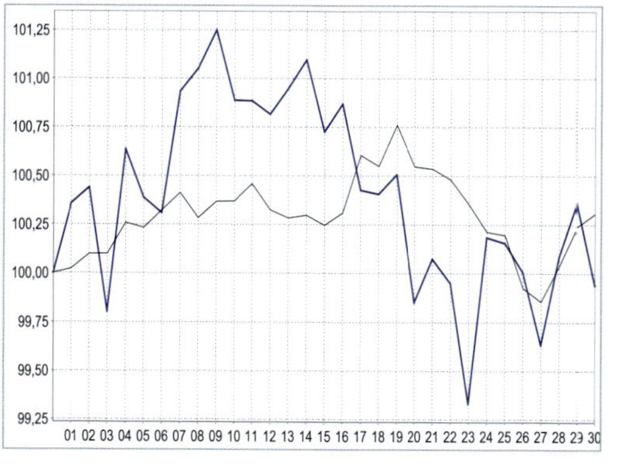

Juli-Verlauf im 9er-Jahr +2,32 %

Oktober-Verlauf im 9er-Jahr –0,99 %

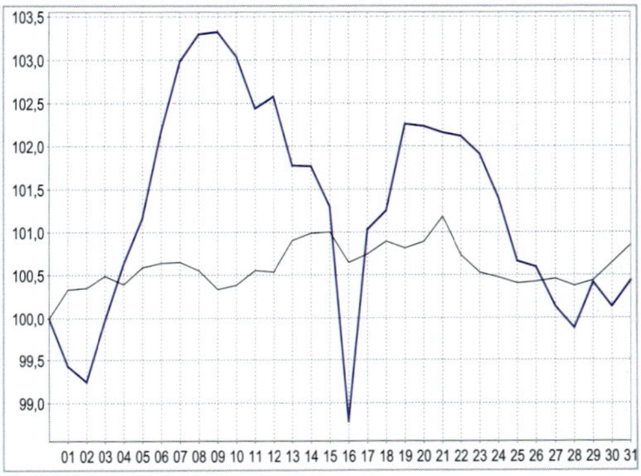

August-Verlauf im 9er-Jahr +3,41 %

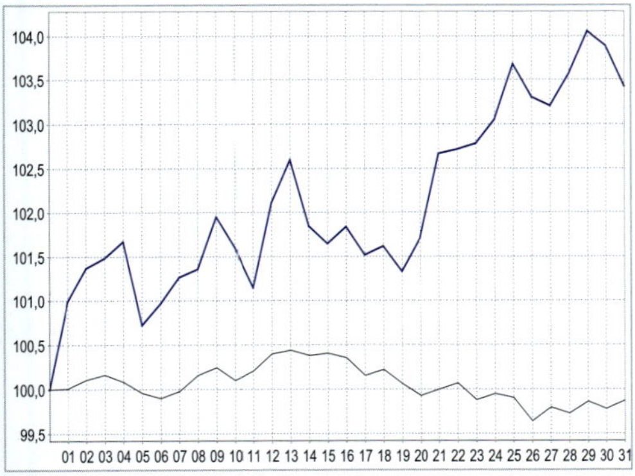

November-Verlauf im 9er-Jahr +4,57 %

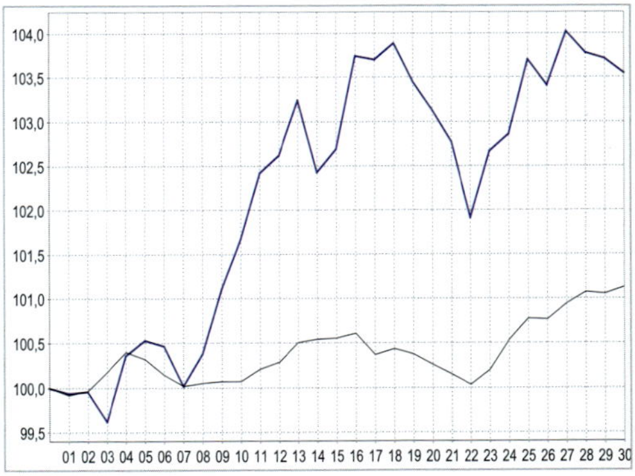

September-Verlauf im 9er-Jahr –0,36 %

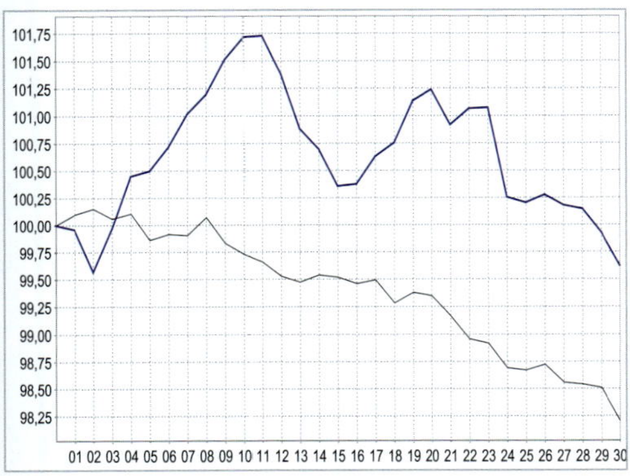

Dezember-Verlauf im 9er-Jahr +6,01 %

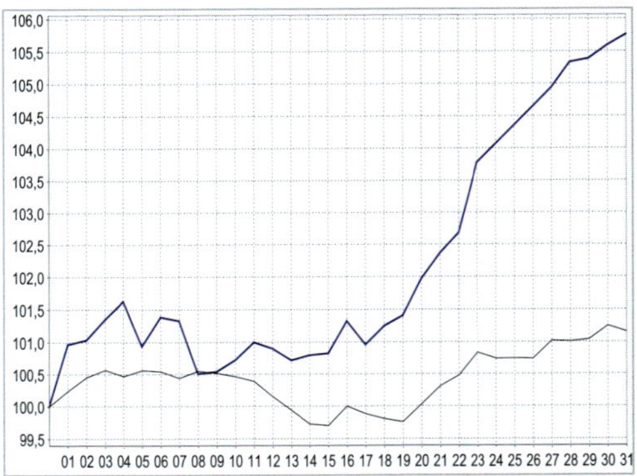

Zusammenfassung

Auf Basis der Dax-Veränderungen seit Mai 1959 ergeben sich die folgenden Erkenntnisse für den Jahrzehntzyklus:

In sieben von zehn Jahren kann der Dax zulegen, wobei die ersten drei Jahre einer Dekade im Durchschnitt mit Abschlägen beendet werden.

1er-Jahre verzeichnen die größten Abschläge. Danach folgen 0er- und 2er-Jahre.

Die höchsten Kursgewinne erreicht der deutsche Leitindex in 5er- und 3er-Jahren, gefolgt von 7er- und 9er-Jahren.

Die höchste Gewinn-Wahrscheinlichkeit ergibt sich für 3er-Jahre. Bisher wurden fünf der sechs 3er-Jahre mit Aufschlägen beendet. Für 4er-, 5er-, aber auch 7er-, 8er- und 9er-Jahre liegt die Wahrscheinlichkeit für Kursgewinne bei 80 %.

Die niedrigsten Chancen auf einen Dax-Anstieg gibt es in 0er-Jahren (33 %). In 1er- und 2er-Jahren halten sich Gewinner- und Verliererjahre die Waage.

In 5er-Jahren wird das Jahres-Tief unmittelbar zum Auftakt markiert, in 7er- und 8er-Jahren ebenfalls im Januar. In 3er- und 9er-Jahren wird der Tiefpunkt immerhin noch im ersten Quartal ausgelotet.

In 1er-, 4er- und 6er-Jahren wird das Jahres-Tief in der zweiten Hälfte markiert, in 2er-Jahren sogar erst im letzten Quartal.

In 3er-, 5er- und 9er-Jahren wird das Hoch in der letzten Handelswoche des Jahres erreicht.

Gleich drei Mal wird das Jahres-Hoch im April erklommen: in 2er-Jahren am 2. April, in 6er-Jahren am 20. und in 4er-Jahren am 27.

Performance nach Quartalen

	Anzahl	Im Gewinn	Gewinn-Wahr-schein-lichkeit	Performance	1. Quartal	2. Quartal	3. Quartal	4. Quartal	Jahres-Hoch	Jahres-Tief
0er	6	2	33 %	−2,94 %	1,41 %	0,41 %	−3,21 %	−1,17 %	12.08.	26.05.
1er	6	3	50 %	−3,55 %	3,95 %	3,80 %	−13,57 %	4,23 %	14.06.	22.09.
2er	6	3	50 %	−2,01 %	9,40 %	−9,04 %	−6,65 %	4,31 %	02.04.	09.10.
3er	6	5	83 %	22,80 %	2,64 %	7,30 %	3,40 %	7,81 %	30.12.	09.02.
4er	5	4	80 %	3,32 %	1,69 %	−1,36 %	−0,20 %	3,60 %	27.04.	25.07.
5er	5	4	80 %	25,81 %	3,33 %	5,19 %	6,96 %	7,17 %	29.12.	01.01.
6er	5	3	60 %	4,86 %	6,91 %	−6,58 %	2,43 %	1,42 %	20.04.	22.07.
7er	5	4	80 %	19,62 %	6,22 %	5,71 %	8,43 %	−2,71 %	05.10.	14.01.
8er	5	4	80 %	5,05 %	2,78 %	6,41 %	−3,87 %	−1,13 %	21.07.	23.01.
9er	5	4	80 %	19,27 %	−3,34 %	6,58 %	5,45 %	10,04 %	31.12.	03.03.

ZYKLISCHER JAHRZEHNTVERLAUF

Die Dax-Rallye zum Jahrzehntende endet häufig in einer Schlusseuphorie im ersten Quartal der 0er-Jahre, womit das Auftaktquartal einer Dekade mit Kursgewinnen beendet wird. Danach beginnt eine mehrmonatige Abwärtsbewegung, wobei der Dax im dritten und vierten Quartal von 1er-Jahren bereits Abschläge hinnehmen muss.

Nach einem freundlichen Jahresauftakt in 1er-Jahren kommt es hier vor allem in Q3 zu massiven Verlusten. Dieser Zeitabschnitt wurde noch nie im Plus beendet, wobei die Kurse z.B. 2001 28,89 % und 2011 25,41 % abgaben. Zwar können die Notierungen im Schlussquartal wieder leicht zulegen, doch unter dem Strich beendet der Dax auch das zweite Jahr einer neuen Dekade mit Verlusten.

Diese Abwärtstendenz setzt sich in 2er-Jahren fort. Zwar verzeichnen die Notierungen zu Beginn mit hoher Wahrscheinlichkeit Kursgewinne, doch in Q2 und Q3 geht es abermals massiv nach unten. Im September von 2er-Jahren markiert der Index schließlich sein Jahrzehnt-Tief, womit das vierte Quartal bereits den Auftakt zu einer neuen Hausse bildet.

Dax-Jahrzehntzyklus

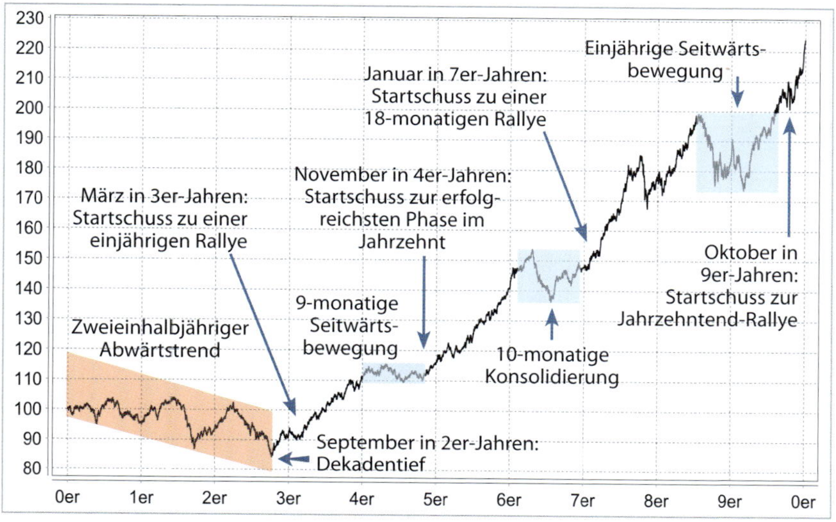

Diese junge Aufwärtsbewegung setzt sich in 3er-Jahren fort, wobei hier jedes Quartal mit Kursgewinnen abgeschlossen wird. In diesem Zeitraum klettert der Dax erstmals wieder über das Niveau von Anfang des Jahrzehnts. Insgesamt bilden 3er-Jahre das zweitbeste Jahr der gesamten Dekade.

In den folgenden zwölf Monaten werden diese Gewinne dann konsolidiert. Der Index tritt in 4er-Jahren nach einem starken Auftaktquartal auf der Stelle und kann erst gegen Ende des Jahres die Hausse fortsetzen.

Dieser positive Schlussakkord wird in 5er-Jahren aufgegriffen, und es geht nahezu konstant nach oben. Sämtliche Quartale werden im Plus beendet, womit der Dax zum Ende auf eine hohe Durchschnitts-Performance von 25,81 % kommt.

Dieser Zwischenspurt gipfelt in einem zyklischen Top im Frühling von 6er-Jahren, wobei die Kurse in Q1 noch einmal ein kräftiges Plus verbuchen. Anschließend folgt eine Konsolidierung dieser Rallye mit einem sehr schwachen zweiten Quartal. Die beiden Quartale der zweiten Jahreshälfte werden zwar mit Kursgewinnen abgeschlossen, können aber die Verluste aus Q2 nicht wieder ausgleichen.

7er-Jahre sind dann wieder von massiv steigenden Notierungen geprägt. Der Dax kann in den ersten drei Quartalen deutlich zulegen und vollzieht lediglich gegen Ende eine kurze Konsolidierung.

In 8er-Jahren setzt sich diese positive Tendenz nahtlos fort. Bis zum Sommer steigen die Kurse deutlich an. Die letzte größere Korrektur vor der Schluss-Rallye zum Jahrzehntende mündet dann in einem zyklischen Tief in der zweiten Jahreshälfte.

Auch im ersten Quartal der 9er-Jahre tendiert der Dax zunächst schwächer. Im Anschluss daran folgt ein kräftiger Aufschwung, der sich in den letzten Wochen des Jahres sogar noch einmal beschleunigt. Das vierte Quartal weist den höchsten Durchschnittsgewinn aller Drei-Monats-Zeiträume der gesamten Dekade auf. Dadurch beendet der Dax 9er-Jahre schließlich auf dem höchsten Stand der ganzen Dekade.

Fazit:

Im ersten Drittel einer neuen Dekade gibt es im Dax nichts zu gewinnen, da es hier häufig zu dramatischen Verlusten kommt.

Aus zyklischer Sicht eröffnet sich im September/Oktober von 2er-Jahren die beste Kaufchance des Jahrzehnts. Eine weitere Gelegenheit bietet sich am Ende von 4er-Jahren und danach im Anschluss an die Sommer-Korrektur der 6er-Jahre. Auch im vierten Quartal der 7er-Jahre können sich Käufe lohnen.

Der beste Zeitpunkt für Gewinnmitnahmen ist der letzte Handelstag einer Dekade bzw. das erste Quartal der 0er-Jahre. Im Sommer von 8er-Jahren und im Januar von 6er-Jahren können Verkäufe ebenfalls lohnenswert sein.

5.2 DER JAHRZEHNTZYKLUS IM DOW JONES

5.2.1 Dow Jones Jahrzehntzyklus

Die nachfolgende Grafik wurde durch eine Aneinanderreihung der Kursbewegungen der letzten 117 bzw. 118 Jahre getrennt nach den jeweiligen Endjahren eines Jahrzehnts konstruiert.

Dow Jones Jahrzehntzyklus

Der Dow Jones zeigt innerhalb eines Jahrzehnts eine recht ähnliche Zyklik wie der Dax. In den ersten beiden Jahren einer neuen Dekade muss der Dow Jones per saldo Abschläge hinnehmen. Auch in 2er-Jahren geht es zunächst weiter nach unten, wobei das Jahrzehnt-Tief im Juni von 2er-Jahren herausgebildet wird. Im Anschluss daran kommt es zu einer zaghaften Aufwärtsbewegung in 3er-Jahren, die sich in 4er-Jahren weiter beschleunigt. Jahre, die auf der Ziffer „5" endet, sind dann von massiven Kursgewinnen geprägt. Diese kräftige Rallye wird danach in 6er-Jahren konsolidiert. 7er-Jahre sind schließlich die einzigen Jahre der zweiten Dekadenhälfte, die im Schnitt mit Abschlägen beendet werden. Zu Beginn der 8er-Jahre startet eine neue Aufwärtsbewegung, die in ein Dekaden-Hoch im September der 9er-Jahre führt.

Die nachfolgenden Seiten zeigen, wie sich der Dow Jones in den einzelnen Jahren entwickelt.

0ER-JAHRE IM DOW JONES: –5,15 %

In 0er-Jahren vollzieht der Dow Jones einen sehr wechselhaften Verlauf und muss unter dem Strich Verluste hinnehmen, wobei die Gewinn-Wahrscheinlichkeit bei nur 42 % liegt. Der Jahresauftakt markiert zugleich das Jahres-Hoch. Eine Jahresanfangs-Rallye bleibt demnach aus, stattdessen fallen die Kurse bis Ende Februar, wo sich ein erster Tiefpunkt bildet. Insbesondere im zweiten Quartal weicht der Dow Jones stark vom gewohnten Muster ab und erleidet starke Verluste. Im Anschluss wird das Jahres-Tief Ende Juni erreicht. In der zweiten Jahreshälfte folgt der Index im Wesentlichen dem normalen Jahreszyklus und kann unter hohen Schwankungen bis zum Jahreswechsel noch leicht zulegen.

Dow Jones-Performance in 0er-Jahren

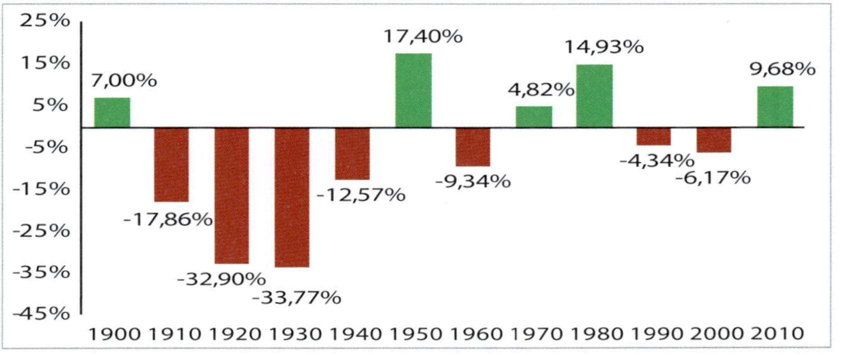

Zusammenfassung

Performance:	–5,15 %
Gewinn-Wahrscheinlichkeit:	42 %
Jahres-Hoch:	(+/–) 02.01.
Jahres-Tief:	(+/–) 29.06.
Performance:	Q1: –1,44 %
	Q2: –6,77 %
	Q3: 0,22 %
	Q4: 3,17 %

Monats-Performances in 0er-Jahren

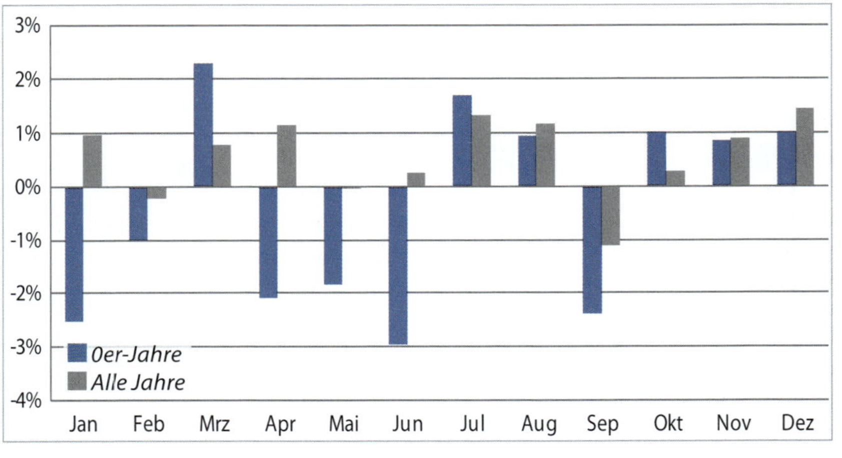

Januar-Verlauf im 0er-Jahr –2,54 %

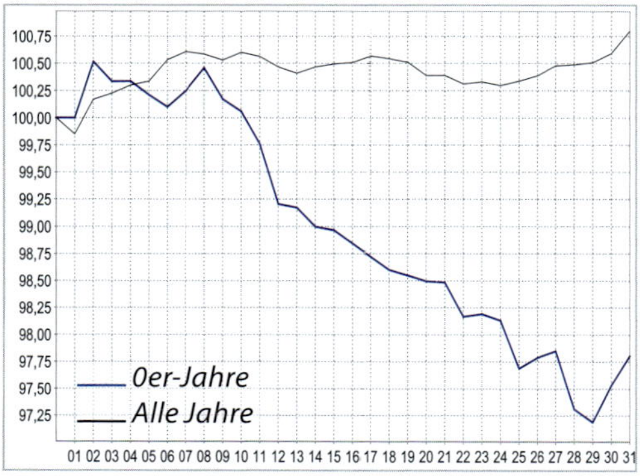

April-Verlauf im 0er-Jahr –2,09 %

Februar-Verlauf im 0er-Jahr –1,00 %

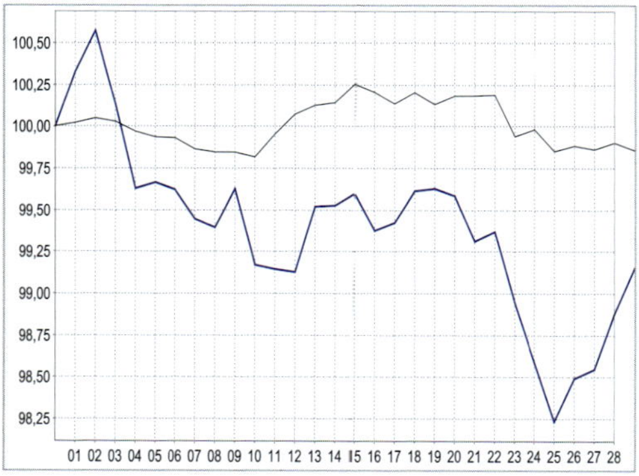

Mai-Verlauf im 0er-Jahr –1,84 %

März-Verlauf im 0er-Jahr +2,29 %

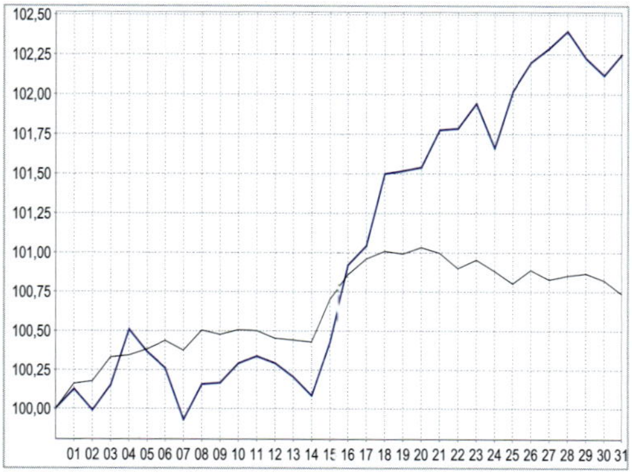

Juni-Verlauf im 0er-Jahr –2,97 %

Juli-Verlauf im 0er-Jahr +1,69 %

Oktober-Verlauf im 0er-Jahr +1,01 %

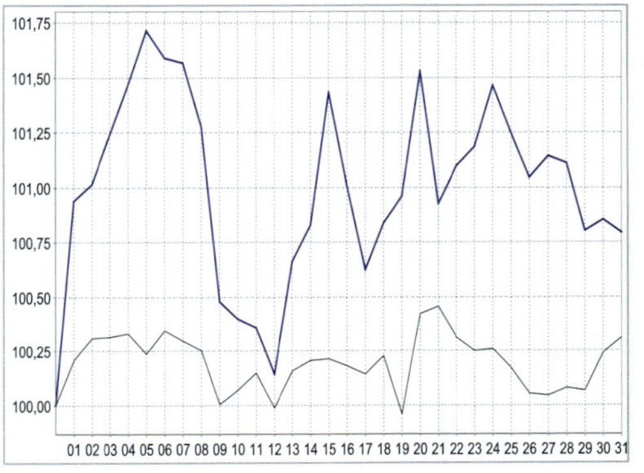

August-Verlauf im 0er-Jahr +0,94 %

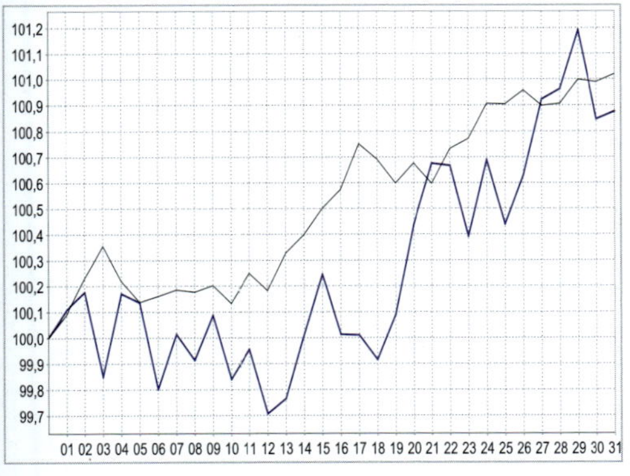

November-Verlauf im 0er-Jahr +0,85 %

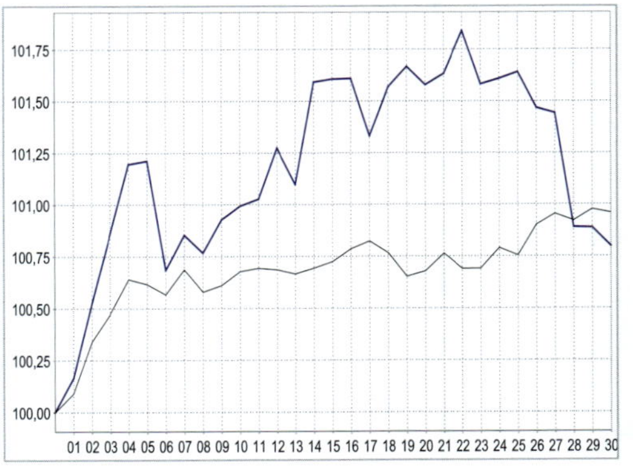

September-Verlauf im 0er-Jahr –2,39 %

Dezember-Verlauf im 0er-Jahr +1,01 %

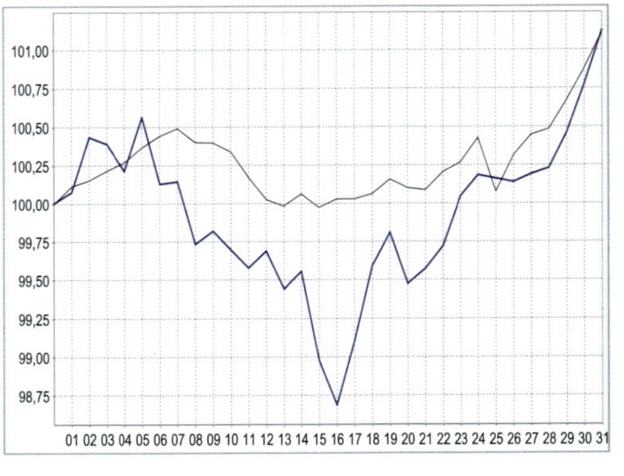

1ER-JAHRE IM DOW JONES: –1,25 %

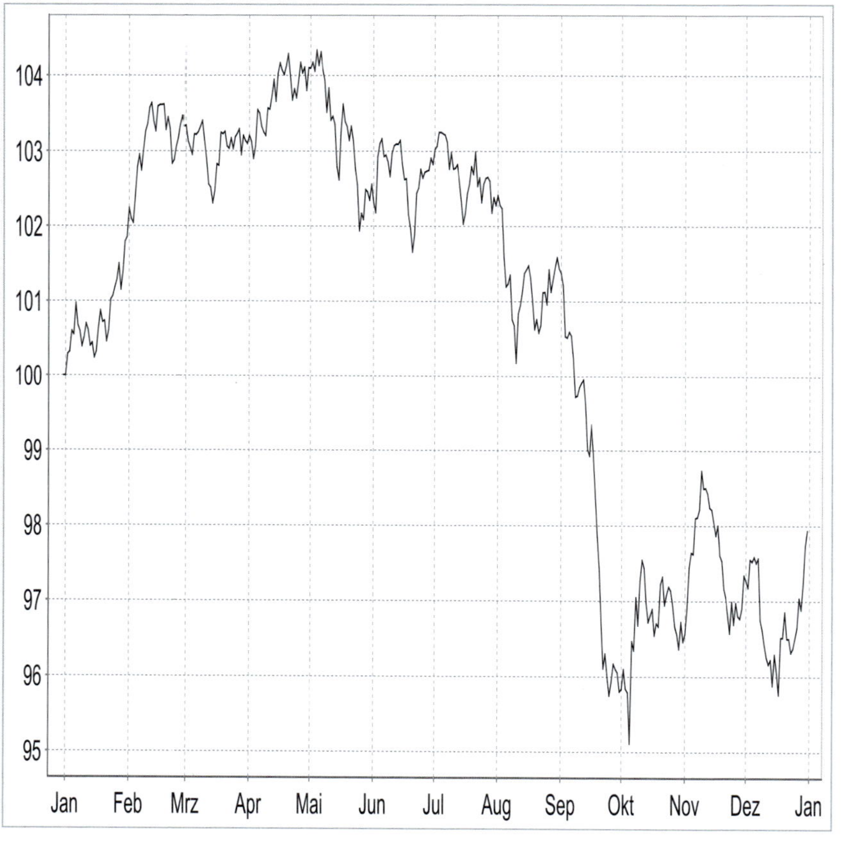

Der Dow Jones beginnt 1er-Jahre mit der typischen Jahresanfangs-Rallye. Von Mitte Februar an bewegen sich die Kurse seitwärts, ehe Anfang Mai das Jahres-Hoch herausgebildet wird. Von dort stellt sich ein Abwärtstrend ein, der die Notierungen zu Beginn langsam, im September dann immer schneller einbrechen lässt. Allein im September verliert der Index im Schnitt über 5 %. Zum Jahresende hin unterliegt der Dow Jones dann erhöhten Schwankungen, sodass die Kurse erneut in den Bereich des Jahres-Tiefs von Oktober abrutschen. Ein letzter Anstieg zum Jahresende kann die Verluste nur bedingt reduzieren, wobei die Gewinn-Wahrscheinlichkeit trotz negativer Performance bei 58 % liegt.

Dow Jones-Performance in 1er-Jahren

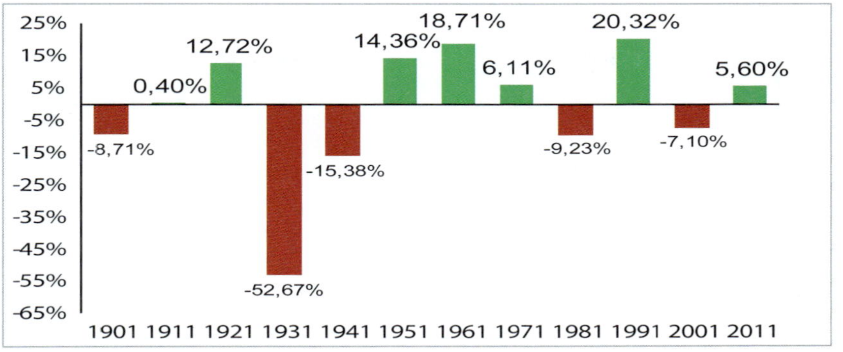

Zusammenfassung

Performance:	–1,25 %	
Gewinn-Wahrscheinlichkeit:	58 %	
Jahres-Hoch:	(+/–) 04.05.	
Jahres-Tief:	(+/–) 05.10.	
Performance:	Q1:	3,40 %
	Q2:	–0,50 %
	Q3:	–6,49 %
	Q4:	1,93 %

Monats-Performances in 1er-Jahren

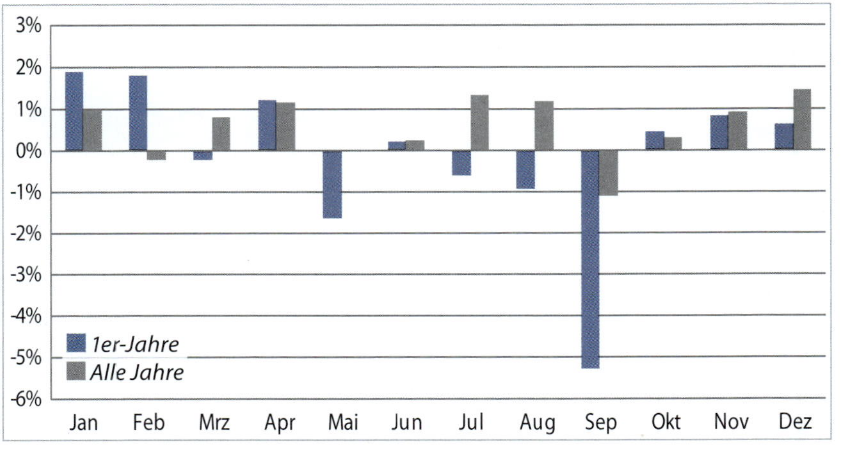

Januar-Verlauf im 1er-Jahr +1,88 %

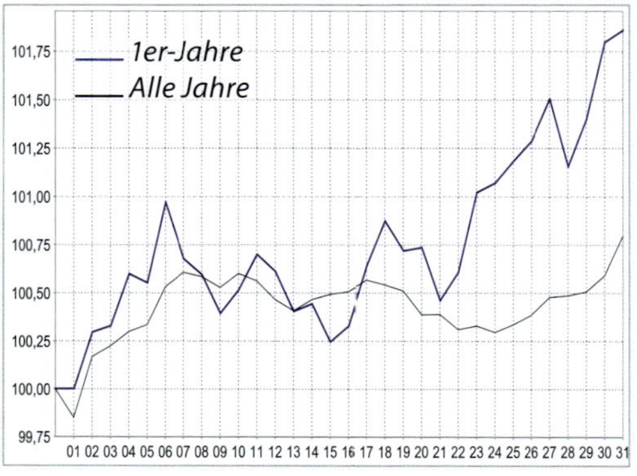

April-Verlauf im 1er-Jahr +1,22 %

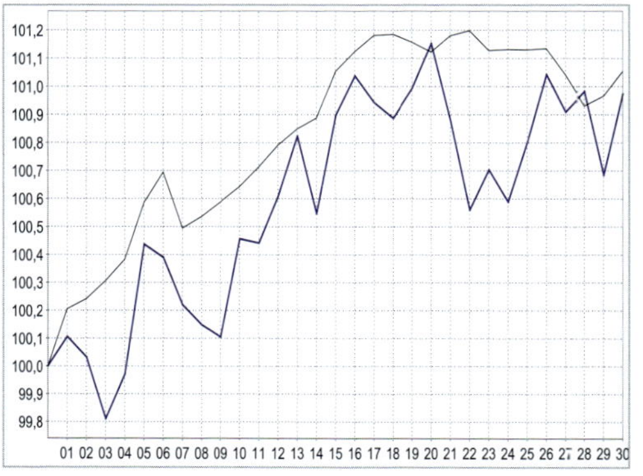

Februar-Verlauf im 1er-Jahr +1,80 %

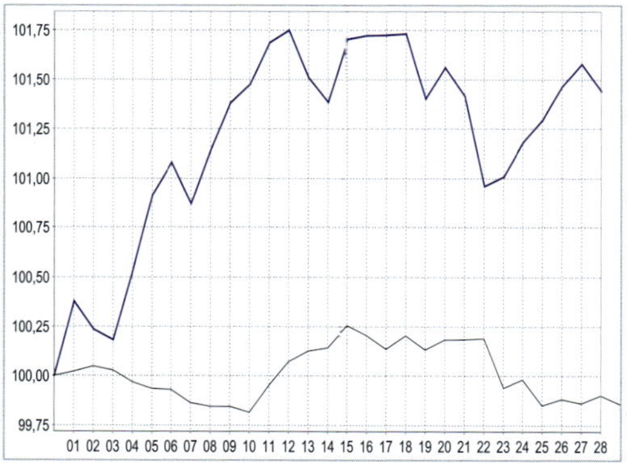

Mai-Verlauf im 1er-Jahr –1,64 %

März-Verlauf im 1er-Jahr –0,23 %

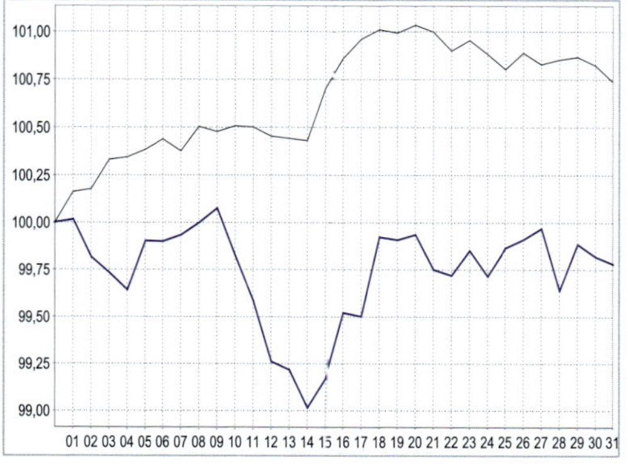

Juni-Verlauf im 1er-Jahr +0,21 %

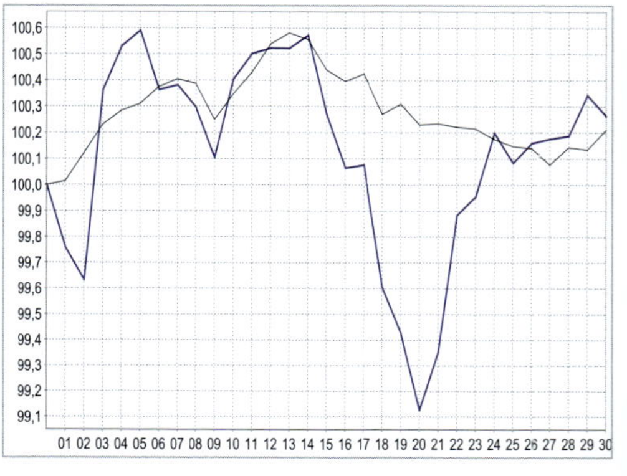

Juli-Verlauf im 1er-Jahr –0,62 %

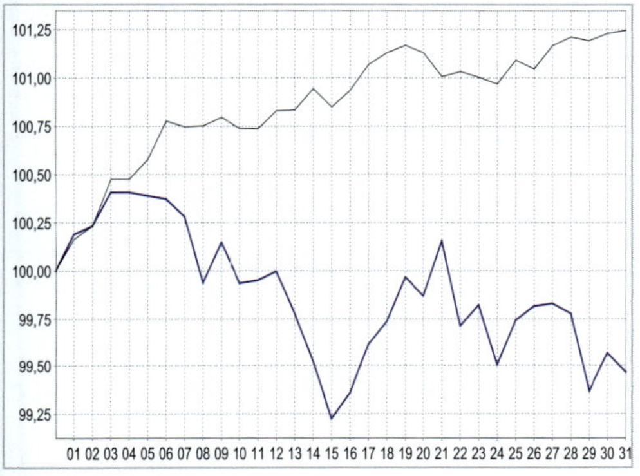

Oktober-Verlauf im 1er-Jahr +0,45 %

August-Verlauf im 1er-Jahr –0,92 %

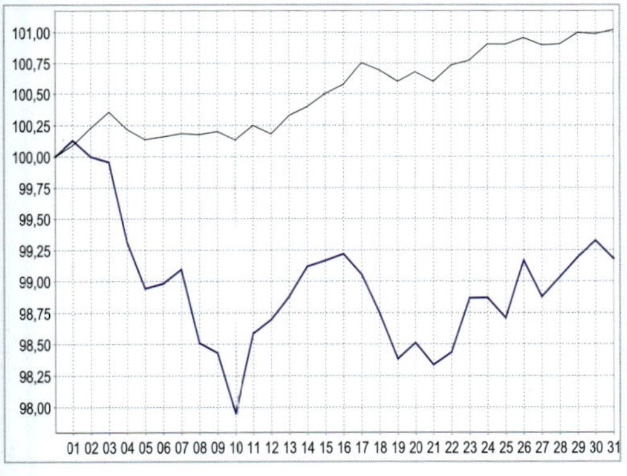

November-Verlauf im 1er-Jahr +0,83 %

September-Verlauf im 1er-Jahr –5,27 %

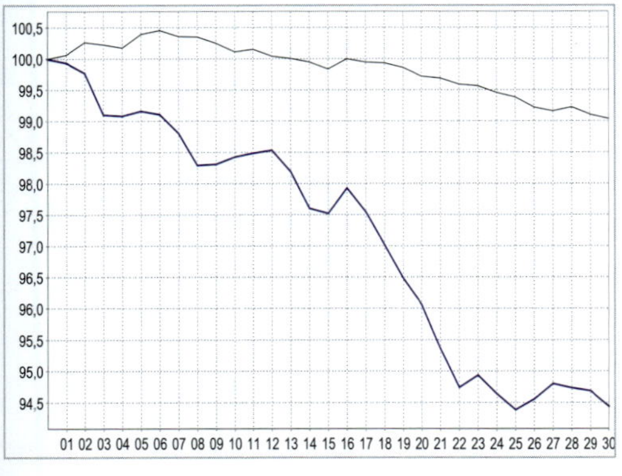

Dezember-Verlauf im 1er-Jahr +0,61 %

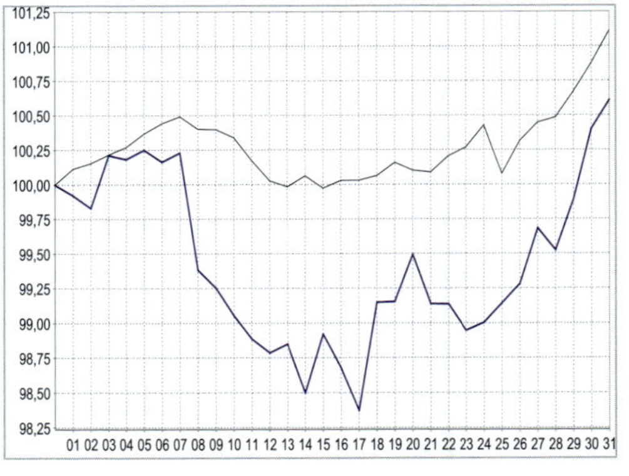

2ER-JAHRE IM DOW JONES: +3,36 %

Zu Beginn von 2er-Jahren verläuft der Dow Jones seitwärts. Bis Mitte Februar geben die Kurse leicht nach, ehe sich bis April eine positive Tendenz einstellt und ein zyklischer Hochpunkt herausgebildet wird. Anschließend folgen drei Monate mit deutlichen Abschlägen. Diese münden Ende Juni in das Jahres-Tief, das zumeist auch das Jahrzehnt-Tief bedeutet. Danach wiederum ziehen die Kurse für acht Wochen umso kräftiger nach oben, wobei insbesondere Juli und August herausragend sind. Nach einer Korrektur, die im Oktober ihren Tiefpunkt erreicht, beginnt eine Jahresend-Rallye, sodass der Index in den 2er-Jahren oft auf Jahres-Hoch beendet wird. Die Gewinn-Wahrscheinlichkeit beträgt 67 %.

Dow Jones-Performance in 2er-Jahren

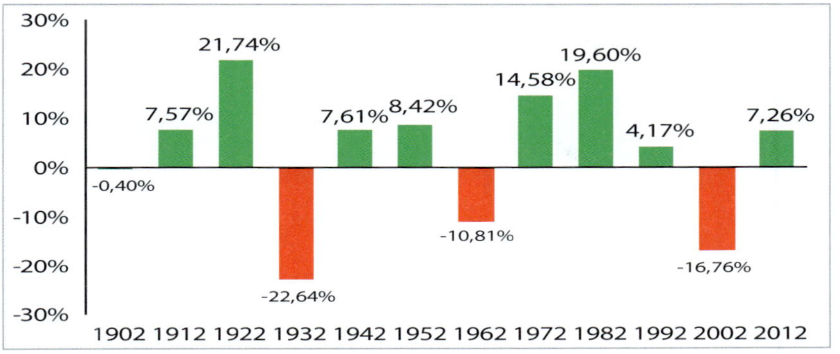

Zusammenfassung

Performance:	+3,36 %
Gewinn-Wahrscheinlichkeit:	67 %
Jahres-Hoch:	(+/–) 31.12.
Jahres-Tief:	(+/–) 27.06.
Performance:	Q1: 1,36 %
	Q2: –5,59 %
	Q3: 6,88 %
	Q4: 3,27 %

Monats-Performances in 2er-Jahren

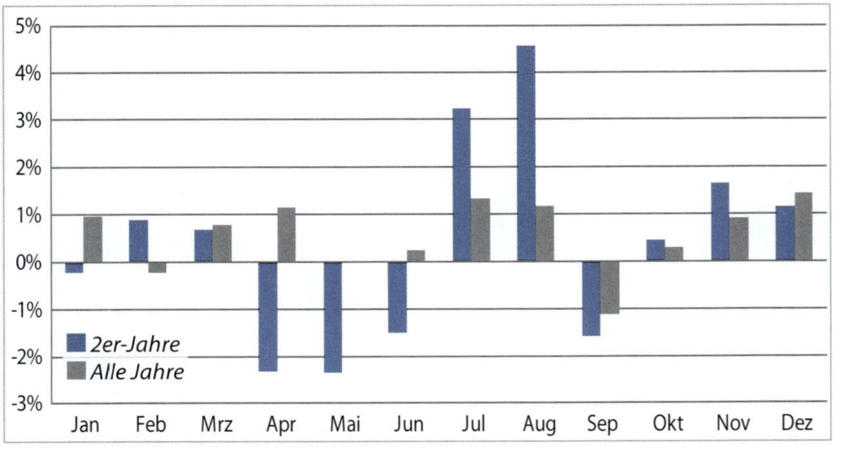

Januar-Verlauf im 2er-Jahr –0,23 %

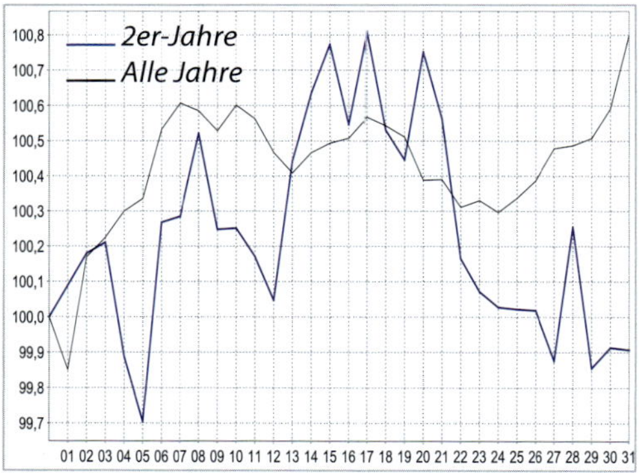

April-Verlauf im 2er-Jahr –2,34 %

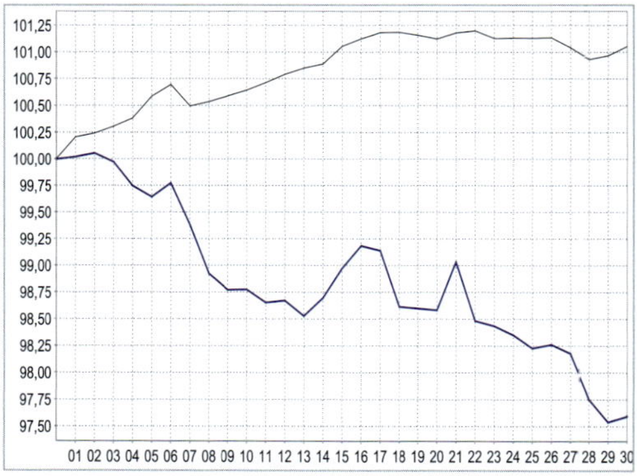

Februar-Verlauf im 2er-Jahr +0,90 %

Mai-Verlauf im 2er-Jahr –2,36 %

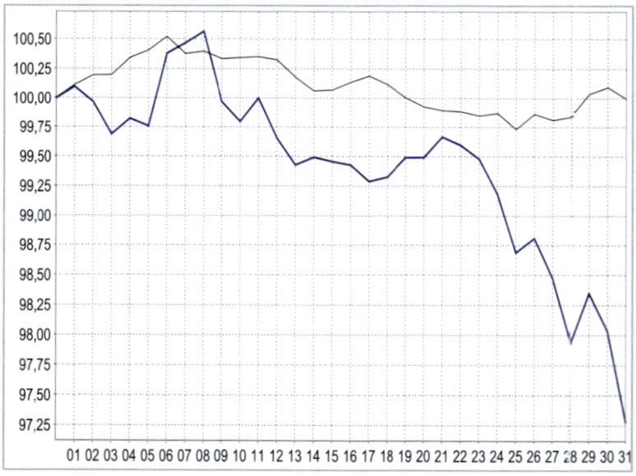

März-Verlauf im 2er-Jahr +0,69 %

Juni-Verlauf im 2er-Jahr –1,51 %

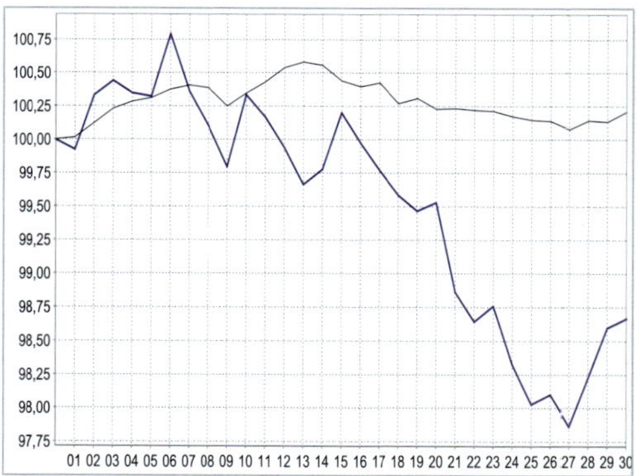

Juli-Verlauf im 2er-Jahr +3,24 %

Oktober-Verlauf im 2er-Jahr +0,45 %

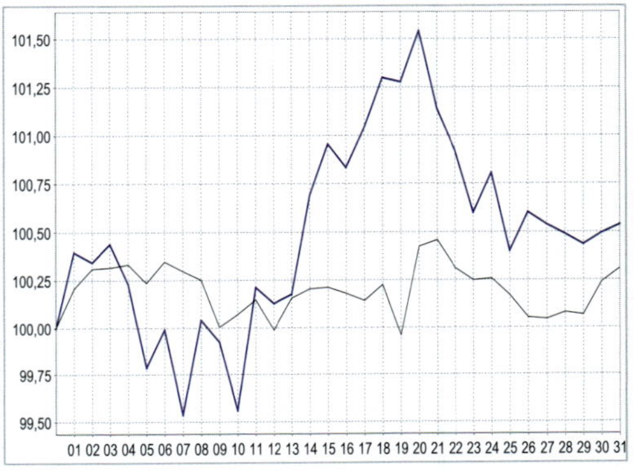

August-Verlauf im 2er-Jahr +4,55 %

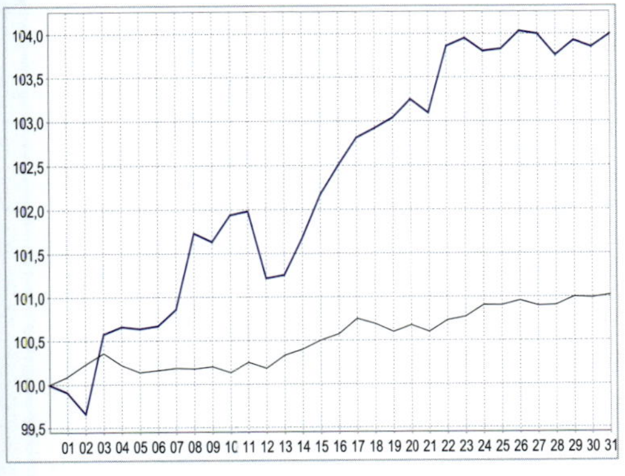

November-Verlauf im 2er-Jahr +1,65 %

September-Verlauf im 2er-Jahr –1,57 %

Dezember-Verlauf im 2er-Jahr +1,14 %

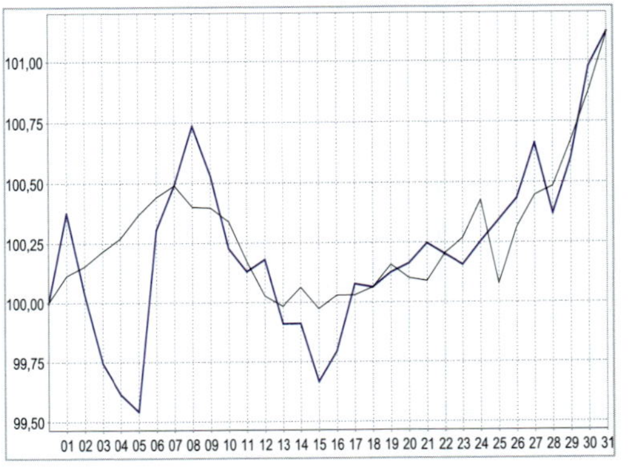

3ER-JAHRE IM DOW JONES: +10,23 %

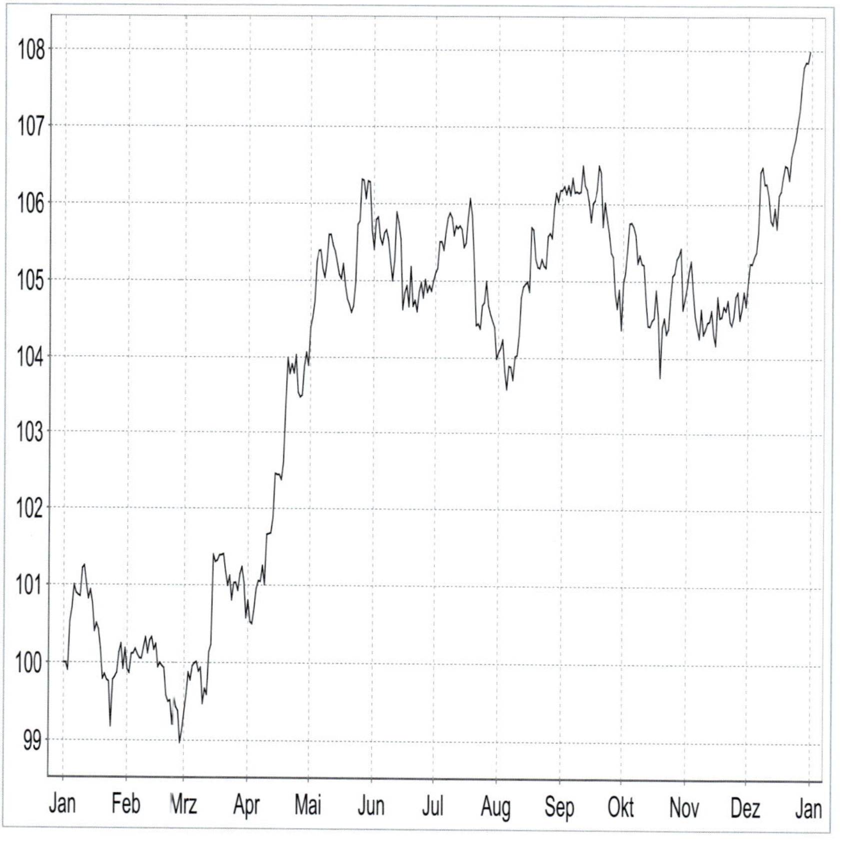

3er-Jahre führen in der Regel zu kräftigen Kurssprüngen, da lediglich zwei (1923 und 1953) von zwölf Jahren mit einstelligen Veränderungen beendet wurden. Im Anschluss an eine kurze Jahresanfangs-Rallye unterliegt der Dow Jones einer schwachen Tendenz, womit das Jahres-Tief bereits Ende Februar markiert wird. In der Folge nehmen die Notierungen Fahrt auf und steigen rasant an. Nach einem zyklischen Hoch Ende Mai tendiert der Index seitwärts, bevor es zwischen Mitte Juli und Ende Oktober zu großen Ausschlägen in beide Richtungen kommt. Ab Dezember startet der Index eine Jahresend-Rallye und beendet 3er-Jahre bei einer Gewinn-Wahrscheinlichkeit von 58 % häufig auf Jahres-Hoch.

Dow Jones-Performance in 3er-Jahren

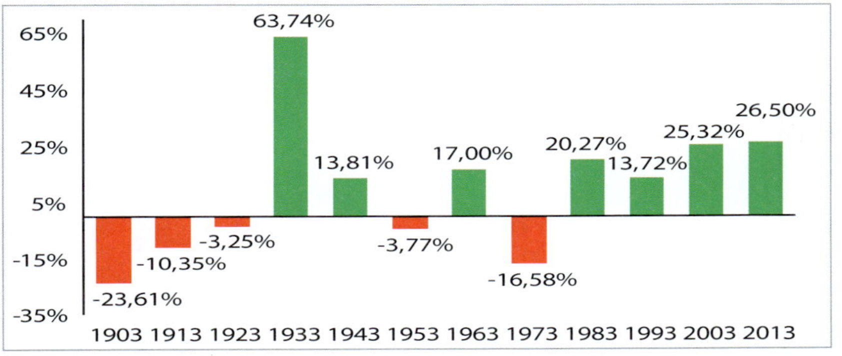

Zusammenfassung

Performance:	+10,23 %	
Gewinn-Wahrscheinlichkeit:	58 %	
Jahres-Hoch:	(+/–) 31.12.	
Jahres-Tief:	(+/–) 27.02.	
Performance:	Q1:	1,20 %
	Q2:	5,95 %
	Q3:	–0,53 %
	Q4:	3,83 %

Monats-Performances in 3er-Jahren

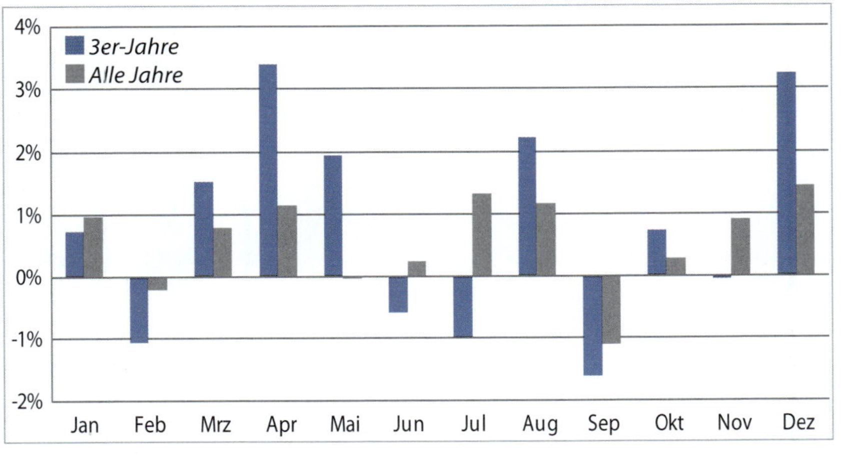

Januar-Verlauf im 3er-Jahr +0,74 %

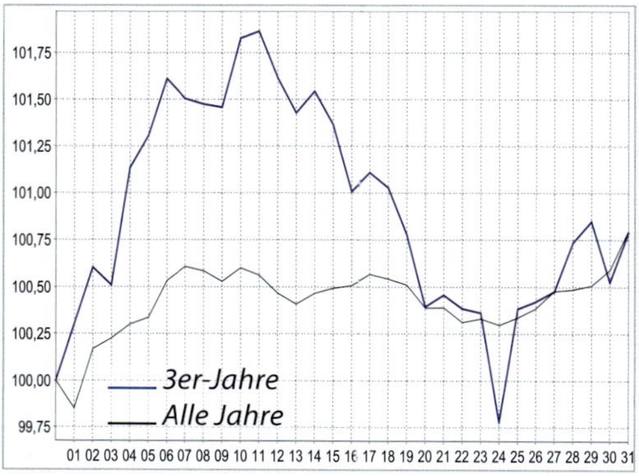

April-Verlauf im 3er-Jahr +3,38 %

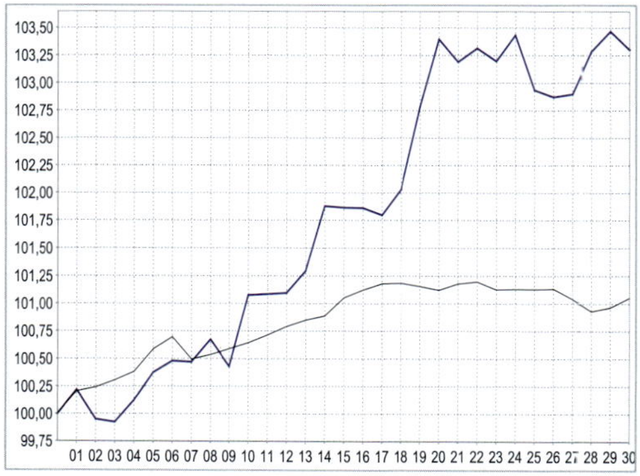

Februar-Verlauf im 3er-Jahr –1,06 %

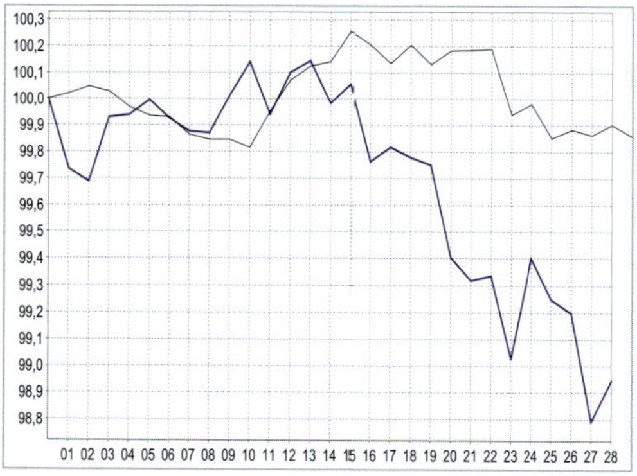

Mai-Verlauf im 3er-Jahr +1,95 %

März-Verlauf im 3er-Jahr +1,53 %

Juni-Verlauf im 3er-Jahr –0,59 %

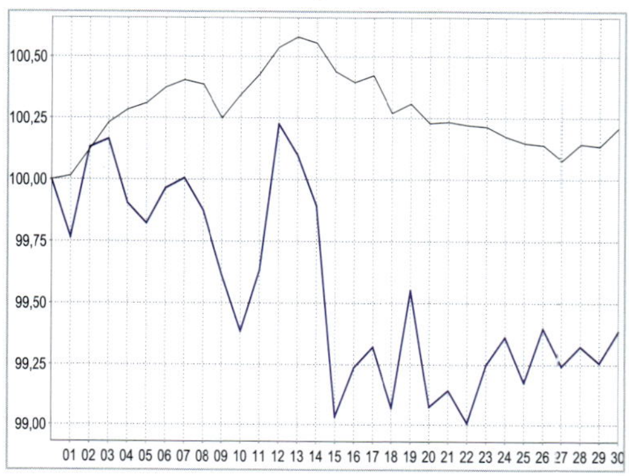

Juli-Verlauf im 3er-Jahr –0,98 %

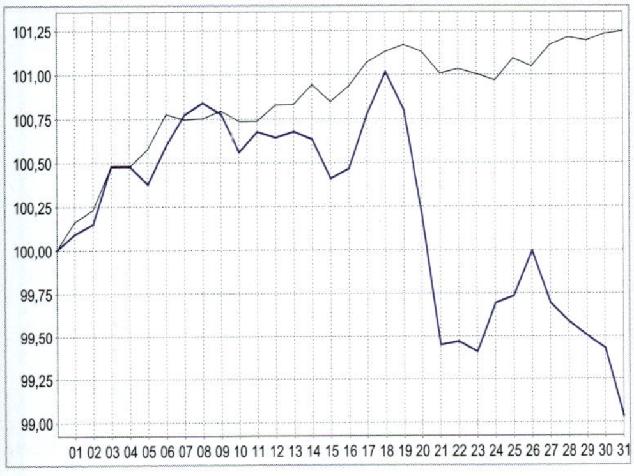

Oktober-Verlauf im 3er-Jahr +0,73 %

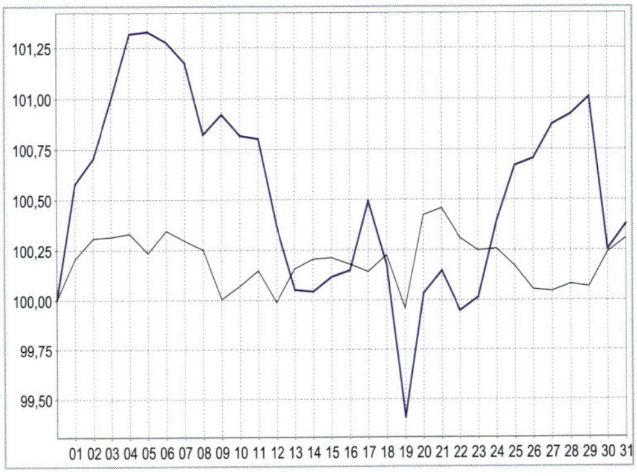

August-Verlauf im 3er-Jahr +2,22 %

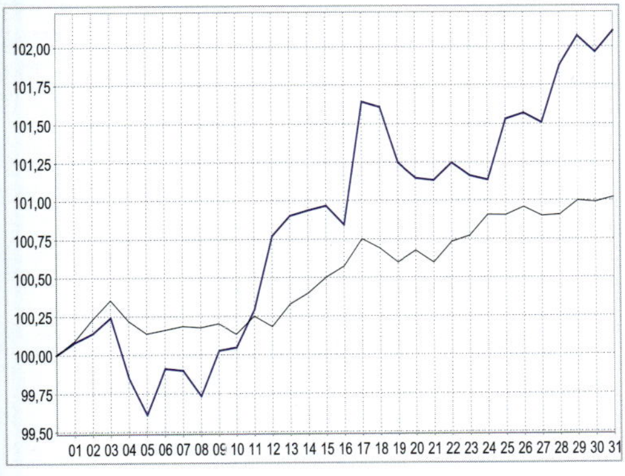

November-Verlauf im 3er-Jahr –0,05 %

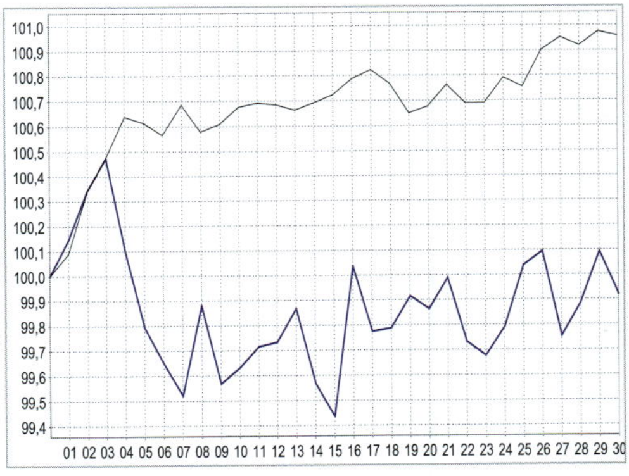

September-Verlauf im 3er-Jahr –1,61 %

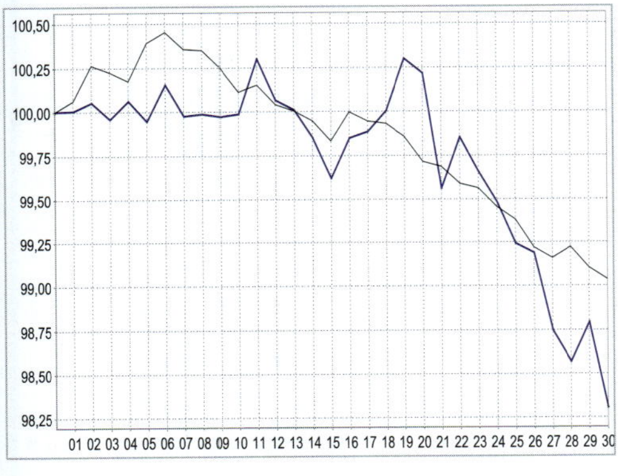

Dezember-Verlauf im 3er-Jahr +3,24 %

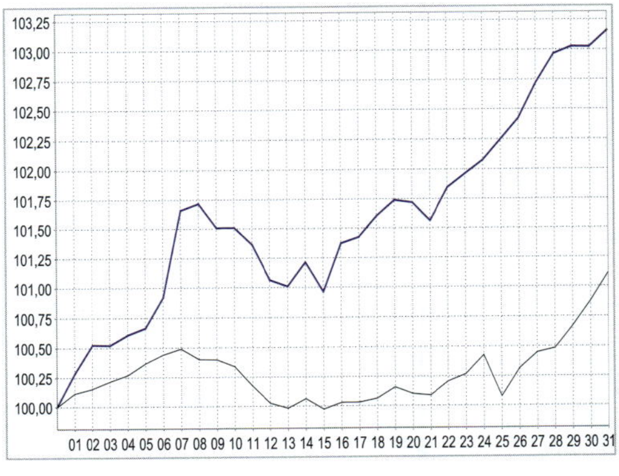

4ER-JAHRE IM DOW JONES: +10,20 %

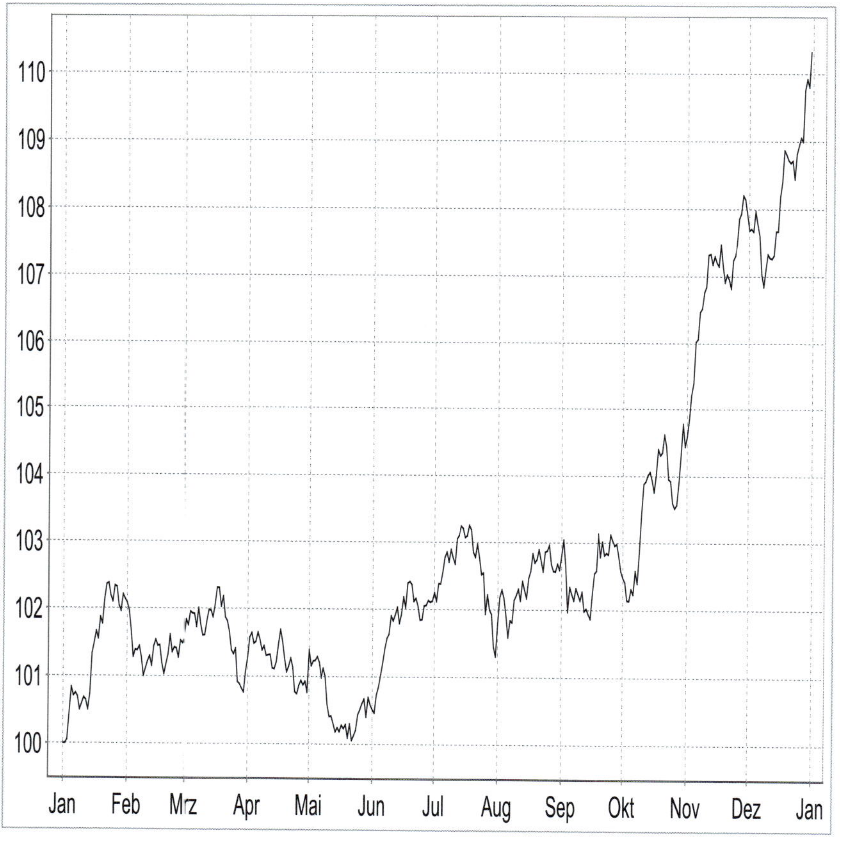

In 4er-Jahren profitiert der Dow Jones zunächst von drei starken Januar-Wochen, worauf eine Korrektur bis Mitte Mai folgt. Dort wird das spätere Jahres-Tief markiert, das minimal unter dem Kursniveau vom Jahresbeginn liegt. Im Anschluss folgt ein rund sechswöchiger Aufwärtstrend. Die Zeit von Mitte Juli bis Ende September ist von einer zyklischen Seitwärtsbewegung geprägt. In der ersten Oktober-Woche beginnt im Dow Jones eine Rallye, die bis zum Jahresende anhält. Somit eröffnen 4er-Jahre im Bereich des Jahres-Tiefs und schließen auf Jahres-Hoch, wobei die Notierungen um durchschnittlich 10,2 % klettern. Auch die Gewinn-Wahrscheinlichkeit ist mit 73 % überdurchschnittlich hoch.

Dow Jones-Performance in 4er-Jahren

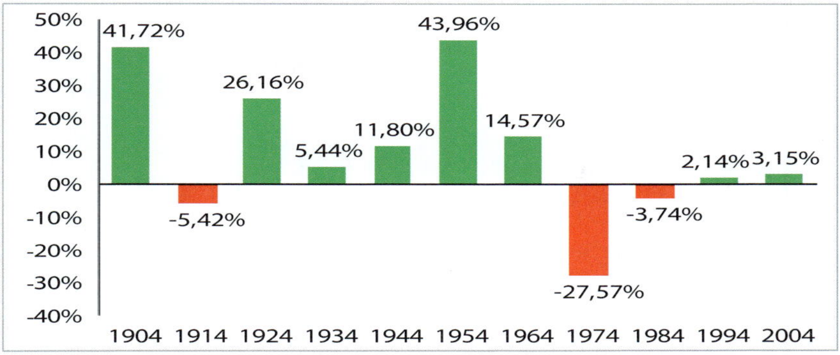

Zusammenfassung

Performance:	+10,20 %	
Gewinn-Wahrscheinlichkeit:	73 %	
Jahres-Hoch:	(+/–) 31.12.	
Jahres-Tief:	(+/–) 22.05.	
Performance:	Q1:	0,77 %
	Q2:	0,79 %
	Q3:	0,55 %
	Q4:	7,17 %

Monats-Performances in 4er-Jahren

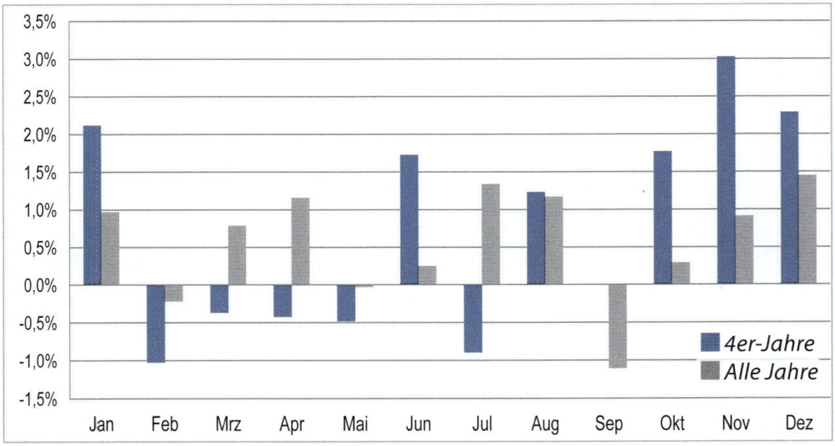

Januar-Verlauf im 4er-Jahr +2,18

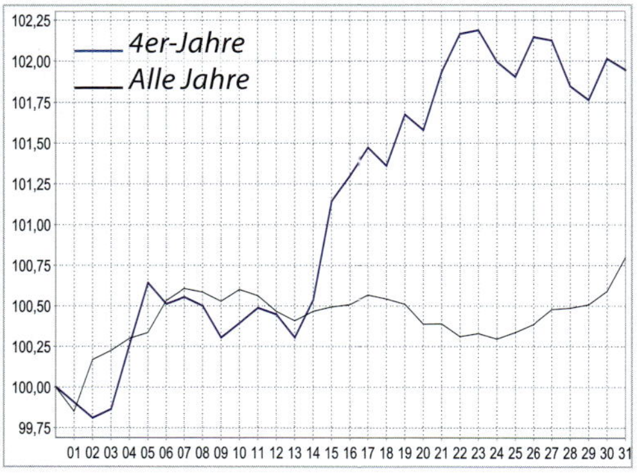

April-Verlauf im 4er-Jahr −0,42 %

Februar-Verlauf im 4er-Jahr −1,48 %

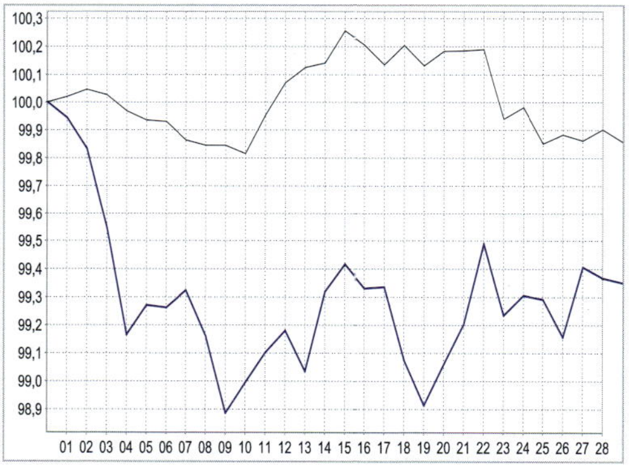

Mai-Verlauf im 4er-Jahr −0,48 %

März-Verlauf im 4er-Jahr −0,48 %

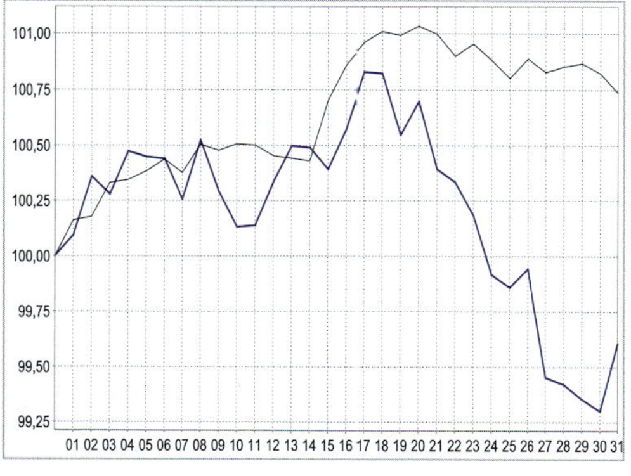

Juni-Verlauf im 4er-Jahr +1,73 %

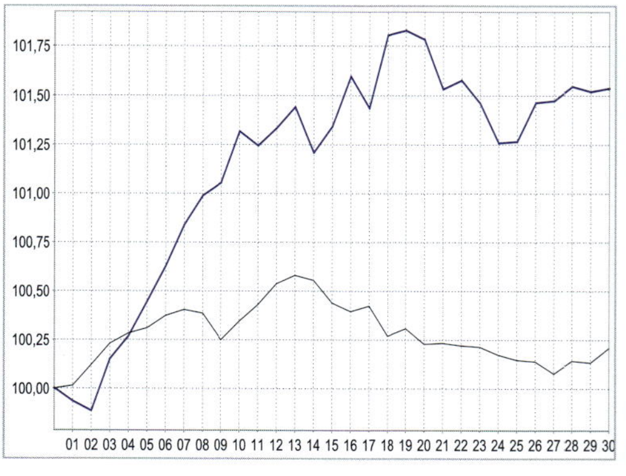

Juli-Verlauf im 4er-Jahr –0,89 %

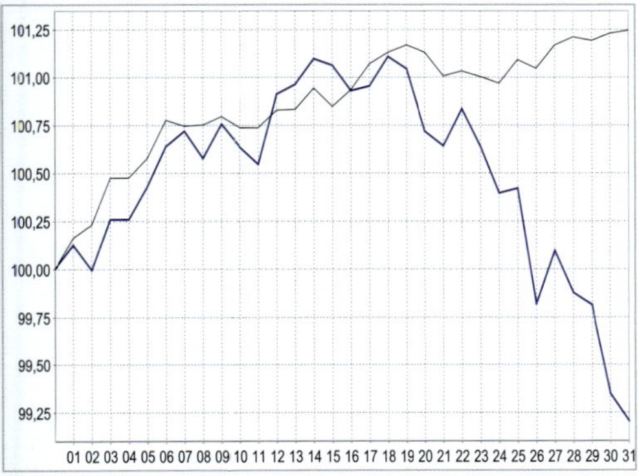

Oktober-Verlauf im 4er-Jahr +1,77 %

August-Verlauf im 4er-Jahr +1,24 %

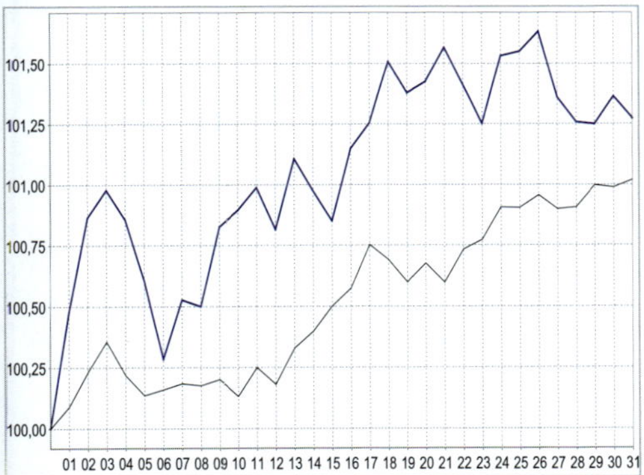

November-Verlauf im 4er-Jahr +3,03 %

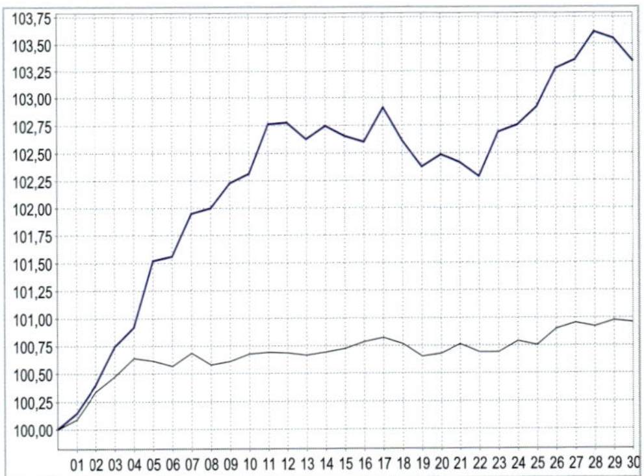

September-Verlauf im 4er-Jahr –0,01 %

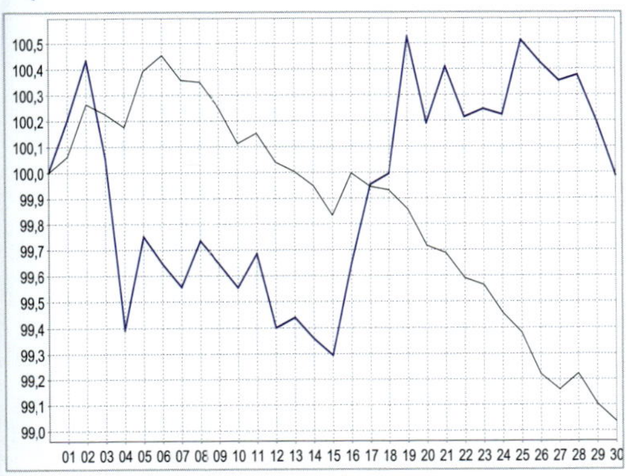

Dezember-Verlauf im 4er-Jahr +2,29 %

5ER-JAHRE IM DOW JONES: +31,44 %

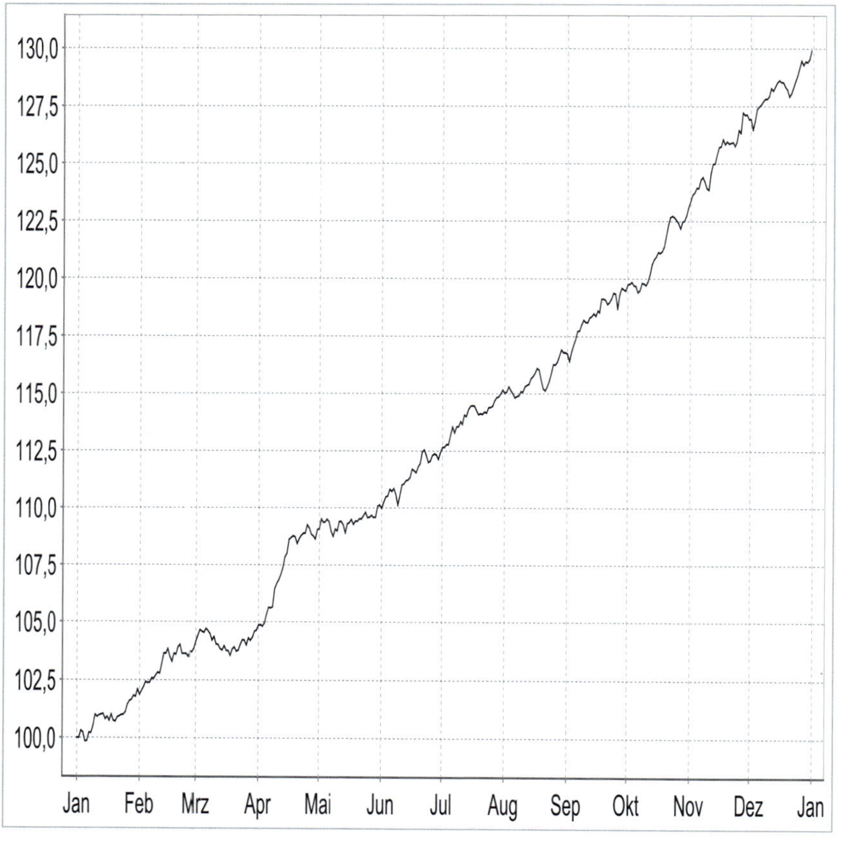

5er-Jahre im Dow Jones erweisen sich mit einer Gewinn-Wahrscheinlichkeit von 91 % als ungewöhnlich erfolgreiche Börsenjahre. Der zyklischen Frühjahrs-Rallye folgt lediglich im März eine kleine Korrektur. Im weiteren Jahresverlauf nehmen die Notierungen stetig zu und werden dabei nur von kleineren Konsolidierungen begleitet. Größere Schwankungen bleiben also aus, sodass keine zyklischen Wendepunkte auszumachen sind. Dabei beginnt die typische Jahresend-Rallye eigentlich schon im Oktober. Schließlich werden 5er-Jahre mit einer hohen Performance von im Mittel 31,44 % beendet. Die größten Zuwächse verzeichnet der Dow Jones dabei im April, Oktober und November.

Dow Jones-Performance in 5er-Jahren

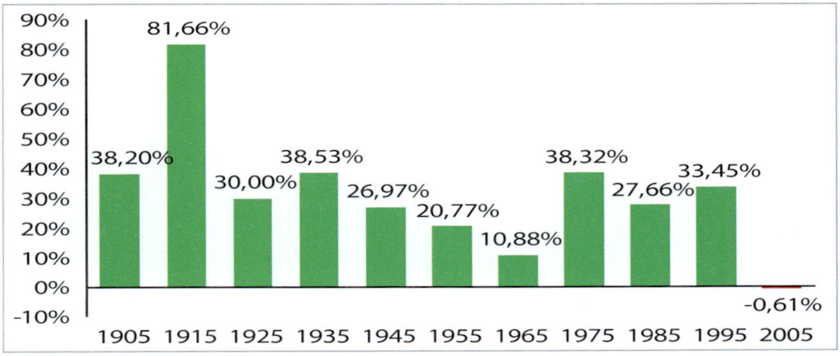

Zusammenfassung

Performance:	+31,44 %	
Gewinn-Wahrscheinlichkeit:	91 %	
Jahres-Hoch:	(+/–) 31.12.	
Jahres-Tief:	(+/–) 05.01.	
Performance:	Q1:	5,42 %
	Q2:	7,52 %
	Q3:	6,78 %
	Q4:	8,49 %

Monats-Performances in 5er-Jahren

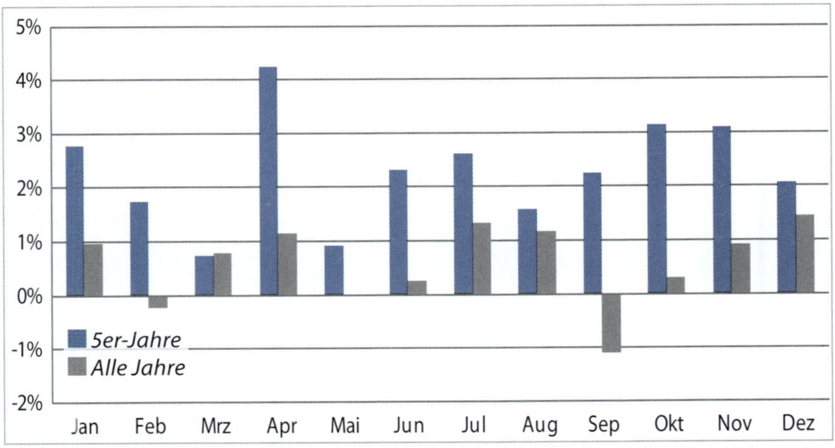

Januar-Verlauf im 5er-Jahr +2,79 %

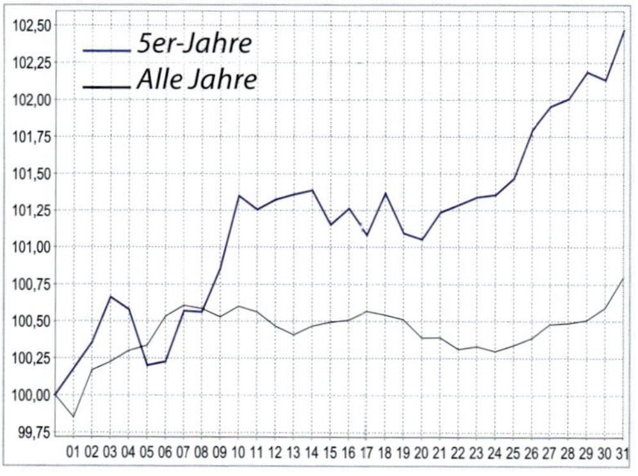

Februar-Verlauf im 5er-Jahr +1,74 %

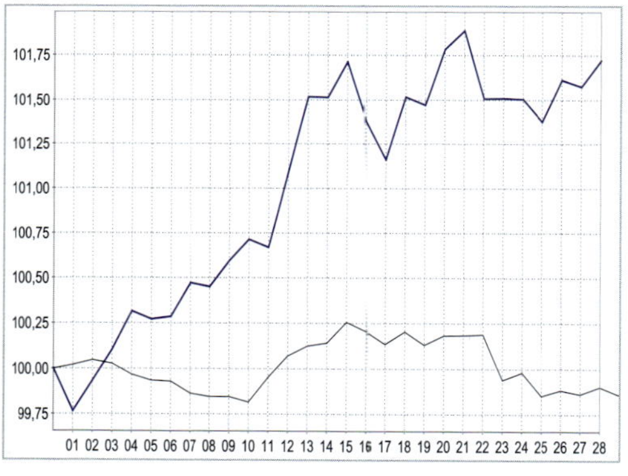

März-Verlauf im 5er-Jahr +0,73 %

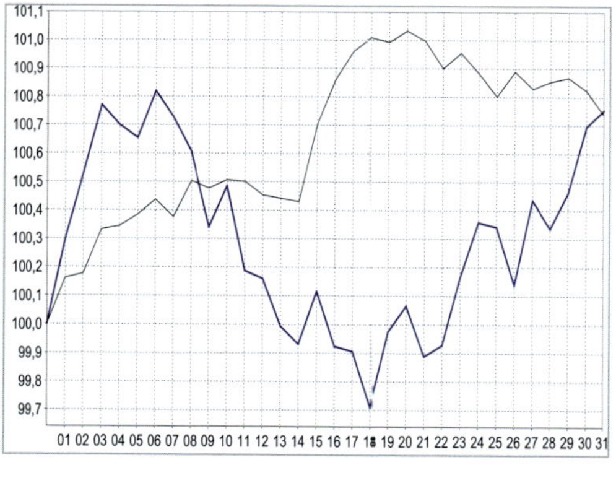

April-Verlauf im 5er-Jahr +4,24 %

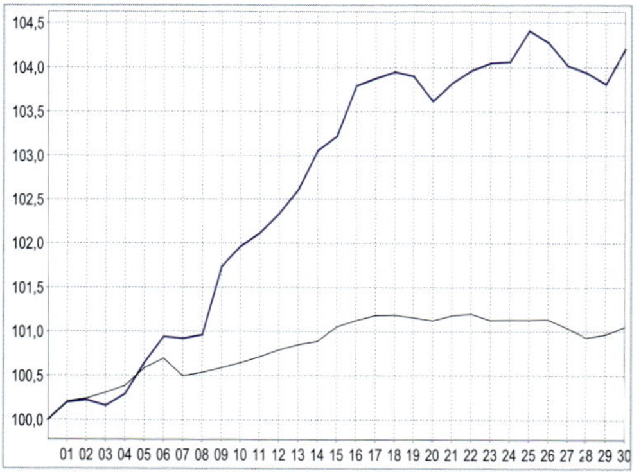

Mai-Verlauf im 5er-Jahr +0,92 %

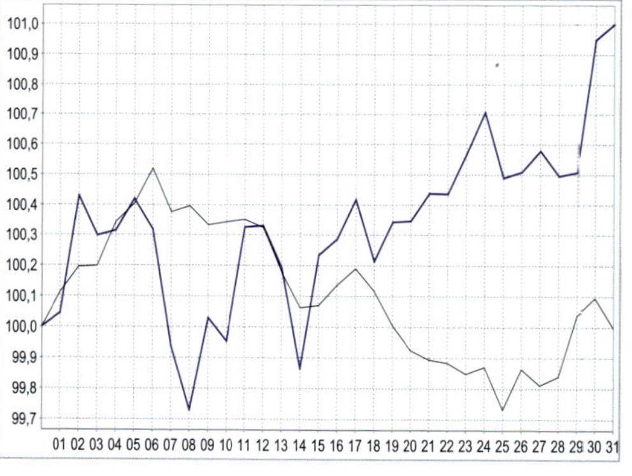

Juni-Verlauf im 5er-Jahr +2,32 %

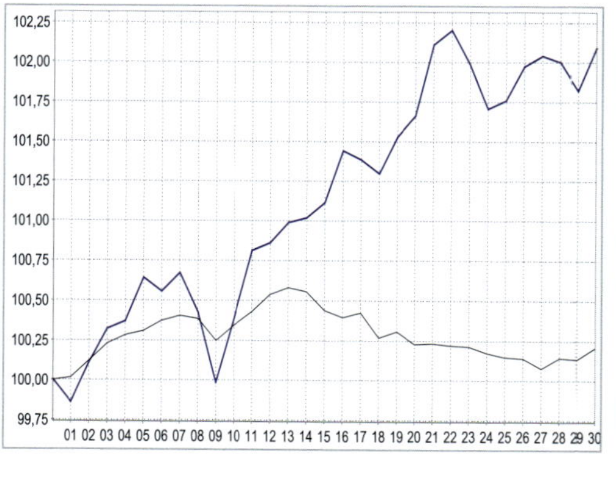

Juli-Verlauf im 5er-Jahr +2,62 %

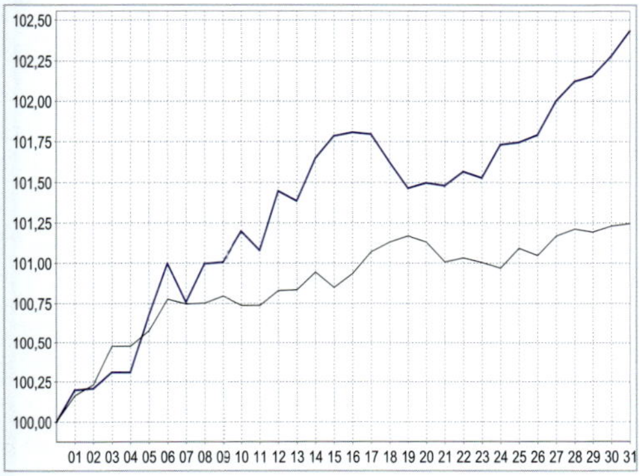

Oktober-Verlauf im 5er-Jahr +3,14 %

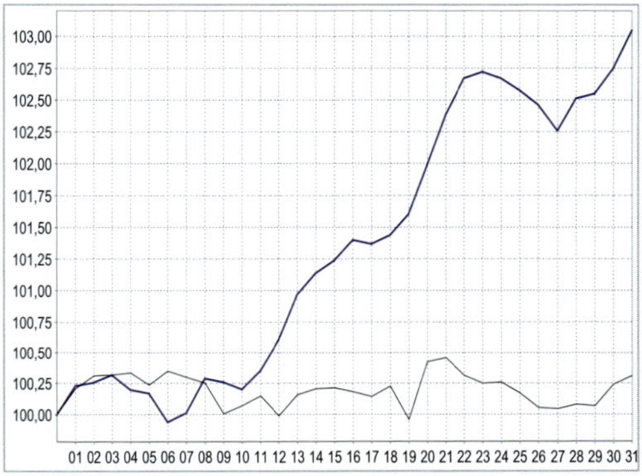

August-Verlauf im 5er-Jahr +1,59 %

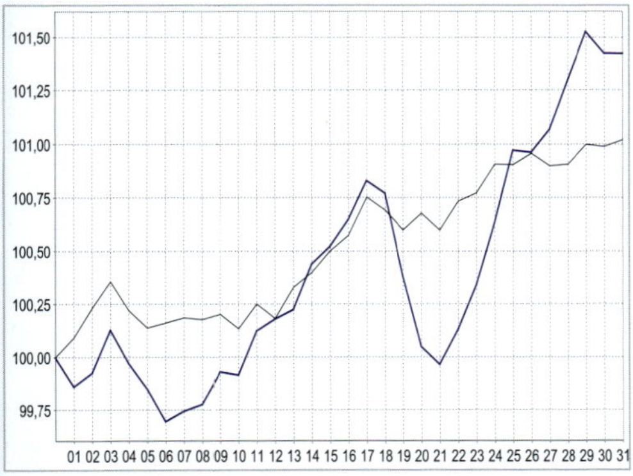

November-Verlauf im 5er-Jahr +3,10 %

September-Verlauf im 5er-Jahr +2,26 %

Dezember-Verlauf im 5er-Jahr +2,07 %

6ER-JAHRE IM DOW JONES: +7,00 %

Die positive Entwicklung des Dow Jones setzt sich auch in 6er-Jahren fort, wobei insbesondere der Januar überdurchschnittlich stark ist. Die Frühjahrs-Rallye wird nur von einer schnellen Korrektur Ende Februar unterbrochen. Der Aufwärtstrend gipfelt in einem zyklischen Hochpunkt Anfang April, worauf eine Korrektur folgt, die ihren Tiefpunkt im Mai findet. Anschließend erholen sich die Kurse zwar wieder, fallen aber Mitte Juli und Anfang Oktober erneut in den Bereich der Mai-Tiefs. Nach diesem Rücksetzer beginnt ab Mitte Oktober eine Jahresend-Rallye, die den Dow Jones in der ersten Dezember-Woche auf das endgültige Jahres-Hoch treibt. Die Gewinn-Wahrscheinlichkeit liegt bei 64 %.

Dow Jones-Performance in 6er-Jahren

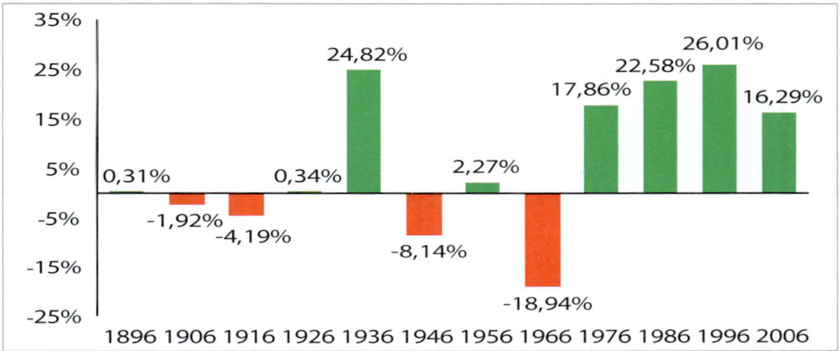

Zusammenfassung

Performance:	+7,00 %	
Gewinn-Wahrscheinlichkeit:	64 %	
Jahres-Hoch:	(+/–) 10.12.	
Jahres-Tief:	(+/–) 04.01.	
Performance:	Q1:	4,03 %
	Q2:	–0,45 %
	Q3:	0,35 %
	Q4:	2,98 %

Monats-Performances in 6er-Jahren

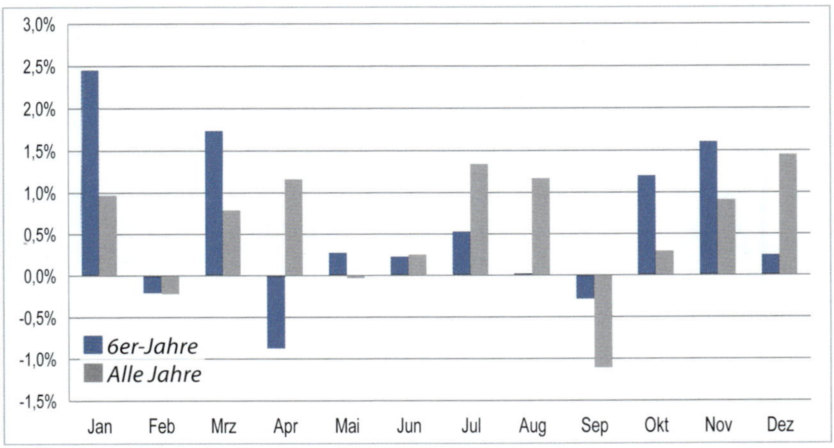

Januar-Verlauf im 6er-Jahr +2,45 %

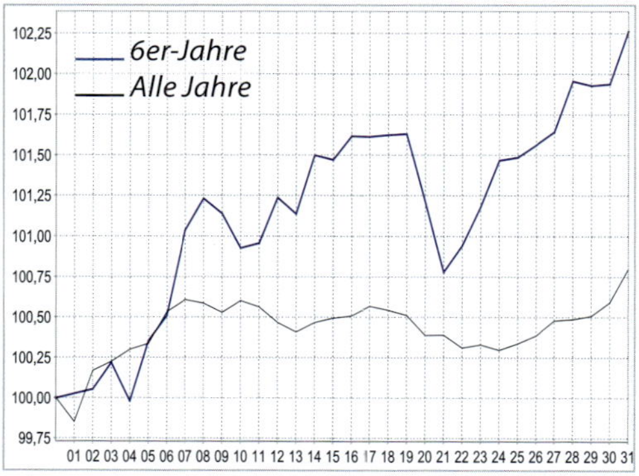

Februar-Verlauf im 6er-Jahr –0,21 %

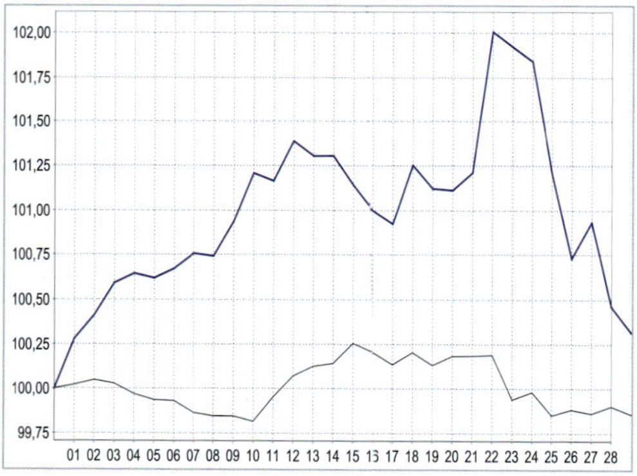

März-Verlauf im 6er-Jahr +1,74 %

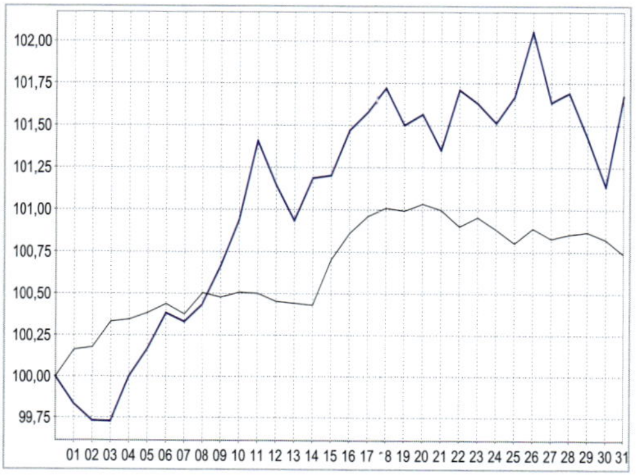

April-Verlauf im 6er-Jahr –0,87 %

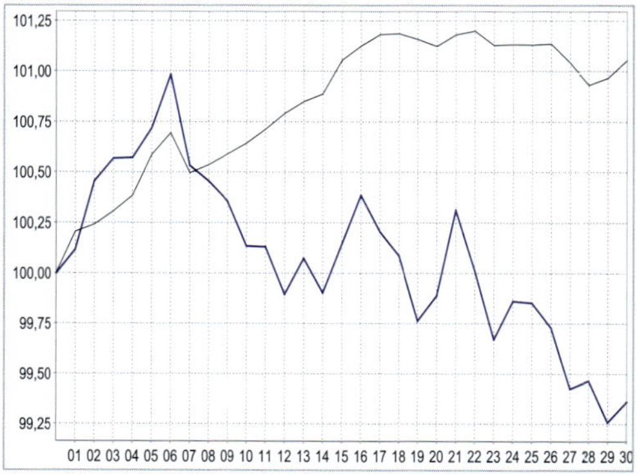

Mai-Verlauf im 6er-Jahr +0,27 %

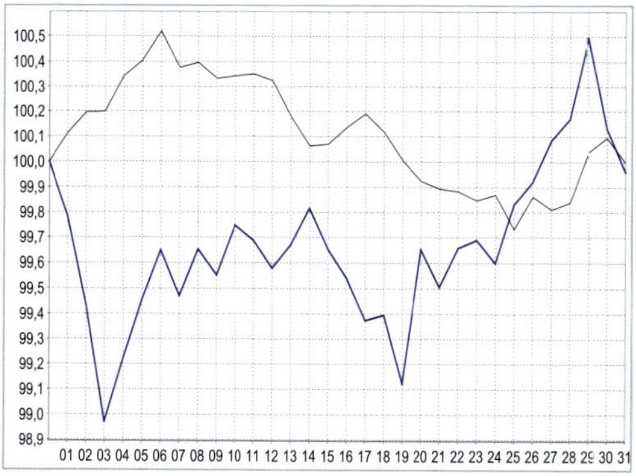

Juni-Verlauf im 6er-Jahr +0,22 %

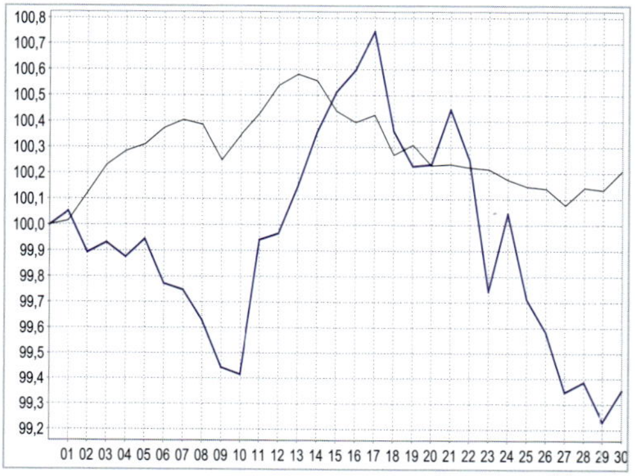

Juli-Verlauf im 6er-Jahr +0,53 %

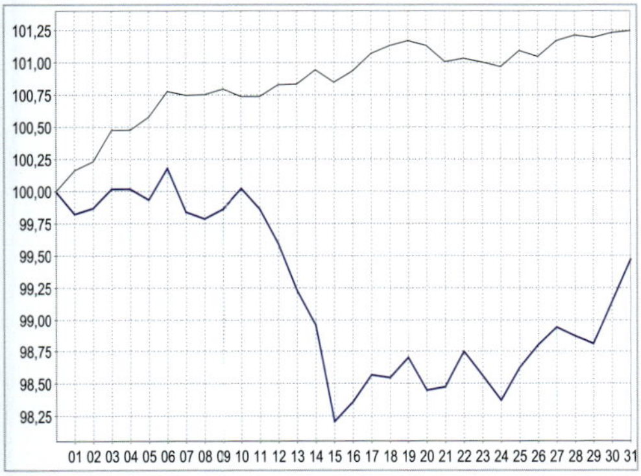

Oktober-Verlauf im 6er-Jahr +1,20 %

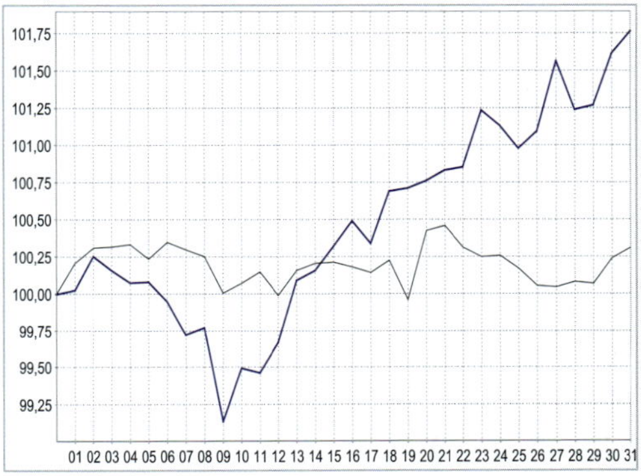

August-Verlauf im 6er-Jahr +0,02 %

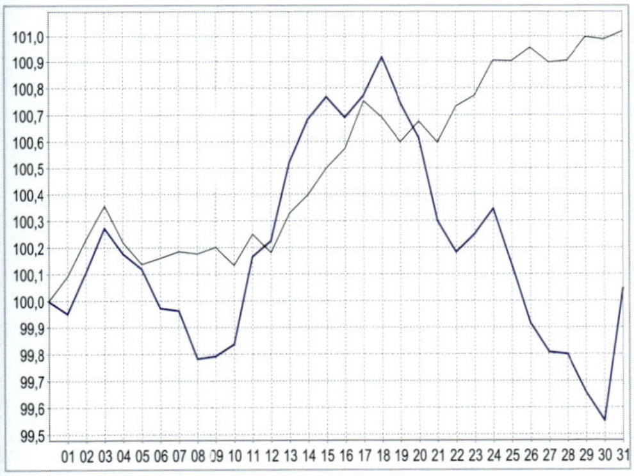

November-Verlauf im 6er-Jahr +1,60 %

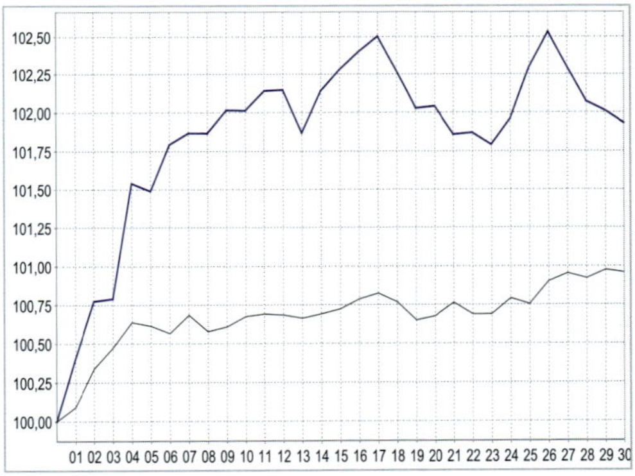

September-Verlauf im 6er-Jahr –0,28 %

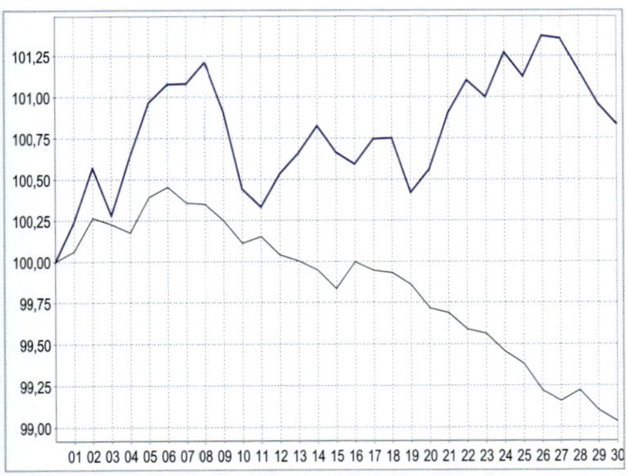

Dezember-Verlauf im 6er-Jahr +0,24 %

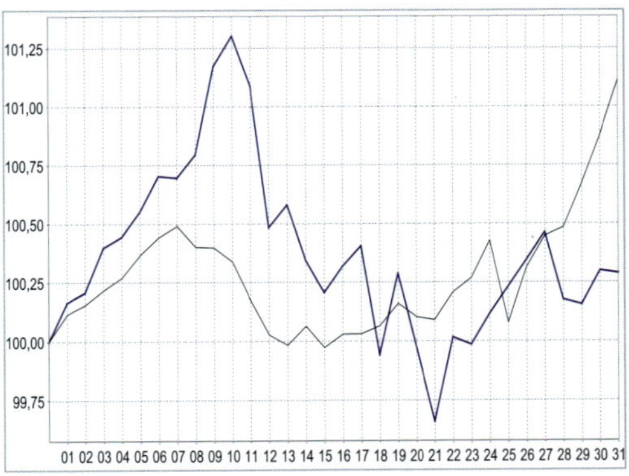

7ER-JAHRE IM DOW JONES: –4,07 %

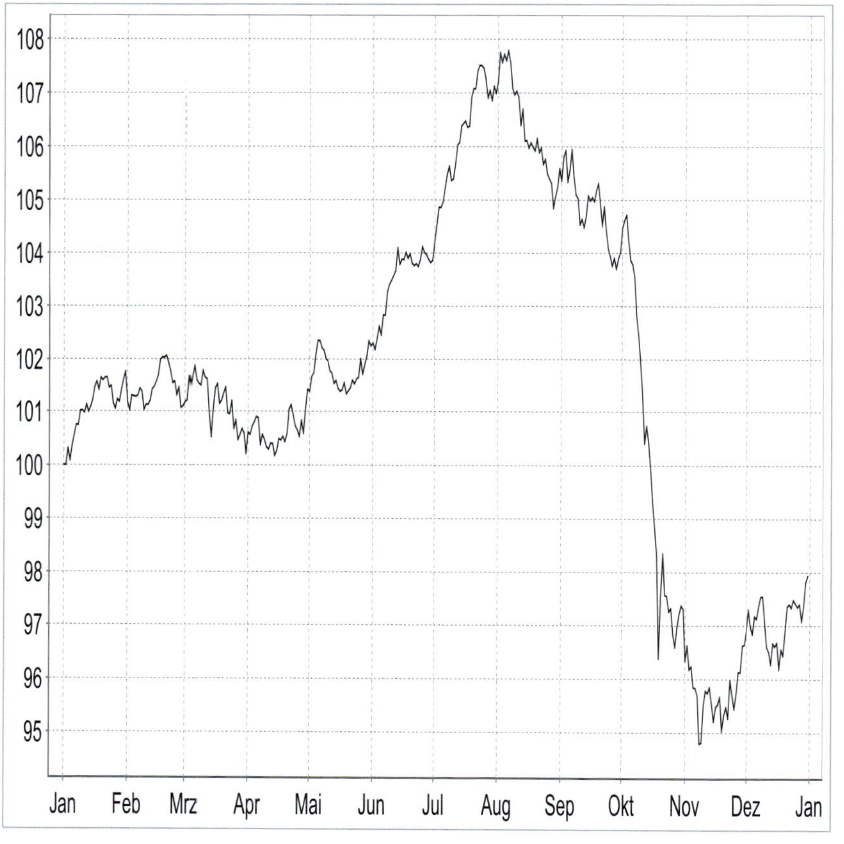

7er-Jahre sind von überdurchschnittlichen Schwankungen geprägt, denn neun der elf 7er-Jahre seit 1897 hat der Dow Jones mit einer Veränderung von mehr als 10 % abgeschlossen (Gewinn-Wahrscheinlichkeit 55 %). In den ersten fünf Monaten laufen die Kurse bei geringen Ausschlägen seitwärts. Ab Juni entwickelt sich eine starke Rallye, deren Höhepunkt in der ersten August-Woche zugleich das Jahres-Hoch bedeutet. Danach beginnt meist die Sommerkorrektur, die sich in ihrem Verlauf verstärkt. Im Oktober steigt dann die Crash-Wahrscheinlichkeit rasant, was aus Zyklensicht Anfang November zur Herausbildung des Jahres-Tiefs führt. Die Notierungen erholen sich bis Jahresende nur leicht.

Dow Jones-Performance in 7er-Jahren

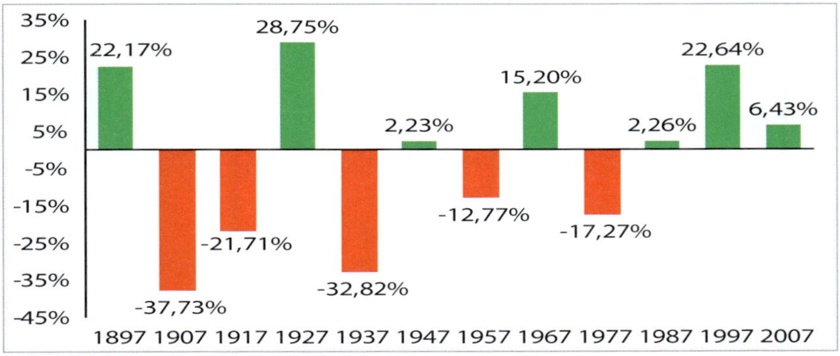

Zusammenfassung

Performance:	–4,07 %	
Gewinn-Wahrscheinlichkeit:	55 %	
Jahres-Hoch:	(+/–) 06.08.	
Jahres-Tief:	(+/–) 08.11.	
Performance:	Q1:	0,94 %
	Q2:	3,52 %
	Q3:	0,24 %
	Q4:	–7,00 %

Monats-Performances in 7er-Jahren

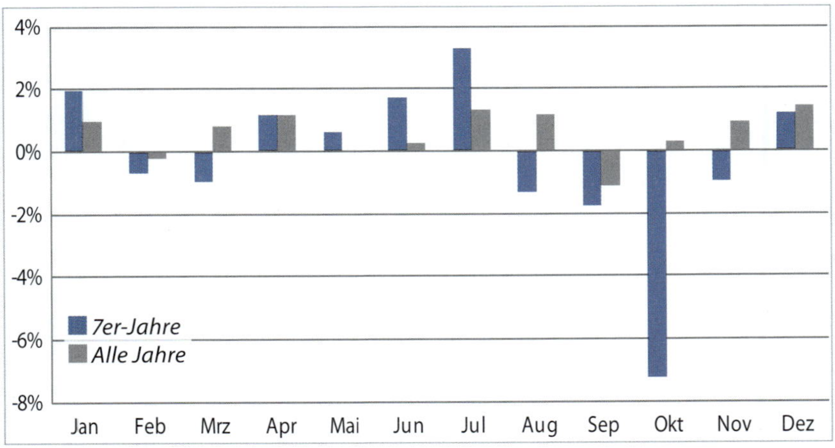

Januar-Verlauf im 7er-Jahr +1,96 %

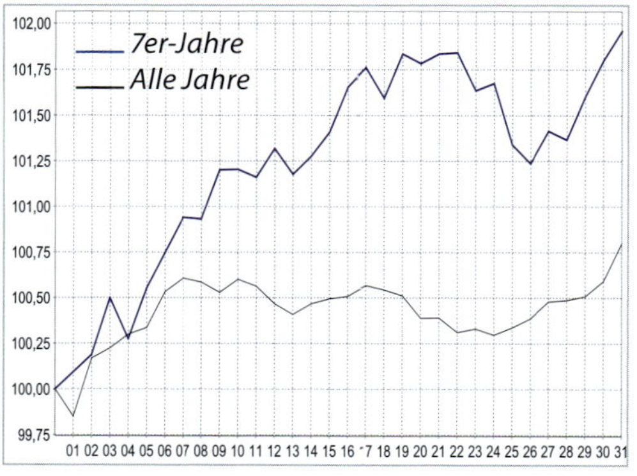

April-Verlauf im 7er-Jahr +1,16 %

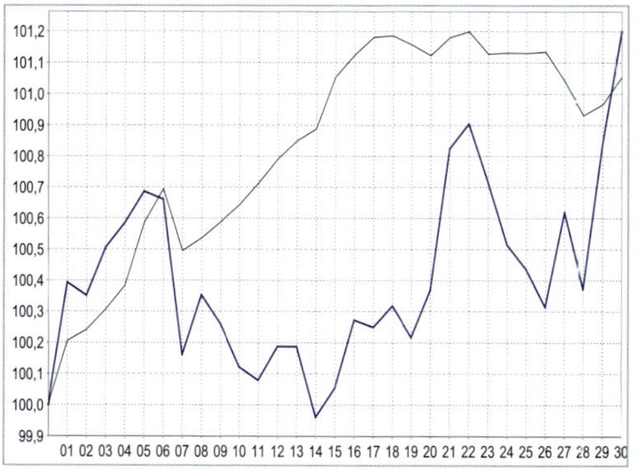

Februar-Verlauf im 7er-Jahr –0,69 %

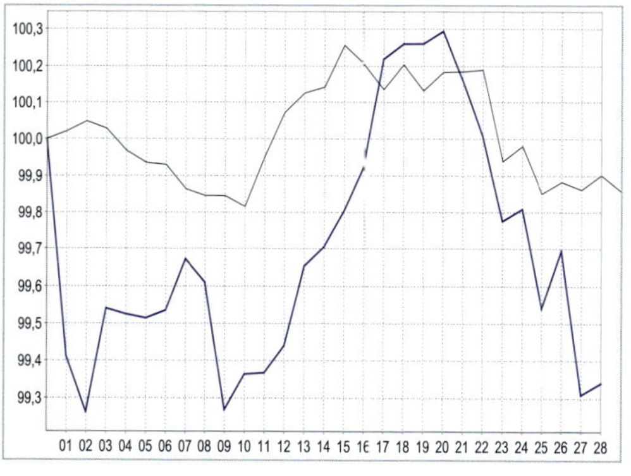

Mai-Verlauf im 7er-Jahr +0,63 %

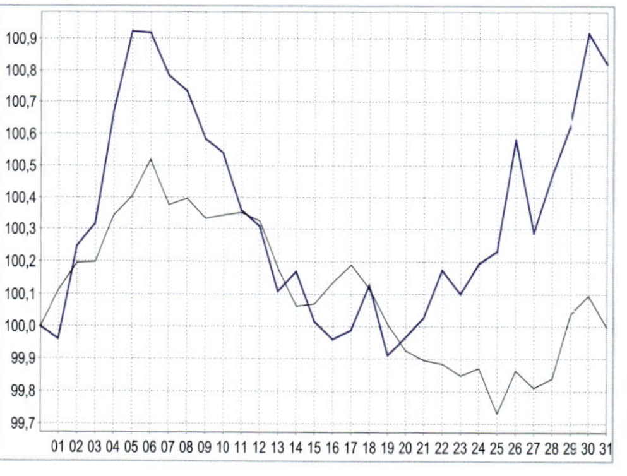

März-Verlauf im 7er-Jahr –0,97 %

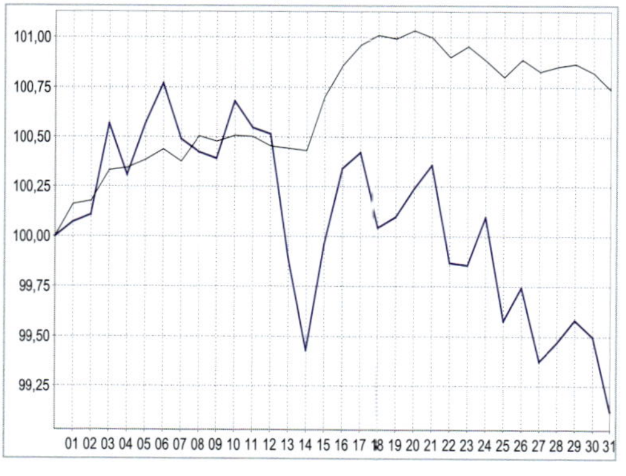

Juni-Verlauf im 7er-Jahr +1,73 %

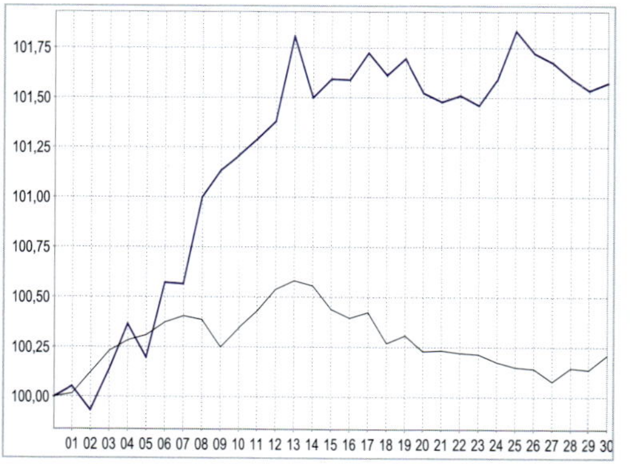

Juli-Verlauf im 7er-Jahr +3,30 %

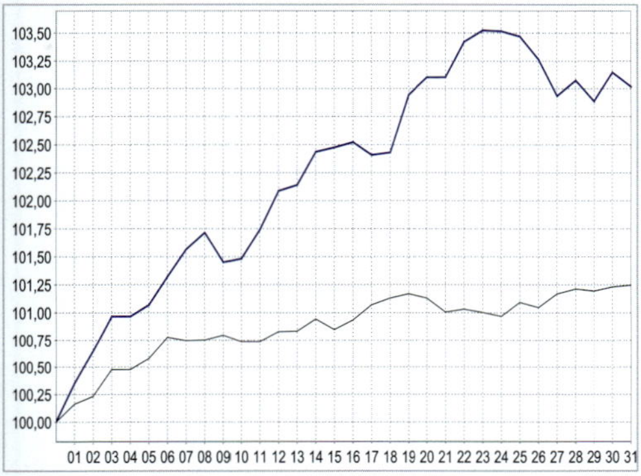

Oktober-Verlauf im 7er-Jahr –7,24 %

August-Verlauf im 7er-Jahr –1,34 %

November-Verlauf im 7er-Jahr –0,95 %

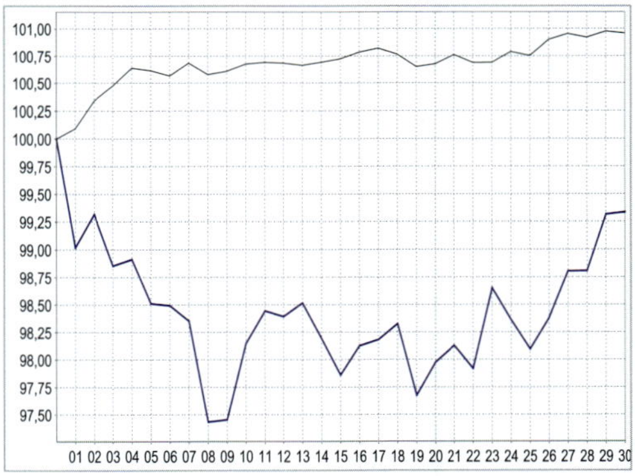

September-Verlauf im 7er-Jahr –1,77 %

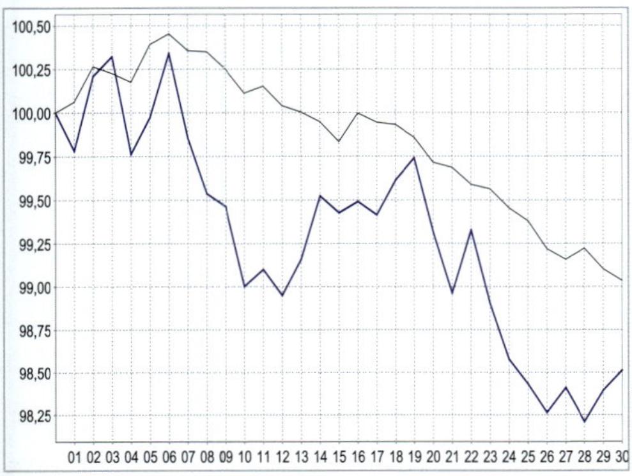

Dezember-Verlauf im 7er-Jahr +1,20 %

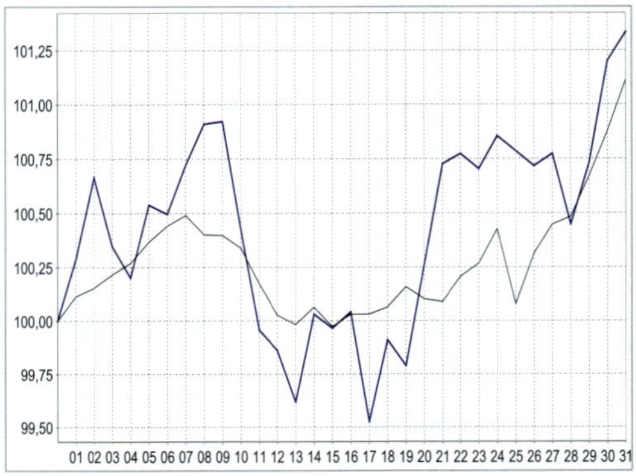

8ER-JAHRE IM DOW JONES: +15,22 %

Nach den phänomenalen 5er-Jahren bedeuten 8er-Jahre mit einer äußerst hohen Gewinn-Wahrscheinlichkeit (75 %) das zweitbeste Börsenjahr im Jahrzehnt. Zu Beginn des Jahres treten die Kurse für gewöhnlich auf der Stelle. Ungefähr auf dem Jahresanfangsniveau bildet ein zyklisches Tief im April den Anfang einer Rallye, wobei der Dow Jones insbesondere im April überzeugen kann. Lediglich Mitte Mai sowie Mitte Juni wird der Aufwärtstrend von Korrekturen unterbrochen. Im zweiten Quartal klettert der Index um durchschnittlich 8 %. Die Notierungen können im weiteren Jahresverlauf weiter zulegen, sodass am Ende ein Plus von durchschnittlich 15,22 % zu verzeichnen ist.

Dow Jones-Performance in 8er-Jahren

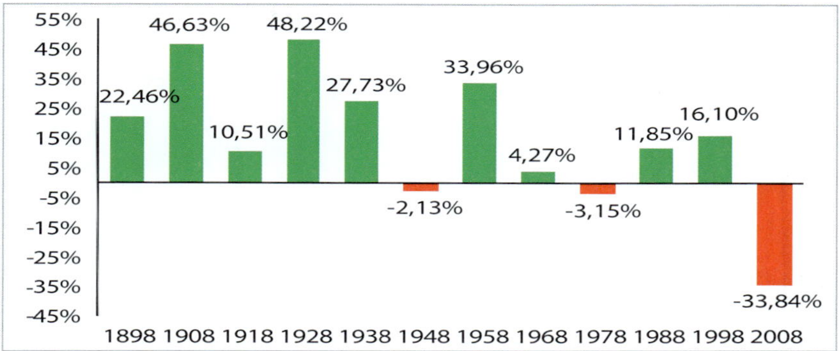

Zusammenfassung

Performance:	+15,22 %
Gewinn-Wahrscheinlichkeit:	75 %
Jahres-Hoch:	(+/–) 31.12.
Jahres-Tief:	(+/–) 26.01.
Performance:	Q1: –1,01 %
	Q2: 8,00 %
	Q3: 2,55 %
	Q4: 4,67 %

Monats-Performances in 8er-Jahren

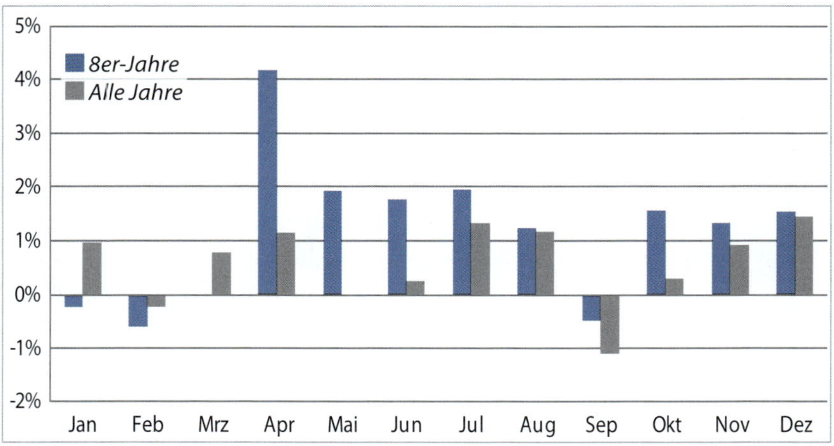

Januar-Verlauf im 8er-Jahr –0,22 %

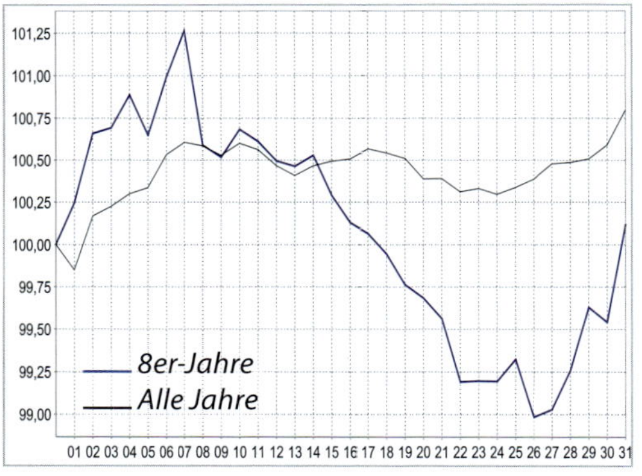

April-Verlauf im 8er-Jahr +4,17 %

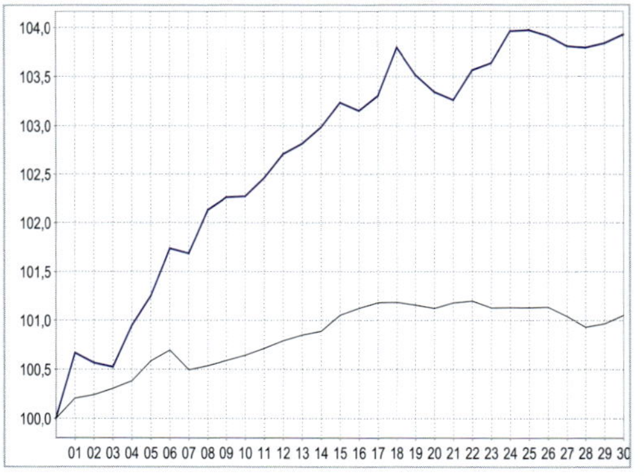

Februar-Verlauf im 8er-Jahr –0,60 %

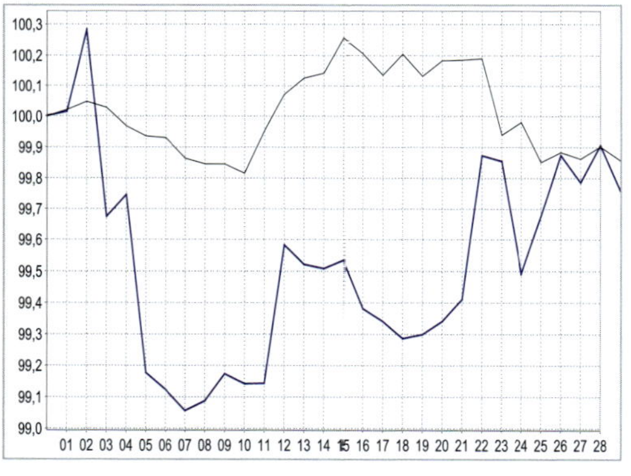

Mai-Verlauf im 8er-Jahr +1,93 %

März-Verlauf im 8er-Jahr 0,00 %

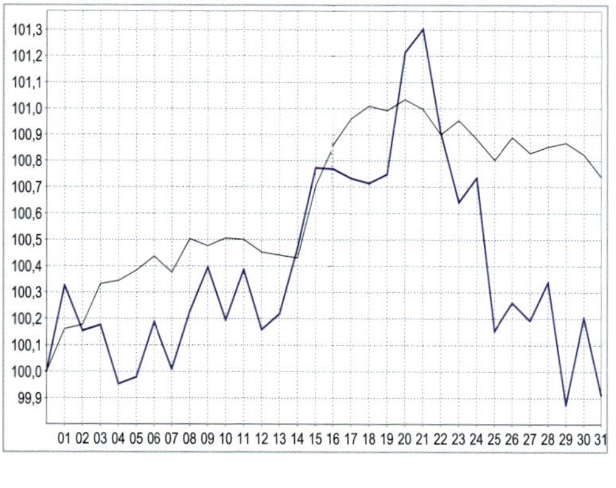

Juni-Verlauf im 8er-Jahr +1,78 %

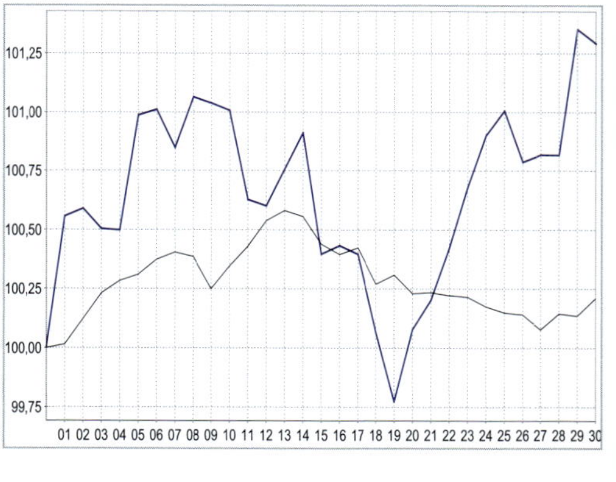

Juli-Verlauf im 8er-Jahr +1,95 %

Oktober-Verlauf im 8er-Jahr +1,56 %

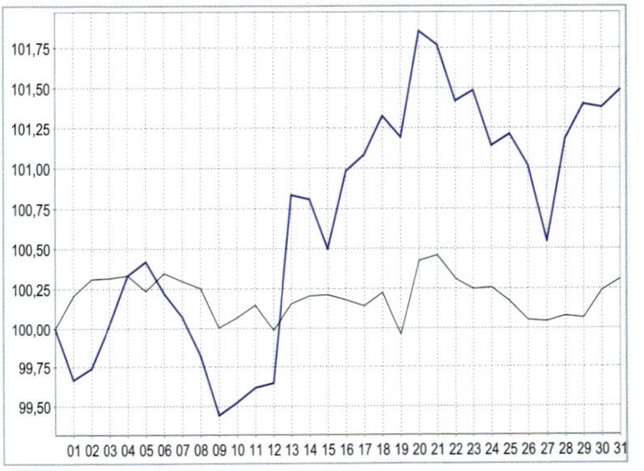

August-Verlauf im 8er-Jahr +1,24 %

November-Verlauf im 8er-Jahr +1,33 %

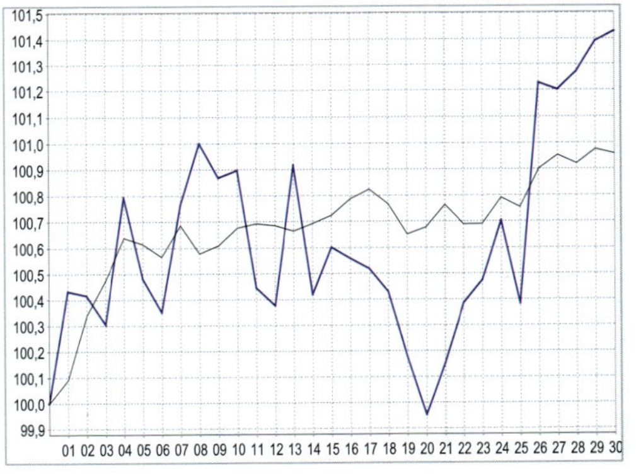

September-Verlauf im 8er-Jahr –0,48 %

Dezember-Verlauf im 8er-Jahr +1,55 %

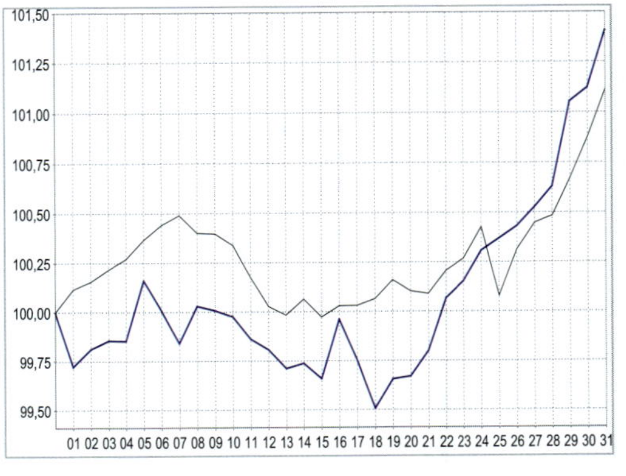

9ER-JAHRE IM DOW JONES: +10,34 %

In 9er-Jahren setzt sich der Aufwärtstrend des Dow Jones nahtlos fort, auch wenn es im Januar und Februar nicht danach aussieht. Ab März beginnt eine Rallye, die ihren zyklischen Hochpunkt Anfang Mai erreicht. Ab Juli entwickelt sich ein erneuter Aufschwung, sodass die Kurse im dritten Quartal vom üblichen Zyklus abweichen. Mitte September erreicht der Kurs sein Jahres-Hoch, das zugleich auch das Jahrzehnt-Hoch bedeutet. Nach einer kurzen Seitwärtsbewegung stellt sich schließlich eine abwärts gerichtete Tendenz ein. Zum Jahresende ziehen die Kurse zwar noch ein letztes Mal an, erreichen jedoch nicht mehr die Werte des Jahrzehnthochs. Die Gewinn-Wahrscheinlichkeit beträgt 75 %.

Dow Jones-Performance in 9er-Jahren

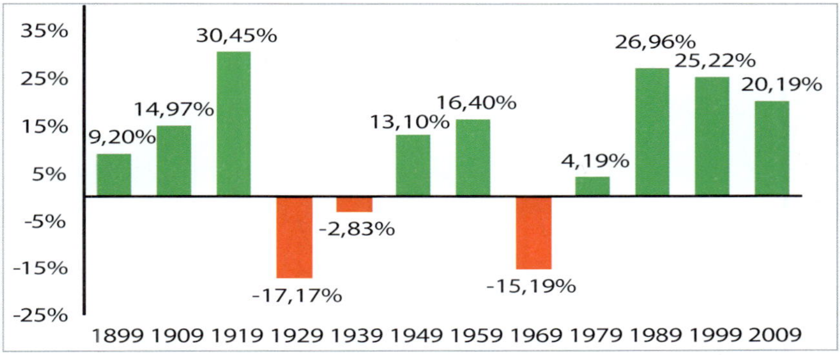

Zusammenfassung

Performance:	+10,34 %
Gewinn-Wahrscheinlichkeit:	75 %
Jahres-Hoch:	(+/–) 16.09.
Jahres-Tief:	(+/–) 10.02.
Performance:	Q1: 2,29 %
	Q2: 4,23 %
	Q3: 4,86 %
	Q4: –0,77 %

Monats-Performances in 9er-Jahren

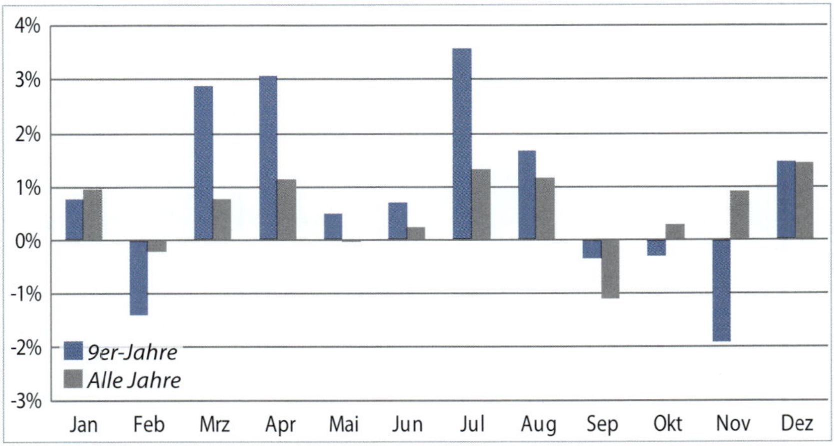

Januar-Verlauf im 9er-Jahr +0,78 %

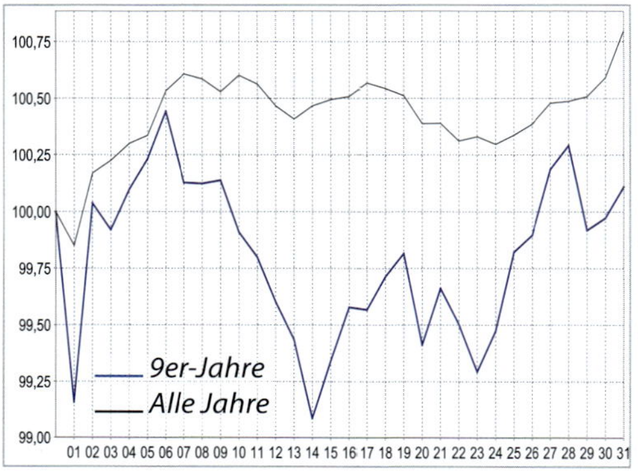

Februar-Verlauf im 9er-Jahr –1,40 %

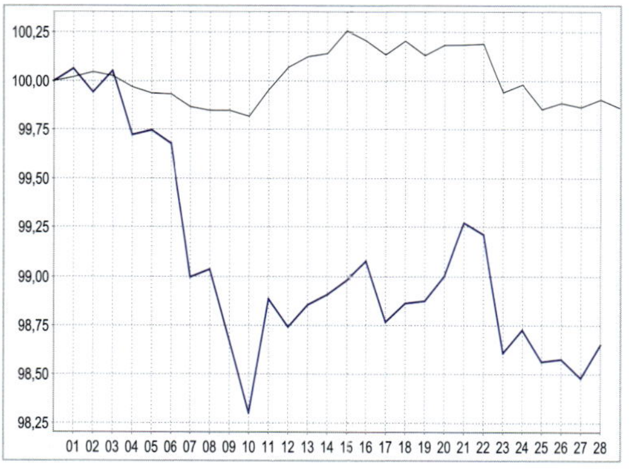

März-Verlauf im 9er-Jahr +2,88 %

April-Verlauf im 9er-Jahr +3,06 %

Mai-Verlauf im 9er-Jahr +0,50 %

Juni-Verlauf im 9er-Jahr +0,70 %

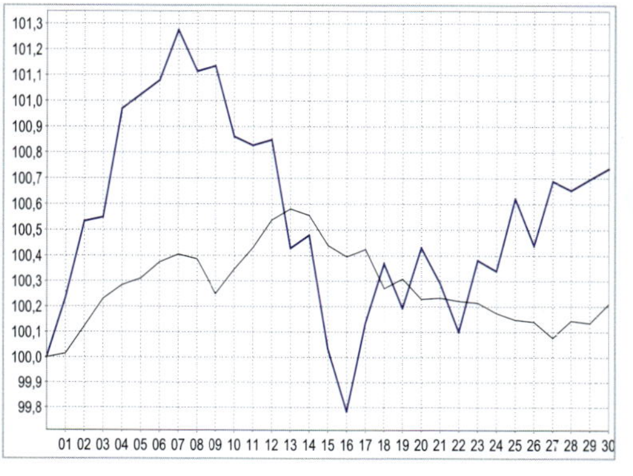

Juli-Verlauf im 9er-Jahr +3,58 %

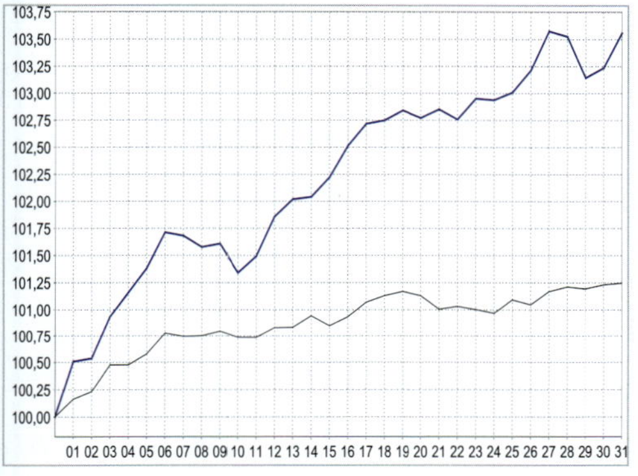

Oktober-Verlauf im 9er-Jahr –0,31 %

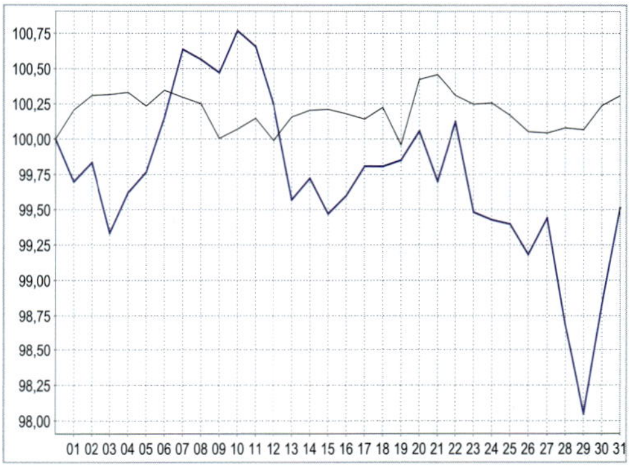

August-Verlauf im 9er-Jahr +1,69 %

November-Verlauf im 9er-Jahr –1,92 %

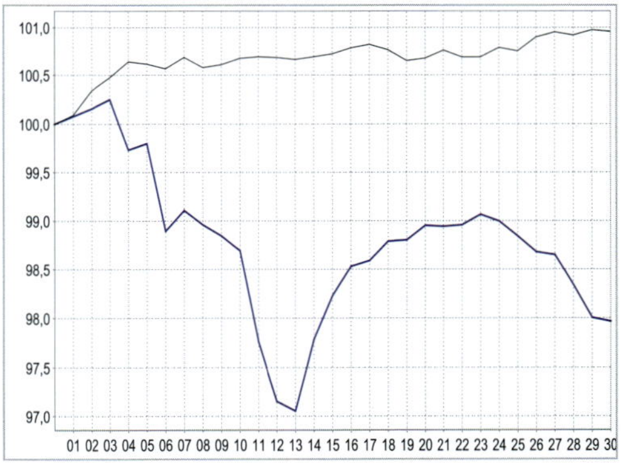

September-Verlauf im 9er-Jahr –0,34 %

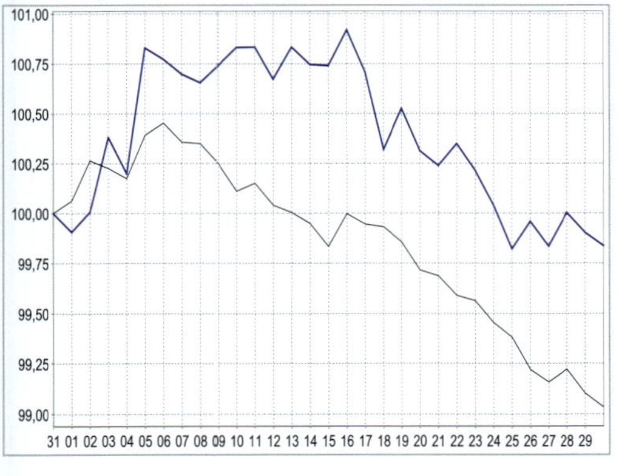

Dezember-Verlauf im 9er-Jahr +1,46 %

Zusammenfassung

Auf Basis der Veränderungen im Dow Jones seit Juni 1896 liefert der Jahrzehntzyklus die folgenden Erkenntnisse:

Der Dow Jones kann in sieben von zehn Jahren zulegen. Neben der Schwäche in 0er- und 1er-Jahren müssen auch in 7er-Jahren Verluste einkalkuliert werden.

0er-Jahre verzeichnen dabei die größten Abschläge. Danach folgen 7er- und 1er-Jahre.

Am stärksten klettert der Index in 5er-Jahren. Auch für 8er-, 9er- und 3er-Jahre errechnen sich überdurchschnittlich hohe Kursgewinne.

Bisher wurden zehn von elf 5er-Jahren mit einem positiven Vorzeichen beendet, was eine Gewinn-Wahrscheinlichkeit von 91 % bedeutet. 8er- und 9er-Jahren werden mit 75 %iger Wahrscheinlichkeit positiv abgeschlossen, während 4er-Jahre immerhin noch in 73 % der Jahre zu einem Anstieg führen.

Am häufigsten musste der Dow Jones in 0er-Jahren Verluste hinnehmen. Danach folgen 7er-, 1er- sowie 3er-Jahre mit einer Wahrscheinlichkeit von 58 % bzw. 55 %.

Das Jahres-Tief wird in 5er-, 6er- oder 8er-Jahren im Januar erreicht, in 9er- und 3er-Jahren im Februar.

In 1er- und 7er-Jahren markiert der Index das Jahres-Tief erst im letzten Quartal des Jahres.

Das Jahres-Hoch wird in 2er-, 3er-, 4er-, 5er- und 8er-Jahren in der letzten Handelswoche ausgelotet. Auch in 6er-Jahren erreicht der Dow sein Top im Dezember, allerdings schon zu Monatsanfang.

In 0er-Jahren markiert der Dow Jones seinen Hochpunkt bereits zu Januar-Beginn, während das Top in 1er-Jahren in der Regel Anfang Mai herausgebildet wird.

Performance nach Quartalen

	Anzahl	Im Gewinn	GW	Performance	1. Quartal	2. Quartal	3. Quartal	4. Quartal	Jahres-Hoch	Jahres-Tief
0er	12	5	42 %	−5,15 %	−1,44 %	−6,77 %	0,22 %	3,17 %	02.01.	29.06.
1er	12	7	58 %	−1,25 %	3,40 %	−0,50 %	−6,49 %	1,93 %	04.05.	05.10.
2er	12	8	67 %	3,36 %	1,36 %	−5,59 %	6,88 %	3,27 %	31.12.	27.06.
3er	12	7	58 %	10,23 %	1,20 %	5,95 %	−0,53 %	3,83 %	31.12.	27.02.
4er	11	8	73 %	10,20 %	0,77 %	0,79 %	0,55 %	7,17 %	31.12.	22.05.
5er	11	10	91 %	31,44 %	5,42 %	7,52 %	6,78 %	8,49 %	31.12.	05.01.
6er	11	7	64 %	7,00 %	4,03 %	−0,45 %	0,35 %	2,98 %	10.12.	04.01.
7er	11	6	55 %	−4,07 %	0,94 %	3,52 %	0,24 %	-7,00 %	06.08.	08.11.
8er	12	9	75 %	15,22 %	−1,01 %	8,00 %	2,55 %	4,67 %	31.12.	26.01.
9er	12	9	75 %	10,34 %	2,29 %	4,23 %	4,86 %	−0,77 %	16.09.	10.02.

ZYKLISCHER JAHRZEHNTVERLAUF

Der Dow Jones kommt zu Beginn eines neuen Jahrzehnts schlecht aus den Startlöchern, was zu einem zyklischen Tief Ende Februar führt. Zwar folgt anschließend eine kurze Zwischen-Rallye, doch die ersten zwei Quartale werden mit einem deutlichen Minus abgeschlossen. In den beiden Schlussquartalen kommt es zu einer volatilen Seitwärtsbewegung, die in 1er-Jahren zunächst zu einem kurzen Aufschwung führt. So ist das Auftaktquartal das beste Quartal innerhalb der ersten zweieinhalb Jahre.

Dow Jones Jahrzehntzyklus

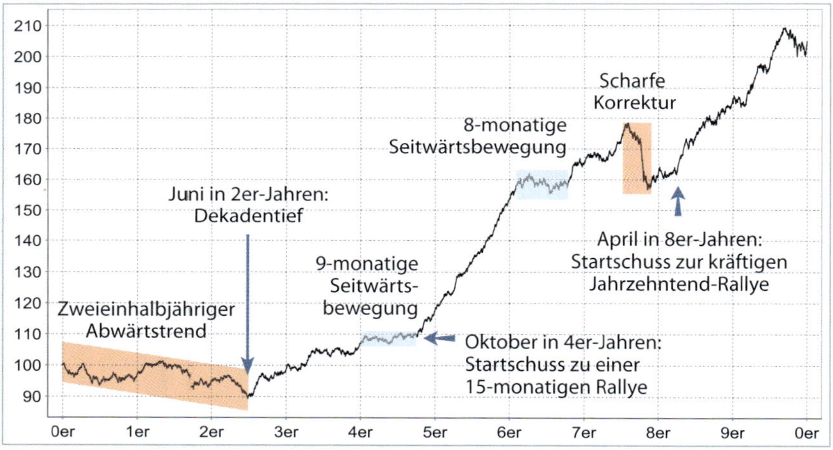

Im Spätsommer von 1er-Jahren gehen die Kurse dann massiv in die Knie, womit das Q3 den drittgrößten Quartalsverlust in der gesamten Dekade verzeichnet. Zum Jahresende folgt eine leicht aufwärtsgerichtete Seitwärtsbewegung, die sich auch im neuen Jahr zunächst fortsetzt.

Im zweiten Quartal der 2er-Jahre setzen die Notierungen schließlich kräftig zurück. Der Index verliert massiv an Boden und markiert im Juni sein Dekaden-Tief. Anschließend folgt ein enormer Aufschwung in der zweiten Hälfte der 2er-Jahre.

Diese junge Hausse legt in Q1 der 3er-Jahre zunächst eine Pause ein, bevor es von März bis Mai wieder kräftig nach oben geht. Anschließend folgt eine rund neunmonatige Seitwärtsbewegung bis in den Herbst der 4er-Jahre hinein.

Im Oktober beginnt schließlich eine fulminante Rallye mit sechs starken Quartalen nacheinander, wobei sich der Dow Jones vor allem in 5er-Jahren in allen Quartalen deutlich verbessert. Damit sind 5er-Jahre die mit Abstand besten des gesamten Jahrzehnts. Lediglich 2005 wurde mit einem kleinen Minus beendet.

In 6er-Jahren gipfelt dieser Aufschwung zunächst in einem zyklischen Hoch im März. Der Sommer ist wieder von einer Seitwärtsbewegung geprägt, in der die kräftigen Gewinne konsolidiert werden. Zum Jahreswechsel ziehen die Kurse schließlich erneut an.

7er-Jahre beginnen zunächst mit wenig Kursveränderungen, bevor es in Q2 wieder zu kräftigen Gewinnen kommt. Im dritten Quartal beginnt die heftigste Korrektur der zweiten Dekadenhälfte, wobei die Kurse im Oktober nahezu komplett wegbrechen. So verzeichnet der Dow Jones in Q4 das schlechteste Quartalsergebnis des gesamten Jahrzehnts. Durch diesen Einbruch ergibt sich für 7er-Jahre im Schnitt ein Kursverlust.

Im ersten Quartal der 8er-Jahre wird dieser Einbruch in Form einer Seitwärtsbewegung konsolidiert. Im April startet dann eine massive Aufwärtsbewegung mit sechs positiven Quartalen in Folge. Dabei zieht der Dow Jones bis in den September der 9er-Jahre hinein konstant nach oben. Dieses September-Top bedeutet gleichzeitig den höchsten Stand der gesamten Dekade, denn im vierten Quartal der 9er-Jahre geht es wieder nach unten.

VI. SONSTIGE ZYKLEN

In den vorangegangenen Kapiteln wurden Börsenzyklen mit einer Länge von mindestens einem Jahr analysiert. Auf den folgenden Seiten stehen nun die andere Zyklen im Mittelpunkt, die wir als „Sonstige Zyklen" zusammengefasst haben.

Denn genauso wie Arbeitnehmer beispielsweise freitags beschwingt zur Arbeit gehen, aber montags eher schwer in Tritt kommen, verhalten sich die Aktienmärkte ebenfalls von Tag zu Tag anders. Auch innerhalb eines Monats zeigen die Kurse ganz unterschiedliche Tendenzen.

Darüber hinaus wird im folgenden Kapitel der viel zitierte Januar-Effekt unter die Lupe genommen und auch der Mythos „Super-Bowl-Indikator" eingehend analysiert.

6.1 UNTERJÄHRIGE BÖRSENZYKLEN

Insbesondere für das richtige Timing beim Kauf und Verkauf an der Börse lohnt sich ein Blick auf die durchschnittlichen Veränderungen der einzelnen Wochentage und die dazugehörigen Gewinn-Wahrscheinlichkeiten.

6.1.1 Tageszyklus im Dax

Die Untersuchung der Performances an den einzelnen Werktagen zeigt signifikante Unterschiede. Dabei liegen der Analyse im Dax seit 1959 insgesamt 13.459 Tagesveränderungen zugrunde.

Performance Wochentage im Dax

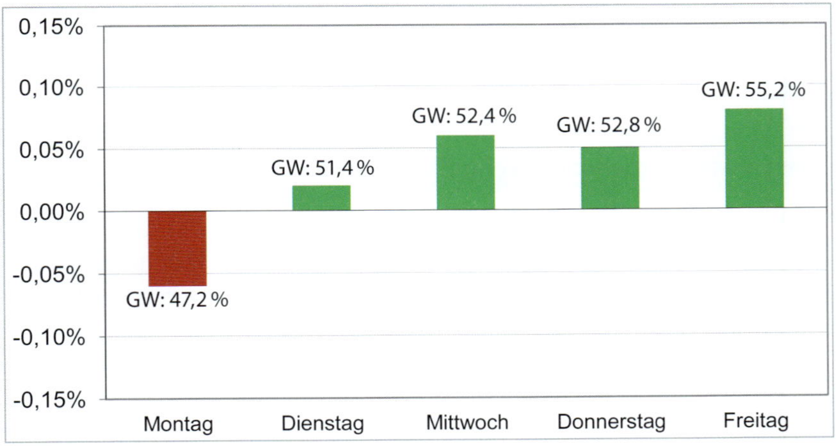

Die neue Börsenwoche beginnt der Dax im Durchschnitt mit Abschlägen. Von den bisher 2689 Montagen wurden lediglich 1268 mit Kursgewinnen und dementsprechend 1421 Tage mit Verlusten beendet. Daraus ergibt sich eine Gewinn-Wahrscheinlichkeit von nur 47 %. Im Mittel verliert der Index montags 0,06 %.

Dabei bleibt der erste Tag der neuen Woche der einzige mit negativen Ergebnissen. Denn für alle anderen Tage errechnet sich eine positive Performance und auch jeweils eine Gewinn-Wahrscheinlichkeit von über 50 %.

Am häufigsten in der Dax-Geschichte wurde an einem Dienstag gehandelt. Von den insgesamt 2771 Handelstagen konnten 1424 im Plus beendet werden, was eine Gewinn-Wahrscheinlichkeit von 51,4 % bedeutet. Im Schnitt klettern die Kurse dabei um 0,02 %.

Für den Mittwoch errechnet sich mit 0,06 % das zweithöchste Plus der Woche, wobei die Gewinn-Wahrscheinlichkeit 52,4 % beträgt.

Am Donnerstag liegt die Gewinn-Wahrscheinlichkeit mit 52,8 % leicht über dem Mittwochs-Wert. Der durchschnittliche Anstieg beträgt jedoch nur 0,05 % und damit minimal weniger als tags zuvor.

Erfolgreichster Börsentag der Woche ist der Freitag. 1500 Gewinntagen stehen 1216 verlustreiche Sitzungen gegenüber. Daraus ergibt sich eine Wahrscheinlichkeit für steigende Kurse von 55,2 %. Vor dem Wochenende steigt der Dax dabei im Schnitt um 0,08 %.

Fazit:

Aus zyklischer Sicht bieten sich Montage zum Kauf an, während freitags über Gewinnmitnahmen nachgedacht werden sollte.

6.1.2 Datums-Zyklus im Dax

Genauso wie die Kurse für den Verlauf innerhalb einer Woche einem Zyklus folgen, sind auch innerhalb eines Monats wiederkehrende Muster zu beobachten.

Performance nach Dax-Datum

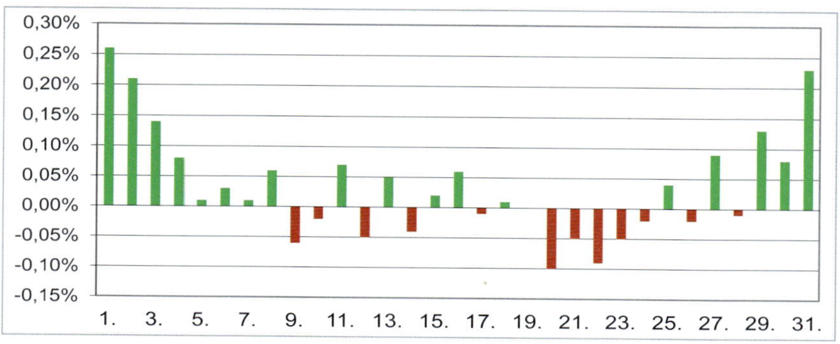

Der erfolgreichste Tag eines Monats ist der 1. Hier ergibt sich für den Dax im Schnitt ein Plus von 0,26 %. Für den 31. errechnet sich ein Gewinn von 0,23 % und für den 2. immerhin noch ein Anstieg von 0,21 %. Danach folgen der 3., der 4. und der 29.

Die schwächsten Durchschnittswerte erreicht der Index am 20. mit einem Verlust von im Schnitt 0,10 %. Danach folgen der 22. (–0,09 %) sowie der 9. eines Monats (–0,06 %).

Ein ähnliches Bild zeigt die Verteilung der Gewinn-Wahrscheinlichkeiten. Am wahrscheinlichsten sind demnach Kursgewinne am 1. eines Monats. Auch der 31. weist eine hohe Trefferquote auf, genauso wie der 2. und der 3. eines Monats.

Gewinn-Wahrscheinlichkeit nach Dax-Datum

Die schwächsten Tage aus Sicht der Gewinn-Wahrscheinlichkeit sind der 24. und der 20. mit jeweils nur 46 %. Auch am 9., 10. sowie am 25. stehen die Vorzeichen eher schlecht.

Gewinn-Wahrscheinlichkeit nach Dax-Datum (sortiert)

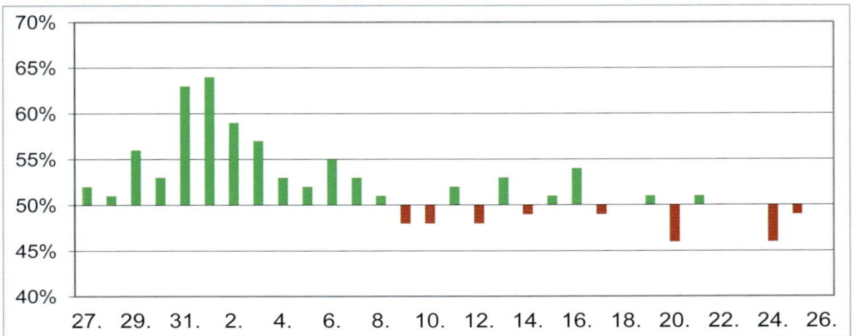

Aus Sicht von Durchschnitts-Performance und Gewinn-Wahrscheinlichkeit ist zum Monatswechsel eher mit steigenden Kursen zu rechnen, während die Notierungen in der Mitte des Monats häufig in die Knie gehen. Daraus ergibt sich folgender zusammenhängender Zyklus.

Fazit:

Zwischen dem 27. und dem 8. eines jeden Monats sind Gewinne wahrscheinlich, während der Dax vom 9. bis zum 26. eher schwächer tendiert. Dementsprechend sollten zur Monatsmitte Käufe überlegt werden und zu Beginn eines Monats – bis zum 8. – Verkäufe.

6.1.3 Zyklus der Jahresextrema im Dax

Die Dax-Historie seit 1959 zeigt auch eine signifikante Häufung von Hoch- und Tiefpunkten in bestimmten Monaten und damit ein zyklisches Muster.

Jahres-Hochs und Jahres-Tiefs im Dax

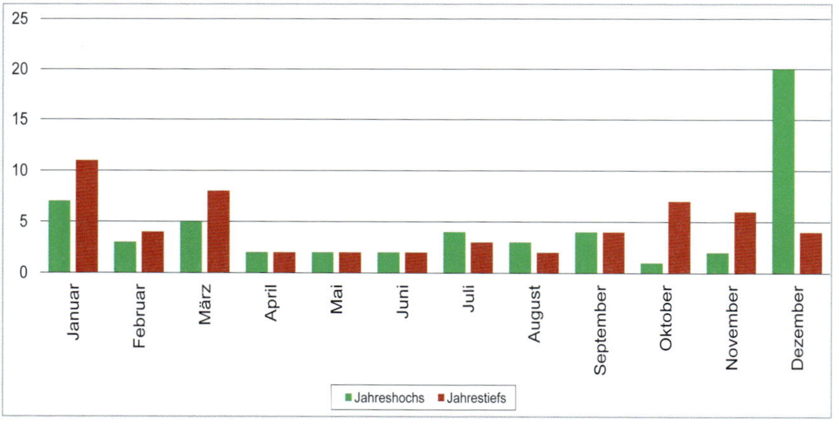

Jahres-Hochs werden am häufigsten im Dezember markiert. Danach folgen Januar und März. Lediglich ein Mal wurde das Top bisher im Oktober erreicht (1978).

Jahres-Tiefs entstehen am häufigsten im Januar, gefolgt von März und Oktober.

Eine Unterscheidung nach positiven bzw. negativen Jahren zeigt detaillierte Ergebnisse.

Jahres-Hochs und Jahres-Tiefs in Dax-Gewinnerjahren

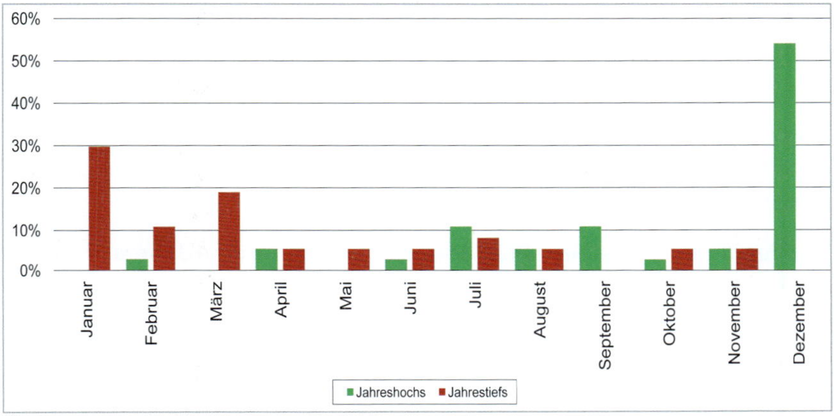

In Gewinnerjahren markiert der Dax sein Jahres-Hoch in mehr als 50 % der Fälle im Dezember. Die nächstwahrscheinlichen Monate für die Ausbildung der Jahres-Hochs sind Juli und September.

Seit 1959 hat der Index in Gewinnerjahren in knapp 60 % sein Jahres-Tief bereits im ersten Quartal markiert, am häufigsten im Januar, gefolgt von März und Februar.

Jahres-Hochs und Jahres-Tiefs in Dax-Verlierer-Jahren

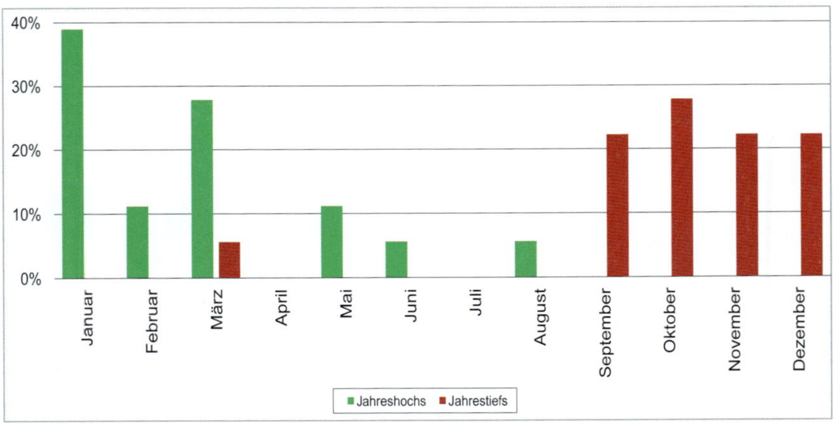

Für die Verliererjahre zeigt sich ein genau gegenteiliges Bild. Das Jahres-Hoch wird mit einer Wahrscheinlichkeit von knapp 80 % im ersten

Quartal markiert. Am häufigsten werden die Jahres-Tiefs im Oktober markiert. Es folgen gleichauf September, November und Dezember.

Fazit:

Die Verteilung der Jahresextrema eröffnet ganz erstaunliche Möglichkeiten. Häufig lassen sich die jeweiligen Jahrestrends bereits frühzeitig ermitteln, sodass die wahrscheinlichsten Zeiträume für die Jahres-Hochs und -tiefs lange im Voraus bestimmbar sind.

Werden Jahre mit einem Plus beendet, entstehen die Jahres-Tiefs mit hoher Wahrscheinlichkeit im ersten Quartal. Die Tops markiert der Index sehr häufig im Dezember oder Juli bzw. im September, also vor der Herbstkorrektur.

In negativen Jahren bilden sich die Jahres-Hochs wahrscheinlich im Januar oder im März, während die Jahres-Tiefs zwischen September und Dezember markiert werden.

6.1.4 Tageszyklus im Dow Jones

Der Dow Jones Industrial Average wurde erstmals am 26. Mai 1896 publiziert. In den ersten knapp 60 Jahren (bis 1952) wurde an sechs Tagen in der Woche gehandelt. Insgesamt liegen den folgenden Berechnungen somit 30.926 Tagesveränderungen zugrunde.

Performance Wochentage im Dow Jones

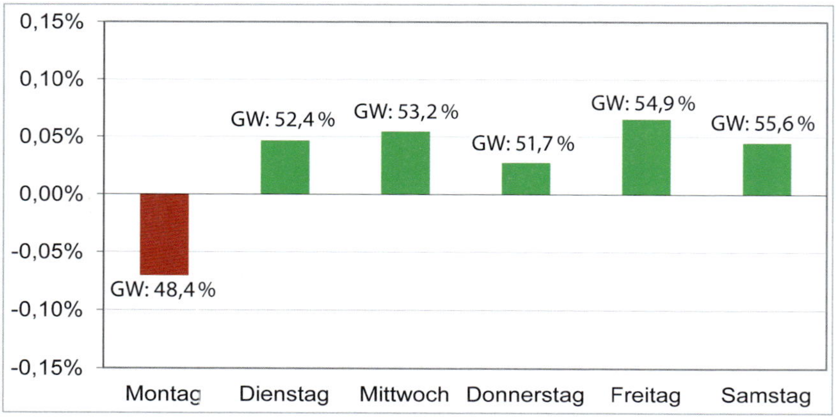

Der Dow Jones beginnt eine neue Handelswoche üblicherweise etwas schwächer. Von insgesamt 5722 Montagen wurden 2771 mit einem Plus beendet, was einer Gewinn-Wahrscheinlichkeit von nur 48,4 % entspricht. Per saldo gibt der Index dabei im Schnitt 0,07 % nach.

Am Dienstag wendet sich das Blatt, denn sowohl Gewinn-Wahrscheinlichkeit als auch Durchschnitts-Performance weisen positive Werte aus. Von 5925 Handelstagen konnte der Dow Jones 3103 mit Gewinnen abschließen, woraus sich eine Gewinn-Wahrscheinlichkeit von 52,4 % ergibt. Der Anstieg beträgt dabei 0,05 %.

Am häufigsten wurde der Index bisher an einem Mittwoch gehandelt. Im Schnitt erreicht er eine Performance von 0,05 %. Dabei stehen 3186 erfolgreiche Sitzungen insgesamt 2798 Minustagen gegenüber, womit sich eine Gewinn-Wahrscheinlichkeit von 53,2 % ergibt.

Donnerstage sind eher schwächere Börsentage. Hier errechnet sich im langfristigen Mittel ein Plus von 0,03 %, bei einer Gewinn-Wahrscheinlichkeit von 51,7 %.

Der erfolgreichste Handelstag der Woche folgt zum Wochenausklang. Von bisher 5870 Freitagen wurden 3224 mit einem Kursgewinn abgeschlossen. Das entspricht einer Gewinn-Wahrscheinlichkeit von 54,9 %. Unter dem Strich erreicht der Dow Jones dabei ein Plus von 0,07 %.

Für die Samstage im Zeitraum 1896 bis 1952 errechnen sich eine Gewinn-Wahrscheinlichkeit von 55,6 % und ein Durchschnittsgewinn von 0,04 %. Das Verhalten an Samstagen erhöht die Signifikanz der Freitage.

Fazit:

Aus zyklischer Sicht eignet sich der Montag zum Einstieg, während Mittwoch und Freitag Verkäufe zu überlegen sind.

6.1.5 Datumszyklus im Dow Jones

Auch innerhalb eines Monats weist der Dow Jones ganz bestimmte Verhaltensmuster auf.

Die höchste Performance errechnet sich für den 1., knapp vor dem 2.. Danach folgen gleichauf der 3. und der 6.

Performance nach Dow Jones-Datum

Die größten Abschläge müssen am 19. einkalkuliert werden. Auch am 9. und am 25. geht es überdurchschnittlich nach unten.

Gewinn-Wahrscheinlichkeit nach Dow Jones-Datum

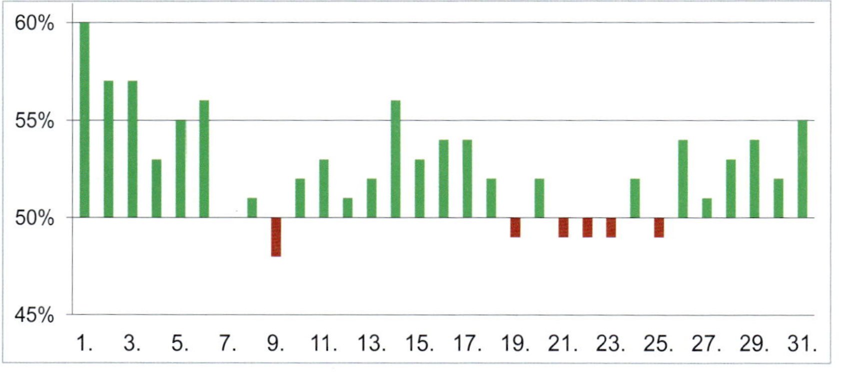

Aus Sicht der Gewinn-Wahrscheinlichkeit ist der Dow Jones um den Monatswechsel am erfolgreichsten. Für den 1. ergibt sich eine Wahrscheinlichkeit für steigende Notierungen von 60 %. Am 2. und 3. sind es 57 %. Für den 6. und den 14. eines Monats errechnet sich immerhin noch eine Gewinn-Wahrscheinlichkeit von 56 %.

Am 9. müssen am ehesten Verluste einkalkuliert, da hier die Gewinn-Wahrscheinlichkeit bei nur 48 % liegt. Auch der 19., 21., 22., 23. und 25. weisen mit 49 % einen schwachen Wert auf.

Gewinn-Wahrscheinlichkeit nach Dow Jones-Datum (sortiert)

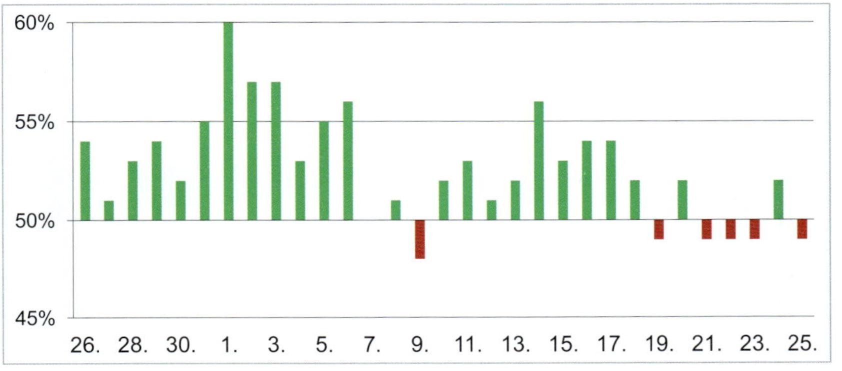

Aus Sicht von Durchschnitts-Performance und Gewinn-Wahrscheinlichkeit ist der Dow Jones um den Monatswechsel am erfolgreichsten. Die gute Phase beginnt am 26. eines Monats und dauert bis zum 8. des Folgemonats. Zwar tendiert der Index auch unmittelbar zur Monatsmitte freundlich, muss zwischen dem 18. und dem 25. aber häufig Verluste hinnehmen.

Fazit:

Aus zyklischer Sicht sollten zwischen dem 6. und 8. eines Monats Verkäufe überlegt werden, während Käufe um den 25. sinnvoll sein sollten.

6.1.6 Zyklus der Jahresextrema im Dow Jones

Im Dow Jones häufen sich die Hoch- und Tiefpunkte der einzelnen Jahre in bestimmten Monaten.

Jahres-Hochs werden am häufigsten im Dezember herausgebildet. Es folgen Januar und November. Insgesamt werden mit über 70 %iger Wahrscheinlichkeit die Tops im Winterhalbjahr markiert.

Auch die Jahres-Tiefs werden in rund acht von zehn Fällen im 1. oder 4. Quartal markiert, am häufigsten im Januar, im März oder im Dezember.

Jahres-Hochs und -Tiefs im Dow Jones

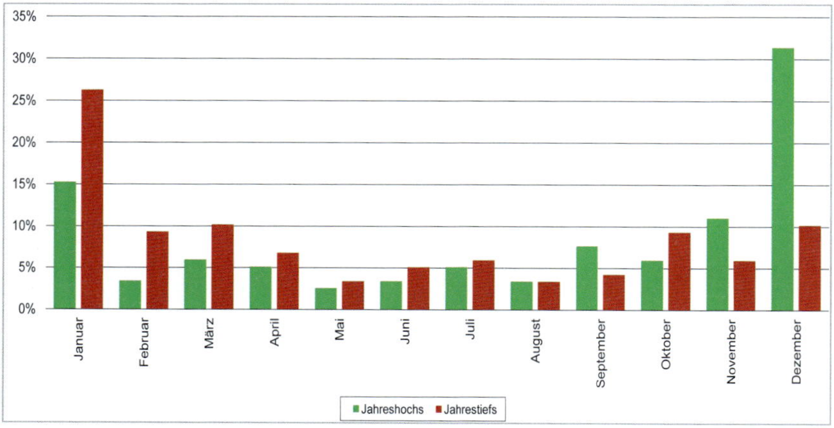

Eine Unterscheidung der einzelnen Jahre nach Kursgewinn oder Kursverlust liefert im Dow Jones signifikante Ergebnisse, denn die Verteilung zeigt bemerkenswerte Kumulationen.

Jahres-Hochs und -Tiefs in Dow Jones-Gewinnerjahren

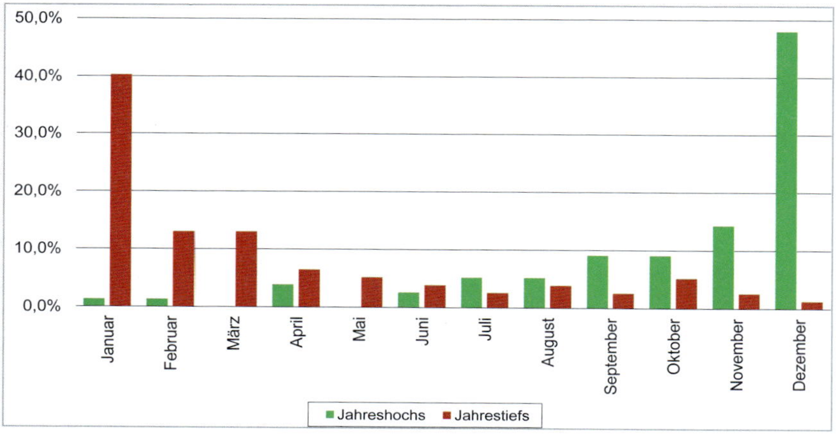

Werden Jahre mit Kursgewinnen abgeschlossen, ist der wahrscheinlichste Monat für die Ausbildung des Jahres-Hochs der Dezember. In knapp 48 % der Fälle markiert der Dow Jones sein Top im letzten Monat des Jahres. Es folgen November, Oktober und September.

Die Tiefs werden in 40 % aller Jahre im Januar erreicht. Auch im Februar und März kommt es zu einer Häufung von Tiefpunkten, sodass in 66 % der Jahre der Index sein Tief im ersten Quartal markiert.

Jahres-Hochs und -Tiefs in Dow Jones-Verliererjahren

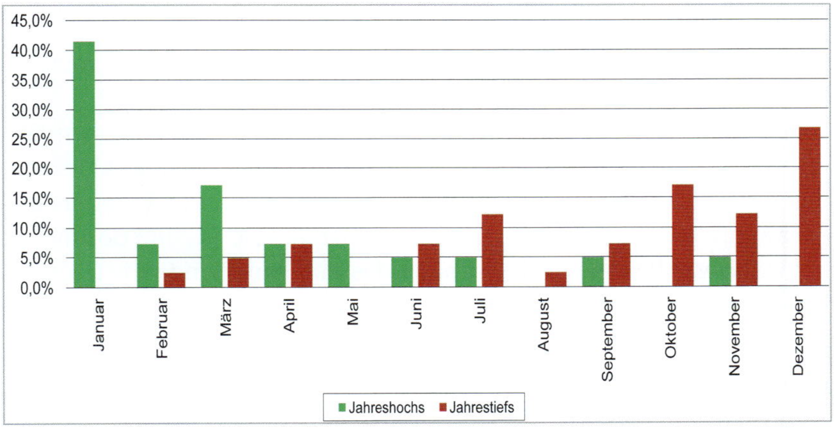

Mit einer hohen Wahrscheinlichkeit von 41,5 % erreicht der Dow Jones in Jahren, die mit Verlust abgeschlossen werden, sein Top bereits im Januar. Die nächstwahrscheinlichen Monate sind März und Februar.

Das Jahres-Tief wurde bisher in elf von 41 Fällen im Dezember markiert, was einer Wahrscheinlichkeit von 26,8 % entspricht. Werden die Tiefs nicht im Dezember herausgebildet, dann wahrscheinlich im Oktober, November oder Juli.

Fazit:

Der Dow Jones zeigt eine signifikante Häufung bei der Verteilung der Jahresextrema. So markiert der Index seine Tiefs in positiven Jahren mit hoher Wahrscheinlichkeit im ersten Quartal, während das Top in aller Regel im vierten Quartal – und da speziell im Dezember – ausgelotet wird.

In negativen Jahren bilden die Januar-Hochs gleichzeitig auch die späteren Jahres-Hochs. Die Jahres-Tiefs werden mit hoher Wahrscheinlichkeit entweder im Juli vor der Spätsommer-Korrektur oder im vierten Quartal erreicht.

6.2 DER JANUAR-INDIKATOR

„Wie der Januar, so das Jahr", lautet eine der wohl bekanntesten Börsenweisheiten. Auf den folgenden Seiten wird der Zusammenhang zwischen den ersten Handelstagen des Jahres und dem weiteren Jahresverlauf untersucht.

6.2.1 Januar-Effekt im Dax

Schon der erste Tag des Jahres lässt Rückschlüsse auf das Gesamtjahresergebnis zu. Und zwar signifikant: In 34 von bisher 54 Dax-Jahren hat das Vorzeichen des ersten Handelstages verlässlich das Ergebnis des gesamten Jahres prognostiziert. D.h. wenn die erste Sitzung positiv/negativ abgeschlossen wurde, ist auch das Jahr positiv/negativ beendet worden. Das entspricht einer Quote von 63 %.

Die folgende Tabelle zeigt das Ergebnis des ersten Handelstages und des Gesamtjahres. Sofern die erste Sitzung Rückschlüsse auf den weiteren Jahresverlauf zulässt, wurde dies in der Spalte „Treffer?" vermerkt. 1960 beispielsweise kletterte der Dax am ersten Tag um 1,98 % und verbesserte sich über das gesamte Jahr um 27,84 %. Dementsprechend liegt die Trefferquote 1960 bei 100 %. Im folgenden Jahr lieferte die erste Sitzung (+0,42 %) ein falsches Signal. Die Trefferquote des Indikators reduziert sich damit auf nur noch 50 % (Treffer 1960, kein Treffer 1961).

Dax-Prognosequote 1. Tag im Januar

Jahr	Tag 1	Jahr	Treffer?	Entwicklung Trefferquote
1960	1,98 %	27,84 %	Ja	100 %
1961	0,42 %	-8,29 %		50 %
1962	1,00 %	-21,13 %		33 %
1963	-0,74 %	13,62 %		25 %
1964	0,92 %	8,87 %	Ja	40 %
1965	1,06 %	-11,62 %		33 %
1966	-0,95 %	-21,07 %	Ja	43 %
1967	1,17 %	50,95 %	Ja	50 %

Jahr	Tag 1	Jahr	Treffer?	Entwicklung Trefferquote
1968	2,29 %	10,41 %	Ja	56 %
1969	0,85 %	12,02 %	Ja	60 %
1970	1,08 %	−28,68 %		55 %
1971	0,07 %	6,67 %	Ja	58 %
1972	−0,49 %	13,29 %		54 %
1973	1,69 %	−26,12 %		50 %
1974	−2,39 %	1,40 %		47 %
1975	2,34 %	40,19 %	Ja	50 %
1976	1,79 %	−9,63 %		47 %
1977	1,23 %	7,92 %	Ja	50 %
1978	0,39 %	4,70 %	Ja	53 %
1979	1,04 %	−13,45 %		50 %
1980	−0,87 %	−3,39 %	Ja	52 %
1981	1,90 %	1,97 %	Ja	55 %
1982	1,36 %	12,72 %	Ja	57 %
1983	1,51 %	40,01 %	Ja	58 %
1984	1,64 %	6,07 %	Ja	60 %
1985	1,19 %	66,43 %	Ja	62 %
1986	0,60 %	4,83 %	Ja	63 %
1987	−1,33 %	−30,18 %	Ja	64 %
1988	−5,61 %	32,79 %		62 %
1989	0,54 %	34,83 %	Ja	63 %
1990	1,34 %	−21,90 %		61 %
1991	−2,30 %	12,86 %		59 %
1992	1,51 %	−2,09 %		58 %
1993	−0,89 %	46,71 %		56 %
1994	0,06 %	−7,06 %		54 %
1995	−1,29 %	6,99 %		53 %
1996	1,37 %	28,17 %	Ja	54 %
1997	−1,38 %	47,11 %		53 %

Jahr	Tag 1	Jahr	Treffer?	Entwicklung Trefferquote
1998	1,55 %	17,71 %	Ja	54 %
1999	5,00 %	39,10 %	Ja	55 %
2000	−2,98 %	−7,54 %	Ja	56 %
2001	−2,23 %	−19,79 %	Ja	57 %
2002	0,15 %	−43,94 %		56 %
2003	7,34 %	37,08 %	Ja	57 %
2004	1,35 %	7,34 %	Ja	58 %
2005	0,83 %	27,07 %	Ja	59 %
2006	0,77 %	21,98 %	Ja	60 %
2007	1,28 %	22,29 %	Ja	60 %
2008	−1,47 %	−40,37 %	Ja	61 %
2009	3,39 %	23,85 %	Ja	62 %
2010	1,53 %	16,06 %	Ja	63 %
2011	1,09 %	−14,69 %		62 %
2012	3,00 %	29,06 %	Ja	62 %
2013	2,19 %	25,48 %	Ja	63 %

Entwicklung Trefferquote 1. Tag im Januar

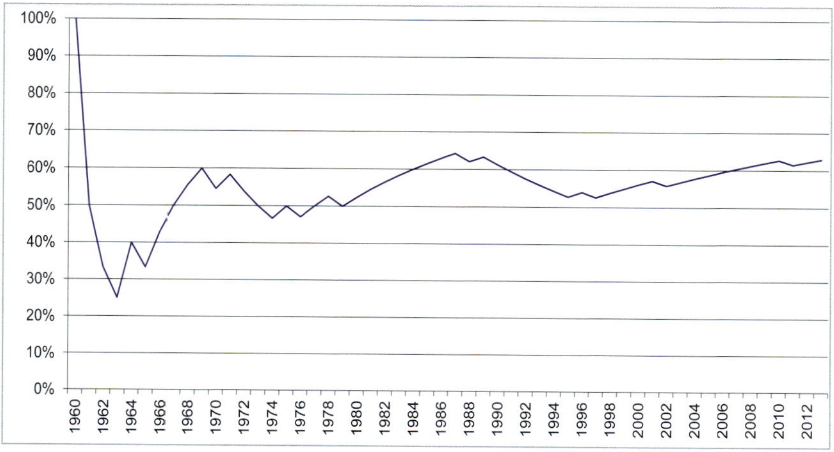

Die Grafik (links) zeigt die Veränderung der Trefferquote im Zeitablauf. Nach dem typischen Einpendeln auf einen stabilen Mittelwert verdeutlicht die Übersicht, wie sich die Trefferquote des Effekts verändert. Der Chart offenbart, dass sich der positive Trend in den vergangenen Jahren deutlich verstärkt hat. Denn für die Jahre ab 1998 beträgt die Trefferquote sogar 87 %.

Dax-Prognosequote 1. Woche im Januar

Noch stärker ist der Zusammenhang zwischen der ersten Handelswoche und der Jahres-Performance. In den bisher 54 Jahren haben die ersten fünf Tage des neuen Jahres 40 Mal das Vorzeichen des späteren Gesamtergebnisses richtig prognostiziert. Daraus ergibt sich eine Trefferquote von über 74 %.

Jahr	1. Woche	Jahr	Treffer?	Entwicklung Trefferquote
1960	0,42 %	27,84 %	Ja	100 %
1961	−1,44 %	−8,29 %	Ja	100 %
1962	−3,20 %	−21,13 %	Ja	100 %
1963	−3,19 %	13,62 %		75 %
1964	3,73 %	8,87 %	Ja	80 %
1965	2,87 %	−11,62 %		67 %
1966	3,26 %	−21,07 %		57 %
1967	1,06 %	50,95 %	Ja	63 %
1968	3,03 %	10,41 %	Ja	67 %
1969	0,75 %	12,02 %	Ja	70 %
1970	0,23 %	−28,68 %		64 %
1971	6,20 %	6,67 %	Ja	67 %
1972	0,71 %	13,29 %	Ja	69 %
1973	3,57 %	−26,12 %		64 %
1974	3,20 %	1,40 %	Ja	67 %
1975	6,36 %	40,19 %	Ja	69 %
1976	1,17 %	−9,63 %		65 %
1977	2,92 %	7,92 %	Ja	67 %

Jahr	1. Woche	Jahr	Treffer?	Entwicklung Trefferquote
1978	1,15 %	4,70 %	Ja	68 %
1979	2,18 %	−13,45 %		65 %
1980	−0,73 %	−3,39 %	Ja	67 %
1981	1,75 %	1,97 %	Ja	68 %
1982	1,03 %	12,72 %	Ja	70 %
1983	0,85 %	40,01 %	Ja	71 %
1984	3,46 %	6,07 %	Ja	72 %
1985	2,51 %	66,43 %	Ja	74 %
1986	7,91 %	4,83 %	Ja	75 %
1985	2,51 %	66,43 %	Ja	74 %
1986	7,91 %	4,83 %	Ja	75 %
1987	−3,48 %	−30,18 %	Ja	76 %
1988	2,53 %	32,79 %	Ja	77 %
1989	2,42 %	34,83 %	Ja	74 %
1990	2,95 %	−21,90 %		72 %
1991	−3,17 %	12,86 %		70 %
1992	0,05 %	−2,09 %		68 %
1993	−0,88 %	46,71 %		69 %
1994	−2,43 %	−7,06 %	Ja	67 %
1995	−2,50 %	6,99 %		68 %
1996	3,09 %	28,17 %	Ja	68 %
1997	0,61 %	47,11 %	Ja	69 %
1998	2,30 %	17,71 %	Ja	70 %
1999	7,81 %	39,10 %	Ja	71 %
2000	−2,55 %	−7,54 %	Ja	71 %
2001	−0,64 %	−19,79 %	Ja	70 %
2002	1,48 %	−43,94 %		70 %
2003	3,47 %	37,08 %	Ja	71 %
2004	2,02 %	7,34 %	Ja	72 %

Jahr	1. Woche	Jahr	Treffer?	Entwicklung Trefferquote
2005	1,42 %	27,07 %	Ja	72 %
2006	2,37 %	21,98 %	Ja	73 %
2007	0,16 %	22,29 %	Ja	73 %
2008	−2,69 %	−40,37 %	Ja	74 %
2009	1,45 %	23,85 %	Ja	75 %
2010	1,35 %	16,06 %	Ja	73 %
2011	0,48 %	−14,69 %		74 %
2012	2,71 %	29,06 %	Ja	74 %
2013	1,10 %	25,48 %	Ja	73 %

Auch hier hat sich der Trend in den zurückliegenden Jahren massiv verstärkt. So ließ die Veränderung der ersten Handelswoche in den vergangenen 20 Jahren insgesamt 17 Mal Rückschlüsse auf das spätere Jahresergebnis zu. Die längste Durststrecke wurde Anfang der 90er-Jahre verzeichnet mit vier Fehlsignalen hintereinander.

Entwicklung Trefferquote 1. Woche im Januar

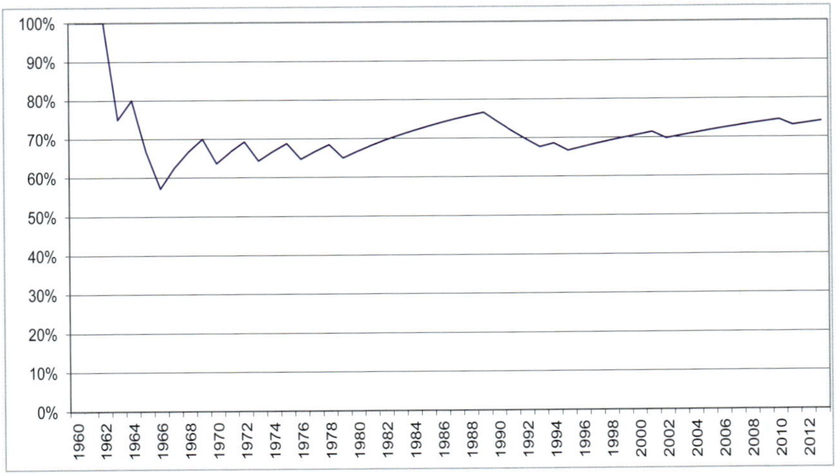

Dax-Prognosequote des gesamten Januars

Die Auswertung des Zusammenhangs zwischen Januar-Verlauf und Jahresergebnis liefert ebenfalls signifikante Ergebnisse. Der Januar ist mit einer Durchschnitts-Performance von 1,48 % der beste Börsenmonat für den Dax. In insgesamt 33 von 54 Fällen war die Richtung, die der Markt im Januar eingeschlagen hat, gleichbedeutend mit dem Vorzeichen der gesamten Jahres-Performance. Das entspricht einer Trefferquote von rund 61 %.

Jahr	Januar	Jahr	Treffer?	Entwicklung Trefferquote
1960	−0,14 %	27,84 %		0 %
1961	−0,43 %	−8,29 %	Ja	50 %
1962	−2,33 %	−21,13 %	Ja	67 %
1963	−5,00 %	13,62 %		50 %
1964	8,34 %	8,87 %	Ja	60 %
1965	2,34 %	−11,62 %		50 %
1966	5,35 %	−21,07 %		43 %
1967	9,25 %	50,95 %	Ja	50 %
1968	4,24 %	10,41 %	Ja	56 %
1969	6,44 %	12,02 %	Ja	60 %
1970	−6,46 %	−28,68 %	Ja	64 %
1971	15,33 %	6,67 %	Ja	67 %
1972	6,40 %	13,29 %	Ja	69 %
1973	4,06 %	−26,12 %		64 %
1974	9,38 %	1,40 %	Ja	67 %
1975	11,17 %	40,19 %	Ja	69 %
1976	1,55 %	−9,63 %		65 %
1977	0,64 %	7,92 %	Ja	67 %
1978	0,01 %	4,70 %	Ja	68 %
1979	0,87 %	−13,45 %		65 %
1980	1,25 %	−3,39 %		62 %
1981	−2,60 %	1,97 %		59 %
1982	2,39 %	12,72 %	Ja	61 %

Jahr	Januar	Jahr	Treffer?	Entwicklung Trefferquote
1983	−0,67 %	40,01 %		58 %
1984	4,30 %	6,07 %	Ja	60 %
1985	2,10 %	66,43 %	Ja	62 %
1986	1,53 %	4,83 %	Ja	63 %
1987	−9,62 %	−30,18 %	Ja	64 %
1988	−6,44 %	32,79 %		62 %
1989	−1,14 %	34,83 %		60 %
1990	1,81 %	−21,90 %		58 %
1991	1,56 %	12,86 %	Ja	59 %
1992	6,94 %	−2,09 %		58 %
1993	1,73 %	46,71 %	Ja	59 %
1994	−3,94 %	−7,06 %	Ja	60 %
1995	−4,05 %	6,99 %		58 %
1996	9,60 %	28,17 %	Ja	59 %
1997	5,07 %	47,11 %	Ja	61 %
1998	4,49 %	17,71 %	Ja	62 %
1999	3,15 %	39,10 %	Ja	63 %
2000	−1,76 %	−7,54 %	Ja	63 %
2001	5,62 %	−19,79 %		62 %
2002	−1,02 %	−43,94 %	Ja	63 %
2003	−5,01 %	37,08 %		61 %
2004	2,36 %	7,34 %	Ja	62 %
2005	−0,03 %	27,07 %		61 %
2006	4,92 %	21,98 %	Ja	62 %
2007	2,91 %	22,29 %	Ja	63 %
2008	−15,07 %	−40,37 %	Ja	63 %
2009	−9,81 %	23,85 %		62 %
2010	−5,85 %	16,06 %		61 %
2011	2,36 %	−14,69 %		60 %
2012	9,50 %	29,06 %	Ja	60 %
2013	2,15 %	25,48 %	Ja	61 %

Zwischen 2009 und 2011 wich das Jahresergebnis drei Mal hintereinander vom Januar-Resultat ab – so oft wie überhaupt erst zwei Mal in der gesamten Kurshistorie. Für die vergangenen 25 Jahre ergibt sich eine Trefferquote von genau 64 %, sodass hier in der Entwicklung kein Trend auszumachen ist.

Entwicklung Trefferquote des gesamten Januars

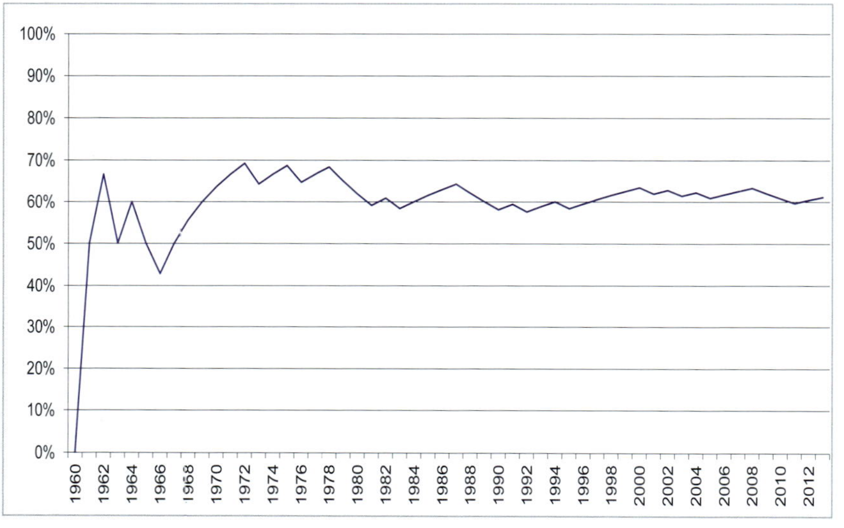

Fazit:

Die erste Handelswoche lässt mit einer Trefferquote von 74 % Rückschlüsse auf das Jahresergebnis zu. Die erste Sitzung des Jahres erreicht eine Trefferquote von 63 %, und die Januar-Performance gibt in immerhin 61 % der Fälle das richtige Vorzeichen an.

Übersicht Performance Dax 1960–1989

Jahr	Tag 1	1. Woche	Januar	Jahr
1960	1,98 %	0,42 %	−0,14 %	27,84 %
1961	0,42 %	−1,44 %	−0,43 %	−8,29 %
1962	1,00 %	−3,20 %	−2,33 %	−21,13 %
1963	−0,74 %	−3,19 %	−5,00 %	13,62 %
1964	0,92 %	3,73 %	8,34 %	8,87 %
1965	1,06 %	2,87 %	2,34 %	−11,62 %
1966	−0,95 %	3,26 %	5,35 %	−21,07 %
1967	1,17 %	1,06 %	9,25 %	50,95 %
1968	2,29 %	3,03 %	4,24 %	10,41 %
1969	0,85 %	0,75 %	6,44 %	12,02 %
1970	1,08 %	0,23 %	−6,46 %	−28,68 %
1971	0,07 %	6,20 %	15,33 %	6,67 %
1972	−0,49 %	0,71 %	6,40 %	13,29 %
1973	1,69 %	3,57 %	4,06 %	−26,12 %
1974	−2,39 %	3,20 %	9,38 %	1,40 %
1975	2,34 %	6,36 %	11,17 %	40,19 %
1976	1,79 %	1,17 %	1,55 %	−9,63 %
1977	1,23 %	2,92 %	0,64 %	7,92 %
1978	0,39 %	1,15 %	0,01 %	4,70 %
1979	1,04 %	2,18 %	0,87 %	−13,45 %
1980	−0,87 %	−0,73 %	1,25 %	−3,39 %
1981	1,90 %	1,75 %	−2,60 %	1,97 %
1982	1,36 %	1,03 %	2,39 %	12,72 %
1983	1,51 %	0,85 %	−0,67 %	40,01 %
1984	1,64 %	3,46 %	4,30 %	6,07 %
1985	1,19 %	2,51 %	2,10 %	66,43 %
1986	0,60 %	7,91 %	1,53 %	4,83 %
1987	−1,33 %	−3,48 %	−9,62 %	−30,18 %

Jahr	Tag 1	1. Woche	Januar	Jahr
1988	−5,61 %	2,53 %	−6,44 %	32,79 %
Jahr	Tag 1	1. Woche	Januar	Jahr
1989	0,54 %	2,42 %	−1,14 %	34,83 %
1990	1,34 %	2,95 %	1,81 %	−21,90 %
1991	−2,30 %	−3,17 %	1,56 %	12,86 %
1992	1,51 %	0,05 %	6,94 %	−2,09 %
1993	−0,89 %	−0,88 %	1,73 %	46,71 %
1994	0,06 %	−2,43 %	−3,94 %	−7,06 %
1995	−1,29 %	−2,50 %	−4,05 %	6,99 %
1996	1,37 %	3,09 %	9,60 %	28,17 %
1997	−1,38 %	0,61 %	5,07 %	47,11 %
1998	1,55 %	2,30 %	4,49 %	17,71 %
1999	5,00 %	7,81 %	3,15 %	39,10 %
2000	−2,98 %	−2,55 %	−1,76 %	−7,54 %
2001	−2,23 %	−0,64 %	5,62 %	−19,79 %
2002	0,15 %	1,48 %	−1,02 %	−43,94 %
2003	7,34 %	3,47 %	−5,01 %	37,08 %
2004	1,35 %	2,02 %	2,36 %	7,34 %
2005	0,83 %	1,42 %	−0,03 %	27,07 %
2006	0,77 %	2,37 %	4,92 %	21,98 %
2007	1,28 %	0,16 %	2,91 %	22,29 %
2008	−1,47 %	−2,69 %	−15,07 %	−40,37 %
2009	3,39 %	1,45 %	−9,81 %	23,85 %
2010	1,53 %	1,35 %	−5,85 %	16,06 %
2011	1,09 %	0,48 %	2,36 %	−14,69 %
2012	3,00 %	2,71 %	9,50 %	29,06 %
2013	2,19 %	1,10 %	2,15 %	25,48 %

6.2.2 Januar-Effekt im Dow Jones

Der erste Handelstag des Jahres erlaubt mit einer hohen Wahrscheinlichkeit Rückschlüsse auf die Entwicklung des gesamten Jahres. In der gesamten Historie war das Vorzeichen der ersten Sitzung im Januar in 75 Jahren richtungsweisend für das Gesamtjahresergebnis. Das entspricht einer Trefferquote von rund 64 %.

Dow Jones-Prognosequote 1. Tag im Januar

Jahr	Tag 1	Jahr	Treffer?	Entwicklung Trefferquote
1897	−0,90 %	22,17 %		0 %
1898	−0,22 %	22,46 %		0 %
1899	−0,18 %	9,20 %		0 %
1900	3,10 %	7,00 %	Ja	25 %
1901	−0,39 %	−8,71 %	Ja	40 %
1902	−0,36 %	−0,40 %	Ja	50 %
1903	0,47 %	−23,61 %		43 %
1904	−3,53 %	41,72 %		38 %
1905	1,14 %	38,20 %	Ja	44 %
1906	−1,25 %	−1,92 %	Ja	50 %
1907	−0,12 %	−37,73 %	Ja	55 %
1908	1,46 %	46,63 %	Ja	58 %
1909	0,14 %	14,97 %	Ja	62 %
1910	−0,72 %	−17,86 %	Ja	64 %
1911	0,92 %	0,40 %	Ja	67 %
1912	0,82 %	7,57 %	Ja	69 %
1913	0,62 %	−10,35 %		65 %
1914	−0,24 %	−5,42 %	Ja	67 %
1915	0,09 %	81,66 %	Ja	68 %
1916	−0,34 %	−4,19 %	Ja	70 %
1917	1,21 %	−21,71 %		67 %
1918	3,09 %	10,51 %	Ja	68 %
1919	0,49 %	30,45 %	Ja	70 %
1920	1,43 %	−32,90 %		67 %

Jahr	Tag 1	Jahr	Treffer?	Entwicklung Trefferquote
1921	1,00 %	12,72 %	Ja	68 %
1922	−2,70 %	21,74 %		65 %
1923	0,04 %	−3,25 %		63 %
1924	0,14 %	26,16 %	Ja	64 %
1925	0,61 %	30,00 %	Ja	66 %
1926	1,20 %	0,34 %	Ja	67 %
1927	−1,30 %	28,75 %		65 %
1928	0,47 %	48,22 %	Ja	66 %
1929	2,34 %	−17,17 %		64 %
1930	−1,72 %	−33,77 %	Ja	65 %
1931	3,20 %	−52,67 %		63 %
1932	−8,10 %	−22,64 %	Ja	64 %
1933	−1,61 %	63,74 %		62 %
1934	1,71 %	5,44 %	Ja	63 %
1935	0,45 %	38,53 %	Ja	64 %
1936	0,39 %	24,82 %	Ja	65 %
1937	−1,21 %	−32,82 %	Ja	66 %
1938	−0,23 %	27,73 %		64 %
1939	−0,47 %	−2,83 %	Ja	65 %
1940	0,96 %	−12,57 %		64 %
1941	−0,43 %	−15,38 %	Ja	64 %
1942	1,63 %	7,61 %	Ja	65 %
1943	0,71 %	13,81 %	Ja	66 %
1944	0,02 %	11,80 %	Ja	67 %
1945	0,43 %	26,97 %	Ja	67 %
1946	−0,65 %	−8,14 %	Ja	68 %
1947	−0,46 %	2,23 %		67 %
1948	−0,07 %	−2,13 %	Ja	67 %
1949	−1,28 %	13,10 %		66 %
1950	−0,81 %	17,40 %		65 %
1951	1,91 %	14,36 %	Ja	65 %

Jahr	Tag 1	Jahr	Treffer?	Entwicklung Trefferquote
1952	0,26 %	8,42 %	Ja	66 %
1953	0,07 %	−3,77 %		65 %
1954	0,71 %	43,96 %	Ja	66 %
1955	1,11 %	20,77 %	Ja	66 %
1956	−0,53 %	2,27 %		65 %
1957	−0,70 %	−12,77 %	Ja	66 %
1958	0,83 %	33,96 %	Ja	66 %
1959	0,67 %	16,40 %	Ja	67 %
1960	−0,04 %	−9,34 %	Ja	67 %
1961	−0,91 %	18,71 %		66 %
1962	−0,88 %	−10,81 %	Ja	67 %
1963	−0,81 %	17,00 %		66 %
1964	0,41 %	14,57 %	Ja	66 %
1965	−0,49 %	10,88 %		65 %
1966	−0,08 %	−18,94 %	Ja	66 %
1967	0,09 %	15,20 %	Ja	66 %
1968	0,19 %	4,27 %	Ja	67 %
1969	0,41 %	−15,19 %		66 %
1970	1,10 %	4,82 %	Ja	66 %
1971	−0,99 %	6,11 %		65 %
1972	−0,10 %	14,58 %		64 %
1973	1,15 %	−16,58 %		64 %
1974	0,52 %	−27,57 %		63 %
1975	2,56 %	38,32 %	Ja	63 %
1976	0,74 %	17,86 %	Ja	64 %
1977	−0,49 %	−17,27 %	Ja	64 %
1978	−1,62 %	−3,15 %	Ja	65 %
1979	0,80 %	4,19 %	Ja	65 %
1980	−1,68 %	14,93 %		64 %
1981	0,91 %	−9,23 %		64 %
1982	0,86 %	19,60 %	Ja	64 %

Jahr	Tag 1	Jahr	Treffer?	Entwicklung Trefferquote
1983	−1,86 %	20,27 %		63 %
1984	−0,47 %	−3,74 %	Ja	64 %
1985	−1,05 %	27,66 %		63 %
1986	−0,58 %	22,58 %		62 %
1987	1,65 %	2,26 %	Ja	63 %
1988	3,95 %	11,85 %	Ja	63 %
1989	−1,11 %	26,96 %		62 %
1990	2,07 %	−4,34 %		62 %
1991	−0,88 %	20,32 %		61 %
1992	0,11 %	4,17 %	Ja	61 %
1993	0,25 %	13,72 %	Ja	62 %
1994	0,07 %	2,14 %	Ja	62 %
1995	0,11 %	33,45 %	Ja	63 %
1996	1,18 %	26,01 %	Ja	63 %
1997	−0,09 %	22,64 %		62 %
1998	0,72 %	16,10 %	Ja	63 %
1999	0,03 %	25,22 %	Ja	63 %
2000	−1,21 %	−6,17 %	Ja	63 %
2001	−1,32 %	−7,10 %	Ja	64 %
2002	0,52 %	−16,76 %		63 %
2003	3,19 %	25,32 %	Ja	64 %
2004	−0,42 %	3,15 %		63 %
2005	−0,50 %	−0,61 %	Ja	63 %
2006	1,21 %	16,29 %	Ja	64 %
2007	0,09 %	6,43 %	Ja	64 %
2008	0,36 %	−33,84 %		63 %
2009	−1,23 %	20,19 %		63 %
2010	1,50 %	9,68 %	Ja	63 %
2011	0,81 %	4,58 %	Ja	63 %
2012	1,47 %	7,26 %	Ja	64 %
2013	2,35 %	26,50 %	Ja	64 %

Wie die folgende Grafik verdeutlicht, hat sich diese Trefferquote im Zeitablauf nur sehr wenig verändert. Lediglich zwischen 1960 und 1975 war die Prognosegenauigkeit zwischenzeitlich etwas geringer, als die Trefferquote auf nur noch 61 % abgesackt war. In diese Zeit fällt auch die längste Durststrecke am Stück mit vier Fehlsignalen hintereinander.

Entwicklung Trefferquote 1. Tag im Januar

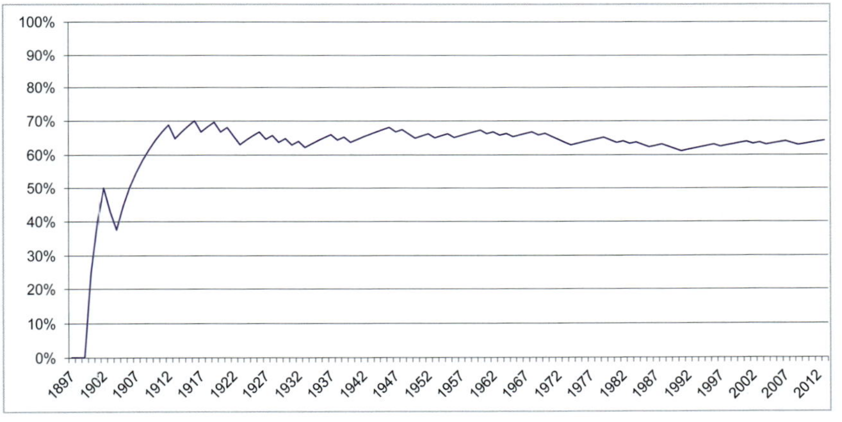

Dow Jones-Prognosequote 1. Woche im Januar

Eine Analyse der ersten Handelswoche zeichnet das gleiche Bild: Die Trefferquote liegt ebenfalls bei rund 64 %, da in 75 Jahren das Vorzeichen der Veränderung nach den ersten fünf Sitzungen auch das Vorzeichen der Jahres-Performance war.

Jahr	1. Woche	Jahr	Treffer?	Entwicklung Trefferquote
1897	0,57 %	22,17 %	Ja	100 %
1898	2,55 %	22,46 %	Ja	100 %
1899	1,37 %	9,20 %	Ja	100 %
1900	−0,09 %	7,00 %		75 %
1901	−5,08 %	−8,71 %	Ja	80 %
1902	−0,52 %	−0,40 %	Ja	83 %
1903	2,22 %	−23,61 %		71 %
1904	−3,97 %	41,72 %		63 %

Jahr	1. Woche	Jahr	Treffer?	Entwicklung Trefferquote
1905	−0,52 %	38,20 %		56 %
1906	0,93 %	−1,92 %		50 %
1907	2,14 %	−37,73 %		45 %
1908	4,53 %	46,63 %	Ja	50 %
1909	0,93 %	14,97 %	Ja	54 %
1910	−1,38 %	−17,86 %	Ja	57 %
1911	1,71 %	0,40 %	Ja	60 %
1912	0,55 %	7,57 %	Ja	63 %
1913	0,17 %	−10,35 %		59 %
1914	0,51 %	−5,42 %		56 %
1915	2,75 %	81,66 %	Ja	58 %
1916	−1,83 %	−4,19 %	Ja	60 %
1917	1,83 %	−21,71 %		57 %
1918	0,65 %	10,51 %	Ja	59 %
1919	0,30 %	30,45 %	Ja	61 %
1920	0,30 %	−32,90 %		58 %
1921	4,52 %	12,72 %	Ja	60 %
1922	−2,44 %	21,74 %		58 %
1923	−0,97 %	−3,25 %	Ja	59 %
1924	1,07 %	26,16 %	Ja	61 %
1925	0,55 %	30,00 %	Ja	62 %
1926	1,45 %	0,34 %	Ja	63 %
1927	−1,05 %	28,75 %		61 %
1928	−0,22 %	48,22 %		59 %
1929	−1,00 %	−17,17 %	Ja	61 %
1930	−1,11 %	−33,77 %	Ja	62 %
1931	5,15 %	−52,67 %		60 %
1932	5,00 %	−22,64 %		58 %
1933	3,40 %	63,74 %	Ja	59 %
1934	−1,97 %	5,44 %		58 %

Jahr	1. Woche	Jahr	Treffer?	Entwicklung Trefferquote
1935	0,95 %	38,53 %	Ja	59 %
1936	1,07 %	24,82 %	Ja	60 %
1937	1,70 %	−32,82 %		59 %
1938	6,09 %	27,73 %	Ja	60 %
1939	−2,70 %	−2,83 %	Ja	60 %
1940	0,90 %	−12,57 %		59 %
1941	1,72 %	−15,38 %		58 %
1942	0,54 %	7,61 %	Ja	59 %
1943	−0,11 %	13,81 %		57 %
1944	1,60 %	11,80 %	Ja	58 %
1945	1,92 %	26,97 %	Ja	59 %
1946	0,91 %	−8,14 %		58 %
1947	0,47 %	2,23 %	Ja	59 %
1948	−0,31 %	−2,13 %	Ja	60 %
1949	2,26 %	13,10 %	Ja	60 %
1950	0,75 %	17,40 %	Ja	61 %
1951	2,92 %	14,36 %	Ja	62 %
1952	−0,18 %	8,42 %		61 %
1953	−0,51 %	−3,77 %	Ja	61 %
1954	0,21 %	43,96 %	Ja	62 %
1955	−2,18 %	20,77 %		61 %
1956	−2,52 %	2,27 %		60 %
1957	−1,11 %	−12,77 %	Ja	61 %
1958	2,50 %	33,96 %	Ja	61 %
1959	0,75 %	16,40 %	Ja	62 %
1960	−0,55 %	−9,34 %	Ja	63 %
1961	1,38 %	18,71 %	Ja	63 %
1962	−3,03 %	−10,81 %	Ja	64 %
1963	2,73 %	17,00 %	Ja	64 %
1964	1,51 %	14,57 %	Ja	65 %

Jahr	1. Woche	Jahr	Treffer?	Entwicklung Trefferquote
1965	0,97 %	10,88 %	Ja	65 %
1966	1,74 %	−18,94 %		64 %
1967	3,54 %	15,20 %	Ja	65 %
1968	0,42 %	4,27 %	Ja	65 %
1969	−2,39 %	−15,19 %	Ja	66 %
1970	0,21 %	4,82 %	Ja	66 %
1971	−0,23 %	6,11 %		65 %
1972	2,27 %	14,58 %	Ja	66 %
1973	2,74 %	−16,58 %		65 %
1974	1,29 %	−27,57 %		64 %
1975	3,13 %	38,32 %	Ja	65 %
1976	6,52 %	17,86 %	Ja	65 %
1977	−2,15 %	−17,27 %	Ja	65 %
1978	−5,60 %	−3,15 %	Ja	66 %
1979	2,88 %	4,19 %	Ja	66 %
1980	1,56 %	14,93 %	Ja	67 %
1981	0,18 %	−9,23 %		66 %
1982	−0,97 %	19,60 %		65 %
1983	2,84 %	20,27 %	Ja	66 %
1984	2,19 %	−3,74 %		65 %
1985	−1,65 %	27,66 %		64 %
1986	−1,29 %	22,58 %		63 %
1987	5,61 %	2,26 %	Ja	64 %
1988	−1,42 %	11,85 %		63 %
1989	1,42 %	26,96 %	Ja	63 %
1990	1,49 %	−4,34 %		63 %
1991	−4,73 %	20,32 %		62 %
1992	1,11 %	4,17 %	Ja	63 %
1993	−1,50 %	13,72 %		62 %
1994	1,77 %	2,14 %	Ja	62 %

Jahr	1. Woche	Jahr	Treffer?	Entwicklung Trefferquote
1995	0,71 %	33,45 %	Ja	63 %
1996	1,57 %	26,01 %	Ja	63 %
1997	1,56 %	22,64 %	Ja	63 %
1998	−1,33 %	16,10 %		63 %
1999	5,03 %	25,22 %	Ja	63 %
2000	0,21 %	−6,17 %		63 %
2001	−1,54 %	−7,10 %	Ja	63 %
2002	1,29 %	−16,76 %		62 %
2003	3,04 %	25,32 %	Ja	63 %
2004	1,33 %	3,15 %	Ja	63 %
2005	−1,66 %	−0,61 %	Ja	63 %
2006	2,75 %	16,29 %	Ja	64 %
2007	−0,37 %	6,43 %		63 %
2008	−3,29 %	−33,84 %	Ja	63 %
2009	−0,08 %	20,19 %		63 %
2010	1,83 %	9,68 %	Ja	63 %
2011	0,84 %	4,58 %	Ja	63 %
2012	2,36 %	7,26 %	Ja	64 %
2013	1,72 %	26,50 %	Ja	64 %

Die Trefferquote ist in den zurückliegenden Jahren leicht gestiegen. In der ersten Hälfte des vergangenen Jahrhunderts lag die Trefferquote noch zwischen 55 % und 60 %, ab den 1960er-Jahren aber konstant über der 60 %-Grenze.

Entwicklung Trefferquote 1. Woche im Januar

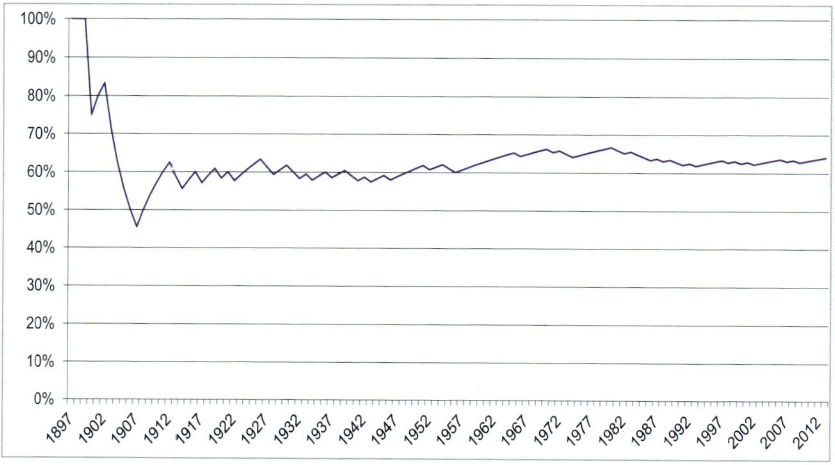

Dow Jones-Prognosequote im gesamten Monat Januar

Im Dow Jones zeigt der Januar sehr häufig bereits das Ergebnis des gesamen Jahres an. Insgesamt erreicht diese Variante eine Trefferquote von über 74 %, denn in 87 Jahren wurde das Jahresergebnis korrekt prognostiziert. Dabei ist diese Wahrscheinlichkeit in den vergangenen Jahren etwas zurückgekommen, wie die Entwicklung der Trefferquote zeigt:

Jahr	Januar	Treffer?	Entwicklung Trefferquote	Jahr
1897	5,23 %	Ja	22,17 %	100 %
1898	1,19 %	Ja	22,46 %	100 %
1899	6,34 %	Ja	9,20 %	100 %
1900	0,06 %	Ja	7,00 %	100 %
1901	−5,52 %	Ja	−8,71 %	100 %
1902	0,61 %		−0,40 %	83 %
1903	1,38 %		−23,61 %	71 %
1904	−0,42 %		41,72 %	63 %
1905	2,47 %	Ja	38,20 %	67 %
1906	4,67 %		−1,92 %	60 %

Jahr	Januar	Treffer?	Entwicklung Trefferquote	Jahr
1907	−2,81 %	Ja	−37,73 %	64 %
1908	6,71 %	Ja	46,63 %	67 %
1909	−2,39 %		14,97 %	62 %
1910	−7,21 %	Ja	−17,86 %	64 %
1911	4,40 %	Ja	0,40 %	67 %
1912	−1,84 %		7,57 %	63 %
1913	−4,72 %	Ja	−10,35 %	65 %
1914	5,16 %		−5,42 %	61 %
1915	4,73 %	Ja	81,66 %	63 %
1916	−8,64 %	Ja	−4,19 %	65 %
1917	0,45 %		−21,71 %	62 %
1918	7,29 %	Ja	10,51 %	64 %
1919	−1,93 %		30,45 %	61 %
1920	−3,18 %	Ja	−32,90 %	63 %
1921	5,81 %	Ja	12,72 %	64 %
1922	0,25 %	Ja	21,74 %	65 %
1923	−1,32 %	Ja	−3,25 %	67 %
1924	5,38 %	Ja	26,16 %	68 %
1925	2,25 %	Ja	30,00 %	69 %
1926	0,50 %	Ja	0,34 %	70 %
1927	−0,50 %		28,75 %	68 %
1928	−1,88 %		48,22 %	66 %
1929	5,84 %		−17,17 %	64 %
1930	7,51 %		−33,77 %	62 %
1931	2,89 %		−52,67 %	60 %
1932	−1,73 %	Ja	−22,64 %	61 %
1933	1,06 %	Ja	63,74 %	62 %
1934	8,67 %	Ja	5,44 %	63 %
1935	−2,26 %		38,53 %	62 %
1936	3,72 %	Ja	24,82 %	63 %

Jahr	Januar	Treffer?	Entwicklung Trefferquote	Jahr
1937	2,69 %		−32,82 %	61 %
1938	0,84 %	Ja	27,73 %	62 %
1939	−6,87 %	Ja	−2,83 %	63 %
1940	−3,11 %	Ja	−12,57 %	64 %
1941	−5,34 %	Ja	−15,38 %	64 %
1942	−1,40 %		7,61 %	63 %
1943	5,03 %	Ja	13,81 %	64 %
1944	1,11 %	Ja	11,80 %	65 %
1945	1,15 %	Ja	26,97 %	65 %
1946	6,10 %		−8,14 %	64 %
1947	1,83 %	Ja	2,23 %	65 %
1948	−3,53 %	Ja	−2,13 %	65 %
1949	1,03 %	Ja	13,10 %	66 %
1950	0,63 %	Ja	17,40 %	67 %
1951	5,70 %	Ja	14,36 %	67 %
1952	0,54 %	Ja	8,42 %	68 %
1953	−0,73 %	Ja	−3,77 %	68 %
1954	4,09 %	Ja	43,96 %	69 %
1955	1,10 %	Ja	20,77 %	69 %
1956	−3,62 %		2,27 %	68 %
1957	−4,07 %	Ja	−12,77 %	69 %
1958	3,29 %	Ja	33,96 %	69 %
1959	1,77 %	Ja	16,40 %	70 %
1960	−8,35 %	Ja	−9,34 %	70 %
1961	5,25 %	Ja	18,71 %	71 %
1962	−4,26 %	Ja	−10,81 %	71 %
1963	4,72 %	Ja	17,00 %	72 %
1964	2,93 %	Ja	14,57 %	72 %
1965	3,29 %	Ja	10,88 %	72 %
1966	1,47 %		−18,94 %	71 %

Jahr	Januar	Treffer?	Entwicklung Trefferquote	Jahr
1967	8,17 %	Ja	15,20 %	72 %
1968	−5,48 %		4,27 %	71 %
1969	0,24 %		−15,19 %	70 %
1970	−7,03 %		4,82 %	69 %
1971	3,53 %	Ja	6,11 %	69 %
1972	1,34 %	Ja	14,58 %	70 %
1973	−2,06 %	Ja	−16,58 %	70 %
1974	0,55 %		−27,57 %	69 %
1975	14,19 %	Ja	38,32 %	70 %
1976	14,41 %	Ja	17,86 %	70 %
1977	−5,00 %	Ja	−17,27 %	70 %
1978	−7,41 %	Ja	−3,15 %	71 %
1979	4,25 %	Ja	4,19 %	71 %
1980	4,42 %	Ja	14,93 %	71 %
1981	−1,73 %	Ja	−9,23 %	72 %
1982	−0,45 %		19,60 %	71 %
1983	2,79 %	Ja	20,27 %	71 %
1984	−3,02 %	Ja	−3,74 %	72 %
1985	6,21 %	Ja	27,66 %	72 %
1986	1,57 %	Ja	22,58 %	72 %
1987	13,82 %	Ja	2,26 %	73 %
1988	1,00 %	Ja	11,85 %	73 %
1989	8,01 %	Ja	26,96 %	73 %
1990	−5,91 %	Ja	−4,34 %	73 %
1991	3,90 %	Ja	20,32 %	74 %
1992	1,72 %	Ja	4,17 %	74 %
1993	0,27 %	Ja	13,72 %	74 %
1994	5,97 %	Ja	2,14 %	74 %
1995	0,25 %	Ja	33,45 %	75 %
1996	5,44 %	Ja	26,01 %	75 %

Jahr	Januar	Treffer?	Entwicklung Trefferquote	Jahr
1997	5,66 %	Ja	22,64 %	75 %
1998	−0,02 %		16,10 %	75 %
1999	1,93 %	Ja	25,22 %	75 %
2000	−4,84 %	Ja	−6,17 %	75 %
2001	0,92 %		−7,10 %	74 %
2002	−1,01 %	Ja	−16,76 %	75 %
2003	−3,45 %		25,32 %	74 %
2004	0,33 %	Ja	3,15 %	74 %
2005	−2,72 %	Ja	−0,61 %	74 %
2006	1,38 %	Ja	16,29 %	75 %
2007	1,27 %	Ja	6,43 %	75 %
2008	−4,63 %	Ja	−33,84 %	75 %
2009	−8,84 %		20,19 %	74 %
2010	−4,56 %		9,68 %	74 %
2011	2,78 %	Ja	4,58 %	74 %
2012	3,40 %	Ja	7,26 %	74 %
2013	5,77 %	Ja	26,50 %	74 %

Seit Anfang der 1930er hat sich die Trefferquote sukzessive von 60 % auf die heutigen 74 % verbessert. Zwischen 1975 und 1997 lag der Januar-Indikator überhaupt nur einmal daneben. Zuletzt lieferten der Januar 2009 und 2010 falsche Signale.

Entwicklung Trefferquote im gesamten Monat Januar

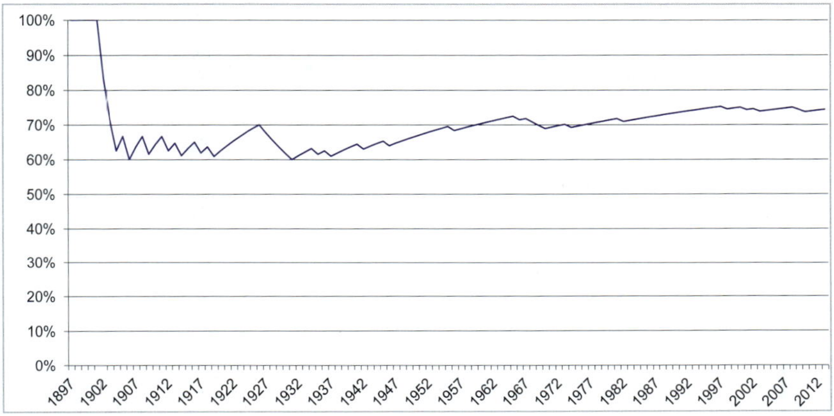

Fazit:

Im Dow Jones liefert die Betrachtung des gesamten Januars mit einer Trefferquote von 74 % die besten Hinweise auf das Jahresergebnis. Der erste Handelstag sowie die erste Handelswoche prognostizieren dagegen mit einer Trefferquote von 64 % das Jahresergebnis.

Übersicht Performance Dow Jones 1897–1909

Jahr	Tag 1	1. Woche	Januar	Jahr
1897	−0,90 %	0,57 %	5,23 %	22,17 %
1898	−0,22 %	2,55 %	1,19 %	22,46 %
1899	−0,18 %	1,37 %	6,34 %	9,20 %
1900	3,10 %	−0,09 %	0,06 %	7,00 %
1901	−0,39 %	−5,08 %	−5,52 %	−8,71 %
1902	−0,36 %	−0,52 %	0,61 %	−0,40 %
1903	0,47 %	2,22 %	1,38 %	−23,61 %
1904	−3,53 %	−3,97 %	−0,42 %	41,72 %
1905	1,14 %	−0,52 %	2,47 %	38,20 %
1906	−1,25 %	0,93 %	4,67 %	−1,92 %
1907	−0,12 %	2,14 %	−2,81 %	−37,73 %
1908	1,46 %	4,53 %	6,71 %	46,63 %
1909	0,14 %	0,93 %	−2,39 %	14,97 %

Übersicht Performance Dow Jones 1910–1939

Jahr	Tag 1	1. Woche	Januar	Jahr
1910	−0,72 %	−1,38 %	−7,21 %	−17,86 %
1911	0,92 %	1,71 %	4,40 %	0,40 %
1912	0,82 %	0,55 %	−1,84 %	7,57 %
1913	0,62 %	0,17 %	−4,72 %	−10,35 %
1914	−0,24 %	0,51 %	5,16 %	−5,42 %
1915	0,09 %	2,75 %	4,73 %	81,66 %
1916	−0,34 %	−1,83 %	−8,64 %	−4,19 %
1917	1,21 %	1,83 %	0,45 %	−21,71 %
1918	3,09 %	0,65 %	7,29 %	10,51 %
1919	0,49 %	0,30 %	−1,93 %	30,45 %
1920	1,43 %	0,30 %	−3,18 %	−32,90 %
1921	1,00 %	4,52 %	5,81 %	12,72 %
1922	−2,70 %	−2,44 %	0,25 %	21,74 %
1923	0,04 %	−0,97 %	−1,32 %	−3,25 %
1924	0,14 %	1,07 %	5,38 %	26,16 %
1925	0,61 %	0,55 %	2,25 %	30,00 %
1926	1,20 %	1,45 %	0,50 %	0,34 %
1927	−1,30 %	−1,05 %	−0,50 %	28,75 %
1928	0,47 %	−0,22 %	−1,88 %	48,22 %
1929	2,34 %	−1,00 %	5,84 %	−17,17 %
1930	−1,72 %	−1,11 %	7,51 %	−33,77 %
1931	3,20 %	5,15 %	2,89 %	−52,67 %
1932	−8,10 %	5,00 %	−1,73 %	−22,64 %
1933	−1,61 %	3,40 %	1,06 %	63,74 %
1934	1,71 %	−1,97 %	8,67 %	5,44 %
1935	0,45 %	0,95 %	−2,26 %	38,53 %
1936	0,39 %	1,07 %	3,72 %	24,82 %
1937	−1,21 %	1,70 %	2,69 %	−32,82 %
1938	−0,23 %	6,09 %	0,84 %	27,73 %
1939	−0,47 %	−2,70 %	−6,87 %	−2,83 %

Übersicht Performance Dow Jones 1940–1969

Jahr	Tag 1	1. Woche	Januar	Jahr
1940	0,96 %	0,90 %	−3,11 %	−12,57 %
1941	−0,43 %	1,72 %	−5,34 %	−15,38 %
1942	1,63 %	0,54 %	−1,40 %	7,61 %
1943	0,71 %	−0,11 %	5,03 %	13,81 %
1944	0,02 %	1,60 %	1,11 %	11,80 %
1945	0,43 %	1,92 %	1,15 %	26,97 %
1946	−0,65 %	0,91 %	6,10 %	−8,14 %
1947	−0,46 %	0,47 %	1,83 %	2,23 %
1948	−0,07 %	−0,31 %	−3,53 %	−2,13 %
1949	−1,28 %	2,26 %	1,03 %	13,10 %
1950	−0,81 %	0,75 %	0,63 %	17,40 %
1951	1,91 %	2,92 %	5,70 %	14,36 %
1952	0,26 %	−0,18 %	0,54 %	8,42 %
1953	0,07 %	−0,51 %	−0,73 %	−3,77 %
1954	0,71 %	0,21 %	4,09 %	43,96 %
1955	1,11 %	−2,18 %	1,10 %	20,77 %
1956	−0,53 %	−2,52 %	−3,62 %	2,27 %
1957	−0,70 %	−1,11 %	−4,07 %	−12,77 %
1958	0,83 %	2,50 %	3,29 %	33,96 %
1959	0,67 %	0,75 %	1,77 %	16,40 %
1960	−0,04 %	−0,55 %	−8,35 %	−9,34 %
1961	−0,91 %	1,38 %	5,25 %	18,71 %
1962	−0,88 %	−3,03 %	−4,26 %	−10,81 %
1963	−0,81 %	2,73 %	4,72 %	17,00 %
1964	0,41 %	1,51 %	2,93 %	14,57 %
1965	−0,49 %	0,97 %	3,29 %	10,88 %
1966	−0,08 %	1,74 %	1,47 %	−18,94 %
1967	0,09 %	3,54 %	8,17 %	15,20 %
1968	0,19 %	0,42 %	−5,48 %	4,27 %
1969	0,41 %	−2,39 %	0,24 %	−15,19 %

Übersicht Performance Dow Jones 1970–1999

Jahr	Tag 1	1. Woche	Januar	Jahr
1970	1,10 %	0,21 %	–7,03 %	4,82 %
1971	–0,99 %	–0,23 %	3,53 %	6,11 %
1972	–0,10 %	2,27 %	1,34 %	14,58 %
1973	1,15 %	2,74 %	–2,06 %	–16,58 %
1974	0,52 %	1,29 %	0,55 %	–27,57 %
1975	2,56 %	3,13 %	14,19 %	38,32 %
1976	0,74 %	6,52 %	14,41 %	17,86 %
1977	–0,49 %	–2,15 %	–5,00 %	–17,27 %
1978	–1,62 %	–5,60 %	–7,41 %	–3,15 %
1979	0,80 %	2,88 %	4,25 %	4,19 %
1980	–1,68 %	1,56 %	4,42 %	14,93 %
1981	0,91 %	0,18 %	–1,73 %	–9,23 %
1982	0,86 %	–0,97 %	–0,45 %	19,60 %
1983	–1,86 %	2,84 %	2,79 %	20,27 %
1984	–0,47 %	2,19 %	–3,02 %	–3,74 %
1985	–1,05 %	–1,65 %	6,21 %	27,66 %
1986	–0,58 %	–1,29 %	1,57 %	22,58 %
1987	1,65 %	5,61 %	13,82 %	2,26 %
1988	3,95 %	–1,42 %	1,00 %	11,85 %
1989	–1,11 %	1,42 %	8,01 %	26,96 %
1990	2,07 %	1,49 %	–5,91 %	–4,34 %
1991	–0,88 %	–4,73 %	3,90 %	20,32 %
1992	0,11 %	1,11 %	1,72 %	4,17 %
1993	0,25 %	–1,50 %	0,27 %	13,72 %
1994	0,07 %	1,77 %	5,97 %	2,14 %
1995	0,11 %	0,71 %	0,25 %	33,45 %
1996	1,18 %	1,57 %	5,44 %	26,01 %
1997	–0,09 %	1,56 %	5,66 %	22,64 %
1998	0,72 %	–1,33 %	–0,02 %	16,10 %
1999	0,03 %	5,03 %	1,93 %	25,22 %

Übersicht Performance Dow Jones 2000–2013

Jahr	Tag 1	1. Woche	Januar	Jahr
2000	−1,21 %	0,21 %	−4,84 %	−6,17 %
2001	−1,32 %	−1,54 %	0,92 %	−7,10 %
2002	0,52 %	1,29 %	−1,01 %	−16,76 %
2003	3,19 %	3,04 %	−3,45 %	25,32 %
2004	−0,42 %	1,33 %	0,33 %	3,15 %
2005	−0,50 %	−1,66 %	−2,72 %	−0,61 %
2006	1,21 %	2,75 %	1,38 %	16,29 %
2007	0,09 %	−0,37 %	1,27 %	6,43 %
2008	0,36 %	−3,29 %	−4,63 %	−33,84 %
2009	−1,23 %	−0,08 %	−8,84 %	20,19 %
2010	1,50 %	1,83 %	−4,56 %	9,68 %
2011	0,81 %	0,84 %	2,78 %	4,58 %
2012	1,47 %	2,36 %	3,40 %	7,26 %
2013	2,35 %	1,72 %	5,77 %	26,50 %

6.3 SUPER-BOWL DER AMERICAN-FOOTBALL-LEAGUE

In diesem Buch geht es um Börsenzyklen. Dabei sind die bisher behandelten wiederkehrenden Muster beispielsweise durch wirtschaftliche Faktoren erklärbar. Doch es gibt auch Zyklen, die bemerkenswerte Prognosen erlauben, deren Zusammenhang aber völlig willkürlich erscheint. Auch wenn Sie die Autoren vielleicht für verrückt erklären, aber der Ausgang des amerikanischen Super-Bowl hat eine statistisch signifikante Aussagekraft für die Börsen und liefert erstaunlich zuverlässige Prognosen.

Als eines der größten Einzelsportereignisse weltweit erreicht der Super-Bowl regelmäßig in den USA die höchsten TV-Einschaltquoten. Rund um den Globus verfolgen das Spiel sogar knapp eine Milliarde

Jahr	Super-Bowl-Sieger	Dow Jones
1967	NFC	15,20 %
1968	NFC	4,27 %
1969	AFC	−15,19 %
1970	AFC	4,82 %
1971	AFC	6,11 %
1972	NFC	14,58 %
1973	AFC	−16,58 %
1974	AFC	−27,57 %
1975	AFC	38,32 %
1976	AFC	17,86 %
1977	AFC	−17,27 %
1978	NFC	−3,15 %
1979	AFC	4,19 %
1980	AFC	14,93 %
1981	AFC	−9,23 %
1982	NFC	19,60 %
1983	NFC	20,27 %
1984	AFC	−3,74 %
1985	NFC	27,66 %
1986	NFC	22,58 %
1987	NFC	2,26 %
1988	NFC	11,85 %
1989	NFC	26,96 %
1990	NFC	−4,34 %

Jahr	Super-Bowl-Sieger	Dow Jones
1991	NFC	20,32 %
1992	NFC	4,17 %
1993	NFC	13,72 %
1994	NFC	2,14 %
1995	NFC	33,45 %
1996	NFC	26,01 %
1997	NFC	22,64 %
1998	AFC	16,10 %
1999	AFC	25,22 %
2000	NFC	−6,17 %
2001	AFC	−7,10 %
2002	AFC	−16,76 %
2003	NFC	25,32 %
2004	AFC	3,15 %
2005	AFC	−0,61 %
2006	AFC	16,29 %
2007	AFC	6,43 %
2008	NFC	−33,84 %
2009	AFC	20,19 %
2010	NFC	9,68 %
2011	NFC	5,53 %
2012	NFC	7,26 %
2013	AFC	26,50 %

Zuschauer. Im Super-Bowl treffen stets am ersten Wochenende im Februar die Sieger der American Football Conference (AFC) und der National Football Conference (NFC) aufeinander.

Bisher wurde der Super-Bowl insgesamt 47 Mal ausgetragen. Erstmals kämpften zwei Teams 1967 um die begehrte Trophäe. Dabei konnte 22 Mal ein Team aus der AFC gewinnen, und in 25 Jahren kam der Sieger aus der NFC.

Von den insgesamt 22 Jahren, in denen ein Team aus der AFC den Super-Bowl gewinnen konnte, beendete der Dow Jones 13 mit Kursgewinnen, was einer Gewinn-Wahrscheinlichkeit von 59 % entspricht. Neun Jahre mit einem Super-Bowl-Sieger aus der AFC beendete der Dow Jones mit einer negativen Performance. Im Durchschnitt erreichte der Index ein Jahresergebnis von 3,91 %.

Besser sieht es in den Jahren mit einem Team aus der NFC als Super-Bowl-Gewinner aus. Denn in diesen 25 Fällen verzeichnete der amerikanische Leitindex 21 Mal Kursgewinne. Lediglich vier Jahre wurden mit einem Minus abgeschlossen. Das entspricht einer Gewinn-Wahrscheinlichkeit von 84 %. Dementsprechend ergibt sich auch eine deutlich höhere Durchschnitts-Performance von 9,86 %.

Fazit:

Gewinnt also ein Team aus der NFC den Super-Bowl, bestehen gute Chancen, dass der Dow Jones das Jahr mit Kursgewinnen beendet, während die Wahrscheinlichkeit für ein gutes Dow-Jones-Jahr bei einem Super-Bowl-Sieger aus der AFC bei 59 % liegt.

	Sieger aus: NFC	Sieger aus: AFC
Dow Jones positiv	21	13
Dow Jones negativ	4	9
Gewinn-Wahrscheinlichkeit	84 %	59 %
Durchschnitts-Performance	9,86 %	3,91 %

VII. ZYKLENPORTFOLIOS

Wie die vorangegangenen Kapitel bewiesen haben, eignen sich Börsenzyklen als perfekte Ergänzung fundamentaler oder technischer Analysen. Denn genauso wie nur in Ausnahmefällen gegen die Zyklen gehandelt werden sollte, dürfen die Börsenzyklen nie das alleinige Kriterium für Kauf- und Verkaufsentscheidungen sein.

Dennoch prüfen wir im folgenden Kapitel die Profitabilität der Börsenzyklen. Dabei nehmen wir genauso Anlagemodelle auf Basis der Jahreszyklen unter die Lupe wie Portfolios, die auf dem Jahrzehntzyklus basieren.

Diese Modelle verstehen sich allerdings nicht als Heiliger Gral, sondern vielmehr als Anregung für eigene Überlegungen. Dennoch werden Sie feststellen, wie sich Dax und Dow Jones mit wenigen Handgriffen deutlich schlagen lassen – und das bei wesentlich kürzeren Anlagezeiträumen.

7.1 JAHRESZYKLUS-MODELLE

Die Deutsche Börse hat mit dem „DAXplus Seasonal Strategy Index" von „offizieller Seite" einen Index auf Zyklenbasis eingeführt. Dieser Strategie-Index bildet – wie in Kapitel 1 ausführlich beschrieben – in zehn Monaten des Jahres eins zu eins die Dax-Entwicklung nach. In den statistisch schwächsten Monaten August und September verharrt der Index dagegen auf dem Stand vom 31. Juli, ehe die Berechnung am 1. Oktober wieder aufgenommen wird.

Im folgenden Kapitel werden zahlreiche Anlagemodelle untersucht, wobei wir mit der Analyse der in Kapitel 2 vorgestellten Jahreszyklen beginnen. Alle Anlagezeiträume erstrecken sich auf einen Zeitraum von weniger als zwölf Monaten.

7.1.1 Dax-Performance allgemein

Dax Buy-and-Hold

Für den Dax errechnet sich seit September 1959 ein Gewinn von 2520 %.

Ein Anleger, der per Ende September 1959 ununterbrochen im Dax investiert gewesen wäre (Buy-and-Hold), hätte aus 10.000 Euro bis zum 30.06.2014 genau 251.999 Euro gemacht. Das ist die Benchmark mit der die Zyklenportfolios zu vergleichen sind.

Dax-Performances

Monat	Performance
Jan	1,40%
Feb	0,74%
Mrz	1,18%
Apr	1,52%
Mai	0,05%
Jun	0,11%
Jul	1,32%
Aug	-0,08%
Sep	-1,83%
Okt	0,87%
Nov	1,09%
Dez	1,42%

Erhebliche Unterschiede im Jahreszyklus

Wie Sie im Kapitel über die Jahreszyklen gelesen haben, wird diese Gesamt-Performance im Wesentlichen in den Wintermonaten erreicht, während der Dax in den Sommermonaten – speziell im dritten Quartal – häufig fällt. Um die immensen Rendite-Unterschiede herauszustellen, bietet es sich an, das Jahr in einen Sieben-Monats-Zeitraum zwischen Oktober und April sowie einen Fünf-Monats-Zeitraum zu unterteilen, der von Mai bis September reicht. Das Ergebnis:

Der Dax verliert in den Sommermonaten durchschnittlich 1,3 %, gewinnt aber in den Wintermonaten 7,5 %. Die gesamte Index-Performance wird also von Oktober bis April erzielt. Im Laufe der Jahre führt das zu einem erheblichen Renditeunterschied:

10.000 Euro, die seit 1960 stets von Mai bis September angelegt worden wären, hätten sich bis zum 30. Juni 2014 auf nur noch 4.911 Euro verringert.

Dax-Anlage Sommer vs. Winter

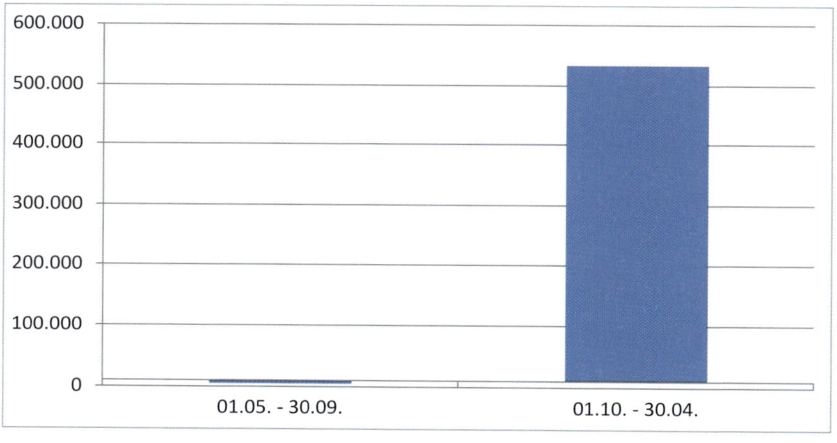

Ein Dax-Investment in Höhe von 10.000 Euro zwischen dem 1. Oktober und dem 30. April wäre bei Re-Investition der Gewinne bis zum 30. Juni 2014 auf 533.448 Euro angewachsen.

Der Dax erzielt seine gesamte Performance also im Winterhalbjahr, während im Sommer im Schnitt sogar Verluste hingenommen werden müssen. Wer zwischen Mai und September nicht investiert ist, vermeidet zyklische Verlustphasen und kann den Jahresgewinn erhöhen. Doch die Erträge können mit Hilfe der Börsenzyklen sogar noch weiter gesteigert werden, wie die folgenden Portfolios beweisen.

7.1.2 Portfolios im Dax-Jahreszyklus

Die Abbildung des Jahreszyklus im Dax beginnt zur besseren Darstellung am 1. September. Der Chart zeigt, für welche Anlagezeiträume die entsprechenden Zyklenportfolios berechnet wurden.

Dax-Jahreszyklus – Start am 30. September

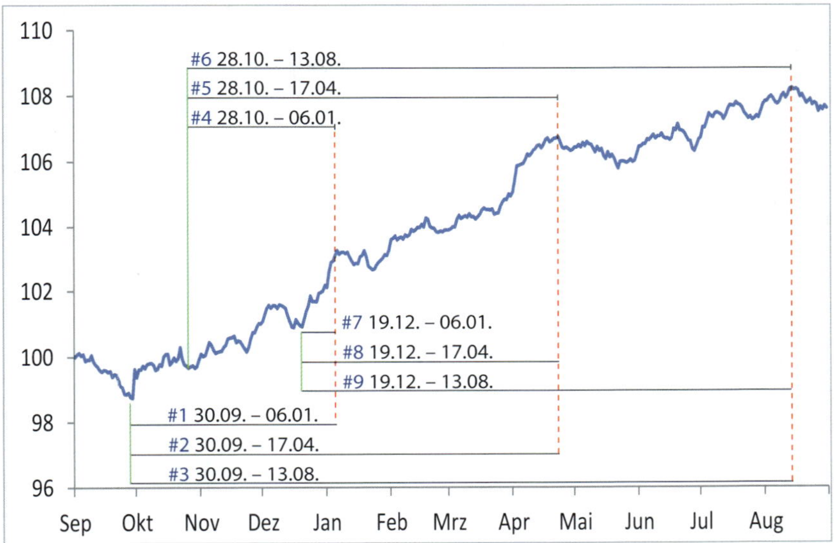

Zyklenportfolio #1 – Kennzahlen			
Einstieg	30. Sep	Gewinn-Trades	34
Ausstieg	6. Jan	durchschnittliche Performance	10,43 %
Gesamt-Trades	55	Verlust-Trades	21
durchschnittliche Performance	4,21 %	durchschnittliche Performance	−5,87 %
Gewinn-Wahrscheinlichkeit	61,82 %	Beste Phase	1999
Investierte Tage	3664	Performance	30,09 %
Gesamtperformance	581,69 %	durchschnittliche Tagesrendite	0,392 %
durchschnittliche Tagesrendite	0,052 %	Schlechteste Phase	1987
Anfangskapital	10.000	Performance	−34,38 %
Endkapital	68.169	durchschnittliche Tagesrendite	−0,598 %

Portfolio-Entwicklung

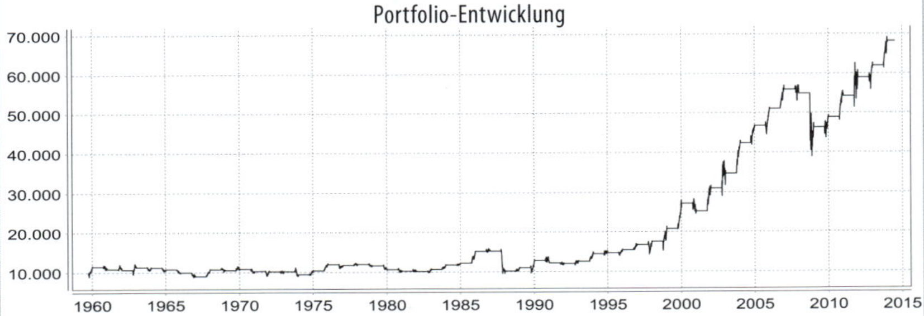

Zyklenportfolio #2 – Kennzahlen			
Einstieg	30. Sep	Gewinn-Trades	40
Ausstieg	17. Apr	durchschnittliche Performance	14,43 %
Gesamt-Trades	55	Verlust-Trades	15
durchschnittliche Performance	7,98 %	durchschnittliche Performance	−9,22 %
Gewinn-Wahrscheinlichkeit	72,73 %	Beste Phase	1999
Investierte Tage	7561	Performance	37,76 %
Gesamtperformance	4.303,41 %	durchschnittliche Tagesrendite	0,234 %
durchschnittliche Tagesrendite	0,050 %	Schlechteste Phase	1987
Anfangskapital	10.000	Performance	−29,84 %
Endkapital	440.341	durchschnittliche Tagesrendite	−0,246 %

Portfolio-Entwicklung

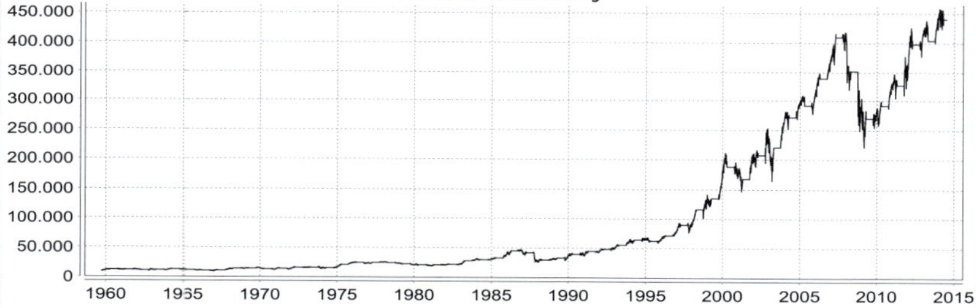

Zyklenportfolio #3 – Kennzahlen			
Einstieg	30. Sep	Gewinn-Trades	38
Ausstieg	13. Aug	durchschnittliche Performance	19,51 %
Gesamt-Trades	55	Verlust-Trades	17
durchschnittliche Performance	9,61 %	durchschnittliche Performance	−12,50 %
Gewinn-Wahrscheinlichkeit	69,09 %	Beste Phase	1996
Investierte Tage	12008	Performance	56,59 %
Gesamtperformance	7.840,16 %	durchschnittliche Tagesrendite	0,214 %
durchschnittliche Tagesrendite	0,036 %	Schlechteste Phase	1987
Anfangskapital	10.000	Performance	−23,12 %
Endkapital	794.016	durchschnittliche Tagesrendite	−0,115 %

Portfolio-Entwicklung

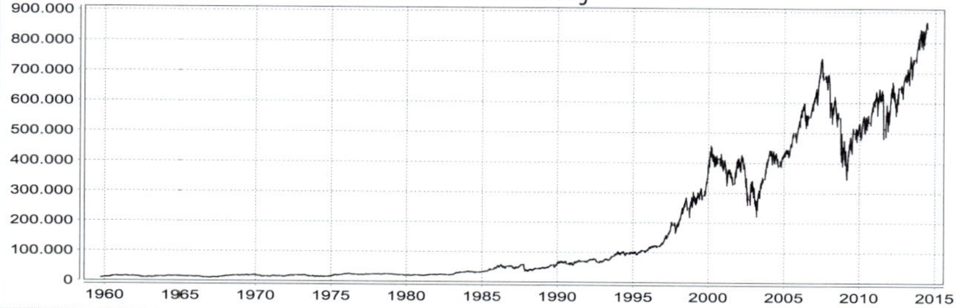

Zyklenportfolio #4 – Kennzahlen			
Einstieg	28. Okt	Gewinn-Trades	40
Ausstieg	6. Jan	durchschnittliche Performance	14,43 %
Gesamt-Trades	55	Verlust-Trades	15
durchschnittliche Performance	4,02 %	durchschnittliche Performance	−9,22 %
Gewinn-Wahrscheinlichkeit	70,91 %	Beste Phase	1999
Investierte Tage	2576	Performance	37,76 %
Gesamtperformance	577,73 %	durchschnittliche Tagesrendite	0,234 %
durchschnittliche Tagesrendite	0,074 %	Schlechteste Phase	1987
Anfangskapital	10.000	Performance	−29,84 %
Endkapital	67.773	durchschnittliche Tagesrendite	−0,246 %

Portfolio-Entwicklung

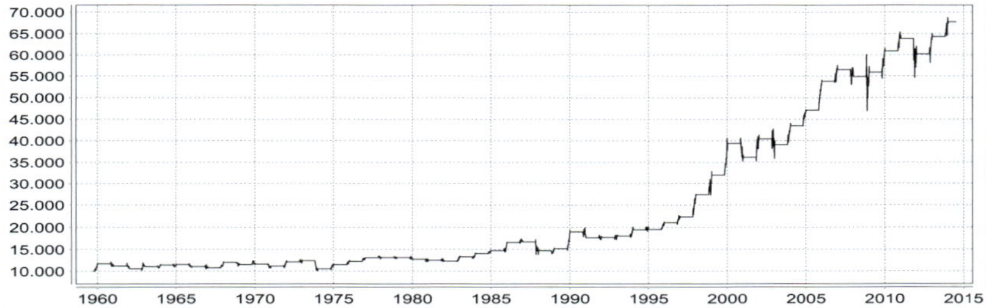

Zyklenportfolio #5 – Kennzahlen			
Einstieg	28. Okt	Gewinn-Trades	38
Ausstieg	17. Apr	durchschnittliche Performance	14,15 %
Gesamt-Trades	55	Verlust-Trades	17
durchschnittliche Performance	7,84 %	durchschnittliche Performance	−6,27 %
Gewinn-Wahrscheinlichkeit	69,09 %	Beste Phase	1997
Investierte Tage	6473	Performance	49,93 %
Gesamtperformance	4.277,84 %	durchschnittliche Tagesrendite	0,357 %
durchschnittliche Tagesrendite	0,058 %	Schlechteste Phase	2007
Anfangskapital	10.000	Performance	−15,29 %
Endkapital	437.784	durchschnittliche Tagesrendite	−0,139 %

Portfolio-Entwicklung

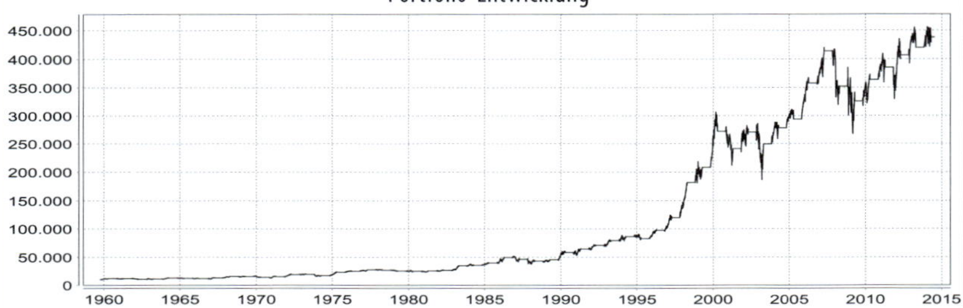

Zyklenportfolio #6 – Kennzahlen			
Einstieg	28. Okt	Gewinn-Trades	41
Ausstieg	13. Aug	durchschnittliche Performance	17,56 %
Gesamt-Trades	55	Verlust-Trades	14
durchschnittliche Performance	9,60 %	durchschnittliche Performance	−13,68 %
Gewinn-Wahrscheinlichkeit	74,55 %	Beste Phase	1996
Investierte Tage	10920	Performance	53,67 %
Gesamtperformance	7.794,06 %	durchschnittliche Tagesrendite	0,225 %
durchschnittliche Tagesrendite	0,040 %	Schlechteste Phase	1961
Anfangskapital	10.000	Performance	−25,62 %
Endkapital	789.406	durchschnittliche Tagesrendite	−0,146 %

Portfolio-Entwicklung

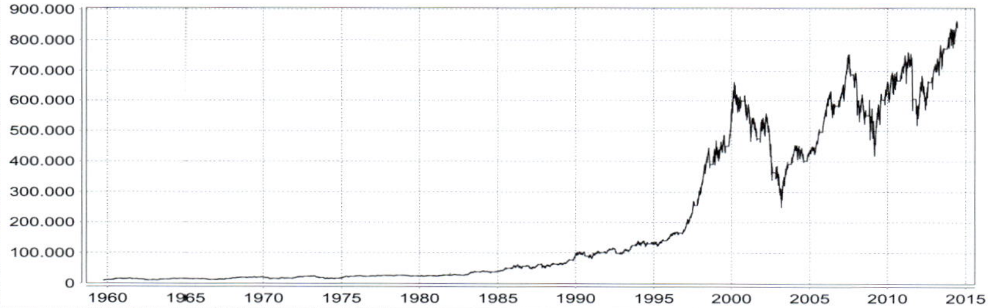

Zyklenportfolio #7 – Kennzahlen			
Einstieg	19. Dez	Gewinn-Trades	44
Ausstieg	6. Jan	durchschnittliche Performance	3,61 %
Gesamt-Trades	55	Verlust-Trades	11
durchschnittliche Performance	2,51 %	durchschnittliche Performance	−1,91 %
Gewinn-Wahrscheinlichkeit	80,00 %	Beste Phase	1989
Investierte Tage	577	Performance	11,29 %
Gesamtperformance	215,41 %	durchschnittliche Tagesrendite	0,980 %
durchschnittliche Tagesrendite	0,199 %	Schlechteste Phase	1990
Anfangskapital	10.000	Performance	−7,14 %
Endkapital	31.541	durchschnittliche Tagesrendite	−0,938 %

Portfolio-Entwicklung

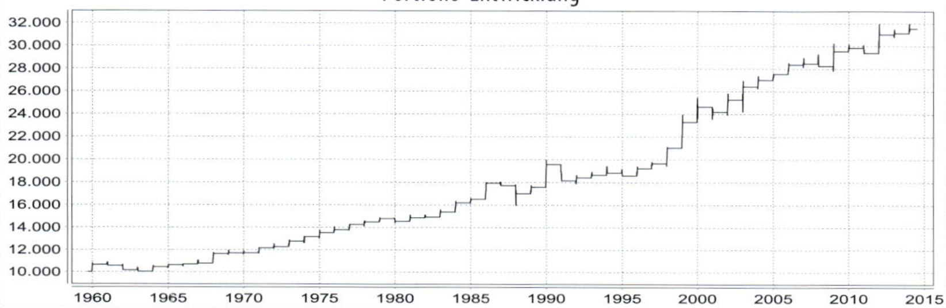

Zyklenportfolio #8 – Kennzahlen			
Einstieg	19. Dez	Gewinn-Trades	41
Ausstieg	17. Apr	durchschnittliche Performance	9,84 %
Gesamt-Trades	55	Verlust-Trades	14
durchschnittliche Performance	6,14 %	durchschnittliche Performance	−4,71 %
Gewinn-Wahrscheinlichkeit	74,55 %	Beste Phase	1997
Investierte Tage	4474	Performance	31,57 %
Gesamtperformance	1.937,42 %	durchschnittliche Tagesrendite	0,357 %
durchschnittliche Tagesrendite	0,067 %	Schlechteste Phase	2007
Anfangskapital	10.000	Performance	−13,32 %
Endkapital	203.742	durchschnittliche Tagesrendite	−0,176 %

Portfolio-Entwicklung

Zyklenportfolio #9 – Kennzahlen			
Einstieg	19. Dez	Gewinn-Trades	38
Ausstieg	13. Aug	durchschnittliche Performance	16,01 %
Gesamt-Trades	55	Verlust-Trades	17
durchschnittliche Performance	7,81 %	durchschnittliche Performance	−10,51 %
Gewinn-Wahrscheinlichkeit	69,09 %	Beste Phase	1996
Investierte Tage	8921	Performance	48,17 %
Gesamtperformance	3.573,85 %	durchschnittliche Tagesrendite	0,255 %
durchschnittliche Tagesrendite	0,040 %	Schlechteste Phase	2001
Anfangskapital	10.000	Performance	−29,38 %
Endkapital	367.385	durchschnittliche Tagesrendite	−0,206 %

Portfolio-Entwicklung

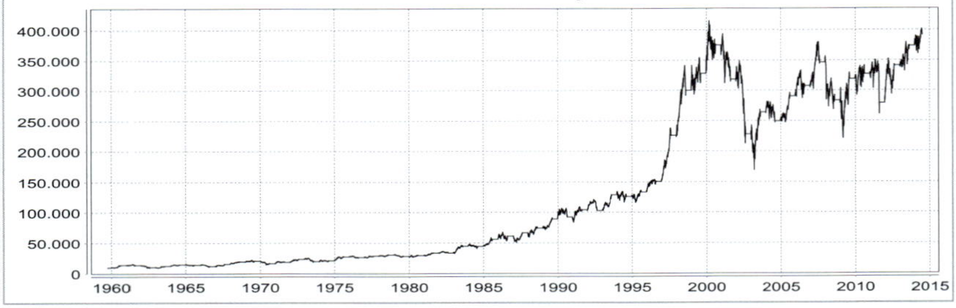

	#1	#2	#3	#4	#5	#6	#7	#8	#9
Einstieg	30. Sep	30. Sep	30. Sep	28. Okt	28. Okt	28. Okt	19. Dez	19. Dez	19. Dez
Ausstieg	06. Jan	17. Apr	13. Aug	06. Jan	17. Apr	13. Aug	06. Jan	17. Apr	13. Aug
Gesamt-Trades	55	55	55	55	55	55	55	55	55
ø Performance	4,21 %	7,98 %	9,61 %	4,02 %	7,84 %	9,60 %	2,51 %	6,14 %	7,81 %
GW	61,82 %	72,73 %	69,09 %	70,91 %	69,09 %	74,55 %	80,00 %	74,55 %	69,09 %
Investierte Tage	3664	7561	12008	2576	6473	10920	577	4474	8921
Gesamtperformance	581,69 %	4303,41 %	7840,16 %	577,73 %	4277,84 %	7794,06 %	215,41 %	1937,42 %	3573,85 %
ø Tagesrendite	0,052 %	0,050 %	0,036 %	0,074 %	0,058 %	0,040 %	0,199 %	0,067 %	0,040 %
Anfangskapital	10.000	10.000	10.000	10.000	10.000	10.000	10.000	10.000	10.000
Endkapital	68.169	440.341	794.016	67.773	437.784	789.406	31.541	203.742	367.385
Gewinn-Trades	34	40	38	39	38	41	44	41	38
ø Performance	10,43 %	14,43 %	19,51 %	7,78 %	14,15 %	17,56 %	3,61 %	9,84 %	16,01 %
Verlust-Trades	21	15	17	16	17	14	11	14	17
ø Performance	–5,87 %	–9,22 %	–12,50 %	–5,14 %	–6,27 %	–13,68 %	–1,91 %	–4,71 %	–10,51 %
Beste Phase	1999	1999	1996	1989	1997	1996	1989	1997	1996
Performance	30,09 %	37,76 %	56,59 %	24,42 %	49,93 %	53,67 %	11,29 %	31,57 %	48,17 %
ø Tagesrendite	0,392 %	0,23 %	0,21 %	0,49 %	0,36 %	0,23 %	0,98 %	0,36 %	0,26 %
Schlechteste Phase	1987	1987	1987	1973	2007	1961	1990	2007	2001
Performance	–34,38 %	–29,84 %	–23,12 %	–15,34 %	–15,29 %	–25,62 %	–7,14 %	–13,32 %	–29,38 %
ø Tagesrendite	–0,598 %	–0,25 %	–0,12 %	–0,37 %	–0,14 %	–0,15 %	–0,94 %	–0,18 %	–0,21 %

Zusammenfassung

Es wurden für den Dax neun Zyklenportfolios untersucht.

Die höchste Gewinn-Wahrscheinlichkeit von 80 % errechnet sich für das Zyklenportfolio (#7), das immer zwischen dem 19.12. und dem 6.1. investiert. Dahinter folgen mit einer Gewinn-Wahrscheinlichkeit von je 75 % Portfolios, die zwischen dem 28.10. und dem 13.08. (#6) sowie zwischen dem 19.12. und dem 17.04. (#8) engagiert sind.

Die höchste durchschnittliche Tagesrendite von 0,2 % fällt ebenfalls im Zeitraum 19.12. bis 06.01. (#7) an. Die zweithöchsten Tagesrenditen von jeweils 0,07 % werden in den Zeiträumen 28.10. bis 06.01. (#4) und 19.12. bis 17.04. (#8) verzeichnet.

Das höchste Endkapital von 794.016 Euro erzielt ein Zyklenportfolio, das zwischen dem 30.09. und 13.08. (#3) investiert ist. Auf Position zwei und drei folgen die Anlagezeiträume 28.10. bis 13.08. (#6) und 30.09. und 17.04. (#2) mit einem Endkapital von 789.406 Euro respektive 440.341 Euro. Die Plätze vier und fünf werden durch die Anlagezeiträume 28.10. bis 17.04. (#5) und 19.12. bis 13.08. (#9) besetzt, wobei das Endkapital hier 437.784 Euro und 367.385 Euro beträgt.

Zwischen den einzelnen Zyklenportfolios gibt es große Unterschiede im Endkapital, die nicht alleine auf den Erfolg im jeweiligen Zyklus, sondern im hohen Maß auf die unterschiedlichen Haltedauern zurückzuführen sind. So war das erfolgreichste Portfolio (#3) an 12.008 Tagen investiert, das Portfolio (#7) dagegen nur an 577 Tagen.

Fazit:

Die auf Grundlage des Jahreszyklus konstruierten Zyklenportfolios schlagen die Buy-and-Hold-Strategie deutlich, da ein Vielfaches an Kursgewinnen erzielt wird, obwohl hier nur zweimal im Jahr eine Transaktion erforderlich ist.

Der entscheidende Vorteil liegt in den wesentlich kürzeren Anlagezeiträumen. So werden die Risiken deutlich reduziert, und gleichzeitig kann die nicht investierte Phase genutzt werden, das Kapital in festverzinslichen Papieren zu parken.

Zyklenportfolios erzielen höhere Renditen in kürzeren Zeiträumen!

7.1.3 Dow Jones-Performance allgemein

Dow Jones Buy-and-Hold

Für den Dow Jones errechnet sich seit Sommer 1896 ein Gewinn von 58.983 %.

Eine seit Sommer 1896 ununterbrochene fiktive 10.000-Euro-Anlage im Dow Jones (Buy-and-Hold) wäre bis heute auf 5.908.357 Euro angewachsen. Das ist die Benchmark, mit der die Zyklenportfolios zu vergleichen sind.

7.1.4 Portfolios im Dow Jones-Jahreszyklus

Die Abbildung des Jahreszyklus für den Dow Jones beginnt zur besseren Darstellung am 1. Februar und endet nach 19 Monaten am 30. September des nächsten Jahres. Damit zeigt der Chart auf einen Blick, für welche Anlagezeiträume die entsprechenden Zyklenportfolios berechnet werden können.

Dow Jones-Jahreszyklus – Start am 26. Februar

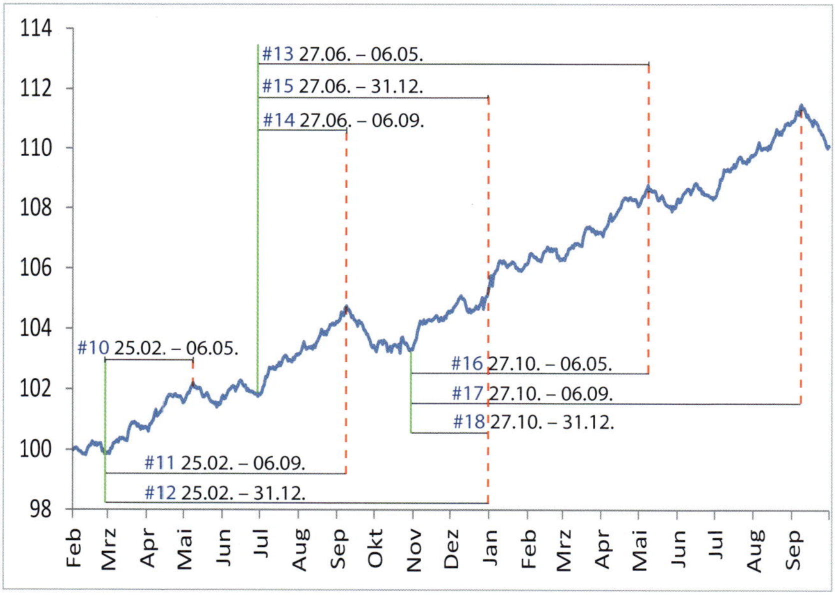

Zyklenportfolio #10 – Kennzahlen			
Einstieg	25. Feb	Gewinn-Trades	78
Ausstieg	6. Mai	durchschnittliche Performance	6,36 %
Gesamt-Trades	118	Verlust-Trades	40
durchschnittliche Performance	2,32 %	durchschnittliche Performance	−5,56 %
Gewinn-Wahrscheinlichkeit	66,10 %	Beste Phase	1933
Investierte Tage	6071	Performance	50,13 %
Gesamtperformance	692,85 %	durchschnittliche Tagesrendite	1,002 %
durchschnittliche Tagesrendite	0,034 %	Schlechteste Phase	1932
Anfangskapital	10.000	Performance	−29,48 %
Endkapital	79.285	durchschnittliche Tagesrendite	−0,667 %

Portfolio-Entwicklung

Zyklenportfolio #11 – Kennzahlen			
Einstieg	25. Feb	Gewinn-Trades	82
Ausstieg	6. Sep	durchschnittliche Performance	11,54 %
Gesamt-Trades	119	Verlust-Trades	37
durchschnittliche Performance	4,81 %	durchschnittliche Performance	−10,11 %
Gewinn-Wahrscheinlichkeit	68,91 %	Beste Phase	1933
Investierte Tage	16656	Performance	95,02 %
Gesamtperformance	8.436,96 %	durchschnittliche Tagesrendite	0,548 %
durchschnittliche Tagesrendite	0,027 %	Schlechteste Phase	1931
Anfangskapital	10.000	Performance	−33,88 %
Endkapital	853.696	durchschnittliche Tagesrendite	−0,288 %

Portfolio-Entwicklung

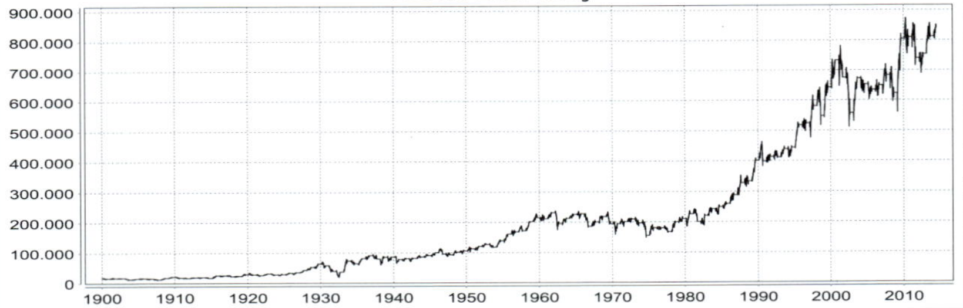

Zyklenportfolio #12 – Kennzahlen			
Einstieg	25. Feb	Gewinn-Trades	83
Ausstieg	31. Dez	durchschnittliche Performance	15,71 %
Gesamt-Trades	119	Verlust-Trades	36
durchschnittliche Performance	6,35 %	durchschnittliche Performance	−15,22 %
Gewinn-Wahrscheinlichkeit	69,75 %	Beste Phase	1933
Investierte Tage	26435	Performance	95,08 %
Gesamtperformance	18.292,39 %	durchschnittliche Tagesrendite	0,336 %
durchschnittliche Tagesrendite	0,020 %	Schlechteste Phase	1931
Anfangskapital	10.000	Performance	−62,11 %
Endkapital	1.839.239	durchschnittliche Tagesrendite	−0,418 %

Portfolio-Entwicklung

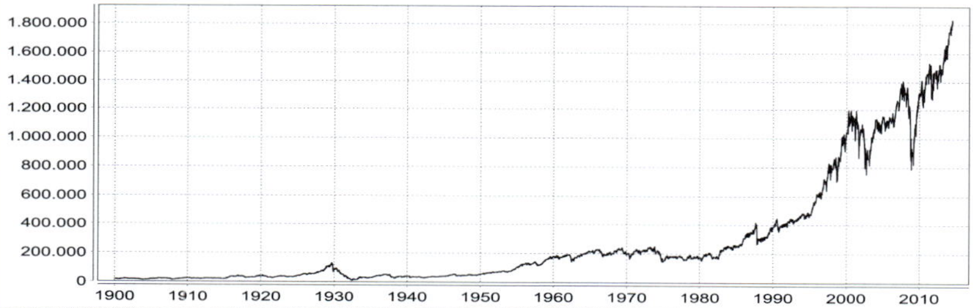

Zyklenportfolio #13 – Kennzahlen			
Einstieg	27. Jun	Gewinn-Trades	81
Ausstieg	06. Mai	durchschnittliche Performance	16,05 %
Gesamt-Trades	119	Verlust-Trades	38
durchschnittliche Performance	6,96 %	durchschnittliche Performance	−12,43 %
Gewinn-Wahrscheinlichkeit	68,07 %	Beste Phase	1932
Investierte Tage	26699	Performance	74,57 %
Gesamtperformance	52.253,72 %	durchschnittliche Tagesrendite	0,277 %
durchschnittliche Tagesrendite	0,023 %	Schlechteste Phase	1931
Anfangskapital	10.000	Performance	−65,77 %
Endkapital	5.235.372	durchschnittliche Tagesrendite	−0,457 %

Portfolio-Entwicklung

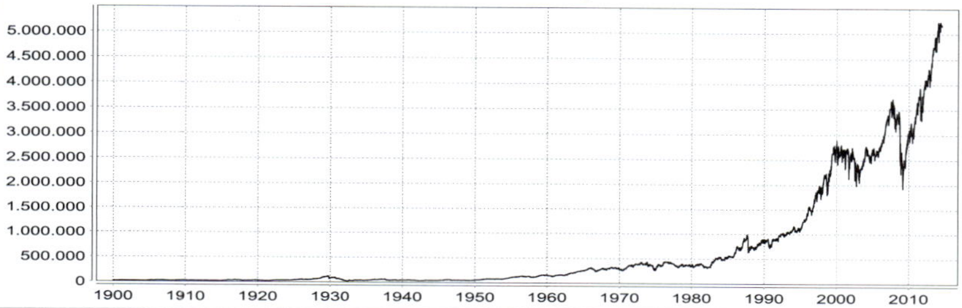

Zyklenportfolio #14 – Kennzahlen			
Einstieg	27. Jun	Gewinn-Trades	78
Ausstieg	6. Sep	durchschnittliche Performance	7,27 %
Gesamt-Trades	119	Verlust-Trades	41
durchschnittliche Performance	2,77 %	durchschnittliche Performance	−5,78 %
Gewinn-Wahrscheinlichkeit	65,55 %	Beste Phase	1932
Investierte Tage	6079	Performance	76,01 %
Gesamtperformance	1.174,21 %	durchschnittliche Tagesrendite	1,197 %
durchschnittliche Tagesrendite	0,042 %	Schlechteste Phase	1974
Anfangskapital	10.000	Performance	−16,44 %
Endkapital	127.421	durchschnittliche Tagesrendite	−0,357 %

Portfolio-Entwicklung

Zyklenportfolio #15 – Kennzahlen			
Einstieg	27. Jun	Gewinn-Trades	82
Ausstieg	31. Dez	durchschnittliche Performance	11,27 %
Gesamt-Trades	119	Verlust-Trades	37
durchschnittliche Performance	3,89 %	durchschnittliche Performance	−12,47 %
Gewinn-Wahrscheinlichkeit	68,91 %	Beste Phase	1928
Investierte Tage	15857	Performance	41,74 %
Gesamtperformance	2.645,21 %	durchschnittliche Tagesrendite	0,255 %
durchschnittliche Tagesrendite	0,021 %	Schlechteste Phase	1931
Anfangskapital	10.000	Performance	−51,42 %
Endkapital	274.521	durchschnittliche Tagesrendite	−0,528 %

Portfolio-Entwicklung

Zyklenportfolio #16 – Kennzahlen			
Einstieg	27. Okt	Gewinn-Trades	87
Ausstieg	06. Mai	durchschnittliche Performance	11,23 %
Gesamt-Trades	118	Verlust-Trades	31
durchschnittliche Performance	5,50 %	durchschnittliche Performance	−10,59 %
Gewinn-Wahrscheinlichkeit	73,73 %	Beste Phase	1974
Investierte Tage	16226	Performance	30,37 %
Gesamtperformance	21.906,06 %	durchschnittliche Tagesrendite	0,207 %
durchschnittliche Tagesrendite	0,033 %	Schlechteste Phase	1931
Anfangskapital	10.000	Performance	−47,55 %
Endkapital	2.200.606	durchschnittliche Tagesrendite	−0,460 %

Portfolio-Entwicklung

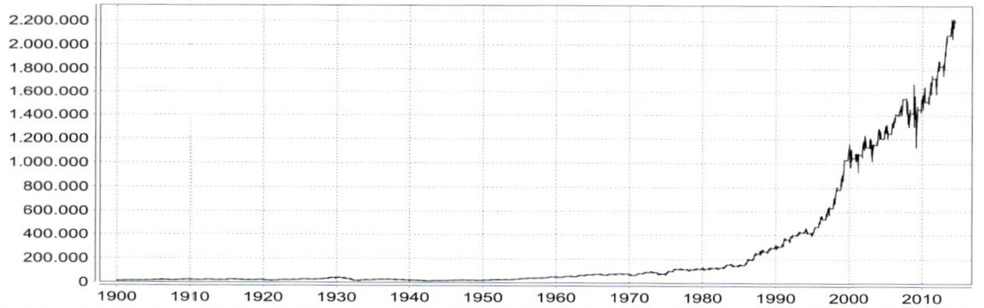

Zyklenportfolio #17 – Kennzahlen			
Einstieg	27. Okt	Gewinn-Trades	80
Ausstieg	6. Sep	durchschnittliche Performance	18,31 %
Gesamt-Trades	119	Verlust-Trades	39
durchschnittliche Performance	8,19 %	durchschnittliche Performance	−12,55 %
Gewinn-Wahrscheinlichkeit	67,23 %	Beste Phase	1932
Investierte Tage	26796	Performance	57,34 %
Gesamtperformance	267.754,72 %	durchschnittliche Tagesrendite	0,225 %
durchschnittliche Tagesrendite	0,029 %	Schlechteste Phase	1930
Anfangskapital	10.000	Performance	−35,47 %
Endkapital	26.785.472	durchschnittliche Tagesrendite	−0,191 %

Portfolio-Entwicklung

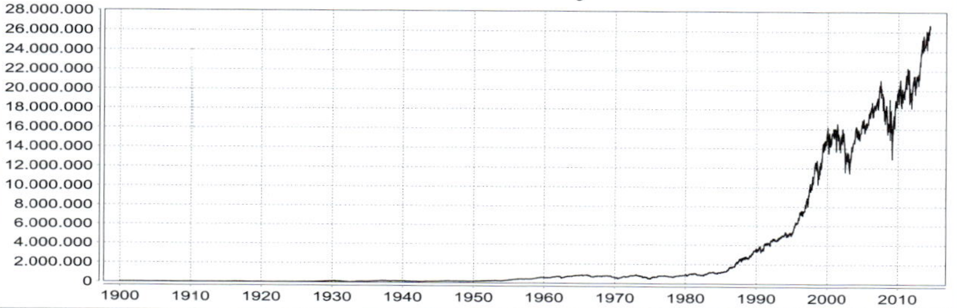

Zyklenportfolio #18 – Kennzahlen			
Einstieg	27. Okt	Gewinn-Trades	86
Ausstieg	31. Dez	durchschnittliche Performance	5,63 %
Gesamt-Trades	118	Verlust-Trades	32
durchschnittliche Performance	2,56 %	durchschnittliche Performance	–5,70 %
Gewinn-Wahrscheinlichkeit	72,88 %	Beste Phase	1924
Investierte Tage	5384	Performance	17,54 %
Gesamtperformance	1.053,90 %	durchschnittliche Tagesrendite	0,311 %
durchschnittliche Tagesrendite	0,045 %	Schlechteste Phase	1931
Anfangskapital	10.000	Performance	–26,54 %
Endkapital	115.390	durchschnittliche Tagesrendite	–0,671 %

Portfolio-Entwicklung

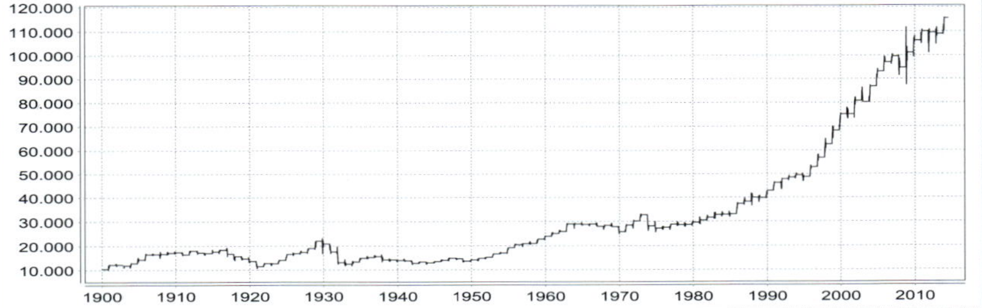

Zusammenfassung

Es wurden für den Dow Jones neun Zyklenportfolios untersucht.

Die höchste Gewinn-Wahrscheinlichkeit von 74 % errechnet sich für das Zyklenportfolio, das am 27.10. startet und am 06.05. (#16) wieder aus dem Markt geht. Die Plätze zwei und drei mit den Gewinn-Wahrscheinlichkeiten 73 % bzw. 70 % werden durch die Anlagezeiträume 27.10. bis 31.12. (#18) und 25.02. bis 31.12. (#12) besetzt. Dahinter folgen mit einer Gewinn-Wahrscheinlichkeit von jeweils 69 % die Anlagezeiträume 25.02. bis 06.09. (#11) sowie 27.06. bis 31.12. (#15).

Die höchste durchschnittliche Tagesrendite von 0,05 % kann im Zeitraum 27.10. bis 31.12. (#18) erwirtschaftet werden. Die zweithöchste von 0,04 % fällt auf den Zeitraum 27.06. bis 06.09. (#14). Im Anschluss kommt eine Tages-Rendite von 0,03 %, die in den vier Zeiträumen 25.02. bis 06.05 (#10), 25.02. bis 06.09. (#11), 27.10. bis 06.05. (#16) sowie 27.10. bis 06.09. (#17) erzielt wurde.

	#10	#11	#12	#13	#14	#15	#16	#17	#18
Einstieg	25. Feb	25. Feb	25. Feb	27. Jun	27. Jun	27. Jun	27. Okt	27. Okt	27. Okt
Ausstieg	06. Mai	06. Sep	31. Dez	06. Mai	06. Sep	31. Dez	06. Mai	06. Sep	31. Dez
Gesamt-Trades	118	119	119	119	119	119	118	119	118
ø Performance	2,32 %	4,81 %	6,35 %	6,96 %	2,77 %	3,89 %	5,50 %	8,19 %	2,56 %
GW	66,10 %	68,91 %	69,75 %	68,07 %	65,55 %	68,91 %	73,73 %	67,23 %	72,88 %
Investierte Tage	6071	16653	26432	26696	6075	15854	16226	26793	5384
Gesamtperformance	692,85 %	8441,10 %	18301,32 %	52279,13 %	1174,82 %	2646,54 %	21906,06 %	267884,74 %	1053,90 %
ø Tagesrendite	0,034 %	0,027 %	0,020 %	0,023 %	0,042 %	0,021 %	0,033 %	0,029 %	0,045 %
Anfangskapital	10.000	10.000	10.000	10.000	10.000	10.000	10.000	10.000	10.000
Endkapital	79.285	854.110	1.840.132	5.237.913	127.482	274.654	2.200.606	26.798.474	115.390
Gewinn-Trades	78	82	83	81	78	82	87	80	86
ø Performance	6,36 %	11,54 %	15,71 %	16,05 %	7,27 %	11,27 %	11,23 %	18,31 %	5,63 %
Verlust-Trades	40	37	36	38	41	37	31	39	32
ø Performance	−5,56 %	−10,11 %	−15,22 %	−12,43 %	−5,78 %	−12,47 %	−10,59 %	−12,55 %	−5,70 %
Beste Phase	1933	1933	1933	1932	1932	1928	1974	1932	1924
Performance	50,13 %	95,02 %	95,08 %	74,57 %	76,01 %	41,74 %	30,37 %	57,34 %	17,54 %
ø Tagesrendite	1,002 %	0,548 %	0,336 %	0,277 %	1,197 %	0,255 %	0,207 %	0,225 %	0,311 %
Schlechteste Phase	1932	1931	1931	1931	1974	1931	1931	1930	1931
Performance	−29,48 %	−33,88 %	−62,11 %	−65,77 %	−16,44 %	−51,42 %	−47,55 %	−35,47 %	−26,54 %
ø Tagesrendite	−0,667 %	−0,288 %	−0,418 %	−0,457 %	−0,357 %	−0,528 %	−0,460 %	−0,191 %	−0,671 %

Das höchste Endkapital von 26.798.474 US-Dollar erreicht ein Zyklenportfolio, das zwischen dem 27.10. und 06.09. (#17) in den Dow Jones investiert. Auf dem zweiten Platz folgt der Anlagezeitraum 27.06. bis 06.05. (#13) mit einem Endkapital von 5.237.913. Alle weiteren Zyklenportfolios kommen auf deutlich niedrigere Endbeträge.

Auch hier ist zu beachten, dass die erheblichen Unterschiede im Endkapital der einzelnen Zyklenportfolios nicht alleine auf den Erfolg im jeweiligen Zyklus, sondern wesentlich auf die unterschiedlichen Haltedauern zurückzuführen sind. So war beispielsweise das erfolgreichste Portfolio #17 an 26.793 Tagen investiert, während das Portfolio #10 nur auf 6071 Tage kommt.

Fazit:

Die Zyklenportfolios auf Jahreszyklus-Basis schlagen den Dow Jones sehr massiv. Mit nur zwei Transaktionen jährlich kann so das Fünffache an Kursgewinnen erzielt werden.

Entscheidend ist hierbei der wesentlich kürzere Anlagezeitraum, der dadurch deutlich geringere Risiken aufweist, und in der nicht-investierten Phase eine Anlage in festverzinslichen Papieren ermöglicht.

Zyklenportfolios sind erfolgreicher!

7.2 JAHRZEHNTZYKLUS-MODELLE

In diesem Abschnitt geht es um Anlagemodelle, die sich aus dem in Kapitel 5 dargestellten Jahrzehntzyklen ergeben. Alle Anlagezeiträume erstrecken sich dabei über mehr als ein Jahr.

7.2.1 Dax-Performance allgemein

Dax Buy-and-Hold

Die „Benchmark", mit der die Ergebnisse der Zyklenportfolios zu vergleichen sind, bleibt im Dax 251.999 Euro, für den Anleger, der zwischen Ende September 1959 und dem 30. Juni 2014 ununterbrochen im Dax investiert gewesen wäre.

Erhebliche Unterschiede im Jahrzehntzyklus

Im Kapitel V wurden die Jahrzehntzyklen der Börsen untersucht und dort haben Sie gesehen, dass der Dax in den ersten drei Jahren eines Jahrzehnts (also in den 0er-, 1er- und 2er-Jahren) per saldo schwächer notiert. In den Jahren, die auf einer „2" enden, werden in der Regel die Jahrzehnt-Tiefs ausgelotet und danach steigen die Kurse wieder. Das Jahrzehnt-Hoch markiert der Dax normalerweise zum Ende eines 9er-Jahres.

DowJones-Performances

Jahr	Performance
0er	−2,94 %
1er	−3,55 %
2er	−2,01 %
3er	22,80 %
4er	3,32 %
5er	25,81 %
6er	4,86 %
7er	19,62 %
8er	5,05 %
9er	19,27 %

Der Dax verliert in den ersten drei Jahren eines Jahrzehnts durchschnittlich 14,0 %, gewinnt aber in den folgenden sieben Jahren 118,4 %. Die Konsequenz:

Wer seit 1960 immer nur zwischen dem 1. Januar in 0er-Jahren und dem 31. Dezember in 2er-Jahren im Dax investiert gewesen wäre, könnte heute statt der anfänglichen 10.000 Euro nur noch 4056 Euro einsetzen.

Bei einer Re-Investition der Gewinne hätten sich die ursprünglichen 10.000 Euro, die seit 1963 immer zwischen dem 1. Januar eines 3er-Jahres und dem 31. Dezember eines 9er-Jahres in den Dax investiert worden wären, in 580.185 Euro verwandelt.

Dax-Anlage 0er – 2er Jahr vs. 3er – 9er Jahr

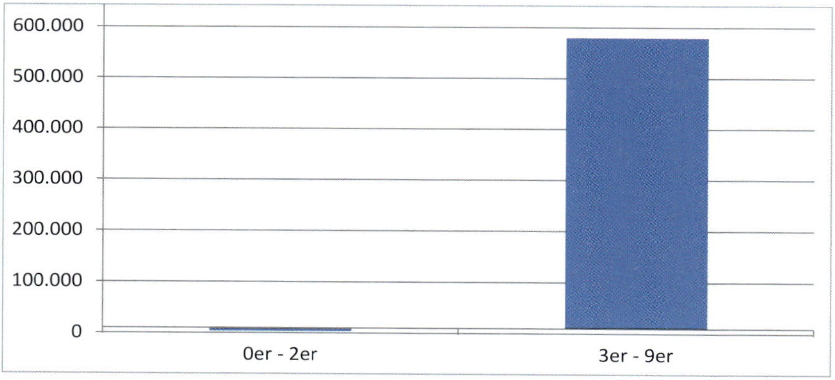

Wer also in den ersten drei Jahren eines Jahrzehnts auf Hausse-Engagements verzichtet, umgeht eine zyklische Verlustphase und erzielt in den verbleibenden sieben Jahren einen um 130 % höheren Gewinn als der Buy-and-Hold-Anleger, der den vollen Zehn-Jahres-Zeitraum investiert bleibt. Die nachfolgenden Zyklenportfolios zeigen, wie sich der Jahrzehntyzklus geschickt ausnutzen lässt.

7.2.2 Portfolios im Dax-Jahrzehntzyklus

Die Abbildung zeigt, für welche Anlagezeiträume die entsprechenden Zyklenportfolios berechnet wurden.

Jahrzehntzyklus Dax

Zyklenportfolio #19 – Kennzahlen			
Einstieg	09. Okt (2er)	Gewinn-Trades	6
Ausstieg	31. Dez (9er)	durchschnittliche Performance	138,95 %
Gesamt-Trades	7	Verlust-Trades	1
durchschnittliche Performance	117,54 %	durchschnittliche Performance	−10,95 %
Gewinn-Wahrscheinlichkeit	85,71 %	Beste Phase	1992
Investierte Tage	9628	Performance	350,47 %
Gesamtperformance	9.082,54 %	durchschnittliche Tagesrendite	0,085 %
durchschnittliche Tagesrendite	0,047 %	Schlechteste Phase	1972
Anfangskapital	10.000	Performance	−10,95 %
Endkapital	918.254	durchschnittliche Tagesrendite	−0,006 %

Portfolio-Entwicklung

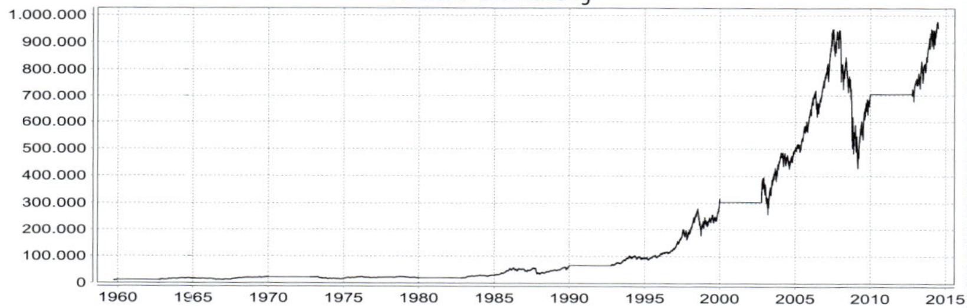

Zyklenportfolio #20 – Kennzahlen			
Einstieg	09. Okt (2er)	Gewinn-Trades	6
Ausstieg	20. Apr (6er)	durchschnittliche Performance	74,16 %
Gesamt-Trades	6	Verlust-Trades	0
durchschnittliche Performance	74,16 %	durchschnittliche Performance	0,00 %
Gewinn-Wahrscheinlichkeit	100,00 %	Beste Phase	1982
Investierte Tage	4916	Performance	184,77 %
Gesamtperformance	1.959,49 %	durchschnittliche Tagesrendite	0,121 %
durchschnittliche Tagesrendite	0,062 %	Schlechteste Phase	1972
Anfangskapital	10.000	Performance	4,08 %
Endkapital	205.949	durchschnittliche Tagesrendite	0,004 %

Portfolio-Entwicklung

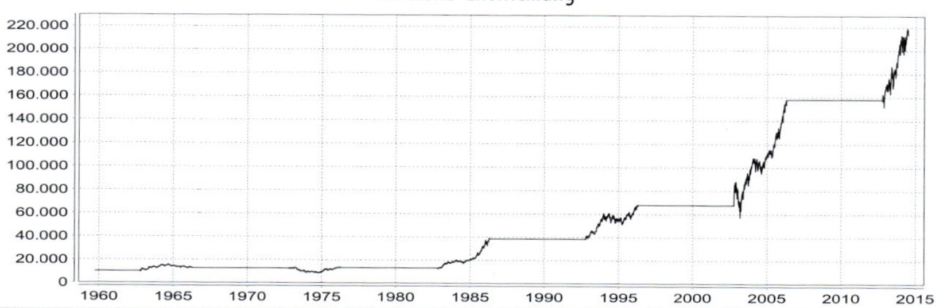

Zyklenportfolio #21 – Kennzahlen			
Einstieg	25. Juli (4er)	Gewinn-Trades	6
Ausstieg	31. Dez (9er)	durchschnittliche Performance	80,34 %
Gesamt-Trades	7	Verlust-Trades	1
durchschnittliche Performance	68,59 %	durchschnittliche Performance	–1,89 %
Gewinn-Wahrscheinlichkeit	85,71 %	Beste Phase	1994
Investierte Tage	6927	Performance	205,21 %
Gesamtperformance	2.241,24 %	durchschnittliche Tagesrendite	0,084 %
durchschnittliche Tagesrendite	0,046 %	Schlechteste Phase	2014
Anfangskapital	10.000	Performance	–1,89 %
Endkapital	234.124	durchschnittliche Tagesrendite	–0,093 %

Portfolio-Entwicklung

Zyklenportfolio #22 – Kennzahlen			
Einstieg	10. Nov (7er)	Gewinn-Trades	4
Ausstieg	31. Dez (9er)	durchschnittliche Performance	52,55 %
Gesamt-Trades	6	Verlust-Trades	2
durchschnittliche Performance	29,03 %	durchschnittliche Performance	–18,00 %
Gewinn-Wahrscheinlichkeit	66,67 %	Beste Phase	1987
Investierte Tage	2751	Performance	87,22 %
Gesamtperformance	254,75 %	durchschnittliche Tagesrendite	0,118 %
durchschnittliche Tagesrendite	0,046 %	Schlechteste Phase	2007
Anfangskapital	10.000	Performance	–23,65 %
Endkapital	35.475	durchschnittliche Tagesrendite	–0,048 %

Portfolio-Entwicklung

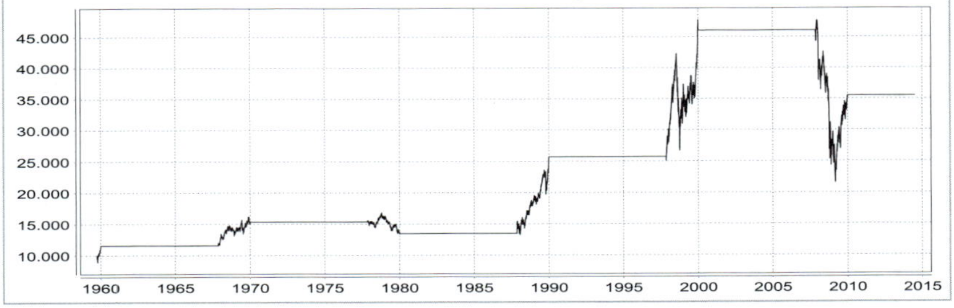

Zyklenportfolio #23 – Kennzahlen			
Einstieg	22. Juli (6er)	Gewinn-Trades	5
Ausstieg	31. Dez (9er)	durchschnittliche Performance	62,00 %
Gesamt-Trades	6	Verlust-Trades	1
durchschnittliche Ferformance	50,00 %	durchschnittliche Performance	-10,01 %
Gewinn-Wahrscheinlichkeit	83,33 %	Beste Phase	1996
Investierte Tage	4402	Performance	163,35 %
Gesamtperformance	706,59 %	durchschnittliche Tagesrendite	0,115 %
durchschnittliche Tagesrendite	0,047 %	Schlechteste Phase	1976
Anfangskapital	10.000	Performance	-10,01 %
Endkapital	80.659	durchschnittliche Tagesrendite	-0,012 %

Portfolio-Entwicklung

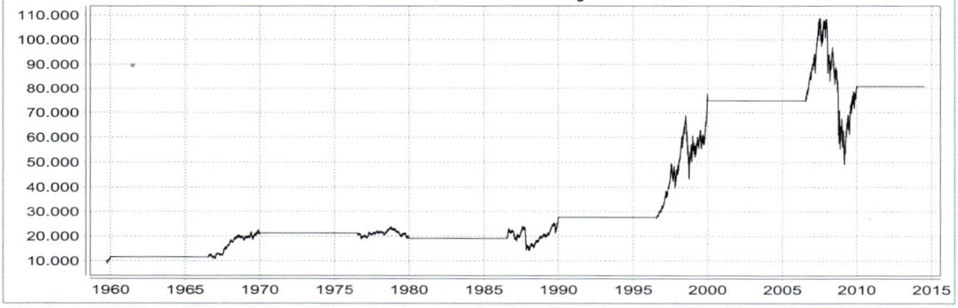

Zusammenfassung

Es wurden für den Dax fünf Zyklenportfolios untersucht.

Die maximale Gewinn-Wahrscheinlichkeit von 100 % errechnet sich für das Zyklenportfolio #20, das zwischen dem 09.10. eines 2er-Jahres und dem 20.04. eines 6er-Jahres investiert. Dahinter folgen mit Gewinn-Wahrscheinlichkeiten von jeweils 86 % die Zyklenportfolios #19 und #21, die zwischen dem 09.10. eines 2er-Jahres bzw. dem 25.07. eines 4er-Jahres und dem 31.12. eines 9er-Jahres engagiert sind.

Die höchste durchschnittliche Tagesrendite von 0,06 % kann bei einer Anlage zwischen dem 10.11. eines 7er-Jahres und dem 31.12. eines 9er-Jahres (#22) erzielt werden. Mit jeweils 0,05 % folgen dahinter die Zyklenportfolios #21 sowie #23, die zwischen dem 25.07. eines 4er-Jahres bzw. dem 22.07. eines 6er-Jahres und dem 31.12. eines 9er-Jahres investiert sind.

Das höchste Endkapital von 617.649 Euro erreicht ein Zyklenportfolio, das am 09.10. eines 2er-Jahres einsteigt und zum 31.12. eines 9er-Jahres wieder aussteigt (#19). Mit deutlichem Abstand folgt auf dem zweiten

	#19	#20	#21	#22	#23
Einstieg	09. Okt (2er)	09. Okt (2er)	25. Juli (4er)	10. Nov (7er)	22. Juli (6er)
Ausstieg	31. Dez (9er)	20. Apr (6er)	31. Dez (9er)	31. Dez (9er)	31. Dez (9er)
Gesamt-Trades	7	1	7	6	6
ø Performance	97,09 %	1746,27 %	72,06 %	45,40 %	46,88 %
GW	85,71 %	100,00 %	85,71 %	66,67 %	83,33 %
Investierte Tage	9622	6965	6921	2747	4398
Gesamtperformance	6076,49 %	1828,48 %	2582,45 %	431,33 %	690,39 %
ø Tagesrendite	0,043 %	0,042 %	0,048 %	0,061 %	0,047 %
Anfangskapital	10.000	10.000	10.000	10.000	10.000
Endkapital	617.649	192.848	268.245	53.133	79.039
Gewinn-Trades	6	1	6	4	5
ø Performance	114,95 %	1746,27 %	84,17 %	77,21 %	58,09 %
Verlust-Trades	1	0	1	2	1
ø Performance	–10,12 %	0,00 %	–0,61 %	–18,21 %	–9,18 %
Beste Phase	1992	1962	1984	1987	1996
Performance	246,02 %	1746,27 %	215,23 %	191,11 %	113,57 %
ø Tagesrendite	0,070 %	0,042 %	0,086 %	0,200 %	0,090 %
Schlechteste Phase	1972		2014	2007	1976
Performance	–10,12 %	1000,00 %	–0,61 %	–24,87 %	–9,18 %
ø Tagesrendite	–0,006 %	0,000 %	–0,049 %	–0,051 %	–0,011 %

Platz mit einem Endkapital von 268.245 Euro der Anlagezeitraum zwischen dem 25.07. eines 4er- und dem 31.12. eines 9er-Jahres (#21).

Dabei ist auch hier die unterschiedliche Haltedauer der jeweiligen Zyklenportfolios zu berücksichtigen. So war zum Beispiel Portfolio #19 an 9622 Tagen im Dax investiert, während sich die Haltedauer bei Zyklenportfolio #21 auf 6921 Tage beschränkt.

Fazit:

Die nach dem Jahrzehntzyklus konstruierten Zyklenportfolios schlagen den Dax um Längen. Dafür sind im Laufe eines Jahrzehnts lediglich zwei Transaktionen erforderlich.

Zyklenportfolios erzielen mit wenigen Handgriffen Top-Gewinne!

7.2.3 Dow Jones-Performance allgemein

Dow Jones Buy-and-Hold

Für den Dow Jones errechnet sich seit Sommer 1896 ein Gewinn von 58.983 %. Eine Anlage von 10.000 US-Dollar wäre damit bis heute auf 5.908.357 Dollar angewachsen. Das ist die „Benchmark".

Erhebliche Unterschiede im Jahrzehntzyklus

Wie Sie im Kapitel über die Jahrzehntzyklen gesehen haben, verliert der Dow Jones in den ersten beiden Jahren eines Jahrzehnts (also in 0er- und 1er-Jahren) sowie in 7er-Jahren. In den Jahren, die mit einer „2" enden, werden in der Regel die zyklischen Tiefs des Jahrzehnts herausgebildet und der Hochpunkt folgt im 9er-Jahr. Also:

Der Dow Jones verliert in den ersten beiden Jahren durchschnittlich 12,8 % und gewinnt in den folgenden acht Jahren 88,0 %. Das bedeutet:

DowJones-Performances

Jahr	Performance
0er	−5,15 %
1er	−1,25 %
2er	3,36 %
3er	10,23 %
4er	10,20 %
5er	31,44 %
6er	7,00 %
7er	−4,07 %
8er	15,22 %
9er	10,34 %

Dow Jones-Anlage 0er – 1er-Jahr vs. 2er – 9er-Jahr

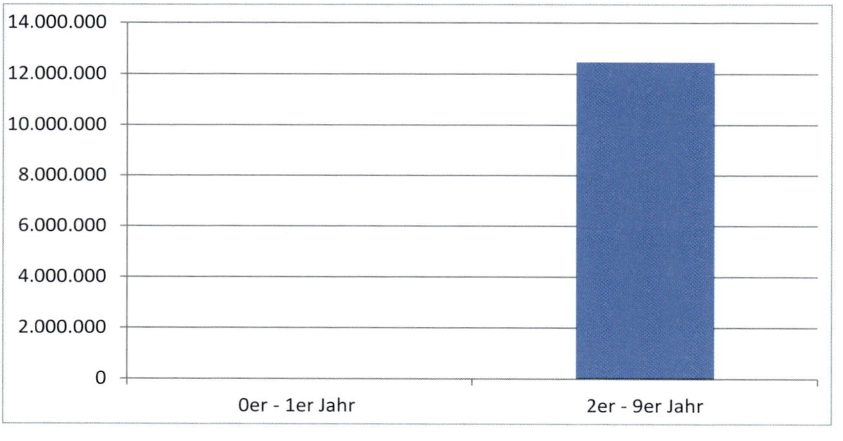

Wer seit 1900 immer nur zwischen dem 1. Januar eines 0er-Jahres und dem 31. Dezember eines 1er-Jahres im Dow Jones investiert gewesen wäre, hätte sein Anfangskapital von 10.000 US-Dollar auf nur noch 1943 Dollar reduziert.

Bei einer Re-Investition der Gewinne in einer Dow Jones-Anlage seit 1902 jeweils vom 1. Januar des 2er-Jahres bis zum 31. Dezember der 9er-Jahre wäre das Startkapital von 10.000 US-Dollar auf 12.483.637 Dollar angewachsen.

Wer in den ersten beiden Jahren eines Jahrzehnts nicht investiert, vermeidet eine zyklische Verlustphase und erzielt in den verbleibenden acht Jahren eine um 111 % höhere Rendite als der Buy-and-Hold-Anleger, der die gesamte Dekade investiert ist. Die nachfolgenden Portfoliomodelle zeigen, welche Ergebnisse sich aus der Nutzung des Jahrzehntzyklus ergeben.

7.2.4 Portfolios im Dow Jones-Jahrzehntzyklus

Die Abbildung zeigt, für welche Anlagezeiträume die entsprechenden Zyklenportfolios berechnet wurden.

Jahrzehntzyklus Dow Jones

Zyklenportfolio #24 – Kennzahlen			
Einstieg	27. Jun (2er)	Gewinn-Trades	12
Ausstieg	06. Aug (7er)	durchschnittliche Performance	94,40 %
Gesamt-Trades	13	Verlust-Trades	1
durchschnittliche Performance	86,65 %	durchschnittliche Performance	−6,28 %
Gewinn-Wahrscheinlichkeit	92,31 %	Beste Phase	1932
Investierte Tage	15676	Performance	318,26 %
Gesamtperformance	134.128,16 %	durchschnittliche Tagesrendite	0,115 %
durchschnittliche Tagesrendite	0,046 %	Schlechteste Phase	1972
Anfangskapital	10.000	Performance	−6,28 %
Endkapital	13.422.816	durchschnittliche Tagesrendite	−0,005 %

Portfolio-Entwicklung

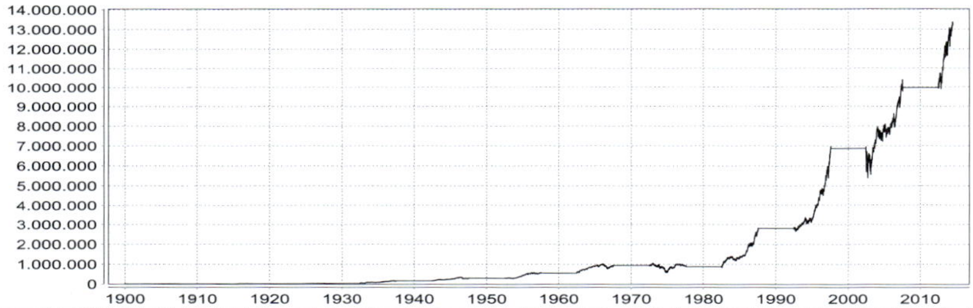

Zyklenportfolio #25 – Kennzahlen			
Einstieg	27. Jun (2er)	Gewinn-Trades	12
Ausstieg	16. Sep (9er)	durchschnittliche Performance	118,37 %
Gesamt-Trades	13	Verlust-Trades	1
durchschnittliche Performance	108,80 %	durchschnittliche Performance	−6,06 %
Gewinn-Wahrscheinlichkeit	92,31 %	Beste Phase	1922
Investierte Tage	22365	Performance	283,60 %
Gesamtperformance	519.028,11 %	durchschnittliche Tagesrendite	0,065 %
durchschnittliche Tagesrendite	0,038 %	Schlechteste Phase	1972
Anfangskapital	10.000	Performance	−6,06 %
Endkapital	51.912.811	durchschnittliche Tagesrendite	−0,004 %

Portfolio-Entwicklung

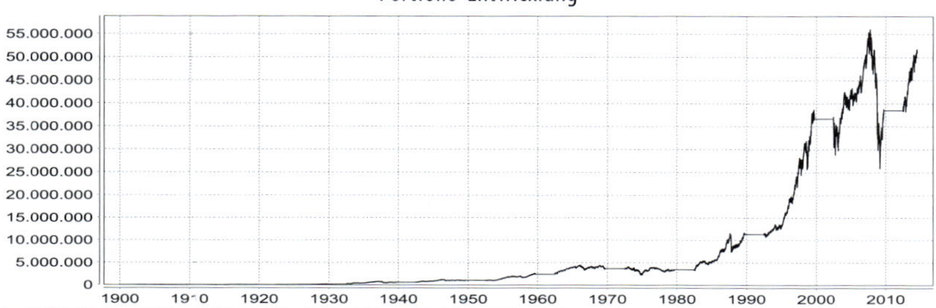

Zyklenportfolio #26 – Kennzahlen			
Einstieg	22. Mai (4er)	Gewinn-Trades	13
Ausstieg	06. Aug (7er)	durchschnittliche Performance	53,57 %
Gesamt-Trades	13	Verlust-Trades	0
durchschnittliche Performance	53,57 %	durchschnittliche Performance	0,00 %
Gewinn-Wahrscheinlichkeit	100,00 %	Beste Phase	1984
Investierte Tage	9678	Performance	125,53 %
Gesamtperformance	19.992,65 %	durchschnittliche Tagesrendite	0,103 %
durchschnittliche Tagesrendite	0,055 %	Schlechteste Phase	2014
Anfangskapital	10.000	Performance	3,19 %
Endkapital	2.009.265	durchschnittliche Tagesrendite	0,039 %

Portfolio-Entwicklung

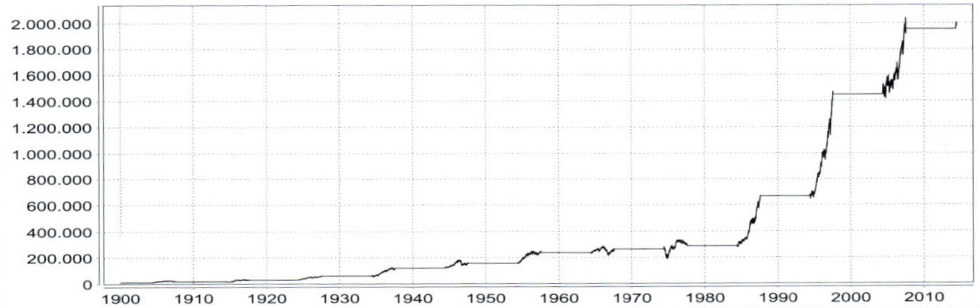

Zyklenportfolio #27 – Kennzahlen			
Einstieg	22. Mai (4er)	Gewinn-Trades	12
Ausstieg	16. Sep (9er)	durchschnittliche Performance	86,75 %
Gesamt-Trades	13	Verlust-Trades	1
durchschnittliche Performance	79,94 %	durchschnittliche Performance	−1,84 %
Gewinn-Wahrscheinlichkeit	92,31 %	Beste Phase	1924
Investierte Tage	16367	Performance	293,56 %
Gesamtperformance	77.608,42 %	durchschnittliche Tagesrendite	0,091 %
durchschnittliche Tagesrendite	0,041 %	Schlechteste Phase	2004
Anfangskapital	10.000	Performance	−1,84 %
Endkapital	7.770.842	durchschnittliche Tagesrendite	−0,002 %

Portfolio-Entwicklung

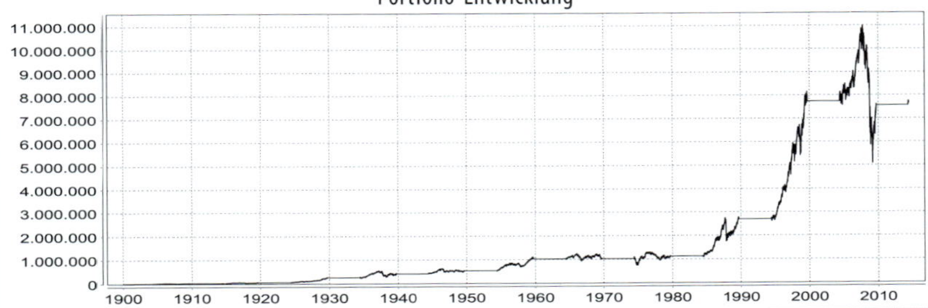

Zyklenportfolio #28 – Kennzahlen			
Einstieg	26. Jan (8er)	Gewinn-Trades	10
Ausstieg	16. Sep (9er)	durchschnittliche Performance	37,33%
Gesamt-Trades	12	Verlust-Trades	2
durchschnittliche Performance	28,88%	durchschnittliche Performance	-13,36%
Gewinn-Wahrscheinlichkeit	83,33%	Beste Phase	1928
Investierte Tage	5182	Performance	80,40%
Gesamtperformance	1.639,65%	durchschnittliche Tagesrendite	0,138%
durchschnittliche Tagesrendite	0,055%	Schlechteste Phase	2008
Anfangskapital	10.000	Performance	-22,04%
Endkapital	173.965	durchschnittliche Tagesrendite	-0,057%

Portfolio-Entwicklung

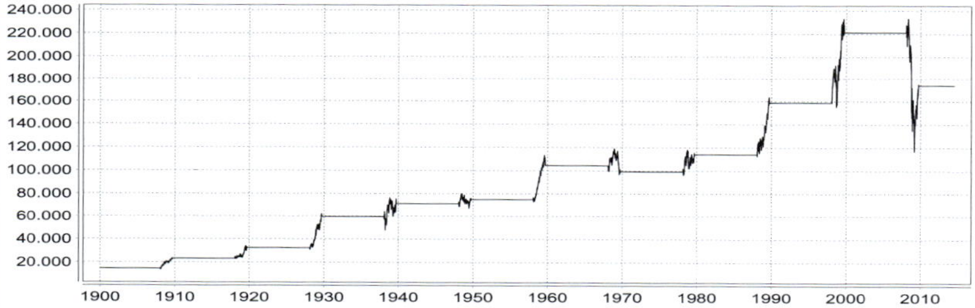

Zusammenfassung

Es wurden für den Dow Jones fünf Zyklenportfolios untersucht.

Auf Grundlage der Performances seit dem Jahr 1897 führte ein Einstieg am 22.05. eines 4er-Jahres und Ausstieg am 06.08. eines 7er-Jahres (#26) in jedem Jahrzehnt zu Kursgewinnen. Dahinter folgen die Zyklenportfolios #24, #25 und #27 mit Gewinn-Wahrscheinlichkeiten von jeweils 92 %.

Die höchste durchschnittliche Tagesrendite von 0,06 % wird bei einer Anlage zwischen dem 22.05. eines 4er-Jahres und dem 06.08. eines 7er-Jahres (#26) sowie zwischen dem 26.01. eines 8er-Jahres und dem 16.09. eines 9er-Jahres (#28) erzielt. Dahinter folgt Zyklenportfolio #24 mit einer durchschnittlichen Tagesrendite von 0,05 %.

Mit weitem Abstand auf Position 1 mit einem Endkapital von 54.485.014 US-Dollar rangiert Zyklenportfolio #25, das am 27.06. eines 2er-Jahres einsteigt und am 16.09. eines 9er-Jahres wieder aussteigt. Auf dem

	#24	#25	#26	#27	#28
Einstieg	27. Jun (2er)	27. Jun (2er)	22. Mai (4er)	22. Mai (4er)	26. Jan (8er)
Ausstieg	6. Aug (7er)	16. Sep (9er)	6. Aug. (7er)	16. Sep (9er)	16. Sep (9er)
Gesamt-Trades	13	13	13	13	12
ø Performance	86,89 %	109,52 %	53,99 %	80,65 %	29,42 %
GW	92,31 %	92,31 %	100,00 %	92,31 %	83,33 %
Investierte Tage	15663	22353	9665	16355	5173
Gesamtperformance	138355,02 %	544750,14 %	20625,37 %	81458,76 %	1724,97 %
ø Tagesrendite	0,046 %	0,038 %	0,055 %	0,041 %	0,056 %
Anfangskapital	10.000	10.000	10.000	10.000	10.000
Endkapital	13.845.502	54.485.014	2.072.537	8.155.876	182.497
Gewinn-Trades	12	12	13	12	10
ø Performance	94,66 %	119,15 %	53,99 %	87,51 %	37,91 %
Verlust-Trades	1	1	0	1	2
ø Performance	–6,28 %	–6,06 %	0,00 %	–1,76 %	–13,02 %
Beste Phase	1932	1922	1984	1924	1928
Performance	315,34 %	287,58 %	125,71 %	297,64 %	82,24 %
ø Tagesrendite	0,115 %	0,066 %	0,104 %	0,092 %	0,141 %
Schlechteste Phase	1972	1972	2014	2004	2008
Performance	–6,28 %	–6,06 %	3,24 %	–1,76 %	–21,98 %
ø Tagesrendite	–0,005 %	–0,004 %	0,042 %	–0,002 %	–0,057 %

zweiten Platz folgt mit einem Endkapital von 13.845.502 Dollar der Anlagezeitraum zwischen dem 27.06. eines 2er-Jahres und dem 06.08. eines 7er-Jahres (#24). Position drei wird mit einem Endkapital von 8.155.876 Dollar belegt durch den Zeitraum zwischen dem 22.05. eines 4er-Jahres und dem 16.09. eines 9er-Jahres (#27).

Auch hier ist natürlich die unterschiedliche Haltedauer zu berücksichtigen. Während diese beispielsweise beim Zyklenportfolio #25 22.353 Tagen entspricht, kommt das Portfolio #28 mit dem niedrigsten Endkapital von 182.497 Dollar nur auf einen Anlagezeitraum von 5173 Tagen.

Fazit:

Die Performance der aus dem Jahrzehntzyklus konstruierten Zyklenportfolios ist geradezu atemberaubend. In wesentlich kürzeren Anlagezeiträumen können massiv höhere Renditen erzielt werden.

So ist das erfolgreichste Portfolio nur in sieben von zehn Jahren investiert (also nur in 70 % der Zeit dem Marktrisiko ausgesetzt), schlägt die Buy-and-Hold-Strategie im Dow Jones aber um den Faktor zehn!

ANHANG

1. DAX

1.1 Beste Jahre

Rang	Jahr	Schlusskurs	Schlusskurs Vorjahr	Performance
1.	1985	1.366,23	820,91	66,4 %
2.	1967	503,22	333,36	51,0 %
3.	1997	4.249,69	2.888,69	47,1 %
4.	1993	2.266,68	1.545,05	46,7 %
5.	1975	563,25	401,79	40,2 %
6.	1983	773,95	552,77	40,0 %
7.	1999	6.958,14	5.002,39	39,1 %
8.	2003	3.965,16	2.892,63	37,1 %
9.	1989	1.790,37	1.327,87	34,8 %
10.	1988	1.327,87	1.000,00	32,8 %

1.2 Schlechteste Jahre

Rang	Jahr	Schlusskurs	Schlusskurs Vorjahr	Performance
1.	2002	2892,63	5160,10	−43,94 %
2.	2008	4810,20	8067,32	−40,37 %
3.	1987	1000,00	1432,30	−30,18 %
4.	1970	443,86	622,38	−28,68 %
5.	1973	396,25	536,36	−26,12 %
6.	1990	1398,23	1790,37	−21,90 %
7.	1962	386,32	489,79	−21,13 %
8.	1966	333,36	422,36	−21,07 %
9.	2001	5160,10	6433,61	−19,79 %
10.	2011	5898,35	6914,19	−14,69 %

1.3 Beste Quartale

Rang	Quartal	Jahr	Kurs	Vorquartal	Performance
1.	Q4	1999	6958,14	5149,83	35,11 %
2.	Q2	2003	3220,58	2423,87	32,87 %
3.	Q2	1960	533,31	411,61	29,57 %
4.	Q1	1975	499,30	401,80	24,27 %
5.	Q1	1972	580,40	473,46	22,59 %
6.	Q3	1967	442,48	362,00	22,23 %
7.	Q4	2003	3965,16	3256,78	21,75 %
8.	Q1	1971	538,51	443,86	21,32 %
9.	Q1	1998	5102,35	4249,69	20,06 %
10.	Q4	2001	5160,10	4308,15	19,78 %
11.	Q1	1983	661,40	552,80	19,65 %
12.	Q4	1985	1366,20	1142,60	19,57 %
13.	Q1	1997	3429,05	2888,69	18,71 %
14.	Q2	1985	1018,50	858,90	18,58 %
15.	Q4	1993	2266,68	1915,71	18,32 %

1.4 Schlechteste Quartale

Rang	Quartal	Jahr	Kurs	Vorquartal	Performance
1.	Q3	2002	2769,03	4382,56	−36,82 %
2.	Q4	1987	1000,00	1500,20	−33,34 %
3.	Q3	1990	1334,89	1879,90	−28,99 %
4.	Q3	2001	4308,15	6058,38	−28,89 %
5.	Q3	2011	5502,02	7376,24	−25,41 %
6.	Q3	1998	4474,51	5897,44	−24,13 %
7.	Q2	1962	374,68	466,99	−19,77 %
8.	Q1	2008	6534,97	8067,32	−18,99 %
9.	Q2	1970	464,83	572,66	−18,83 %
10.	Q2	2002	4382,56	5397,29	−18,80 %
11.	Q4	2008	4810,20	5831,02	−17,51 %
12.	Q2	1973	474,80	572,51	−17,07 %
13.	Q3	1992	1466,36	1752,63	−16,33 %
14.	Q1	2003	2423,87	2892,63	−16,21 %
15.	Q2	1966	362,52	429,80	−15,65 %

1.5 Beste Monate

Rang	Monat	Jahr	Kurs	Vormonat	Performance
1.	April	2003	2942,04	2423,87	21,38 %
2.	Dezember	1999	6958,14	5896,04	18,01 %
3.	Juli	1997	4438,93	3785,77	17,25 %
4.	April	2009	4769,45	4084,76	16,76 %
5.	August	1986	1497,5	1288,6	16,21 %
6.	November	1962	404,14	349,57	15,61 %
7.	Februar	1988	1079,55	935,57	15,39 %
8.	Januar	1971	511,92	443,86	15,33 %
9.	Juni	1960	533,31	463,94	14,95 %
10.	Mai	1963	437,05	380,63	14,82 %
11.	Oktober	2002	3152,85	2769,03	13,86 %
12.	Dezember	1989	1790,37	1577,43	13,50 %
13.	Oktober	1985	1295,8	1142,6	13,41 %
14.	August	1967	436,49	388,33	12,40 %
15.	Oktober	2003	3655,99	3256,78	12,26 %

1.6 Schlechteste Monate

Rang	Monat	Jahr	Kurs	Vormonat	Performance
1.	September	2002	2769,03	3712,94	−25,42 %
2.	Oktober	1987	1177,4	1500,2	−21,52 %
3.	August	2011	5784,85	7158,77	−19,19 %
4.	September	1990	1334,89	1629,51	−18,08 %
5.	August	1998	4833,89	5873,92	−17,71 %
6.	September	2001	4308,15	5188,17	−16,96 %
7.	Juli	2002	3700,14	4382,56	−15,57 %
8.	August	1990	1629,51	1919,12	−15,09 %
9.	Januar	2008	6851,75	8067,32	−15,07 %
10.	Oktober	2008	4987,97	5831,02	−14,46 %
11.	November	1987	1022,8	1177,4	−13,13 %
12.	November	1973	409,57	470,75	−13 %
13.	Dezember	2002	2892,63	3320,32	−12,88 %
14.	August	1997	3906,03	4438,93	−12,01 %
15.	August	2001	5188,17	5861,19	−11,48 %

1.7 Beste Tage

Rang	Datum	Schlusskurs	Vortageskurs	Performance
1.	30.05.1962	399,6	354,41	12,75 %
2.	13.10.2008	5062,45	4544,31	11,40 %
3.	28.10.2008	4823,45	4334,64	11,28 %
4.	24.11.2008	4554,33	4127,41	10,34 %
5.	29.05.1970	485,85	444,6	9,28 %
6.	29.07.2002	3859,78	3579	7,85 %
7.	08.12.2008	4715,88	4381,47	7,63 %
8.	17.01.1991	1422,67	1322,68	7,56 %
9.	12.11.1987	1061,6	988,2	7,43 %
10.	02.01.2003	3105,04	2892,63	7,34 %
11.	29.10.1962	358,2	333,92	7,27 %
12.	11.10.2002	2930,74	2733,19	7,23 %
13.	06.08.2002	3568,64	3332,65	7,08 %
14.	15.10.2002	3048,27	2850,11	6,95 %
15.	13.03.2003	2354,31	2202,96	6,87 %

1.8 Schlechteste Tage

Rang	Datum	Schlusskurs	Vortageskurs	Performance
1.	16.10.1989	1385,72	1589,28	–12,81 %
2.	19.08.1991	1497,93	1653,33	–9,40 %
3.	19.10.1987	1321,6	1458,5	–9,39 %
4.	11.09.2001	4273,53	4670,13	–8,49 %
5.	28.10.1997	3567,22	3879,12	–8,04 %
6.	26.10.1987	1193,3	1292,7	–7,69 %
7.	29.05.1962	354,41	381,97	–7,22 %
8.	21.01.2008	6790,19	7314,17	–7,16 %
9.	06.10.2008	5387,01	5797,03	–7,07 %
10.	10.10.2008	4544,31	4887	–7,01 %
11.	06.11.2008	4813,57	5166,87	–6,84 %
12.	28.10.1987	1142,2	1225,5	–6,80 %
13.	22.10.1987	1287,6	1379,5	–6,66 %
14.	10.11.1987	945,9	1012,1	–6,54 %
15.	15.10.2008	4861,63	5199,19	–6,49 %

1.9 Jahresperformance im Überblick

	0er	1er	2er	3er	4er	5er	6er	7er	8er	9er
1960-1969	27,84 %	-8,29 %	-21,13 %	13,62 %	8,87 %	-11,62 %	-21,07 %	50,95 %	10,41 %	12,02 %
1970-1979	-28,68 %	6,67 %	13,29 %	-26,12 %	1,40 %	40,19 %	-9,63 %	7,92 %	4,70 %	-13,45 %
1980-1989	-3,39 %	1,97 %	12,72 %	40,01 %	6,07 %	66,43 %	4,83 %	-30,18 %	32,79 %	34,83 %
1990-1999	-21,90 %	12,86 %	-2,09 %	46,71 %	-7,06 %	6,99 %	28,17 %	47,11 %	17,71 %	39,10 %
2000-2009	-7,54 %	-19,79 %	-43,94 %	37,08 %	7,34 %	27,07 %	21,98 %	22,29 %	-40,37 %	23,85 %
2010-2013	16,06 %	-14,69 %	29,06 %	25,48 %						

1.10 Verteilung der Dax-Jahresperformance 1959–2013

über 25 %	2013, 2005, 1960, 1996, 2012, 1988, 1989, 2003, 1999, 1983, 1975, 1993, 1997, 1967, 1985 **(15)**
15 % bis 25 %	2010, 1998, 2006 2007, 2009 **(5)**
15 % bis 5 %	1984, 1971, 1995, 2004, 1977, 1964, 1968, 1969, 1982, 1991, 1959, 1972, 1963 **(13)**
5 % bis -5 %	1980, 1992, 1974, 1981, 1978, 1986 **(6)**
-5 % bis -15 %	2011, 1979, 1965, 1976, 1961, 2000, 1994 **(7)**
-15 % bis -25 %	1990, 1962, 1966, 2001 **(4)**
über -25 %	2002, 2008, 1987, 1970, 1973 **(5)**
Jahre:	bis 3 · bis 6 · bis 9 · bis 12 · bis 15

2. DOW JONES

2.1 Beste Jahre

Rang	Jahr	Schlusskurs	Schlusskurs Vorjahr	Performance
1.	1915	99,15	54,58	81,66 %
2.	1933	98,67	60,26	63,74 %
3.	1928	300,00	202,40	48,22 %
4.	1908	63,11	43,04	46,63 %
5.	1954	404,40	280,90	43,97 %
6.	1904	50,99	35,98	41,72 %
7.	1935	144,13	104,04	38,53 %
8.	1975	852,40	616,20	38,33 %
9.	1905	70,47	50,99	38,20 %
10.	1958	583,70	435,70	33,97 %

2.2 Schlechteste Jahre

Rang	Jahr	Schlusskurs	Schlusskurs Vorjahr	Performance
1.	1931	77,90	164,58	−52,67 %
2.	1907	43,04	69,12	−37,73 %
3.	2008	8776,39	13264,80	−33,84 %
4.	1930	164,58	248,48	−33,77 %
5.	1920	71,95	107,23	−32,90 %
6.	1937	120,85	179,90	−32,82 %
7.	1974	616,20	850,90	−27,58 %
8.	1903	35,98	47,10	−23,61 %
9.	1932	60,26	77,90	−22,64 %
10.	1917	74,38	95,00	−21,71 %

2.3 Beste Quartale

Rang	Quartal	Jahr	Kurs	Vorquartal	Performance
1.	Q2	1933	98,14	55,40	77,15 %
2.	Q3	1932	71,56	42,84	67,04 %
3.	Q2	1938	133,88	98,95	35,30 %
4.	Q4	1900	51,80	39,76	30,28 %
5.	Q3	1915	90,58	70,06	29,29 %
6.	Q4	1928	300,00	239,43	25,30 %
7.	Q1	1975	768,20	616,20	24,67 %
8.	Q1	1899	54,45	44,33	22,83 %
9.	Q1	1987	2304,70	1896,00	21,56 %
10.	Q4	1904	50,99	42,19	20,86 %
11.	Q2	1919	106,98	88,85	20,41 %
12.	Q3	1927	197,59	166,23	18,87 %
13.	Q1	1986	1818,60	1546,70	17,58 %
14.	Q4	1905	70,47	60,00	17,45 %
15.	Q2	1935	118,36	100,78	17,44 %

2.4 Schlechteste Quartale

Rang	Quartal	Jahr	Kurs	Vorquartal	Performance
1.	Q2	1932	42,84	73,28	–41,54 %
2.	Q3	1931	96,61	150,18	–35,67 %
3.	Q4	1929	248,48	343,45	–27,65 %
4.	Q4	1987	1938,80	2596,30	–25,32 %
5.	Q3	1974	607,90	802,40	–24,24 %
6.	Q3	1903	33,55	43,28	–22,48 %
7.	Q4	1937	120,85	154,57	–21,82 %
8.	Q2	1930	226,34	286,10	–20,89 %
9.	Q2	1962	561,30	707,00	–20,61 %
10.	Q4	1930	164,58	204,90	–19,68 %
11.	Q4	1931	77,90	96,61	–19,37 %
12.	Q4	2008	8776,39	10850,70	–19,12 %
13.	Q1	1938	98,95	120,85	–18,12 %
14.	Q3	2002	7591,93	9243,26	–17,87 %
15.	Q2	1940	122,06	147,54	–17,27 %

2.5 Beste Monate

Rang	Monat	Jahr	Kurs	Vormonat	Performance
1.	August	1932	73,16	53,89	35,76 %
2.	April	1933	73,10	55,40	31,95 %
3.	Juli	1932	53,89	42,84	25,79 %
4.	Juni	1938	133,88	107,74	24,26 %
5.	Mai	1933	88,11	73,10	20,53 %
6.	April	1915	71,78	60,83	18,00 %
7.	Juni	1931	150,18	128,46	16,91 %
8.	November	1928	293,38	252,16	16,35 %
9.	Mai	1898	38,63	33,70	14,63 %
10.	August	1897	40,15	35,07	14,49 %
11.	Januar	1976	975,28	852,41	14,41 %
12.	November	1904	52,76	46,17	14,27 %
13.	Januar	1975	703,69	616,24	14,19 %
14.	Januar	1987	2158,04	1895,95	13,82 %
15.	Mai	1919	105,50	92,88	13,59 %

2.6 Schlechteste Monate

Rang	Monat	Jahr	Kurs	Vormonat	Performance
1.	September	1931	96,61	139,41	−30,70 %
2.	April	1932	55,93	73,28	−23,68 %
3.	März	1938	98,95	129,64	−23,67 %
4.	Oktober	1987	1993,5	2596,3	−23,22 %
5.	Mai	1940	116,22	148,43	−21,70 %
6.	Oktober	1929	273,51	343,45	−20,36 %
7.	Mai	1932	44,74	55,93	−20,01 %
8.	Juni	1930	226,34	275,07	−17,72 %
9.	Dezember	1931	77,9	93,87	−17,01 %
10.	Februar	1933	51,39	60,9	−15,62 %
11.	August	1998	7539,1	8883,3	−15,13 %
12.	Mai	1931	128,46	151,19	−15,03 %
13.	Oktober	1907	42,27	42,27	−14,80 %
14.	September	1930	204,9	204,9	−14,77 %
15.	Juli	1903	37,18	37,18	−14,09 %

2.7 Beste Tage

Rang	Datum	Schlusskurs	Vortageskurs	Performance
1.	15.03.1933	62,1	53,84	15,34 %
2.	06.10.1931	99,34	86,48	14,87 %
3.	30.10.1929	258,47	230,07	12,34 %
4.	22.06.1931	145,82	130,31	11,90 %
5.	21.09.1932	75,16	67,49	11,36 %
6.	13.10.2008	9387,61	8451,19	11,08 %
7.	28.10.2008	9065,12	8175,77	10,88 %
8.	21.10.1987	2027,9	1841	10,15 %
9.	03.08.1932	58,22	53,16	9,52 %
10.	05.09.1939	148,12	135,25	9,52 %
11.	11.02.1932	78,6	71,8	9,47 %
12.	14.11.1929	217,28	198,69	9,36 %
13.	18.12.1931	80,69	73,79	9,35 %
14.	06.05.1932	59,01	54,1	9,08 %
15.	19.04.1933	68,31	62,65	9,03 %

2.8 Schlechteste Tage

Rang	Datum	Schlusskurs	Vortageskurs	Performance
1.	19.10.1987	1738,7	2246,7	−22,61 %
2.	28.10.1929	260,64	301,22	−13,47 %
3.	29.10.1929	230,07	260,64	−11,73 %
4.	05.10.1931	86,48	96,88	−10,73 %
5.	06.11.1929	232,13	257,68	−9,92 %
6.	18.12.1899	42,69	46,77	−8,72 %
7.	12.08.1932	63,11	68,9	−8,40 %
8.	14.03.1907	55,84	60,89	−8,29 %
9.	04.01.1932	71,59	77,9	−8,10 %
10.	26.10.1987	1793,9	1950,8	−8,04 %
11.	15.10.2008	8577,91	9310,99	−7,87 %
12.	16.06.1930	230,05	249,69	−7,87 %
13.	21.07.1933	88,71	96,26	−7,84 %
14.	01.12.2008	8149,09	8829,04	−7,70 %
15.	09.10.2008	8579,19	9258,1	−7,33 %

2.9 Jahresperformance im Überblick

	0er	1er	2er	3er	4er	5er	6er	7er	8er	9er
1896-1899							16,29 %	6,43 %	-33,84 %	20,19 %
1900-1909	7,00 %	-8,71 %	-0,40 %	-23,61 %	41,72 %	38,20 %	0,31 %	22,17 %	22,46 %	9,20 %
1910-1919	-17,86 %	0,40 %	7,57 %	-10,35 %	-5,42 %	81,66 %	-1,92 %	-37,73 %	46,63 %	14,97 %
1920-1929	-32,90 %	12,72 %	21,74 %	-3,25 %	26,16 %	30,00 %	-4,19 %	-21,71 %	10,51 %	30,45 %
1930-1939	-33,77 %	-52,67 %	-22,64 %	63,74 %	5,44 %	38,53 %	0,34 %	28,75 %	48,22 %	-17,17 %
1940-1949	-12,57 %	-15,38 %	7,61 %	13,81 %	11,80 %	26,97 %	24,82 %	-32,82 %	27,73 %	-2,83 %
1950-1959	17,40 %	14,36 %	8,42 %	-3,77 %	43,96 %	20,77 %	-8,14 %	2,23 %	-2,13 %	13,10 %
1960-1969	-9,34 %	18,71 %	-10,81 %	17,00 %	14,57 %	10,88 %	2,27 %	-12,77 %	33,96 %	16,40 %
1970-1979	4,82 %	6,11 %	14,58 %	-16,58 %	-27,57 %	38,32 %	-18,94 %	15,20 %	4,27 %	-15,19 %
1980-1989	14,93 %	-9,23 %	19,60 %	20,27 %	-3,74 %	27,66 %	17,86 %	-17,27 %	-3,15 %	4,19 %
1990-1999	-4,34 %	20,32 %	4,17 %	13,72 %	2,14 %	33,45 %	22,58 %	2,26 %	11,85 %	26,96 %
2000-2009	-6,17 %	-7,10 %	-16,76 %	25,32 %	3,15 %	-0,61 %	26,01 %	22,64 %	16,10 %	25,22 %
2010-2013	9,68 %	5,60 %	7,26 %	26,50 %						

2.10 Verteilung der Jahresperformance 1869–2013

über 25 %	1999, 2003, 1996, 1924, 2013, 1989, 1945, 1985, 1938, 1927, 1925, 1919, 1995, 1958, 1905, 1975, 1935, 1904, 1954, 1908, 1928, 1933, 1915 **(23)**
15 % bis 25 %	1967, 1998, 2006, 1959, 1963, 1950, 1976, 1961, 1982, 2009, 1983, 1991, 1955, 1922, 1897, 1898, 1986, 1997, 1936 **(19)**
15 % bis 5 %	1934, 2011, 1971, 2007, 1900, 2012, 1912, 1942, 1952, 1899, 2010, 1918, 1965, 1944, 1988, 1921, 1949, 1993, 1943, 1951, 1964, 1972, 1980, 1909 **(24)**
5 % bis -5 %	1990, 1916, 1953, 1984, 1923, 1978, 1939, 1948, 1906, 2005, 1896, 1902, 1926, 1911, 1994, 1947, 1987, 1956, 2004, 1992, 1979, 1968, 1970 **(23)**
-5 % bis -15 %	1957, 1940, 1962, 1913, 1960, 1981, 1901, 1946, 2001, 2000, 1914 **(11)**
-15 % bis -25 %	1903, 1932, 1917, 1966, 1910, 1977, 1929, 2002, 1973, 1941, 1969 **(11)**
über -25 %	1931, 1907, 2008, 1930, 1920, 1937, 1974 **(7)**

betreffende Jahre:	bis 5	bis 10	bis 15	bis 20	bis 25

Teil C

BÖRSENVISION

Wer Vermögen hat, muss diversifizieren.
Wer kein Vermögen hat, muss spekulieren.
Thomas Müller

I. PORTFOLIO-GEDANKEN – OUTPERFORMANCE BEI REDUZIERTEN RISIKEN

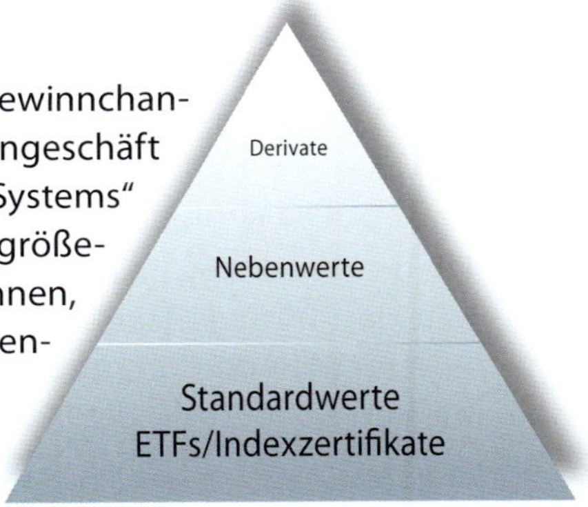

Die Börsen eröffnen langfristig hohe Gewinnchancen, aber natürlich gehören zum Börsengeschäft auch Verluste, die ganz einfach Teil des „Systems" sind. Damit Verluste Ihrem Depot keinen größeren Schaden zufügen, empfehlen wir Ihnen, Ihr Börsenkapital entsprechend der Börsenverlag-Anlagepyramide zu strukturieren.

Ihr Portfolio könnte beispielsweise zu 70 % konservativ, zu 20 % dynamisch und zu 10 % spekulativ ausgerichtet sein.

1. INVESTMENTS – IM KONSERVATIVEN PORTFOLIOTEIL

Hier geht es um die Basis Ihres Portfolios und damit um defensive Standardaktien beziehungsweise um die großen Aktien-Indizes, in die Sie via ETFs oder Zertifikate investieren können. Die Ausrichtung ist „long only", das heißt, es wird nur auf steigende Kurse gesetzt, wobei – mit Ausnahme von Indexsparplänen und Aktien zum Vererben – die Investitonsquote zwischen 0 % und 100 % liegen kann.

Mit dem Fundament Ihres Portfolios setzen Sie konservativ ganz einfach auf die langfristige Aufwärtstendenz der Börsen, die aber nur dann zum Tragen kommen kann, wenn Sie konsequent am Ball bleiben. Langfristig bedeutet im Idealfall mindestens zehn/zwölf Jahre, damit Sie in jedem Fall sowohl von der Hausse als auch von der Baisse profitieren können.

Wie uns die Kurshistorien von Dow Jones und Dax gezeigt haben, beträgt die Gewinnperspektive für solche Index-Investments 9 % jährlich, und Sie können ohne großen Stress höhere Renditen erzielen. Dafür gilt es, zum einen Aktien-Investments zu finden, die gegenüber den Indizes eine langfristige Outperformance zeigen, und zum anderen, den Regeln der Trendfolge und den Vorgaben der Börsenzyklen zu folgen.

Wichtig ist nicht, ob man recht hat oder sich irrt,
sondern wie viel Geld man verdient, wenn man recht hat.
Und wie viel man verliert, wenn man sich irrt.
George Soros

1.1 Trendfolge + Börsenzyklen

Für die Trendfolge im konservativen Portfolioanteil bieten sich die Signale der 200-Tage-Linie an. Aktien- oder Indexinvestments sollten nach unserer Meinung grundsätzlich nur in Aufwärtstrends bestehen, also bei Kursen oberhalb der 200-Tage-Linie. Sie wissen:

Der Dow Jones hatte zwischen 1929 und 1932 unglaubliche 89 % verloren, und im Dax war es ein Minus von satten 73 % im Zeitraum 2000 bis 2003. Wir wissen nicht, wie schlimm die nächste Jahrhundert-Baisse ausfällt, doch es wird auch in Zukunft mächtige Einbrüche geben. Deshalb halten wir es für sinnvoll, den vorübergehenden Ausstieg bei Verkaufssignalen zu überlegen, insbesondere dann, wenn verschiedene technische Modelle beziehungsweise die Börsenzyklen eine möglicherweise breitere Abwärtstrendwende signalisieren.

Der Dax ist bekanntlich bei 1000 Punkten Ende 1987 gestartet, und der Anstieg auf 9833 per 30.06.2014 bedeutet ein Plus von durchschnittlich knapp 9 % jährlich. Wer in diesem Zeitraum ausschließlich während der Aufwärtstrends im Dax investiert war (gemessen am 200-Tage-GD auf Tagesschlussbasis), kommt aber auf eine Jahresrendite von durchschnittlich 14,5 % jährlich. Und im gleichen Zeitraum hat sich der von der Deutschen Börse berechnete Dax Seasonal von 1000 auf 42.559 Punkte verbessert. Das bedeutet eine Jahresrendite von durchschnittlich 14,6 %, die sich allein durch das Ausklammern der Monate August und September ergibt.

Wir wir wissen, errechnet sich für den Dow Jones eine durchschnittliche Kursrendite von knapp 6 %. Wäre auch hier ausschließlich in Aufwärtstrends investiert worden (wiederum gemessen am GD 200 auf Basis der Tagesschlusskurse), würde die Jahresrendite seit 1896 auf 11,3 % klettern und damit um beinahe das Doppelte!

Ich habe mein Geld mit verfrühten Verkäufen verdient.
Bernard Baruch

Steuern Sie Ihre Investitionsquote aktiv

Mit ganz einfachen Handgriffen lässt sich also eine überaus massive Outperformance gegenüber der Buy-and-Hold-Rendite erzielen, und die einzige Voraussetzung ist dafür, in bestimmten Börsenphasen nicht investiert zu sein! Wer bei Verkaufssignalen seine Liquidität hochfährt, steht in der breiten Baisse mit 100 % Liquidität am Seitenrand. Vereinfacht:

Angenommen, Sie investieren im konservativen Portfolioanteil über ETFs beziehungsweise Index-Zertifikate nur in den Dow Jones und den Dax. Befinden sich beide Indizes im Aufwärtstrend beziehungsweise in der zyklisch positiven Anlagephase, sind Sie mit 100 % investiert. Generiert einer der beiden Indizes ein Verkaufssignal, dann stellen Sie die entsprechende Position glatt und sind nur noch zu 50 % investiert, halten also 50 % Cash. Wenn dann der zweite Index auf Verkauf schaltet und Sie auch hier Ihr Hausse-Engagement beenden, fällt Ihre Investitionsquote auf 0 %, und Sie sind zu 100 % in Cash investiert.

Das ist eine vereinfachte Darstellung, die genauso gilt, wenn Sie zehn oder 20 Titel halten. Uns geht es um das Prinzip der variablen, aktiv durch die Trends gesteuerten Investitionsquote, mit der Sie zwar hin und wieder Kursgewinne verpassen (in Seitwärtsmärkten sowie am Boden der Baisse), doch dafür wird es niemals eine Baisse geben, die Ihrem Depot einen größeren Schaden zufügt. Es gibt einfach keinen Grund, sich gegen eine breite Aktien-Baisse stellen zu wollen. Und was gibt es für einen Investor Schöneres, als mit sehr hoher Cash-Quote in aller Gelassenheit das Ende einer Baisse abzuwarten ...

Das Ziel muss sein, in der Baisse (fast) keine Aktien- beziehungsweise Indexpositionen zu halten und dafür in der Hausse maximal investiert zu sein und die Gewinne so lange wie möglich laufen zu lassen.

Auch an der Börse werden Schafe geschoren und Lämmer geschlachtet. Ein Anleger-Schaf verliert Geld mit den immer gleichen Anlagefehlern und merkt es nicht. Ein Anleger-Lamm verliert viel Geld mit den ersten Anlagefehlern und hört an der Börse auf.

1.2 Aktien mit langfristiger Outperformance

Alle langfristigen Aktienkursverläufe sind Spiegelbild der Unternehmens- bzw. der Gewinnentwicklung, denn letztlich oszillieren Aktienkurse um die Ergebnistrends. Unserer Meinung nach sind die Gewinner der Vergangenheit keine Zufallsgewinner und eröffnen deshalb auch in der Zukunft das beste Verhältnis von Chance zu Risiko. Daher:

Wir vergeben alle drei Monate an die 100 langfristig erfolgreichsten und sichersten Aktien der Welt das Prädikat Champion. Grundlage dafür ist die Performance-Analyse, die in unserem boerse.de-Aktienbrief seit 2002 zur Anwendung kommt und ausschließlich historische Kursentwicklungen statistisch auswertet. Gemeinsam sind allen Champions über einen Zeitraum von mindestens zehn Jahren überdurchschnittliche Kursgewinne, eine hohe Gewinn-Konstanz im Kursverlauf sowie unterdurchschnittliche Kursrückgänge in Verlustphasen. Wir suchen uns also quasi die 100 „besten" Aktien (aus allen Indizes), die unseren Anlagekosmos für langfristige Aktieninvestments bilden. Der Grundgedanke:

Aktien-Indizes sind Mittelwerte, sodass es in jedem Aktien-Index Titel mit besserer und mit schlechterer Performance gibt. Dabei ist der Dow Jones ein preisgewichteter Index, in dem auf die Aktien mit den höchsten Kursen das größte Indexgewicht fällt. Beim Dax handelt es sich um einen kapitalisierungsgewichteten Index, das heißt, die Aktien mit der höchsten Markkapitalisierung haben das größte Gewicht im Dax. Doch für Sie als Anleger ist weder das absolute Kursniveau noch die Marktkapitalisierung von Bedeutung. Entscheidend ist allein die Anlagequalität Ihrer Aktien, also das Verhältnis von Rendite zu Risiko, und die höchste Anlagequalität bieten nun einmal die langfristig „besten" Aktien.

Beim Kauf soll man romantisch, beim Verkauf realistisch sein – zwischendurch soll man schlafen.
André Kostolany

1.2.1 boerse.de-Champions-Index

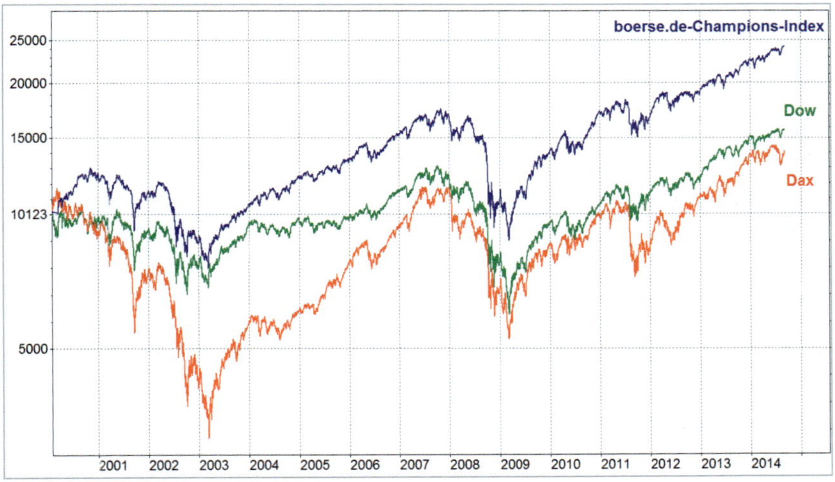

Um zu beweisen, welche Outperformance Champions dauerhaft erzielen, veröffentlichen wir seit dem Jahr 2002 den boerse.de-Champions-Index. Dieser Index umfasst alle 100 Champions-Aktien, er wurde als Kursindex konstruiert (also ohne Berücksichtigung von Dividenden) und zum 1.2.2000 auf 10.000 Punkte normiert (der Dow Jones befand sich damals bei 11.041, der Dax bei 7050). Zum 30.06.2014 notierte der boerse.de-Champions-Index bei 23.636 Punkten. Das bedeutet:

In diesem denkbar schlechten Anlagezeitraum hat sich der Dow Jones um nur 3,1 % p.a. verbessert und der Dax um lediglich 2,4 % p.a. (trotz Dividenden), während der boerse.de-Champions-Index auf ein Plus von 6,2 % p.a. kommt. Das bedeutet eine Outperformance von 100 % beziehungsweise 158 % und damit den Nachweis, dass eine strikt nach Performance-Kriterien zusammengestellte Aktienauswahl eine konventionell zusammengestellte Aktienauswahl schlägt. Deshalb:

Wir empfehlen als Basis des Depots und damit des konservativen Portfolioteils einen nach Ländern und Branchen diversifizierten Korb aus etwa zehn Champions-Aktien. Dabei sollte auch hier die Investitionsquote auf Basis der 200-Tage-Linien aktiv gesteuert werden.

1.2.2 Alpha + Beta

Die Outperformance einer Aktie gegenüber einem Index – also die Mehrrendite, die nicht auf der allgemeinen Marktentwicklung beruht – wird Alpha genannt. Champions-Aktien zeichnen sich also durch ein hohes Alpha gegenüber Dow Jones und Dax aus.

Die Kennziffer Beta gibt an, wie stark eine Aktie im Vergleich zum Index schwankt. Innerhalb des boerse.de-Champions-Index (Beta 1) gibt es natürlich offensivere Titel (Beta > 1) und defensivere Werte (Beta < 1). So kommt es bei Champions aus dem Technologiebereich zu größeren Kursschwankungen, während zum Beispiel Champions aus der Lebensmittelbranche weitaus geringere Kursausschläge verzeichnen.

1.2.3 boerse.de-Champions-Defensiv-Index (BCDI)

Seit 01.07.2014 gibt es den boerse.de-Champions-Defensiv-Index (BCDI), dessen aktuelle Entwicklung Sie online unter der WKN SLA3CD abrufen können.

Der BCDI wird während der Börsenhandelszeit alle 15 Sekunden berechnet und repräsentiert als Aktienindex den Verlauf von zehn besonders konservativen Champions (Defensiv-Champions), die sich in der Vergangenheit durch unterdurchschnittliche Kursrückgänge in den Verlustphasen (also ein niedriges Beta) ausgezeichnet haben.

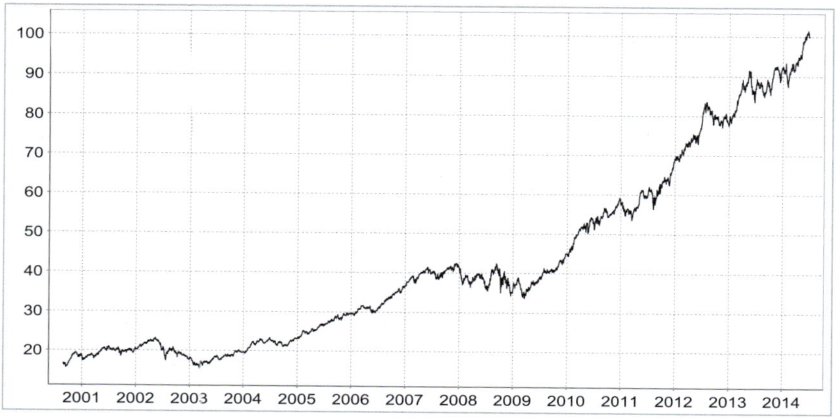

Zweimal jährlich (jeweils zum letzten Handelstag im März und September) wird die Indexzusammensetzung überprüft, wobei auch ein Rebalancing stattfindet, sodass alle zehn Defensiv-Champions automatisch wieder ein Indexgewicht von 10 % erhalten. Dabei wurde der BCDI als Performance-Index konstruiert, womit Dividendenausschüttungen automatisch in die Indexberechnung einfließen.

Der BCDI wurde auf Wunsch vieler boerse.de-Aktienbrief-Leser konzipiert, und zum 01.07.2014 hat die Deutsche Bank ein Indexzertifikat auf den BCDI emittiert (WKN DT0BAC).

Wir denken, dass der BCDI bei weitaus geringeren Rückschlägen Dow Jones und Dax dauerhaft outperformen wird und deshalb das BCDI-Zertifikat eine sehr interessante Alternative für den langfristigen Vermögensaufbau darstellt, doch das kann erst die Zukunft zeigen. Unter www.boerse.de/bcdi stehen Ihnen umfangreiche Performance-Vergleiche zur Verfügung.

Kaufen Sie sichere Aktien, an die Sie glauben, und nehmen Sie eine Schlaftablette für die nächsten zehn Jahre.
André Kostolany

1.2.4 Aktien zum Vererben

Wenn Sie in einen Sparplan einzahlen, dann denken Sie nicht an das nächste oder übernächste Jahr, sondern über einen Zeithorizont von mehr als zehn Jahren. Noch viel langfristiger können Sie bei den absoluten Defensiv-Champions vorgehen, von denen möglicherweise noch Ihre Kinder oder Enkel etwas haben sollen. Wenn Sie mit einem solchen, quasi ewigen Zeithorizont in die besonders konservativen Champions investieren möchten, dann verstehen sich Baisse-Phasen als Nachkaufmöglichkeiten. Um diese auch ausnutzen zu können, empfehlen wir Ihnen, für den „long only"-Depotanteil auch immer Liquidität bereitzuhalten, die Sie im Rahmen der Asset-Allocation ohnehin stets vorhalten sollten. Konkret:

Angenommen, Sie haben ein freies Finanzvermögen von 100.000 Euro und teilen dieses auf in 50.000 Börse, 30.000 Gold und 20.000 Liquidität. Im Börsenbereich könnten dann zum Beispiel 35.000 Euro (70 %) in

Investieren wie Warren Buffett
oder warum jeder Crash ein Geschenk ist!

Die Aktienbörsen eröffnen eine langfristige Gewinnperspektive von 9% jährlich (inkl. Dividenden). Aus einem Investment von 10.000 Euro werden binnen zehn Jahren 21.589 und nach 20 Jahren 46.609 Euro.

Was passiert nun, wenn wir mit einem Rabatt einkaufen können?

Da die 9% ein Mittelwert sind, ändern überdurchschnittlich positive oder negative Börsenphasen grundsätzlich nichts an der Langfristrendite beziehungsweise am Endwert. Das Investment bleibt dasselbe, doch wenn wir im Crash mit einem Rabatt einkaufen können, steigt automatisch die jährliche Investmentrendite.

	Rendite p.a.	
Crash-Rabatt	10 Jahre	20 Jahre
20%	11,5%	10,2%
30%	13,0%	11,0%
40%	14,7%	11,8%

Bei einem Einkauf mit zum Beispiel 30% Rabatt erhöht sich die Zehn-Jahres-Rendite von 9% p.a. auf 13% jährlich und über einen Zeitraum von 20 Jahren auf 11% jährlich.

Wir wissen, dass die Kurse langfristig immer wieder zu ihren Mittelwerten zurückkommen und dass (folglich) jedem Crash beziehungsweise jeder Baisse eine neue Hausse folgt. Mit einer – das ist entscheidend – langfristigen Anlageperspektive ist damit jeder Crash ein Geschenk für neue Investments.

Voraussetzung für solche langfristigen und in der Regel antizyklischen Crash-Investments ist freie Liquidität. Wenn Sie Cash stets für den Tag „x“ vorhalten, können Sie dann inmitten der Panik genauso entspannt investieren und Schnäppchenpreise ausnutzen, wie es Warren Buffett immer wieder vorgemacht hat. Der legendären Investor ist für seine hohe Cash-Reserve bekannt, die zwar keine Rendite bringt, sich aber als ewige Call-Option auf die ganz besonderen Crash-Chancen am Aktienmarkt versteht. Also:

Halten Sie immer eine Cash-Quote, und nehmen Sie jeden Crash als ganz besonderes Investmentgeschenk wahr, das Ihnen die Börse in jedem Jahrzehnt ein- bis zweimal macht.

den konservativen Portfolioanteil investiert werden. Kommt es zu einer massiven Baisse beziehungsweise einem Crash, gilt es, angemessene Liquidität zuzuführen. In diesem Fall wären das beispielsweise 20 % oder 30 % des konservativen Portfolioanteils, also 7000 beziehungsweise 10.500 Euro, die Ihnen dann für Käufe auf einem deutlich niedrigeren Kursniveau zur Verfügung stehen.

Die externe Liquidität ist der Schlüssel dafür, mitten in der Panik Schnäppchenkurse à la Warren Buffett ausnutzen zu können.

Wozu die Stecknadel im Heuhaufen suchen?
Kaufen Sie doch den Heuhaufen.
John Bogle

1.2.5 Index-Sparpläne

Der Abschluss eines Indexsparplans ist der bequemste Weg zum Vermögensaufbau. Das monatliche Einzahlen in einen Sparplan hat sogar eine antizyklische Komponente, denn da hier immer die gleiche Anlagesumme investiert wird, werden bei fallenden Kursen mehr Anteile gekauft und bei steigenden Kursen weniger Anteile. Wir meinen:

Wenn schon antizyklisch ansparen, dann richtig.

Teilen Sie einfach Ihr jährliches Ansparkapital in 15 Monatsraten auf. Zwölf Monatsraten investiert Ihre Bank für Sie, über drei Monatsraten (gerne auch mit höheren Beträgen) entscheiden Sie. Unsere Empfehlung für das Ansparen:

- Investieren Sie nach jedem monatlichen Indexrückgang von mehr als 5 % eine zusätzliche Ansparrate.
- Wenn es zu einem Crash kommt, dann investieren Sie alle drei bzw. – falls es davor schon zu Monatsverlusten von mehr als 5 % gekommen ist – die noch zur Verfügung stehenden Ansparraten. Gerne auch höhere Beträge, denn „Jeder Crash ist ein Geschenk".
- Alle verbliebenen Ansparraten investieren Sie dann im November.

Erhöhen Sie also Ihre Sparsumme in schwächeren Phasen, und wenn es sogar zu einem Crash kommt, dann kaufen Sie massiver. Falls die Indizes bis Oktober keinen Monat mit einem Verlust von mehr als 5 % erleben, dann investieren Sie Ihre Sparraten Anfang November, weil dann wieder die zyklisch bessere Börsenphase beginnt. Allerdings:

Zu Beginn der Ansparphase sind rückläufige Notierungen positiv, weil Sie dann für die gleiche Sparrate mehr Anteile bekommen. Der sogenannte Cost-Average-Effekt verflüchtigt sich aber schnell, da der Wertverlust der bereits erworbenen Indexanteile immer stärker ins Gewicht fällt. Deshalb empfiehlt sich eine Absicherung, sofern der Sparplan eine Restlaufzeit von weniger als zehn Jahren hat beziehungsweise falls das angesparte Vermögen einen signifikanten Anteil Ihres gesamten Finanzvermögens ausmacht. In diesen Fällen sollten Sie zu einer aktiven Steuerung Ihrer Investitionsquoten umschwenken beziehungsweise zur gegebenen Zeit (200-Tage-Linie, Börsenzyklen) Index-Puts erwerben, um Ihr angespartes Vermögen abzusichern.

Aktien sind nie zu teuer, um zu kaufen, und
nie zu günstig, um zu verkaufen.
Jesse Livermore

2. AKTIEN-TRADING IM DYNAMISCHEN DEPOTANTEIL

Besteht eine breite Portfoliobasis aus defensiven Investments, können mit kleinerem Depotanteil die kurzzeitigen, spekulativeren Chancen im Aktienbereich wahrgenommen werden. Dabei bedeutet Trading „handeln" und steht somit für den Versuch, durch Käufe und Verkäufe kurz- bis mittelfristige Preisschwankungen auszunutzen. Also:

Im Aktien-Trading setzen Sie nicht auf die langfristige Aufwärtstendenzen der Aktienbörsen (und damit Aktien-Indizes und defensivere Standardaktien), sondern auf Sondersituationen, die sich unregelmäßig, aber immer wieder ergeben. So können morgen die asiatischen Aktienmärkte neue Chancen eröffnen, übermorgen das Segment der Rohstofftitel und dann vielleicht US-Technologie-Aktien. Viele Anleger traden unbewusst. Doch wer Aktien kauft in der Erwartung positiver Quartalsszahlen, wegen einer möglichen Übernahme oder wegen eines bevorstehenden Aktien-Splits beziehungsweise der Dividendenausschüttung, der investiert nicht langfristig, sondern betreibt Aktien-Trading.

Der Anlagekosmos für Aktien-Tradings ist nahezu unbegrenzt, wobei es eine Vielzahl an Strategien gibt. So konzentriert sich beispielsweise der im Börsenverlag erscheinende Turnaround-Trader auf stark gefallene Aktien (mit mindestens 50 % Rückgang vom Hoch), die gerade einen breiten Boden ausbilden und damit kurz davorstehen, die Aufwärtstrendwende zu vollziehen. Gelingen solche Turnarounds, eröffnen sich spektakuläre Gewinnchancen. Denn eine Aktie, die sich im Kurs halbiert hat, verfügt über 100 % Potenzial bis zu den vorangegangenen Hochs. Doch:

Beim Trading ist es elementar, mit Stops zur Verlustbegrenzung zu arbeiten. Während für Investments die langfristigen Kurshistorien eine Einschätzung über Gewinnperspektiven und Risiken ermöglichen, stehen solche Zeitreihenanalysen für das Aktien-Trading nicht oder nur eingeschränkt zur Verfügung. Langfristige Trends lassen sich fortschreiben, aber nicht kurzfristige, weshalb diese mit einem erhöhten Prognoserisiko verbunden sind. Daher sollte mit dem Start eines Aktien-Trades stets festgelegt werden, auf welchem Niveau bei fallenden Kursen die Notbremse gezogen wird.

Aktienkurse richten sich nach der Formel:
Hoffnung geteilt durch Angst minus Gier.
Dominic Lawson

2.1 Lebenspartnerschaft vs. Affaire

Als Aktien-Investor haben Sie vielleicht Lieblingsaktien, mit denen Sie über Jahre oder Jahrzehnte eine Art Lebenspartnerschaft eingehen. Vielleicht trennen Sie sich eine Zeit lang (in der Baisse) von ihnen, aber Sie kommen zu „Ihrer" Aktie immer wieder zurück und verlieren nie den Kontakt. Als Aktien-Trader sind es dagegen stets nur kurze Affairen, denn Sie nehmen heute eine Aktie X ins Depot, stoßen sie nach einigen Wochen oder Monaten wieder ab und holen sich die nächste Aktie.

Ein typischer Aktien-Trader kauft beispielsweise eine Aktie bei 105, weil der Kurs zu Beginn des zyklisch erfolgreichen Winterhalbjahres gerade die 100er-Marke überschritten und zugleich die 200-Tage-Linie nach oben gekreuzt hat. Den Stop zur Verlustbegrenzung würde der Trader dann vielleicht 10 % tiefer bei 94,50 setzen. Sollte der Kurs anschließend auf 94,50 fallen, wird die Aktie automatisch verkauft, und das Engagement ist beendet. Steigt der Kurs, bleibt der Trader zunächst engagiert und zieht gegebenenfalls seinen Stop zur Gewinnabsicherung nach oben. Vielleicht klettert die Aktie auf 150 und korrigiert dann wieder um 20 % auf 120. Der Trader würde sicherlich irgendwann im Laufe dieses Rücksetzers ausgestoppt werden beziehungsweise von selbst die Reißleine ziehen. Nach dem Ende des Engagements würde sich der Aktien-Trader dann auf die Suche nach der nächsten Aktie machen, die eine Trading-Chance eröffnet.

Der typische Aktien-Investor könnte genau in der gleichen Aktie investiert sein. Solange sich der Aktienkurs im Aufwärtstrend befindet und die technischen Modelle beziehungsweise die Börsenzyklen keine breitere Abwärtswende signalisieren, gäbe es für den Aktien-Investor aber keinen Grund für Gewinnmitnahmen. Der Anstieg auf 150 und der Rücksetzer auf 120 sind für den langfristigen Trend grundsätzlich irrelevant und nur Zwischenstationen beim Anstieg auf höhere Kursbereiche. Der Aktien-Investor würde seine Gewinnposition einfach weiterlaufen lassen – möglicherweise über Jahre hinweg.

Das vereinfachte Beispiel zeigt den Unterschied zwischen Investments und Trading in ein und derselben Aktie. Aktien-Investoren reizen die primären Aufwärtstrends so lange wie möglich aus, während Aktien-Trader nur so lange in einem Titel engagiert sind, wie die Musik spielt. Wenn Sie über eine Aktie nachdenken, machen Sie sich daher stets bewusst, ob Sie als Investor oder als Trader nachdenken.

2.2 Diversifikation vs. Konzentration

Während es beim konservativen Portfolioanteil um die Diversifikation geht (defensive Standardaktien sowie Index-Investments), empfiehlt sich im Aktien-Trading die Konzentration auf einige wenige Positionen. Auf ein Dutzend Sondersituationen zur selben Zeit setzen zu wollen macht sicherlich wenig Sinn. Versuchen Sie nicht, mehr als fünf Aktien gleichzeitig zu traden, und seien Sie stets geduldig, bis sich Chancen dafür eröffnen.

Wenn sich die großen Indizes in der Baisse befinden, sollten Aktien-Tradings konsequent zurückgestellt werden, da sich nur wenige Aktien den Indextrends entziehen können und somit die Risiken einfach zu groß sind. Dabei wird in den Baisse-Phasen der Märkte eine 100 %-Cashquote in Ihrem dynamischen Depotanteil Ihre Gesamt-Performance stabilisieren.

Aktien sind wie Wein,
Derivate wie Weinbrand.
Freiherr Philipp von Bethmann

3. DERIVATE-TRADINGS IM SPEKULATIVEN PORTFOLIOTEIL

Wer zum Beispiel 70 % seines Depots defensiv ausgerichtet hat und beispielsweise 20 % für Aktien-Tradings reserviert, der kann mit den verbleibenden 10 % Depotanteil die vielen Derivatemöglichkeiten nutzen. Wenn wir dabei von Derivaten sprechen, dann nicht von Derivatekonstruktionen, sondern von den klassischen Hebelinstrumenten Optionen, Optionsscheinen und Hebelzertifikaten, die es ermöglichen, an steigenden Kursen oder an fallenden Kursen zu partizipieren.

Wann immer sich die Märkte in Trends bewegen, eröffnen Derivate hohe Gewinnchancen. So können in den Hausse-Phasen Gewinne mithilfe von Calls dynamisiert werden, und in den Baisse-Phasen verhelfen Puts zu einer Stabilisierung des Gesamtportfolios. Um dies zu erreichen, braucht es eine disziplinierte technische Analyse in einem kurz- bis mittelfristigen Zeithorizont.

Der Reiz von Derivaten ist die Hebelwirkung (der Leverage), wobei der Hebel natürlich in beiden Richtungen wirkt. Gewinnt oder verliert der Dax zum Beispiel 10 %, verändert sich der Kurs eines Dax-Derivats um 30 % bei einem Hebel von drei und um 50 % bei einem Hebel von fünf.

Sie finden in boerse.de mehr als eine Million Derivate für zigtausende Basiswerte, und Sie können nahezu alle (in diesem Buch vorgestellten) Anlagestrategien auch mit Derivaten umsetzen.

3.1 Put-Derivate zur Absicherung

Wie Sie mittlerweile wissen, plädieren wir für eine aktive Steuerung der Investitionsquoten, denn in der Baisse sollten Sie (mit Ausnahme von Index-Sparplänen und Aktien zum Vererben) nicht investiert sein. Die Alternative zum Verkauf (bis hin zu einer Investitionsquote von 0 %) ist natürlich immer der Kauf von Put-Derivaten und damit die Absicherung (das Hedging) Ihrer Long-Positionen. Schalten die Börsen auf Baisse, können Sie somit durch den Kauf von Put-Derivaten Gewinne erzielen, die Ihre Verluste bei Aktien bzw. Indizes (teilweise) ausgleichen.

Mein Ansatz funktioniert nicht, weil er zutreffende Prognosen macht, sondern weil er mir erlaubt, falsche Prognosen wieder zu korrigieren.
George Soros

Ein Beispiel:

Nehmen wir an, Ihnen stehen 50.000 Euro für Börsentransaktionen zur Verfügung, und Sie haben 35.000 Euro (70 %) davon im konservativen Portfolioanteil investiert sowie entsprechend 10.000 Euro (20 %) Liquidität für Aktien-Tradings und damit 5000 Euro (10 %) für Derivate-Tradings.

- Für den Bereich Aktien-Tradings braucht es kein Hedging, da Sie in diesem Segment über Stops abgesichert sind, sofern überhaupt Engagements bestehen.
- Um ein perfektes Hedging Ihrer Aktien- beziehungsweise Indexinvestments zu erreichen, müsste für jedes Engagement ein entsprechendes Put-Derivat gekauft werden. Da Sie mehrere Positionen halten, ist dies in der Praxis schwierig umzusetzen und auch unnötig, denn der Zweck wird genauso erfüllt, wenn Sie z.B. Put-Derivate auf den Dax kaufen. Sofern Sie sich gegen einen 50 %-Rückgang Ihrer Investments hedgen möchten, geht es um einen abzusichernden Betrag von 17.500 Euro. Damit benötigen Sie einen Hebel von 3,5, falls Sie Ihr komplettes Derivatekapital von 5000 Euro zur Absicherung einsetzen oder einen entsprechend höheren Hebel bei einem niedrigeren Kapitaleinsatz (zum Beispiel Hebel 5,8 bei 3000 Euro).

Mit Put-Derivaten besteht also die Möglichkeit, Hausse-Engagements in Aktien und Aktien-Indizes abzusichern. Dafür gilt es, Liquidität im

Derivatebereich bereitzuhalten und erst dann Puts einzukaufen, wenn sich eine breitere Abwärtstrendwende abzeichnet. Eine solche „Put-only"-Strategie erfordert extreme Geduld – statistisch läuft eine Hausse im Dax 31 Monate –, weshalb dieses Vorgehen nur für die allerwenigsten Privatanleger infrage kommt.

Risiko entsteht dann, wenn Anleger nicht wissen, was sie tun.
Warren Buffett

3.2 Trading mit Calls + Puts

Aktien-Trading funktioniert nur in Aufwärtstrends, trendfolgende Derivate-Tradings dagegen in Aufwärtstrends und genauso in Abwärtstrends, machen also in allen Marktphasen Sinn. Während Aktionäre allerdings Kursverluste theoretisch aussitzen können, haben Derivate-Trader beständig die Restlaufzeit (Optionen, Optionsscheine) beziehungsweise die Knock-out-Schwelle (Hebelzertifikate) im Auge zu behalten. Wer mit Derivaten tradet, muss seine Engagements also beständig überwachen und konsequent korrigieren, sobald sich die Trendphasen ändern. Dabei ist wichtig:

Derivategewinne werden nur in Trends erzielt, was zweierlei bedeutet:

- Es muss beständig eine hinreichend große Anzahl von Basiswerten analysiert werden, um geeignete Kurstrends überhaupt finden zu können.
- Da sich Trading-Signale erst im Nachhinein als richtig oder falsch erweisen, braucht es ein diszipliniertes Money-Management.

Genau dies sind die Prämissen im Trendbrief, der seit 1988 im Börsenverlag erscheint. Dieser wöchentliche Börsendienst verfügt damit über eine einmalige Expertise in puncto Trendfolge mit Derivaten. Deshalb:

Bulle, Bär oder Esel?

Wo Sie traden sollten

Im Trendbrief stehen zwölf Basiswerte im Mittelpunkt, und zwar bei den Aktienbarometern neben Dax und Dow Jones die Deutschland-Indizes MDax und TecDax, in Europa vor allem der Euro Stoxx und in den USA der S&P 500 sowie der Nasdaq. Dazu die Rohstoffe Gold, Silber und Rohöl sowie im Devisenbereich der Euro/US-Dollar und bei den Zinsen der Bund-Future.

Konzentrieren auch Sie sich für Ihre Derivate-Tradings auf diese zwölf Märkte, da es in einem solchen Pool stets zu lukrativen Trends kommt. Komplettiert wird Ihr persönliches Basiswert- bzw. Derivate-Universum dann durch Aktien-Derivate, wobei Sie grundsätzlich die Titel bevorzugen sollten, die Sie bereits in Ihrem konservativen Portfolioanteil halten.

Man muss die Börse heiß lieben und kalt behandeln.
André Kostolany

Wie Sie traden sollten

Als Trendfolger empfehlen wir Ihnen, Derivate stets gestaffelt in Trendrichtung zu erwerben.

Zu Beginn eines neuen Trades sollten Sie nur mit einer kleinen Summe einsteigen, also eine Art Testkauf vornehmen. Dadurch halten Sie den Verlust klein, wenn sich der Trade als Fehl-Trade herausstellen sollte. Entwickelt sich der Trade positiv, gilt es, die Derivatepositionen dann sukzessive zu verstärken.

Im Trendbrief erfolgt der Derivateeinstieg stets mit dem Kreuzen der 200-Tage-Linie, das heißt, es werden bei Kaufsignalen Call-Derivate zum Kauf empfohlen und bei Verkaufssignalen Put-Derivate. Wenn die neuen Trends an Stärke gewinnen (was sich über den zunehmenden Abstand zwischen Kurs und GD 200 messen lässt), werden weitere Derivate eingekauft. Das Timing erfolgt dabei über das Zusammenspiel von Chartmustern, Indikatoren, Stimmungsbildern und Börsenzyklen. Genauso erfolgen auch Gewinnmitnahmen schrittweise, sobald die Trendstärke nachlässt (sich also der Abstand zwischen Kurs und GD wieder verringert).

Der Vorteil dieser Vorgehensweise ist die niedrige Investitionsquote bei Fehlsignalen und die hohe Invesititionsquote in allen starken Trendphasen. Gleichzeitig wird dadurch das Trading-Kapital automatisch in die lukrativsten Trendmärkte geleitet. Konkret:

Nehmen wir zum Beispiel an, dass Dow Jones und Dax richtungslos um ihre 200-Tage-Linien oszillieren (und damit Fehlsignale generieren), während sich der Nasdaq in einem ausgeprägten Aufwärtstrend befindet und Gold sowie Silber in einem kräftigen Abwärtstrend. Nach der Trendbrief-Strategie würden Sie dann nur sehr kleine (Erst-)Positionen in den beiden Indexbarometern ohne Trendstärke halten, während Sie in Nasdaq-Calls und Gold- sowie Silber-Puts mit dem vielfachen Trading-Kapital engagiert wären.

Die Investitionsquote im spekulativen Portfolioteil wird also nicht über die Trendrichtung, sondern über die Trendstärke gesteuert. Bei starken Trends sollten Sie (automatisch) mit einer Investitionsquote von 100 % in Calls und Puts engagiert sein.

Mit diszipliniertem Derivate-Trading schaffen Sie sich quasi Ihren eigenen Hedgefonds (absolut return). Dabei riskieren Sie mit dem Kauf von Derivaten zwar grundsätzlich immer den kompletten Kapitaleinsatz, haben dafür aber auch die Chance auf eine Vervielfachung. Deshalb können und müssen die Einsätze für Derivatetransaktionen relativ klein gehalten werden.

Wenn Sie konsequent den Trends folgen, führt dies sogar zu einem Hedging Ihres konservativen Portfolioteils. Denn sofern sich die Börsen in einer massiven Baisse befinden, werden Sie im spekulativen Depotanteil längstens massiv in Puts engagiert sein.

Bei der Lektüre zeitgenössischer Berichte über Haussen und Paniken konnte man am nachhaltigsten feststellen, wie gering die Unterschiede zwischen der Aktienspekulation und den Spekulanten in der Vergangenheit und in der Gegenwart doch waren. Das Spiel ändert sich nie – ebenso wie die Menschen.
Larry Livingston in „Jesse Livermore – Das Spiel der Spiele"

4. SCHLUSSGEDANKEN ZUM PORTFOLIO

Wir hoffen, dass wir Ihnen in diesem Abschnitt einige Anregungen zur grundsätzlichen Ausrichtung Ihres Portfolios und Ihrer Anlage- beziehungsweise Trading-Strategien geben konnten, die Sie sich zu Herzen nehmen. Unsere Empfehlung lautet, Ihr Portfolio in die Segmente konservativ, dynamisch und spekulativ mit einer Verteilung von zum Beispiel 70 %, 20 % und 10 % aufzusplitten – idealerweise verteilt auf drei Depots, am liebsten sogar bei drei verschiedenen Banken, Sparkassen oder Online-Brokern.

Ziel dieser Portfolio-Gedanken ist eine dauerhafte Outperformance, die vor allem über eine Verlustreduktion und das Zusammenspiel der drei Portfoliosegmente gelingt. Unterscheiden Sie stets zwischen Hausse und Baisse (was die meisten Anleger nicht können), und steuern Sie Ihre Investitionsquoten aktiv. Denn in der Hausse verdienen alle Aktionäre, doch es ist die Baisse, die den Unterschied macht zwischen Gewinnern und Verlierern. Deshalb:

Wenn die Börsen von der Hausse zur Baisse umschalten, gilt es, die Investitionsquote in Aktien und Aktienindizes konsequent zu reduzieren. Im dynamischen Portfolioteil sinkt die Investitionsquote automatisch auf 0 %, da bestehende Engagements sukzessive ausgestoppt werden, während neue Aktien-Tradings zurückzustellen sind. Im konservativen Portfolioteil werden Aktien- und Index-Investments Schritt für Schritt reduziert, was Hand in Hand geht mit der Verstärkung der Put-Positionen im spekulativen Portfolioteil. In einer massiven Baisse steht dann einer Investitionsquote von 0 % im konservativen Portfolioteil eine Put-Investitionsquote von 100 % im Derivate-Trading gegenüber.

Dann wird die externe Liquidität genutzt, um inmitten der Börsenpanik auf Einkaufstour zu gehen und den konservativen Depotanteil zu verstärken.

Haben die Börsen ihren Tiefpunkt gefunden und ziehen die Kurse wieder an, beginnt einerseits der schrittweise Aufbau von Investments in konservativen Standardaktien beziehungsweise Aktien-Indizes, während gleichzeitig Trading-Puts reduziert und erste Trading-Calls eingekauft werden. Befinden sich die Märkte dann in einer neuen Hausse, kann auch wieder mit Aktien-Tradings gestartet werden.

Machen Sie sich noch einmal die historischen Auswertungen bewusst. Aktien-Haussen dauern durchschnittlich gut drei Jahre, in denen die Kurse rund 124 % gewinnen. Dann folgen 18-monatige Baissen mit einem Kursrückgang von 37 %. Über den kompletten Zeitraum eröffnen Dow Jones und Dax eine Gewinnchance von im Mittel 9 % jährlich. Wenn Sie unseren Portfoliogedanken folgen und die drei Portfolioteile zusammenspielen lassen, dann sind wir uns sicher, dass Sie eine erhebliche Outperformance erzielen werden.

II. BÖRSENVISION

Wir möchten unsere Börsenvision darstellen, und damit Sie unsere Überlegungen nachvollziehen können und verstehen, was prognostisch möglich ist und was nicht, gestatten Sie uns bitte eine Darstellung aus „Gewinnen mit Börsenzyklen".

Dieser Zyklen-Bestseller wurde im Oktober 2005 redaktionell abgeschlossen. Das war zweieinhalb Jahre nach dem Jahrhundert-Tief von 2203 Punkten im Dax. Der deutsche Leitindex hatte sich seitdem verdoppelt und notierte im Bereich von 5000 Punkten.

Kernprognose von Gewinnen mit Börsenzyklen war die Ankündigung einer bevorstehenden, überaus kräftigen Hausse mit einer Dax-Verdoppelung bis zum Jahr 2010 und danach kräftigen Kursverlusten. Dabei wurde folgender Prognose-Chart bis zum Jahrzehntende abgebildet.

Dax-Prognose per 2005

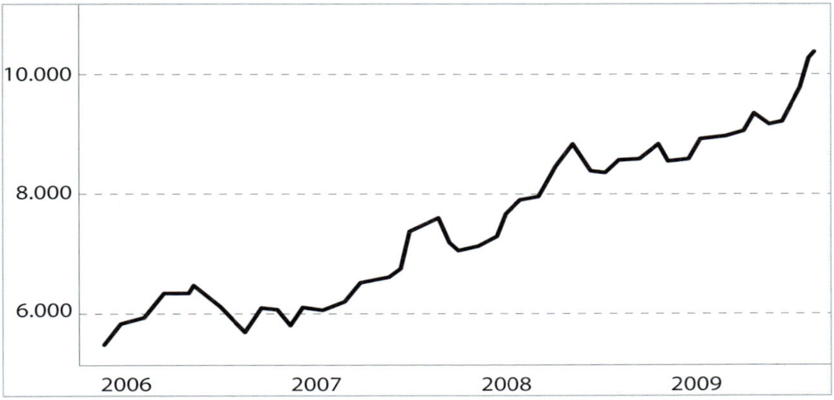

Aus: Gewinnen mit Börsenzyklen

In der Prognose von 2005 war zu lesen, dass der Dax 2008 die Hochs aus dem Jahr 2000 einstellen sollte. Tatsächlich hat der Dax im Juni 2007 erstmals wieder 8000 Punkte erreicht.

Doch der Börsenabsturz erfolgte nicht 2010, sondern bereits 2008. Die US-Investmentbank Lehman Brothers meldete im September 2008 Insolvenz an, worauf die Finanzkrise startete. Die Börsen gingen weltweit auf Talfahrt, wobei der Dax 2008 40 % verlor. Damit war die Prognose Makulatur, doch lassen Sie uns ein wenig „kreativ" sein und einfach so tun, als hätte es das Jahr 2008 nicht gegeben ...

Dax-Realverlauf ohne 2008

Aus: Gewinnen mit Börsenzyklen

Im abgebildeten Dax-Chart wird der reale Kursverlauf ab 2009 an das Jahresende 2007 gehängt. Das tatsächliche 2009 ist also im Chart 2008, und das tatsächliche 2010 repräsentiert 2009. Und jetzt legen wir die Dax-Prognose von 2005 mit dem Realverlauf 2006/2007 und daran anhängend 2009/2010 übereinander.

Dax-Prognose per 2005 vs. Dax-Realverlauf ohne 2008

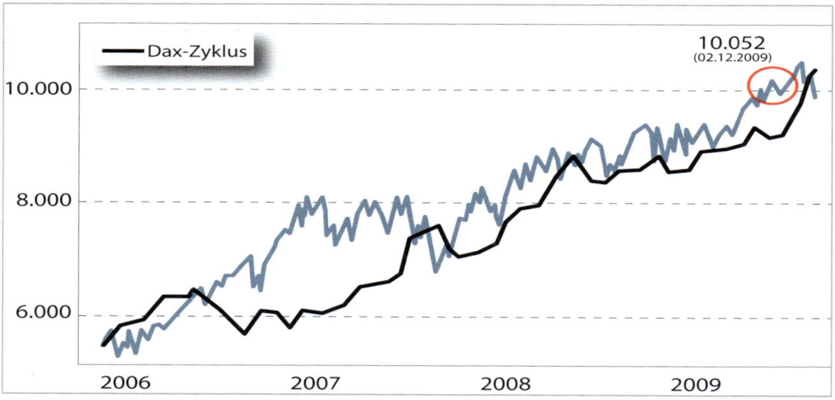

Aus: Gewinnen mit Börsenzyklen

Laut der Prognose aus „Gewinnen mit Börsenzyklen" von 2005 und einem Dax von 5044 Punkten sollte

- das Dax-Jahres-Tief 2009 um den 1. März entstehen. Tatsächlich entstand das Dax-Jahres-Tief am 5. Februar (drei Wochen früher).
- der Dax in 2009 bei 10.000 Punkten notieren. Tatsächlich überkreuzte der Index am 2. Dezember 2009 die 10.000-Punkte-Marke.
- das Jahres-Hoch und damit das höchste Niveau des Jahrzehnts am 31. Dezember 2009 entstehen. Tatsächlich bedeutete das Jahres-Hoch das höchste Niveau des Jahrzehnts und wurde am 21.12.2009 markiert (zehn Tage früher).

Die Kurse hätten sich also ohne 2008 tatsächlich, wie im Buch avisiert, per 2010 verdoppelt. Dabei sollte es laut damaliger Prognose ab April 2010 zu schweren Kursverlusten kommen, weshalb für 2010 mit einem Index-Minus von mehr als 20 Prozent zu rechnen gewesen sei. Tatsächlich erreichte der Dax sein Jahres-Hoch am 2. Mai und verlor bis zum Jahres-Tief am 12. September 23 % ...

Dieser Rückblick sollte Ihnen zeigen, was mit zyklischen Prognosen möglich ist und was nicht. Kein anderer Analyseansatz kann über Jahre und sogar Jahrzehnte im Voraus die möglichen Wendepunkte der Börsen avisieren und sogar Kalenderdaten und Kursniveaus prognostizieren. Doch es handelt sich eben immer um „Prognosen", die eintreten können, aber nicht müssen. Absolute Sicherheiten gibt es weder an der Börse noch im richtigen Leben.

Berücksichtigen Sie daher bei den Visionen, dass es entweder auf der Kurs- oder der Zeitebene zu einer gewissen Abweichung kommen kann. Dabei ist die Toleranzgrenze für diese Abweichungen umso größer, je weiter die Vision in die Zukunft reicht.

Kurse schwanken um ihre Mittelwerte, sodass Aktien-Indizes immer wieder ihre Durchschnittsrenditen kreuzen. Genauso oszillieren Aktien-Indizes aber auch um ihre historischen Zyklen beziehungsweise um die zyklischen Mittelwerte. Das bedeutet:

Die Kurse können eine Zeit lang von den Zyklen abweichen, werden aber immer wieder zu ihren zyklischen Bewegungsmustern zurückkehren. Zyklische Prognosen werden beim plötzlichen Auftreten bedeutender Ereignisse – bei den sogenannten exogenen Schocks – zunächst außer Kraft gesetzt. Wenn sich die Börsen dadurch in Extremphasen befinden, folgt häufig eine extreme Bewegung in die Gegenrichtung.

2008 haben sich die Märkte von ihren zyklischen Mustern entfernt und damit auch aus zyklischer Sicht nach unten übertrieben (2008 bedeutete das historisch drittschlechteste Jahr der Börsengeschichte für den Dow und das zweitschlechteste für den Dax). Als Konsequenz daraus tendierten die Kurse 2010 bis 2014 deutlich fester, als es für eine erste Jahrzehnthälfte zu erwarten gewesen wäre.

Daher ist es für erfolgreiche zyklische Prognosen von entscheidender Bedeutung, die unterschiedlichen Zeitebenen miteinander in Einklang zu bringen und den geeigneten Anfangspunkt der Untersuchung zu finden. Deshalb sind Zyklenprognosen auch stets zusammen mit anderen technischen Analyseverfahren zu nutzen beziehungsweise durch diese abzusichern. Das bedeutet:

Entscheidend sind die Börsentrends und damit vor allem die 200-Tage-Linien. Wenn die Zyklen (weit im Voraus) einen Wendepunkt anzeigen, dann ist dies als Hinweis zu verstehen, in welchem Zeitfenster es zu einer Trendwende kommen könnte. Eine Trendwende ist aber erst dann zu unterstellen, wenn andere technische Modelle eine solche anzeigen.

KERNPROGNOSE

Die Aktienmärkte haben eine langfristige Aufwärtstendenz, der Dow Jones gewinnt 6 % jährlich, und der Dax legt dank der Berücksichtigung von Dividenden 9 % p.a. zu.

Diese Zahlen lehrt uns die Börsengeschichte. Kursgewinne von durchschnittlich 6 % beziehungsweise 9 % jährlich galten in der Vergangenheit, und wir haben keinen Grund, daran zu zweifeln, dass sich die Märkte in der Zukunft vergleichbar entwickeln werden. Wir rechnen deshalb auch für die nächsten Jahrzehnte mit einem Anstieg von im Mittel 6 % im Dow Jones und 9 % im Dax. Das bedeutet:

Es ist nicht die Frage, ob Dow Jones und Dax ihre historischen Höchstkurse weiter nach oben schieben werden, sondern nur die Frage, wann welche runden Marken erstmals nach oben gekreuzt werden. Wenn wir die historischen Renditen ganz einfach in die Zukunft projizieren, ergeben sich die folgenden Entwicklungen:

Ausgehend von 17.000 Punkten müsste der Dow Jones in zehn Jahren die Marke von 30.000 Zählern nach oben kreuzen. In 17 Jahren würde der Anstieg über 40.000 Punkte gelingen, und in 19 Jahren müsste sich der Dow Jones oberhalb von 50.000 befinden. Der Anstieg über 100.000 wäre dann in 31 Jahren zu erwarten.

Gerechnet von 10.000 Punkten als Basis würde der Dax in neun Jahren über 20.000 ansteigen. In 13 Jahren könnte dann die 30.000er-Marke erobert werden und in 17 Jahren die 40.000er-Marke. Die Grenze von 50.000 Punkten würde in 19 Jahren übersprungen, womit der Dax sogar den Dow Jones übertreffen könnte. Und in 27 Jahren wäre der Anstieg über die Schwelle von 100.000 Punkten zu erwarten.

Dow Jones und Dax werden sechsstellig

Natürlich klingen Kursbereiche von 50.000 oder sogar 100.000 Punkte für Dow Jones und Dax unglaublich, aber weshalb eigentlich? Wir haben einfach die historischen Renditen weitergeführt, und wir sind dementsprechend überzeugt davon, dass beide Indizes zur Mitte dieses Jahrhunderts im sechsstelligen Kursbereich notieren werden.

Doch wie wir wissen, entwickeln sich Kurse nicht linear. Die Börsen bewegen sich in Zyklen und unterliegen einem Wechselspiel von Hausse und Baisse, machen also zwei Schritte vor und dann wieder einen zurück.

Wir versuchen nun, mit dem kompletten Wissen, das wir in diesem Buch vermittelt haben, den Kursverlauf der nächsten Jahrzehnte zu prognostizieren. Weil die exogenen Einflüsse der Zukunft unbekannt sind, verstehen sich die folgenden Prognosen – insbesondere je weiter diese in die Zukunft reichen – natürlich mit dem gebotenen Augenzwinkern.

Prognose bis 2019

Wir glauben, dass gute Börsenjahre vor uns liegen, wobei sich der Dax deutlich besser entwickeln sollte, als der Dow Jones. Die deutsche Börse ist ganz einfach durch ein ungewöhnlich tiefes Tal der Tränen gegangen und hat deshalb ein gewaltiges Nachholpotenzial.

Wenn wir uns überlegen, welche Krisen Dax-Anleger seit dem Jahr 2000 durchmachen mussten, ist es nicht verwunderlich, warum sich in Deutschland so viele Anleger von der Börse verabschiedet haben. Denn von März 2000 bis März 2003 kam es zu einer Langfrist-Baisse, die durchschnittlich nur alle 20 Jahre stattfindet. Diesem Jahrhundert-Einbruch um knapp 73 % folgte vier Jahre später eine Baisse (normalerweise alle 14 Jahre) mit einem Rückgang von 55 % zwischen Juli 2007 und März 2009. Und gerade 26 Monate später kam es auch noch zu einem 33 %igen Dax-Crash, mit dem statistisch alle neun Jahre zu rechnen wäre.

Der Dax hat zwischen 2000 und 2009 14,4 % verloren bzw. 1,54 % jährlich, obwohl hier ja Dividenden eingerechnet werden. Davon war vor allem die erste Jahrzehnthälfte mit –38,8 % dramatisch, die den höchsten Dax-Verlust zwischen einem 0er- und einem 4er-Jahr in der Dax-Geschichte bedeutete. Nur in den 1970er-Jahren kam es mit insgesamt –20 % bzw. -2,2 % p.a. ebenfalls zu einer negativen Performance, wobei der Dax damals in der ersten Jahrzehnthälfte 35,4 % verloren hatte.

Trotz der doppelt so langen Historie kam es im Dow Jones ebenfalls nur zu zwei negativen Jahrzehnten – in den 1930er-Jahren mit –39,6 % und –4,9 % p.a. und von 2000 bis 2009, die zu einem Minus von insgesamt 8,3 % sowie 0,9 % jährlich geführt hatten.

Der Dow Jones hat seit den Jahren 1900, 1910, 1920 und 1930 mehr als 5 % jährlich gewonnen, und danach waren die Kursrenditen ansteigend. Seit 1970 beträgt das durchschnittliche Plus 7,10 % p.a., seit 1980 sogar

Dow Jones Performance p.a. bis 30.06.2014

Jahr	Schluss-kurs	jährliche Rendite
1900	48	5,2 %
1910	73	5,3 %
1920	107	5,5 %
1930	248	5,1 %
1940	150	6,5 %
1950	201	7,2 %
1960	679	6,1 %
1970	800	7,1 %
1980	839	9,1 %
1990	2753	7,7 %
2000	11.497	2,7 %
Durchschnitt		6,1 %

9,1 % p.a. und seit 1990 7,7 % p.a. Seit dem Jahr 2000 ergibt sich indes ein Plus von nur 2,7 % jährlich, das ist nicht einmal die Hälfte des durchschnittlichen Gewinns von 6,1 % jährlich.

Das erste Jahrzehnt dieses Jahrhunderts war also überaus negativ. Da wir wissen, dass (besonders) negativen Börsenphasen häufig (sehr) positive Phasen folgen, sprechen schon die Statistiken dafür, dass es im laufenden zweiten Jahrzehnt zu steigenden Kursen kommen wird. Dazu passt:

Durch den rasanten Abstieg der Kurse nach den Hochpunkten des Jahres 2000 haben sich sehr interessante Chartmuster gebildet.

NEUE AKTIEN-ÄRA

Dow Jones mit den großen Seitwärtsphasen und den großen Aufwärtstrends

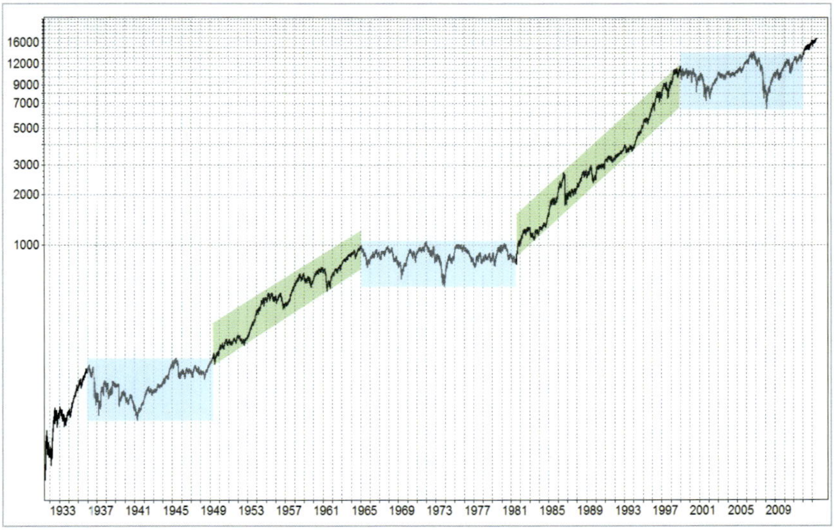

Im langfristigen Chartbild des Dow Jones sind zwei sehr lange Bullenmärkte zu erkennen, denen hartnäckige Seitwärtsphasen vorausgegangen waren. So traten die Kurse zwischen 1937 und 1950 mit einem Gesamtgewinn von nur 10 % binnen knapp 13 Jahren per saldo auf der

Stelle. Zwischen 1966 und 1982 verbesserte sich der Dow Jones um lediglich 7 % innerhalb von 17 Jahren. Der ersten Seitwärtsphase folgte eine starke Hausse bis 1966 mit 365 % Kursgewinn in 16 Jahren. Und die Ende 1982 gestartete Hausse führte sogar zu 1000 % Anstieg binnen 17 Jahren.

Eine solch hartnäckige Seitwärtsbewegung kann auch für die Phase seit dem Top aus dem Jahr 2000 unterstellt werden. Der Dow Jones war bis 2002 von 11.497 auf 7286 gefallen, hatte sich 2007 auf 14.165 gefestigt und setzte dann noch mal bis 6.547 zurück. Das Hoch von 2007 wurde erst 2013 überboten, sodass sich für den Zeitraum 2000 bis 2013 ein Kursgewinn von nur 21 % errechnet. Damit hat der Dow Jones 2013 eine 13-jährige Seitwärtsphase beendet.

Der Dax hatte im März 2000 einen Hochpunkt bei 8065 Punkten herausgebildet. Dieses All-Time-High wurde im Juli 2007 mit dem Hoch bei 8105 nur marginal überboten. Die Eroberung der 8000er-Zone gelang erst im Mai 2013. Damit war der Widerstand von 8000 Punkten über einen Zeitraum von 13 Jahren unüberwindlich gewesen.

Dax-Chart

Wir meinen, dass mit Beendigung der 13 Jahre dominierenden Seitwärtsphase eine neue Aktien-Ära begonnen hat. Demnach wäre im Zeitraum der nächsten 13 bis 17 Jahre mit deutlich steigenden Kursen zu rechnen.

Dax im Trendkanal

Der Dax bewegt sich seit Anfang der 1980er-Jahre in einem breiten ansteigenden Trendkanal. Die obere Begrenzung dieses Trendkanals fungiert als Widerstand, die untere als Unterstützung. Wann immer der Dax diesen Trendkanal verlässt, ist eine Übertreibungsphase gegeben, auf die eine längerfristige Bewegung in die Gegenrichtung folgt.

Wir rechnen damit, dass der Dax in den kommenden Jahren die obere Trendkanalbegrenzung ansteuern und möglicherweise vorübergehend sogar überbieten wird. Per 2019 verläuft die obere Trendkanalbegrenzung zwischen 22.650 und 24.880 Punkten.

Die zweite Jahrzehnthälfte

Die zweite Hälfte eines Jahrzehnts verläuft stets erfolgreicher als die erste Hälfte. Von dieser Regel gab es lediglich zwei Ausnahmen (im Dow Jones von 1955 bis 1959 und 1965 bis 1969), weshalb die Statistik dafür spricht, dass die Kursgewinne bis 2019 höher sein werden als die Gewinne bis 2014.

Allerdings können die Börsen auf eine ungewöhnlich erfolgreiche erste Jahrzehnthälfte zurückblicken. Der Dow Jones verbesserte sich von 2010 bis 30.06.2014 um 59,5 % und das bedeutet nach 1950 bis 1954 mit +101,7 % die zweithöchste Performance einer ersten Jahrzehnthälfte. Der Dax verbesserte sich per Mitte 2014 um 65 % und damit etwas mehr als 1980–1984 mit damals +64,9 %.

Diese Überperformance erklärt sich durch die schlechte Entwicklung zwischen 2000 und 2009. Der Dow Jones hatte zwischen 2000 und 2004 6,2 % verloren, und zwischen 2005 und 2009 betrug das Minus 2,2 %. Damit waren zum ersten Mal in der US-Geschichte beide Jahrzehnthälften negativ verlaufen. Im Dax ging es 2000 bis 2004 um 38,8 % nach unten, das war der größte Dax-Rückgang in einer ersten Jahrzehnthälfte.

Im Durchschnitt gewinnt der Dow Jones in der ersten Jahrzehnthälfte 15 % und in der zweiten Jahrzehnthälfte 67 %, also das Viereinhalbfache. Für

Dow-Performance

Jahrzehnt	1. Hälfte	2. Hälfte
1896–1899		62,67 %
1900–1909	5,33 %	42,30 %
1910–1919	−24,78 %	96,46 %
1920–1929	12,38 %	106,19 %
1930–1939	−58,13 %	44,17 %
1940–1949	1,29 %	31,98 %
1950–1959	101,67 %	68,00 %
1960–1969	28,67 %	−8,44 %
1970–1979	−23,00 %	36,11 %
1980–1989	44,45 %	127,24 %
1990–1999	39,27 %	199,84 %
2000–2009	−6,21 %	−2,17 %
2010–2014	59,52 %	
Mittelwert:	15,04 %	67,03 %

Dax-Performance

	1. Hälfte	2. Hälfte
1960–1969	14,39 %	30,24 %
1970–1979	−35,44 %	23,89 %
1980–1989	64,91 %	118,10 %
1990–1999	17,66 %	230,31 %
2000–2009	−38,83 %	39,97 %
2010–2014	65,06 %	
Mittelwert:	14,62 %	88,50 %

den Dax errechnet sich in der ersten Jahrzehnthälfte ein durchschnittliches Plus von 14,6 % und für den zweiten Teil der Dekade ein Plus von 88,5 %, was sogar eine sechsfache Performance bedeutet!

Aufgrund der starken Kursgewinne zwischen 2010 und 2014 erscheint eine vielfache Performance für die Phase 2015 bis 2019 ausgeschlossen. Deshalb:

Dow Jones 30.000 per 2019

Wenn sich der Dow Jones entsprechend dem Durchschnitt der zweiten Jahrzehnthälfte entwickelt und 67 % gewinnt, ergibt sich ausgehend von 17.000 Punkten ein Indexstand von 28.390 Punkten per Ende 2019. Aufgrund der Sogwirkung runder Indexmarken stellt sich unser Kursziel für den Dow Jones auf 30.000 Punkte.

Dax 20.000 per 2019

Für den Dax rechnen wir zunächst ebenfalls mit der durchschnittlichen Performance einer zweiten Jahrzehnthälfte. Ausgehend von 10.000 Punkten entsprechen 88,5 % Zuwachs einem Index von 18.850 Zählern bis zum Jahrzehntende. Weil dieser Bereich nahe der runden Indexzone liegt, beträgt unser Kursziel für den Dax 20.000 Punkte.

Der Anstieg auf 20.000 würde eine Dax-Verdoppelung bedeuten. Annualisiert erfordert eine Verdoppelung binnen fünf Jahren allerdings nur einen unspektakulären Anstieg von im Mittel 14,87% jährlich.

BÖRSENVISION

Sofern Dow Jones und Dax die Marken von 30.000 bzw. 20.000 Punkten früher oder später kreuzen sollten, ändert dies nichts an der grundsätzlichen Börsenvision, die wir Ihnen im Folgenden für die kommenden Jahrzehnte präsentieren.

Dabei erlauben die Börsenzyklen im Gegensatz zu anderen Analysemethoden sowohl eine Prognose über die Kurs- als auch über die Zeitebene, was naturgemäß eine höhere Fehleranfälligkeit bedeutet. Doch die Börsen werden früher oder später immer wieder in ihren zyklischen Fahrplan einschwenken.

Prognose 2020–2029

Die 2013 eingeschlagene Aktien-Ära wird sich auch in den 2020er-Jahren fortsetzen. Dabei werden die Indizes allerdings einige Zeit brauchen, bis 30.000 beziehungsweise 20.000 endgültig erobert sind. Möglicherweise kommt es zunächst zu einem Überschießen, doch im Laufe des Jahres 2020 dürfte sich ein Bärenmarkt durchsetzen.

In den Jahren 2020 und 2021 ist mit prozentual einstelligen Kursveränderungen in beiden Indizes zu rechnen, bevor dann der Abwärtsdruck stärker wird. Da 2022 ein typisches Vier-Jahres-Tief ansteht, dürfte der Dow Jones im Oktober unter 24.000 Punkte zurücksetzen, was dann gleichzeitig das Jahrzehnt-Tief der 2020er-Jahre bedeuten wird. Der Dax sollte unter 18.000 fallen und sein Jahrzehnt-Tief im März 2023 markieren. Danach kann sich die Langfrist-Hausse wieder mit neuem Schwung fortsetzen.

Für 2023 sind prozentual zweistellige Kursgewinne wahrscheinlich, zumal es sich in den USA um ein Vorwahljahr handelt. Der Dow Jones klettert wieder über 28.000, der Dax erobert die 20.000er Zone zurück. 2024 werden die Kursgewinne des Vorjahres konsolidiert, wobei die Märkte mehr oder weniger auf der Stelle treten und erst im vierten Quartal wieder fester tendieren. Der Dow Jones kämpft mit der 30.000er-Marke, und der Dax kann sich auf 23.000 verbessern.

Nach der Konsolidierungsphase können die Märkte 2025 wieder voll durchstarten und mit zweistelligen Kursgewinnen und zahlreichen neuen All-Time-Highs überraschen. Der Dow Jones klettert über 38.000, im Dax kommt die 30.000er Grenze in Sichtweite. Der kräftige Anstieg müsste dann 2026 konsolidiert werden, zumal hier ein neues Zwölf-Jahres-Tief im Dow Jones ansteht. Beide Indizes verbessern sich dank eines kräftigen ersten Quartals nur um einen einstelligen Prozentsatz, doch dadurch schiebt sich der Dow Jones erstmals über 40.000, der Dax zu Jahresanfang über 30.000 Punkte. 2027 kommt es insbesondere in den USA zu einer größeren Korrektur, der Dow Jones setzt unter 39.000 zurück und beendet das Jahr mit einem überschaubaren Minus. Der Dax kann sich indessen in Richtung 36.000 verbessern. 2028 hat dann wieder die Wall Street die Nase vorne. Der Dow Jones lässt 40.000 hinter sich und peilt zum Jahresende die 44.000er-Marke an. Währenddessen tritt der Dax auf der Stelle und verbessert sich auf lediglich 38.000. 2029 geht es weiter nach oben. Der Dow Jones tippt zum Jahresende kurz die 50.000er-Grenze an und endet im Bereich von 48.000 Punkten. Der Dax klettert im Juli mit Schwung über 40.000 und beendet das Jahrzehnt in der Zone von 45.500 Zählern.

Aus Zyklensicht notieren der Dow Jones Ende der 2020er-Jahre bei 50.000 und der Dax bei 45.000 Punkten.

Prognose 2030–2039

Anfang der 2030er-Jahre steht eine breitere Aktien-Baisse auf dem Programm. Der Dow Jones fällt 2031/2032 noch einmal unter 43.000 Punkte, der Dax testet die 40.000er-Marke von oben und fällt im Sommer 2032 kurzzeitig noch einmal darunter.

Doch 2033 starten die Märkte eine neue Hausse. Der Dow Jones klettert auf 48.000, dem Dax gelingt im vierten Quartal der Anstieg über die Grenze von 50.000 Punkten, womit der Dax erstmals über dem Dow notiert. Im November 2034 nimmt auch der Dow – nach fünf Jahren – die 50.000er-Grenze, und die Indizes notieren zum Jahresende im Bereich von 52.000/53.000.

2035 kommt es dann zu spektakulären Kursgewinnen. Der Dow Jones kreuzt über 60.000 und stoppt erst vor der 70.000er-Hürde. Währenddessen steigt der Dax im Juli über 60.000, um dann nochmals 10 % aufzusatteln. Per 2036 ist dann wieder eine Seitwärtskonsolidierung angesagt, sodass die Märkte nur leicht zulegen, wobei der Dow Jones bis 72.000 ansteigen kann und der Dax knapp vor der 70.000er-Grenze steht. Ende 2037 notiert der US-Leitindex in der Zone um 69.000, während sich der Dax sogar bis 83.000 verbessert, woraus im Folgejahr aber lediglich 88.000 werden. 2038 markiert der Dow Jones im ersten Quartal ein neues Zwölf-Jahres-Tief und steigt danach bis 77.000. Im April 2039 kann der US-Leitindex 80.000 überbieten, während der Dax in der Schluss-Rallye von 2039 erstmals sogar den sechsstelligen Kursbereich kreuzt.

Aus Zyklensicht notieren der Dow Jones Ende der 2030er-Jahre bei 85.000 und der Dax bei knapp 105.000 Punkten.

Prognose 2040–2049

Zu Beginn der 2040er-Jahre tauchen die Börsen wieder in die Baisse ein, die heftiger ausfallen könnte. Der Dow Jones dürfte Ende 2041 bei 76.000 notieren, der Dax bei 98.000. Im Juni 2042 markiert die US-Börse das Jahrzehnt-Tief, und danach steigen die Kurse wieder auf breiter Front, zumal es sich in den USA um ein Vorwahljahr handelt.

2043 dürfte sich der Dow Jones über 84.000 schieben, während der Dax wieder in den sechsstelligen Kursbereich eindringt und bis 118.000 Punkte klettert. In 2044 ziehen die Kurse nur leicht nach oben, wofür die Märkte dann 2045 überaus kräftig ansteigen. Der Dow Jones wird im April erstmals sechsstellig und klettert bis 118.000, der Dax notiert zum Jahresende auf einmal in der Zone von 150.000 Punkten. Per 2046 steht wieder eine Konsolidierung an, sodass sich die Märkte nur um einen einstelligen Prozentsatz auf 126.000 beziehungsweise 157.000 verbessern. 2047 oszilliert der Dow Jones um die Marke von 120.000 Punkten, während der Dax bis über 190.000 Punkte haussiert. 2048 klettert der Dow über 135.000 Punkte, und der Dax kämpft mit der Hürde von 200.000 Punkten, um diese im April zu überbieten. 2049 schiebt sich der US-Leitindex bis knapp vor die Marke von 150.000, der Dax steigt sogar auf 240.000.

Die Börsenzyklen lassen für das Ende der 2040er-Jahre einen Dow Jones von 148.000 und einen Dax von 240.000 Punkten erwarten.

Prognose 2050–2059

Zur Mitte des Jahrhunderts startet eine neue Aktien-Baisse. Dabei könnte es gleich 2050 heftig nach unten gehen, da an der Wall Street ein neues Zwölf-Jahres-Tief ansteht, das vermutlich im Sommer erreicht wird. Der Dow Jones scheitert an der Hürde von 150.000 Punkten, unterkreuzt 140.000 und findet erst oberhalb von 130.000 wieder Halt. Ende 2050 könnte der Dow Jones dann erneut bei 138.000 notieren, während der Dax unter 234.000 zurücksetzt. 2051 fällt der Dow auf 133.000 Punkte, der Dax auf 225.000. Im Laufe von 2052 findet die Baisse ihr Ende, wobei der Dax 220.000 Punkte erfolgreich testet.

2053 ist dann wieder von steigenden Kursen auf breiter Front gekennzeichnet. Der Dow Jones schiebt sich wieder bis 148.000, im Dax kommt es sogar zu einem Kurssprung auf 270.000. In 2054 markiert der US-Index ab Januar permanent neue All-Time-Highs und klettert auf 160.000, während der Dax um die Zone von 280.000 oszilliert. 2055 starten die Börsen dann kräftig durch. Der Dow Jones erobert im November die nächste Hunderttausender-Marke und kann bis 208.000 steigen. Der Dax gewinnt prozentual zwar etwas weniger, schiebt sich aber im Mai über die 300.000er-Grenze bis auf 350.000. Danach verschnaufen die Kurse und verbessern sich 2056 nur um einen einstelligen Prozentsatz. 2057 setzt der Dow Jones von über 220.000 auf 211.000 zurück, während der Dax nun sogar auf 442.000 Punkte ansteigt. Per 2058 sind zum Jahresende 238.000 Dow-Punkte möglich, der Dax verbessert sich auf 465.000. In der Schluss-Rallye von 2059 werden dann in den USA 260.000 Punkte erreicht, der Dax katapultiert sich im August über 500.000 Punkte und landet schließlich bei 555.000.

Aus Zyklensicht notieren der Dow Jones Ende der 2050er-Jahre bei 260.000 und der Dax mehr als doppelt so hoch bei 555.000.

Zusammenfassung

Wir könnten die Prognosen für den Verlauf der kommenden Jahrzehnte aus zyklentechnischer Sicht jetzt noch endlos fortsetzen, wollen es an dieser Stelle aber gut sein lassen. Das Prinzip ist immer das gleiche, ganz einfach, weil sich Geschichte wiederholt und sich auch zukünftige Anlegergenerationen von ihren Emotionen, insbesondere Angst und Gier, leiten lassen werden.

2067, zum 100. Geburtstag von Thomas Müller, wird der Dax aus zyklentechnischer Sicht über 1 Million Punkte ansteigen (Dow Jones dann 765.000) und 2078, zum 100. Geburtstag von Alexander Coels, werden daraus 2,46 Millionen sowie 1,78 Millionen im Dow Jones ...

Börsenvision für Dow Jones und Dax

erstmals über	Dow Jones		Dax	
30.000	2019	Januar	2026	Januar
40.000	2026	März	2029	Juli
50.000	2034	November	2033	Dezember
60.000	2035	Juli	2035	Juli
70.000	2036	März	2037	Januar
80.000	2039	April	2037	Juli
90.000	2044	November	2039	April
100.000	2045	April	2039	Dezember
150.000	2054	Januar	2045	Dezember
200.000	2055	November	2048	April
250.000	2063	April	2053	August
300.000	2065	April	2055	Mai
400.000	2068	April	2057	April
500.000	2075	Januar	2059	August
750.000	2079	April	2065	Juli
1.000.000	2085	Juli	2067	Juli

Natürlich wissen wir, dass eine Prognose bis Ende der 2050er-Jahre polarisiert, aber die Kenntnis der Börsenzyklen erlaubt genau solche Prognosen.

Eine Verzehnfachung der Indizes klingt spektakulär, ist es aber nicht wirklich. Der Dow Jones hatte 1919 erstmals oberhalb von 100 Punkten geschlossen. 1972 gelangen der Anstieg über 1000 Punkte und damit die Verzehnfachung innerhalb von 53 Jahren, was im Durchschnitt einem jährlichen Plus von 9 % entspricht. 27 Jahre später gelang 1999 mit dem Anstieg auf 10.000 Punkte die nächste Verzehnfachung. Damit hat sich der Dow Jones binnen 80 Jahren verhundertfacht – und hat im Mittel doch nur 5,9 % jährlich gewonnen.

Dank der Dividendenberücksichtigung geht es im Dax viel schneller nach oben. Der Index wurde 1987 auf 1000 Punkte normiert und erreichte 2014 erstmals 10.000 Punkte. Binnen 27 Jahren hat sich der Deutsche Leitindex also verzehnfacht, was einem Plus von 8,9 % p.a. entspricht. Wir halten es nur für realistisch, davon auszugehen, dass in den nächsten 27 Jahren, also bis zum Jahr 2041, eine weitere Verzehnfachung gelingt. Und dann hätte sich der Dax binnen 54 Jahren genauso verhundertfacht.

Wir haben Ihnen in diesem Kapitel den seit Anfang der 1980er-Jahre gültigen Aufwärtstrendkanal im Dax gezeigt. Im folgenden Chart sehen Sie diesen Trendkanal um einige Jahrzehnte verlängert und um die zyklischen Prognosen erweitert.

Dax-Trendkanal von 1977 bis 2059

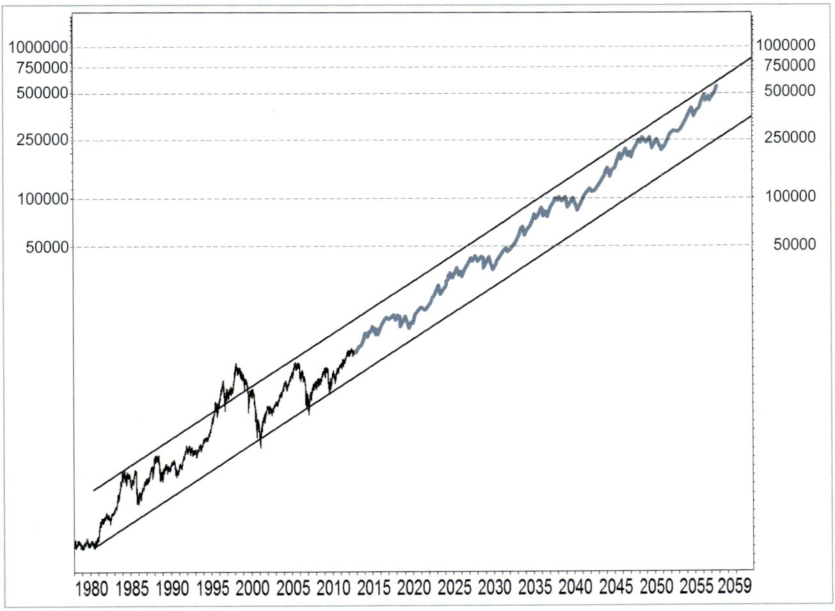

Im Jahr 2041 werden die untere Trendkanallinie bei 60.000 Punkten verlaufen und die obere bei 140.000 Punkten. Bei einem Dax von 100.000 Punkten im Jahr 2041 wäre die Börse also noch weit von einer Übertreibungsphase entfernt.

Börsen neigen zu Übertreibungen. Börsenzyklen zeigen die sich wiederholenden Kursmuster und bilden damit schon per se zyklisch auftretende Übertreibungsphasen ab. So kann die überdurchschnittlich positive Performance zum Ende eines Jahrzehnts als Aufwärtsübertreibung interpretiert werden, die negative Performance zu Beginn eines Jahrzehnts entsprechend als Abwärtsübertreibung. Wenn die Kurse aber deutlich weiter steigen oder fallen, als es die Zyklen erwarten ließen, kann eine Extremphase unterstellt werden.

Wir wissen, dass es immer wieder zu solchen Extremphasen kommen wird (und haben Ihnen auch im ersten Kapitel erklärt, wie Sie diese nutzen), doch Extremphasen sind im Voraus nicht prognostizierbar. Beispielsweise entspricht der Anstieg auf 100.000 Dax-Punkte per 2041 +/– zwei Jahre ganz einfach dem zyklischen Muster. Werden 100.000 früher erreicht, befindet sich der Dax vermutlich in einer bullishen Extremphase, werden 100.000 später erreicht, wird der Dax davor eine bearishe Extremphase durchlaufen haben. Sie wissen:

Früher oder später kommen die Kurse wieder zu ihren Mittelwerten zurück. Und genau diese Erkenntnis macht die Börsenzyklen so wertvoll. Bitte denken Sie immer an diesen Leitsatz, wenn Sie in den kommenden Jahren den Realverlauf von Dax und Dow Jones mit unserer Börsenvision vergleichen.

Begleiten Sie uns, und überprüfen Sie, wie aus der Börsenvision Realität wird. Wir haben für Sie als Buchkäufer eine eigene Seite eingerichtet.

www.boersenvision.de

Wenn Sie sich kostenlos registrieren, können Sie einen fortlaufenden Vergleich zwischen der Entwicklung von Dax und Dow Jones und unserer Prognose abrufen.

STICHWORTREGISTER

H

I

J

K

L

M

N

O

P

R

S